シリーズ・織豊大名の研究 12

宇喜多秀家

森脇崇文 編著

戎光祥出版

序にかえて

本書は、シリーズ・織豊大名の研究の十二冊目にあたり、現在の岡山県東部に該当する備前・美作両国を中心に版図を保持した大名・宇喜多秀家（元亀三年〈一五七二〉～明暦元年〈一六五五〉）を主役とする研究論集である。

一般に知られる宇喜多秀家の事績は、豊臣秀吉の存在を抜きにして語ることはできない。秀吉の寵愛を受け、さまざまな栄誉を与えられ、それに応えて忠義を尽くす秀家像は、本書を手に取る方々ならばよくご存じだろう。

また、もう少し関心のある方ならば、秀家治世の宇喜多氏内部で生じた「宇喜多騒動」についても聞き覚えがあるかもしれない。複数の重臣たちが秀家と対立し、宇喜多氏を去ることとなったこの事件についても、秀吉の寵を得ていた秀家が家中から遊離し、秀吉没後に重臣たちをまとめきれなくなったという文脈で、多くの人が知るところとなっている。こうした観点から言えば、秀家の知名度は同時代の武将のなかでも決して低いものではない。

だが、もう一歩掘り下げて、「秀吉」「豊臣政権」というキーワードを抜きに秀家の事績や個性を語ろうとした場合、大多数の人は言葉に窮することだろう。恐らく、誠実・純朴だが政治手腕に欠ける凡庸な人物像が、「何となく」結ばれるのがせいぜいではないだろうか。要するに、巷で知られる秀家のイメージは、あくまで秀吉の物語の脇役に過ぎない。秀吉という太陽の存在は、秀家の彼と関わる部分を強調する反面、それ以外の部分を色濃い影に包んでしまっているのである。もちろん、秀吉と関わる側面も、秀家の人物像を形成する重要な要素であることは言うまでもない。

しかし、「秀吉を抜きにして語れない」ことは、「秀吉を抜きにして語るべきものがない」ことと決してイコールではないだろう。

上記の傾向は、かつての宇喜多氏研究においても見受けられた。秀家および宇喜多氏のあらゆる動向は、背後にある秀吉（豊臣政権）の影響力を所与の前提とし、それに引き付けて解釈されることが常であった。ただし、八〇年代以降、特に今世紀に入ってからの研究史では、はっきりと状況が変わりつつある。宇喜多氏権力の特質を重視するとともに、良きにせよ悪しきにせよ、秀家の主体性が見出されるようになってきた。換言すれば、秀吉の空虚な傀儡人形のように扱われていた秀家に、一個の為政者としての評価が与えられるようになっているのである。

本書の目的は、宇喜多氏研究者の間で新たに構築されつつある秀家像を、より多くの研究者、歴史愛好者へと広げることにある。本書収録の諸論考には、秀家および宇喜多氏権力の実像に迫る上で示唆に富む論点が数多く含まれる。それらを通じて、宇喜多秀家という人物の虚飾なき境遇が、思考が、行動が、そして挫折が、一人でも多くの人々に届き、記憶に留まれば、編者としてこれに勝る喜びはない。なお、宇喜多氏に関する研究論集としては、畏友大西泰正氏の編著『論集・戦国大名と国衆11　備前宇喜多氏』（岩田書院、二〇一二年）が既に刊行されている。本書と併せ、是非そちらもご一読いただきたい。

末筆ながら、本書の出版にあたって玉稿の収録をご快諾いただいた先学・学友諸賢、様々にご協力を賜った関係者各位、そして編者の怠慢から長らくご迷惑をおかけした戎光祥出版株式会社の皆様に、心からの謝意を申し述べたい。

二〇二四年九月

森脇崇文

目次

付録　宇喜多秀家文書の研究

宇喜多秀家

総論　宇喜多秀家研究の現在地

森脇崇文

はじめに

豊臣政権下の大名権力として、備前・美作の両国、および備中・播磨の一部にまたがる分国を領有した宇喜多秀家。本書は、彼を取り扱った研究論文のうち、重要な論点を含む論文を収載するものである。

総論にあたり、まず宇喜多秀家の経歴について簡単にまとめておきたい(1)。戦国時代も終盤の元亀三年（一五七二）、秀家は備前の地域領主である宇喜多直家の子として生まれた。初名は八郎。母の実名は不詳だが、夫直家の死後に出家し、円融院と名乗っている。当時、備前西部の有力領主として台頭しつつあった直家は、天正三年（一五七五）に安芸毛利氏の支持を得て旧主の浦上宗景を打倒し、備前・美作に勢力圏を確立した。豊臣期にも継承される宇喜多氏分国の基盤は、この段階で形成されたものである。その後、中国地方をめぐる毛利氏と織田氏の抗争が始まると、直家は当初毛利陣営に属するが、天正七年後半に羽柴秀吉の調略を受け織田陣営に転じる。以降、同九年の直家死去に至るまで、宇喜多氏は織田陣営の先陣として活動していくこととなる。

天正十年正月、秀家は信長の承認を得て家督を相続する。その際、信長への取次を羽柴秀吉が務めたことからも明らかなように、当時の宇喜多氏は秀吉の麾下にあった。やがて同年六月に本能寺の変が発生すると、秀吉は毛利氏と講和を結び、畿内へと帰還して主君の仇討ちを果たす。これを足掛かりに秀吉は天下人への道を踏み出すのだが、宇喜多氏は織田政権下から継続し、秀吉への協力姿勢を取り続けた。秀家は初陣となる天正十三年の紀州出兵に始まり、四国出兵、九州出兵、関東出兵、奥羽平定、さらに足掛け七年に及ぶ大陸出兵と、秀吉が主導するほぼ全ての戦争に、主力の一角として参陣し続けていく。そして彼の忠勤に報いるように、天下人となった秀吉は、秀家に格別の厚遇を与え続ける。幼少より自身が養女としていた樹正院（一般には豪姫の名で知られる、実は前田利家四女）と婚姻させ、大陸出兵成功の暁には日本の関白、もしくは朝鮮の責任者として構想するなど、秀家の扱いは秀吉血縁者にも引けを取らない。さらに、文禄四年（一五九五）の秀次事件以降は、徳川家康・前田利家・毛利輝元・小早川隆景・上杉景勝らと並び、後世に「大老」と呼ばれる豊臣政権の最高幹部として位置づけられるに至る。

ところで、大陸出兵が休戦中の文禄三年、宇喜多氏の分国内では大規模な検地が実施された形跡がみられる。この検地の目的や実行主体、宇喜多氏権力に及ぼした影響などについては様々な見解が提示されているが、詳しくは後段に譲りたい。ただ、検地が宇喜多氏権力の内部矛盾を激化させる契機となったことについては、諸研究の指摘が一致するところである。宇喜多氏の内部矛盾は慶長三年（一五九八）の秀吉死去を経て深刻化する。そしてついに慶長五年初頭、秀家側近の中村家正（二郎兵衛尉）が襲撃を受け、続いて戸川達安・岡越前守・浮田左京亮ら一門・宿老たちが、秀家への反発から宇喜多氏の大坂屋敷に立て籠もる事件が勃発した。後に「宇喜多騒動」と呼ばれるこの家中騒動は、最終的に戸川氏をはじめ多くの一門・重臣が、宇喜多氏を退去する結果へとつながる。

この年の七月、秀家は石田三成・毛利輝元らとともに「内府ちかひの条々」を公表し、反家康を掲げて挙兵する。

同月の伏見城攻撃では総大将を務めるなど、西軍の主力として活動した秀家だったが、九月十五日の関ヶ原合戦において西軍は敗北を喫し、大名権力としての宇喜多氏はここに終焉を迎える。戦場を落ち延びた秀家は、家康との対立を続ける島津氏を頼って薩摩へと亡命した。同地での滞在中には法体となり、成元、次いで休復（後に久福）と号している。やがて慶長八年、島津氏と家康の和解にともない、秀家は畿内へと出頭した。彼の身柄は、一旦は駿河国久能（実際は駿府城）への配流となるが、同十年には改めて伊豆国八丈島への遠島に処される。二人の子息を含むわずかな随行者とともに島に渡った秀家は、その地で五十年を過ごし、明暦元年（一六五五）十一月二十日に八十四歳で没した。院号は尊光院殿秀月久福大居士。墓所は同島大賀郷にある。

さて、それではこの宇喜多秀家をめぐる研究は、どのように進展してきたのだろうか。次節では、秀家期（豊臣期）の前提をなす直家期（戦国期）も含め、宇喜多氏研究の全体的な動向について概略を述べたい。

一、宇喜多氏研究史の概略

宇喜多氏に関する学術的著述として最初に挙げられるのは、昭和十一年（一九三六）に刊行された『岡山市史』だろう[(2)]。本書では、直家・秀家の二代にわたる宇喜多氏の事績に大きく紙幅が割かれている。単純に地誌・軍記類の記述をまとめるだけでなく、独自の考証を加えつつ史実の再構成が試みられており、当時としては極めて水準が高い。また、宇喜多氏関連の史跡・伝承や、岡山県内で渉猟した文書を多数収録するなど、史料集としての役割も備え、宇喜多氏研究の出発点と呼ぶにふさわしい。

その後、宇喜多氏に再び学術的な注目が寄せられるのは、昭和三十年代のことである。当時学界の関心を集めていた「太閤検地」について、各地域における受容のあり方を研究するという視角に基づき、金井圓・柴田一・長光徳和各氏の研究が相次いで発表された(3)。いずれも秀家期の分国支配を取り上げる貴重な成果であり、「太閤検地」を宇喜多氏がいかに受容・利用したかに重点を置く議論が展開されている。ただし、これらの研究の関心は宇喜多氏権力の実態解明よりも、あくまで豊臣政権の政策としての「太閤検地」が大名権力や村落社会に及ぼす影響にあった。そのため、『岡山市史』を塗り替えるような宇喜多氏像が提示されるには至らず、研究史は再び空白期間を迎えることとなる。

昭和五十九年（一九八四）、宇喜多氏研究に重要な意味を持つ論文が発表された。しらが康義「戦国豊臣期大名宇喜多氏の成立と崩壊」である(4)。本論文の大きな特徴は、宇喜多氏をめぐる歴史事象を取り上げるのみならず、事象が引き起こされた本質的要因の分析を試みたことにある。例えば、天正年間に至る宇喜多氏の急速な台頭は直家個人の軍才・謀才でなく、領主間紛争の調停や外敵からの庇護を求める土豪層の結集から説明されている。また、宇喜多氏権力の末期に生じた宇喜多騒動の原因については、軍記類で語られる秀家の奢侈・驕慢でなく、宇喜多氏権力に強制された豊臣政権の過重な負荷に求められている。宇喜多氏の興亡を戦国織豊期における政治的・社会的諸問題とリンクさせる視点は「太閤検地」をめぐる先の諸論文と共通するが、本稿の価値は直家・秀家二代を包括して捉え、膨大な史料を駆使して総合的な宇喜多氏権力像を構築した点に見いだせるだろう。

なお同年には、当時刊行が進んでいた『岡山県史』のうち近世初期を扱う第六巻が世に出ており、宇喜多氏に関しても叙述されている(5)。しらが論文と県史に共通して描かれるのは、地域領主として台頭した宇喜多氏が、豊臣政権の後ろ盾により未熟さを内包したまま大名権力へと発展するも、やがて後見人（秀吉）の喪失により崩壊へ向かうという筋書きである。後続の研究に大きな影響を与えるこうした宇喜多氏像が確立したという点で、本年は研究史上の画期と評価することができるだろう。

宇喜多氏研究における次の画期は、平成三年（一九九一）の寺尾克成「浦上宗景考―宇喜多氏研究の前提―」によってもたらされた(6)。本稿は宇喜多直家の旧主とされる浦上宗景について検討するものであるが、副題からもわかるように、宇喜多氏研究が強く意識されている。その最大の成果は、宗景の居城である天神山城が直家により攻略された時期について、近世編纂史料が記す諸説を否定し、天正三年（一五七五）という結論を同時代史料の検証から導いたことにある。従来、岡山県下における戦国期関連の著述では、軍記類の記述が十分な批判なく採用されることが多かった。とりわけ安永三年（一七七四）に岡山藩士の土肥経平が著した「備前軍記」は、記述の詳細さと知名度の高さから当該地域の戦国史認識における土台となってきた(7)。その点は、先のしらが論文や県史においても例外ではない。しかし、寺尾氏による指摘は、「備前軍記」をはじめとする近世編纂史料が少なからず誤謬を含むこと、その誤謬が修正されることで、歴史事象の評価が全く異なるものとなりうることを突きつけたといえる。

天神山城の落城に関しては、寺尾論文の発表以降、岸田裕之・しらが康義氏がそれぞれ異なる同時代史料によって比定を行い、寺尾説が示す天正三年の出来事であることが追認された(8)。こうした中、岸田裕之氏は平成七年に刊行された長谷川博史氏との共著「岡山県地域の戦国時代史研究」において、宇喜多氏を含む備作地域の戦国期研究への提言を行っている(9)。軍記物の世界観から脱却し、同時代史料に立脚した研究の必要性を強調するその内容は、天神山落城年次問題という教訓に裏打ちされ、以降の宇喜多史研究を規定する重要な指針となっている。

今世紀に入ると、宇喜多史研究は新たな局面を迎える。その先駆となったのは、平成十三年に発表された森俊弘「岡山藩士馬場家の宇喜多氏関連伝承について―『備前軍記』出典史料の再検討―」である。[10]本論文の特筆すべき点は、かつてのように「備前軍記」を無批判に受容するのではなく、その情報源となった先行軍記や覚書・家譜の記述内容を踏まえ、さらに同時代史料とも照合させることで史実の復元を試みたことにある。九〇年代以降、信憑性への疑念が強調されてきた近世編纂物だが、適切な史料批判を加えた上で歴史研究の素材としていく方向性が、ここに改めて示されたのである。

こうした研究姿勢に対しては、編纂史料の誤謬・歪曲の危険性を主張し、警鐘を鳴らし続ける研究者も存在する。[11]筆者の意見を述べれば、編纂史料の記述をどこまで論証に組み込むかは、各研究者の裁量に任せられるべきだろう。あくまで編纂史料を論拠としないとの姿勢も尊重すべきだが、こと森論文以降の宇喜多氏研究における編纂史料との向き合い方は、かつてのように無批判なものではない。誤謬・歪曲の可能性を熟知し、検討を加えた上で論拠に足ると判断した研究者に対して、単に編纂史料を用いたからと指弾するのは生産的とは言い難い。もし研究成果に疑念を呈するのであれば、論拠とした編纂史料の記述、史料批判の手続きまで立ち入り、具体的にどのような点から情報の信頼性が疑われるのかを指摘してこそ、実りある議論になるのではないだろうか。[12]

また、研究手法の面でいえば、横山定「宇喜多直家発給文書編年化への一試案」のような花押形状に着目した年次比定、あるいは畑和良「織田・毛利備中戦役と城館群―岡山市下足守の城郭遺構をめぐって―」における城郭配置や縄張構造を素材とした分析も、二〇〇〇年代以降の新たな試みといえる。[13]「備前軍記」の枠組に規定されてきた戦国史像への信憑性が大きく揺らぎ、さりとて新出史料の大幅な増加も期待できない状況下、史料の不足を補う様々な手法が模索され、研究の深化がもたらされていくのである。

さて、二〇〇〇年代以降の宇喜多氏研究における新たな潮流として、本書の主題となる秀家期宇喜多氏権力への関心の高まりは特筆しておくべきだろう。その先駆者となった大西泰正氏は、八〇年代のしらが論文と県史以来長く停滞していた豊臣大名としての宇喜多氏、秀家と秀吉の関係についての議論を継承し、発展させてきた。従来、独立した政治的人格としての評価が皆無に近く、ともすれば豊臣政権の傀儡扱いを受けてきた秀家が、一個の為政者として分析されるようになったのは、大西氏の精力的な研究によるところが大きい。その成果は、宇喜多氏を題材とした多数の著書にまとめられ、現在の宇喜多秀家研究の水準点を示している(14)。

そして秀家期宇喜多氏については、大西氏のみならず多くの研究者が、様々な関心から研究を積み重ね続けている。そこで次節では、豊臣期宇喜多氏に関する主要な研究史上の論点について、個別に紹介しつつ整理を試みていきたい。

二、豊臣期宇喜多氏研究の現状

領国検地論

豊臣期宇喜多氏が行った検地については、「備前軍記」をはじめとする軍記の記述を根拠に、秀家の遊興費捻出のために実施され、分国の疲弊を招いた失政として、近世以来長らく否定的な評価を受けてきた。

これに対し、戦後に発表された金井圓・柴田一・長光徳和各氏の論考では、宇喜多氏検地をいわゆる「太閤検地」の一環と捉え、戦国期土豪層の解体や在地支配制度の変革といった意義を指摘している(15)。さらに、しらが康義氏はこれらの見解を汲み、宇喜多氏権力の展開過程に位置付けてこの検地の意義を論じた(16)。しらが氏は当該期宇喜多氏における最大の政治課題を、豊臣政権が課す「際限なき軍役」を履行しうる体制の構築と位置づけ、検地の実施を機として領国全体における石高知行制の整備と、それに基づく軍役動員の強化が進展したと説く。この見解は、以降の諸研究でも議論の前提となっている。

さて、宇喜多氏の検地政策を語る上で主要な論点となっているのは、文禄三年（一五九四）に行われた検地である。大陸出兵の休戦期に実施されたこの検地は、直接的な検地帳こそ播磨国赤穂郡真殿村（現兵庫県赤穂市）分の写本一冊のみであるものの、対象範囲は分国全域に及ぶものとみられ、研究史上「惣国検地」と呼ばれている(17)。しらが康義氏は、前掲論文の中で真殿村検地帳の分析を通じ、記載された名請人の階層構成や石盛から、豊臣政権による検地政策基調との類似性を指摘した。また、荒地・逐電人に関する記述が頻出することを挙げ、当該期の宇喜多氏分国における村落の荒廃状況も読み取っている。

一方、真殿村検地帳を分析した寺尾克成氏は、同じ播磨西部に属する揖西郡長福寺村（豊臣蔵入地）の検地帳との比較検討を通じ、真殿村の斗代設定の低さ、名請人数の少なさに着目する(18)。そしてこうした特徴を、豊臣政権の検地に比べ「ある程度の不徹底さを示すもの」とし、軍役負担を嫌う給人により検地結果が過少申告された可能性に論及している。この寺尾氏の指摘は、極めて示唆に富むものといえるだろう。

ただし、真殿村検地帳の奥書に検地役人として名を連ね、寺尾氏が同所の給人と推測した浮田河内守・同土佐守の両名は、その後の研究で当主秀家の側近的な立場であることが判明している(19)。寺尾氏の所論は、検地の実務をその地の給人に委ねていたことを前提として導かれたものだが、仮に検地役人が給人でないとすれば、彼らの「不徹底」の背景には、惣国検地断行による給人の反発を宥める妥協を想定すべきではないだろうか。

なお、惣国検地翌年の文禄四年十一月には、宇喜多氏分国の寺院・神社に対し、所領の一斉寄進が行われている。[20]この事業は、惣国検地に際して宇喜多氏が収公した寺社領の一部を、大名権力による寄進として給付することにより、寺社の統制強化を目指したものとみられ、惣国検地を契機とした分国再編の一環と評価できるだろう。[21]

宇喜多氏の権力機構

豊臣期宇喜多氏の権力機構をめぐる研究は、直家期以来の重臣層と、秀家期になって活動が目立ち始める新興の奉行人たちという、大きく二つのグループに着目して議論が進められてきた。

まず前者の一門・重臣としては、直家の弟にあたる宇喜多忠家とその子の左京亮、「三家老」として知られる岡・長船・戸川の三氏、かつて宇喜多氏と同じく浦上宗景の麾下に属していた明石氏、秀吉との取次役を果たしていた花房秀成(正成)らが挙げられよう。彼らについては軍記物の記述などから、ある程度その活動を跡付けられる。概して言えば、大身給人として宇喜多氏軍事力の中核を担う一方、特に秀家の若年期においては彼に代わって分国運営にも参与していたとみなされている。[22]ただし、明石氏については大西泰正氏の研究により、「客分」として分国運営には携わらない、独特の地位にあったことが指摘されている。[23]一門・重臣として一括視されることが多い彼らだが、その地位や秀家に対する親疎はそれぞれ個別の事情によりばらつきがあったと想定すべきだろう。

後者の新興奉行人については、秀家室の樹正院に従って宇喜多氏に入ったとされる中村家正(二郎兵衛尉)が代表的存在といえる。[24]軍記物では中村も含めて彼らの情報はほとんど記されず、活動についてもごく簡素に、そして否定的に記されることが多い。(25)これに該当すると思しき他の面々としては、先に述べた文禄三年（一五九四）の真殿村検地を実施した浮田河内守・同土佐守のほか、浮田太郎左衛門尉、浮田宗勝（菅兵衛尉）、富山源次などが挙げられる。一見してわかるように、彼らの多くが「浮田」の名字を名乗っているが、これは宇喜多氏の庶流名字が授与されたものとみられ、その編成には当主秀家の意向が強く働いたものと想定される。この点を重視し、筆者はかつて彼らに「直属奉行人」との呼称を与えた。(26)彼らの実態には未だ不明な点が多いものの、文禄・慶長年間の宇喜多氏権力を特徴づける存在であることは間違いないだろう。

ところで、宇喜多氏の家中構造を示すものとして改めて近年注目を集めている史料に、いわゆる「宇喜多氏分限帳」がある。秀家期宇喜多氏の組編成や石高などの情報を記した文献で、存在は古くから知られていたものの、内容の信憑性が未検討だったことや、写本ごとに少なからず内容の相違がみられることから、積極的には活用されてこなかった。しかし、書誌学的な考察の進展で、宇喜多氏存続中の原本成立がほぼ確実となり、同時に加賀前田家に伝来した「宇喜多秀家士帳」が最も古態をとどめる写本と確認されたことで、これを主要な分析素材とする研究も現れつつある。(27)

そして、上記三方向からの成果を集約し、研究を新たな段階へと発展させたのが森俊弘氏である。(28)森氏は、近世編纂史料でも比較的成立が早く信憑性が高いとみられるものの中から、宇喜多氏の「役職」に関する記述を網羅的に取り上げる。そして同時代史料で確認できる実態と照合させつつ、宇喜多氏権力機構の全体像を描き出そうと試みている。信憑性が高いとはいえ、後世編纂史料の役職記載にどこまで厳密性を認めるかという点には、今後議論の余地があるだろう。しかし、「直属奉行人」の原型を直家期に遡及させて見通すなど、森氏の研究によって多くの魅力的な新知見がもたらされたことは間違いない。これを機に、さらに踏み込んだ権力機構の研究が進むことが期待される。

秀家の家族について

秀家を取り巻く人物についての研究も、特に今世紀に入って大きな進展を見せつつある。まず父の直家に関しては、その政治的動向をめぐる論考が多く発表されている。[29] 大きく評価が変わった部分を挙げれば、備作地域をめぐる戦国史研究の進展により、織田・毛利氏に代表される外部勢力の影響力が可視化され、直家の動向もそれと密接な関係にあることが明確となった点だろう。謀略と暗殺で成り上がり、ついには旧主浦上宗景から分国を簒奪するという軍記物由来のイメージは、すでに過去のものとなっている。永禄年間以降における彼の台頭過程については、背景事情も含めて、その軌跡がほぼ跡付けられつつあると言えるだろう。それ以前の前半生は未だ不明な部分が多いものの、新たな関係史料も発見されており、今後の進展に期待したい。[30]

母の円融院については、森俊弘氏による一連の研究で、多くの新事実が明らかとなった。[31] かつて「ふく」とされてきた実名や、直家死後に秀吉側室となったという通説が信憑性に乏しいこと、備前東部の領主である鷹取氏が出自とみられることなど、いずれも森氏の指摘である。天文十八年（一五四九）生誕とされる彼女は、当初美作高田城主の三浦貞勝に嫁ぐが永禄七年（一五六四）に死別し、その後直家に再嫁したとされる。そして直家との間に秀家のほか、少なくとも三人の娘（吉川広家室容光院、江原親次室、明石掃部頭室）を設けていた。なお、彼女の晩年については宇喜多氏の没落もあって不明な部分が多いが、少なくとも慶長八年（一六〇三）までは存命だったことが確認できる。

秀家の室である樹正院は、天正二年（一五七四）に前田利家の息女として生まれ、幼少期に秀吉・高台院夫妻の養女となって以降、その寵愛を一身に受けた人物である。彼女との婚姻が、豊臣政権における秀家の栄達に大きな影響を与えたことに、異論の余地はないだろう。他方で近年の研究では、彼女の存在が前田・宇喜多両氏の安定的服属を保証するという豊臣政権の側のメリットについても指摘されている。(32) 自他ともに「秀吉の娘」と認識されていた彼女は、豊臣政権を語る上でも無視できない存在と言えるだろう。

また、秀家と樹正院の間に生まれた子供たちについても触れておく。(33) 夫婦の間には確認できる限りで五名の実子があり、無事成長したのは男子の秀隆（孫九郎）、秀継（小平次）、女子の理松院の三名である。また、後に伏見宮貞清親王に嫁ぐ寿星院（おなぐの方）という養女が存在したことも判明している。このうち、秀隆は慶長二年に七歳で正五位下に叙位を果たし、また寿星院は秀吉生前、毛利輝元の嫡子である秀就との婚姻が約束されていた。「秀吉の孫」である彼らには宇喜多氏、ひいては豊臣政権の将来を支える役割が期待されたことがうかがい知れる。

しかし、慶長五年の宇喜多氏改易により、樹正院と子女たちの将来は暗転する。慶長十年、男子二人は父秀家とともに八丈島へと配流され、同地で生涯を終える。樹正院はしばらく京都在住を続けるが、慶長十五年ごろまでに実家の前田家を頼って加賀国金沢へと移住する。娘の理松院も母と同行し、後に金沢藩士の山崎長郷、死別後は富田重家に嫁いだ。毛利氏との婚約が破談となった寿星院は、養祖母にあたる北政所の計らいで改めて伏見宮家へと嫁いでいる。なお、関ヶ原合戦後の秀家一族の動向は、主に金沢藩の史料を用いた大西泰正氏の研究で解明された部分が大きい。(34) 詳細については氏の著作を参照されたい。

豊臣政権と宇喜多氏

ここでは豊臣政権（秀吉）と宇喜多氏（秀家）との関係について整理を試みたい。豊臣政権が宇喜多氏に対し多大な影響力を有していたことは、論を俟たないと言ってよいだろう。天正十年（一五八二）に家督を継いだ秀家は、秀吉が天下人となる以前から「秀」の偏諱と羽柴の名字を与えられ、また官職面においても最終的に正三位権中納言に昇るなど異例の厚遇を受ける。また、文禄四年（一五七五）の「大老」への抜擢、秀吉死去直前の慶長三年（一五九八）に宇喜多・毛利氏間で子女間の婚姻が約束されたことなども、豊臣政権内での秀家の地位確立に腐心する秀吉の思惑の反映と言えよう。こうした引き立ては、前項で述べたように秀家が彼の養女樹正院を室に迎え、秀吉の一門に準じる存在であったことが大きな理由と考えられている(35)。

ただし、秀家に対する秀吉の殊遇は、単に私情の問題として片付けられない側面もある。秀家と樹正院の婚約時期とみられる天正十年〜十一年当時、未だ秀吉権力は確立途上の段階にあり、加えて西の毛利氏との間で予断を許さない境界交渉が続けられていた。婚姻による秀家の一門化は、対毛利氏の藩屏となる宇喜多氏を、確実に自陣営につなぎ留める手段であったのだろう。また、後年の豊臣政権においては、ここで構築された「一門」としての属性に政治的価値が生まれてくる。「大老」の編成当時、石高でも年齢でも他の面々に比べ軽輩だった秀家だが、将来における秀頼の輔弼という目的から考えた場合、樹正院を介して秀頼義兄にあたる彼は、最もその役割を期待しうる存在となる。宇喜多・毛利氏の子女の婚姻についても、秀家の立場を強化しようとする意図を読み取る以外に、外様にあたる毛利氏を豊臣一門の子女と婚姻させることで枷に繋いだとの理解も成り立ちうる。豊臣政権における秀家の立場は、秀吉の寵愛という単方向の視点だけでなく、豊臣政権がそれを必要としたという面からも評価が進みつつある(36)。

一方、宇喜多氏に対する豊臣政権の影響力を物語る証左として、一門・重臣たちと秀吉との関係の深さが指摘されている。秀家の家督相続当時、宇喜多氏では未だ幼年の当主に代わり、岡・長船・戸川氏らの重臣たちが秀吉と直接関係を結び、政治・軍事両面を取り仕切っていた[37]。彼らのうち、秀家の叔父にあたる宇喜多忠家は出家後に「殿下御内」とされる史料があり、秀吉と主従関係を結んでいたことがうかがえる。他の面々についても、天正十四年ごろ一斉に叙任が行われた形跡があり、その背後には秀吉の推挙があったものと想定されている[38]。こうした秀吉の姿勢について、大西泰正氏は秀家の家臣団統制を補助するとともに、秀家を介さず大名権力宇喜多氏を直接制御しようとするものであったと評価するが、首肯すべきだろう。そして、秀吉と一門・重臣とのこうした関係性が、後の宇喜多騒動勃発の要因となったことも、大西氏の指摘通りと思われる[39]。

さて、こうした豊臣政権と宇喜多氏との密接な関係を念頭に置いてか、『岡山県史』には宇喜多氏分国の支配を、豊臣政権による「中国・九州政策のパイロット・プラン」とする見解がみられる[40]。しかし、宇喜多氏における分国統治の施策面において、秀吉の指示、政権からの関与が存在した具体的痕跡は、現在のところ何ら見出すことができない。宇喜多氏権力に対し、秀吉が多大な影響力を保持していたことは疑いないとしても、その分国運営までが政権の意向に基づくものであったかは、慎重に考える必要があるだろう。

宇喜多騒動について

豊臣期宇喜多氏の研究を行う上で、その最末期に生じた宇喜多騒動の位置付けは避けて通れない命題と言えよう。まず、宇喜多騒動に関する根本史料となってきた「戸川家譜」の記事について触れておく[41]。ここでは騒動の原因を、秀家の奢侈を支えるべく行われた苛烈な収奪、および秀家室樹正院の病気平癒祈禱を契機とした家中法華宗徒への改宗命令とする。その結果生じた家中の不和と派閥形成が、最終的に一門・重臣の決起と家中からの退去を引き起こし、宇喜多氏権力は「滅亡」したとするのである。この言説は後続の軍記・地誌にも採用され、長く通説となってきた。ただし、秀家の奢侈はともかく、法華宗徒への改修命令については、史実に大幅な歪曲が加えられていることが判明している。(42)そもそも「戸川家譜」は、騒動に際し宇喜多氏を退去した戸川氏の関係者の手によるものであり、秀家の失政が強調されている点は考慮しておく必要があろう。

これに対し戦後の研究では、宇喜多氏の上位にある豊臣政権の政策基調を騒動の背景として重視するようになっていく。(43)これを承けたしらが康義氏は、軍記物に語られる秀家の奢侈を豊臣政権下での交際費と解釈し、豊臣大名にとって不可欠の経費であったとする。その一方、天下一統から大陸出兵へと至る豊臣政権の「際限なき軍役」についても規定要因として重視する。秀家は財政基盤の強化、軍役動員の実現のため、文禄三年（一五九四）の惣国検地をはじめとする様々な政策を実施していくが、それが分国の疲弊と一門・重臣の反発を招き、騒動に至ったとの想定である。(44)上記しらが氏の見解については、宇喜多騒動の根源的な背景として、以後の議論でも前提となっている。

ただし、財政負担や際限なき軍役は、程度の差こそあれ豊臣期大名権力が共通して抱えていた問題である。なぜ宇喜多氏に限って軍事衝突寸前の事態にまで発展したのだろうか。その考察が宇喜多騒動研究の新たな論点となる。大西泰正氏は、宇喜多氏権力の豊臣政権に対する依存度の高さをその大きな理由とする。(45)上記は既にしらが氏や『岡山県史』も指摘していたところだが、大西氏はその実態をより具体的に跡付けた上で、秀家の後ろ盾となる秀吉、および前田利家の相次ぐ死が一門・重臣の決起につながったと説くのである。

加えて大西氏は、軍記物で描かれる家中不和と派閥形成の本質を、当主秀家が直属奉行人を介して推進しつつあった、惣国検地に始まる集権化方針に対する姿勢の相違によるものと見る。そして、集権化方針に与していたほぼ唯一の重臣である長船紀伊守の死去も誘因となり、現状に不満を抱く一門・重臣たちが直属奉行人の代表格である中村家正の排除を実行、秀家に分国運営の方針転換を迫ったのが騒動勃発の直接の契機とした。

この大西氏の見解は、筆者の見解とも概ね一致するところである(46)。宇喜多騒動は、軍記物が語るような大名権力の「滅亡」ではなく、分国運営の方針をめぐる主導権抗争が高じた結果であり、近世初頭の大名権力にしばしば見られる「初期御家騒動」の類型に位置付けられる(47)。関ヶ原合戦の敗北による「滅亡」に引きずられすぎることなく、騒動が宇喜多氏に与えた影響の実態を見極めていく視点が、今後の研究進展に必要となるだろう。

三、本書収録の各論文について

最後に、本書に収録する論文について簡単な解説を加えておく。秀家とその周辺、および当該期の宇喜多氏権力を扱った研究成果として、いずれも重要な意義を持つものである。この他にも採録すべき論考は数多く存在するが、紙幅の問題から単著未収録、もしくは入手困難の論文を優先した。

「第1部　豊臣政権と宇喜多氏」では、豊臣政権における宇喜多氏の立ち位置、動向を取り扱う論文を集めた。

朝尾直弘「織豊政権と宇喜多氏」は、『岡山県史』通史編の一部として執筆された文章である(48)。備作地域の一領主からその盟主へと台頭する直家、豊臣政権下で栄達を果たすも相次ぐ軍事動員と家中の統率に苦しんだ秀家という、二代にわたる宇喜多氏の興亡が明快に描き出されている。宇喜多氏権力の転換点として、検地の問題に多くの論述が費やされている点も特徴といえるだろう。いくつかの論点に関して言えば、その後の研究により覆された部分も見受けられるが、同年のしらが論文と並ぶ宇喜多氏研究の古典として、今なお踏まえておくべき成果である。

しらが康義「漢城（朝鮮国首都）における宇喜多秀家」は、天正二十年から翌年にかけての第一次大陸出兵（文禄出兵）に際し、漢城（現ソウル市）に在陣していた時期の秀家に焦点を当てる論考である。(49) 第一次大陸出兵において、秀家が現地の日本勢を統括する立場となっていたことはよく知られるところだが、その背景事情や具体的な動向については不明な部分が多かった。本稿の意義は、ときに朝鮮側の史料も参照しつつ、当時における秀家の役割を丹念に跡付けた点に求められるだろう。

石畑匡基「宇喜多騒動の再検討――『鹿苑日録』慶長五年正月八日条の解釈をめぐって」は、宇喜多騒動を語る上で多くの研究者が言及する「鹿苑日録」の記事について、改めて考察したものである。(50) 著者は記事の内容を再度精査し、そこから得られた情報を編纂史料と照合させることで、騒動がいかなる経緯をたどり、どのように処理されたかの分析を試みる。その上で、大谷吉継・徳川家康らの宇喜多騒動への関わり方から、秀吉死後における豊臣「公儀」のあり方に関しても言及がなされている。

「第2部　秀家期宇喜多氏の権力構造」では、分国防衛のあり方や家臣団編成など、宇喜多氏内部の分析を主軸とする論文を取り揃えた。

乗岡実「宇喜多氏城郭群の瓦と石垣――岡山城支城群の諸段階」は、秀家の居城である備前岡山城から出土した豊臣期の瓦と、宇喜多氏分国内の複数の城郭跡から出土した瓦とが、同一の范から作成されていることに着目した研究である。[51]さらに各城郭にみられる石垣の年代観も踏まえ、宇喜多氏権力による支城網の構築と、その変遷を見通している。考古学的見地から宇喜多氏を分析する重要な試みであり、長年にわたって岡山城の発掘調査に携わってきた著者ならではの成果と言えよう。

森脇崇文「豊臣期大名権力の変革過程――備前宇喜多氏の事例から」は、秀家期宇喜多氏における分国運営の主導権が、文禄年間を境に当主秀家、および彼に直結する「直属奉行人」へと移っていく様相を指摘する。[52]そして、後に発生する一門・宿老の蜂起（宇喜多騒動）を、秀家に分国運営の方針転換を迫るものと位置づけ、あるべき大名権力像をめぐる対立を見通した。改めて見直すと修正が必要な点も散見されるものの、「直属奉行人」の概念提唱、宇喜多騒動を当該期大名権力の「変革」と位置付ける視角などは、その後の研究史に多少なりとも影響を与えたと考え、ここに採録することとした。

寺尾克成「文禄・慶長期における宇喜多氏家臣団の構造――分限帳の分析から見る重臣層の負担」は、宇喜多氏分限帳の諸写本のうち、最も原本に忠実とみられる「宇喜多秀家士帳」の検討を通じ、秀家期における家臣団と分国支配の分析を試みる。[53]そして、当該期宇喜多氏が一門・重臣に負担を強要することにより、大陸出兵の不首尾に起因する難局の打開を図っていたものと結論付ける。

寺尾克成「宇喜多氏分限帳編成の意図――秀家の新権力基盤の形成」は、先稿と一連の成果である。[54]本論文では「士帳」に複数見受けられる小規模な組（組頭とごく少数の与力で構成）に着目し、こうした組が創出された目的を、在地支配の直接的掌握をはかる秀家の意向に求めている。宇喜多氏権力の構造を知る術が限られる中、「士帳」の積極的な活用にいち早く取り組んだこれら両論文は、今後研究を深化させる足がかりとなるだろう。

「第3部　秀家を取り巻く人々の素描」は、秀家期の宇喜多氏に属した家臣たちの活動をクローズアップする論考で構成した。

森俊弘「年欠三月四日付け羽柴秀吉書状をめぐって――書状とその関係史料を再読して」は、それまで年次も宛所も不詳だった秀吉書状に検討を加え、天正十年（一五八二）に宇喜多氏の重臣たちに宛てられたものと比定する。[55]そして、直家死後の宇喜多氏が毛利氏との戦争で窮地に立たされていた事実を指摘し、直後の秀吉出馬へとつながっていく情勢を解き明かしていく。その過程では、従来複数説あった備前児島における「八浜合戦」の発生時期を、情報源となった編纂物の丹念な読み込みから確定していく作業も行われており、史料批判の手法面でも見習うべきものがある。

畑和良「本太城主「能勢修理」のこと」は、備前児島に所在する本太城（現岡山県倉敷市）の城主として近世編纂史料等に現れる「能勢修理」なる人物を、実在の宇喜多氏家臣と解明した論考である。[56]発給文書の一点すら発見されていない中級家臣の足跡を、各所に伝わる断片的な情報を紡いで復元した著者の仕事は、宇喜多氏研究が深化していく余地を改めて示したと言えよう。また、能勢修理の本太在城の意義を、毛利氏領と境界を接する児島の防衛という見地で捉えた考察も、大いに示唆に富む。

大西泰正「流人宇喜多秀家の随行者をめぐって――村田助六の検討を中心に」は、著者が近年意欲的に取り組んできた、改易後の秀家周辺に焦点を当てる研究の一環である。[57]秀家の八丈島配流に同行した村田助六（浮田道珍斎）の素性解明が主な論点となっており、金沢藩前田氏家臣の村田四兵衛という人物が、かつて「浮田」の名字を名乗っていた宇喜多氏旧臣であることを指摘した上で、助六をその縁者と推測している。宇喜多氏旧臣のその後が知れるとともに、「浮田」名字の意義についても考察が及んでおり、興味深い。

これら十本の論考に加え、本書巻末付録「宇喜多秀家文書の研究」には筆者が接してきた秀家の発給・受給文書から得た知見の覚書である「秀家文書の基礎的考察」、そして把握する限りの文書情報をまとめた「宇喜多秀家文書目録」を収録している。本書の刊行が、今後の宇喜多氏研究の発展に寄与することを期待しつつ、ひとまず論を結びたい。

註

（1）秀家の評伝としては、大西泰正『宇喜多秀家―秀吉が認めた可能性―』（平凡社、二〇二〇年）が現時点で最新のものである。そのほか同著者による『「豊臣政権の貴公子」宇喜多秀家』（角川新書、二〇一九年）、『シリーズ実像に迫る13　宇喜多秀家』（戎光祥出版、二〇一七年）、また渡邊大門『ミネルヴァ日本評伝選　宇喜多直家・秀家』（ミネルヴァ書房、二〇一一年）などもある。より詳細な事績については、これらの書籍を参照のこと。

（2）『岡山市史』第二（岡山市役所、一九三六年）。該当部分は永山卯三郎氏の執筆。

（3）金井圓「織豊期における備前―太閤検地の地域性の一例―」（同『藩制成立期の研究』十四章、吉川弘文館、一九七五年、初出一九五九年）、柴田一「戦国土豪層と太閤検地―宇喜多領における事例―」（『歴史教育』八巻八号、歴史教育研究会、一九六〇年）、長光徳和「美作の慶長検地について」（『岡山県地方史研究連絡協議会会報』三号、一九六一年）。

（4）『岡山県史研究』六号、岡山県史編纂室、一九八四年。

（5）『岡山県史』六巻　近世1（岡山県、一九八四年）。宇喜多氏に関する一章一節は朝尾直弘氏の執筆。

（6）寺尾克成「浦上宗景考―宇喜多氏研究の前提―」（『國学院雑誌』九二巻三号、一九九一年）。

（7）「備前軍記」を収録する刊本として、沼田頼輔旧蔵本を収める『吉備群書集成』三輯（吉備群書集成刊行会、一九二二年）を挙げておく。また、柴田一編著の現代語訳版『新釈備前軍記』（山陽新聞社、一九八六年）、それを内池英樹監修により再編集した『現代語訳備前軍記』（山陽新聞社、二〇二二年）も刊行されている。

（8）岸田裕之「備作地域の戦国時代と中世河川水運の視座」（同『大名領国の経済構造』八章、岩波書店、二〇〇一年、初出一九九二年）、しらが康義「天神山落城についての一史料」（『岡山藩研究』二三号、一九九七年）。
（9）『広島大学文学部紀要』五五巻特輯号二、一九九五年。
（10）『岡山地方史研究』九五号、二〇〇一年。
（11）光成準治『関ヶ原前夜—西軍大名たちの戦い—』（NHK出版、二〇〇九年）、渡邊大門「研究の現状と課題」（同『戦国期浦上氏・宇喜多氏と地域権力』序章、岩田書院、二〇一一年）、中脇聖「備前宇喜多氏研究の史料論に関するノート」（『十六世紀史論叢』六号、二〇一六年）。なお、これらに対しては大西泰正「宇喜多騒動をめぐって」（同『「大老」宇喜多秀家とその家臣団—続豊臣期の宇喜多氏と宇喜多秀家—』補論三、岩田書院、二〇一二年、初出二〇一〇年）、同「総論　備前宇喜多氏をめぐって」（同編『論集戦国大名と国衆11　備前宇喜多氏』岩田書院、二〇一二年）などの反論がある。
（12）なお、筆者は編纂史料の活用を積極的に模索する立場にあり、ここに述べた見解はかつて拙稿「書評　大西泰正著『豊臣期の宇喜多氏と宇喜多秀家』」（『日本史研究』五八六号、二〇一〇年）で示したものである。
（13）横山論文は『岡山地方史研究』一〇〇号（二〇〇三年）、畑論文は『愛城研報告』一二号（二〇〇八年）収載。
（14）ここでは大西氏の研究をまとめた主要な単著のみを紹介する。大西泰正『豊臣期の宇喜多氏と宇喜多秀家』（岩田書院、二〇一〇年）、同『「大老」宇喜多秀家とその家臣団—続豊臣期の宇喜多氏と宇喜多秀家—』（岩田書院、二〇一二年）、同『宇喜多秀家と明石掃部』（岩田書院、二〇一五年）、同『論集加賀藩前田家と八丈島宇喜多一類』（桂書房、二〇一八年）、同『宇喜多秀家研究序説』（私家版、二〇二一年）。同氏による秀家の評伝については前掲註（1）参照。
（15）前掲註（3）各論文参照。
（16）前掲註（4）しらが論文参照。
（17）真殿村検地帳写本の翻刻については、『赤穂市史』二巻（一九八三年）収録。
（18）寺尾克成「宇喜多氏検地の再検討」（米原正義先生古稀記念論集『戦国織豊期の政治と文化』続群書類従完成会、一九九三年）。
（19）拙稿「豊臣期大名権力の変革過程—備前宇喜多氏の事例から—」（『ヒストリア』二二五号、二〇一一年）。この点は寺尾氏も後に見解を改めている（寺尾克成「文禄・慶長期における宇喜多氏家臣団の構造―分限帳の分析から見る重臣層の負担―」〈『國学院雑誌』一一六巻三号、二〇一五年〉）。

(20)　この一斉寄進は、備前金山寺（現岡山市北区）の住持である遍照院円智が統括者となって実施されたとみられ、同寺に伝わる「備前国四拾八ヶ寺領并分国中大社領目録」（水野恭一郎・藤井駿編『岡山県古文書集』二　備前金山寺文書）により全貌が把握できる。それによれば、六十件の寺院、十五件の神社に計三〇〇〇石を配分する事業であった。前掲註（5）『岡山県史』においても、朝尾直弘氏による言及がある。

(21)　拙稿「豊臣期宇喜多氏における文禄四年寺社領一斉寄進の基礎的考察」（『年報赤松氏研究』二号、二〇〇九年）、同「豊臣期大名権力の寺社編成―備前宇喜多氏の事例から―」（『史敏』一四号、二〇一六年）。なお、この一斉寄進に関しては前掲註（18）寺尾論文、渡邊大門「豊臣期宇喜多氏検地再考」（前掲註（11）渡邊著書一部三章、初出二〇一〇年）など、収公寺社領の還付ではなく、新規寄進とみる見解も存在する。

(22)　秀家期の一門・重臣を概観する研究には、前掲註（19）拙稿、大西泰正「宇喜多秀家権力の確立過程」（前掲註（14）大西二〇一二著書一部一章）、渡邊大門「戦国織豊期宇喜多氏の領国支配―家臣団編成を中心にして―」（前掲註（11）渡邊著書一部五章）などがある。また、一門・重臣の個別研究としては、大西泰正「宇喜多忠家」（前掲註（14）大西二〇一〇著書三部一章、初出二〇〇五年）、同「浮田左京亮」（前掲註（14）大西二〇一〇著書三部二章、初出二〇〇七年）、同「長船紀伊守と中村次郎兵衛」（前掲註（14）大西二〇一〇著書三部三章、初出二〇〇六・二〇〇八年）、同「富川達安をめぐって」（前掲註（14）大西二〇一二著書三章、初出二〇一一年）、同「花房秀成の基礎的考察」（前掲註（14）大西二〇一二著書四章、初出二〇一一年）などがある。なお、明石氏の研究については別に取り上げる。

(23)　宇喜多氏権力内での明石氏に関する近年の研究には、小川博毅『史伝明石掃部―最後のキリシタン武将―』（橙書房、二〇一二年）、前掲註（14）大西二〇一五著書などがある。なお、明石氏の「客分」論は大西泰正「明石掃部の基礎的考察」（前掲註（14）大西二〇一五著書Ⅱ部一章、初出二〇一一年）で提起されたもの。

(24)　中村二郎兵衛尉についての個別研究としては、大西泰正「長船紀伊守と中村次郎兵衛」（前掲註（22）参照）、同「中村次郎兵衛の後半生」（前掲註（14）大西二〇二二著書三部補論、初出二〇一五年）がある。

(25) 例えば宝永六年（一七〇九）に高木大亮軒が執筆した地誌「和気絹」（『吉備群書集成』一輯、吉備群書集成刊行会、一九二一年）では、「然るに内室の腰添に中村二郎兵衛といふもの加賀より来る。此者生質多欲奸曲にして、弁舌を以て秀家へ出頭し、譜代の家老を蔑にして頻に多欲をすゝめ、長船紀伊守・浮田太郎左衛門・延原土佐など一味して、領内検地し、家中の名田を取上、其外四民に過役をかけ、金銀を蔵庫に満しむ。」と記されている。

(26) 前掲註（19）拙稿参照。

(27) 宇喜多氏分限帳の書誌学的考察については、拙稿「宇喜多氏分限帳の分析試論―諸写本の比較検討から―」（『史敏』九号、二〇一一年）参照。「宇喜多秀家士帳」は金沢市立玉川図書館近世資料館に架蔵される加越能文庫に含まれ、刊本では備作史料研究会編『備作之史料5　金沢の宇喜多家史料』（備作史料研究会、一九九六年）などに収載される。なお、分限帳を論の主軸とした研究には、拙稿「豊臣期宇喜多氏の構造的特質」（『待兼山論叢』四六号史学篇、大阪大学文学研究科、二〇一二年）、前掲註（19）寺尾論文、同「宇喜多氏分限帳編成の意図―秀家の新権力基盤の形成―」（『國学院雑誌』一一七巻四号、二〇一六年）などがある。

(28) 森俊弘「戦国・織豊期における宇喜多氏の家中編成（一）―主に「戸川家譜」・「浦上宇喜多両家記」を素材として―」（『岡山地方史研究』一五一号、二〇二〇年ａ）、同「戦国・織豊期における宇喜多氏の家中編成（二）―主に「戸川家譜」・「浦上宇喜多両家記を素材として―」（『岡山地方史研究』一五二号、二〇二〇年ｂ）、同「戦国・織豊期における宇喜多氏の家中編成（三）―主に同時代史料及び「宇喜多秀家士帳」の検討を通じて―」（『岡山地方史研究』一五七号、二〇二二年）。

(29) 久保健一郎「「境目」の領主と「公儀」」（岡山藩研究会編『藩世界の意識と関係』岩田書院、二〇〇〇年）、前掲註（10）森論文、同「宇喜多直家の権力形態とその形成過程―浦上氏との関係を中心に―」（『岡山地方史研究』一〇九号、二〇〇六年）、山本浩樹「織田・毛利戦争の地域的展開と政治動向」（川岡勉・古賀信幸編『日本中世の西国社会① 西国の権力と戦乱』清文堂、二〇一〇年）、拙稿「天正初期の備作地域情勢と毛利・織田氏」（『ヒストリア』二五四号、二〇一六年）など。

(30) 例えば近年、大西泰正「直家登場以前の宇喜多氏」（『戦国史研究』七一号、二〇一六年）、畑和良「宇喜多和泉守宛「晴政」書状再考」（『戦国史研究』八〇号、二〇二〇年）において、直家の系譜をめぐる議論が展開された。従来、軍記物等の叙述に拠るしかなかった時期の宇喜多氏周辺に関しても、徐々に研究が進みつつある。

（31）森俊弘「宇喜多秀家の生母について」（『吉備地方文化研究』一六号、就実大学吉備地方文化研究所、二〇〇六年）、同「秀家の生母、円融院（一）」（『宇喜多家史談会会報』二四号、二〇〇七年）、同「秀家の生母、円融院（二）」（『宇喜多家史談会会報』二五号、二〇〇八年）。

（32）大西泰正「宇喜多秀家論」（前掲註（14）大西二〇一〇著書一部一章、初出二〇〇九年）、同「豪姫のことども」（前掲註（14）大西二〇一二著書二章、初出二〇一〇年）、同「樹正院の基礎的考察」（前掲註（14）大西二〇二一著書二部、初出二〇一五年）、拙稿「文禄四年豪姫「狐憑き」騒動の復元と考察」（『岡山地方史研究』一三八号、二〇一六年）。

（33）前掲註（32）大西二〇二一論文、同拙稿のほか、大西泰正『論文集　宇喜多秀家の周辺（増補版）』（宇喜多家史談会、二〇一六年、初出二〇一五年）も参照のこと。なお、伏見宮家に嫁いだ秀家息女の存在自体は以前から知られていたが、彼女の戒名や養女であることなどは大西氏の研究により近年明らかとなった。

（34）前掲註（14）大西二〇一八・二〇二一著書、前掲註（33）大西二〇一六著書。

（35）前掲註（32）大西各論文参照。

（36）前掲註（32）大西各論文、および拙稿参照。

（37）秀家家督相続直後の宇喜多氏権力が、重臣合議により分国運営を行っていたとの指摘は、森俊弘「年欠三月四日付け羽柴秀吉書状をめぐって―書状とその関係史料を再読して―」（『岡山地方史研究』一〇〇号、二〇〇三年）を嚆矢とし、以来多くの研究者が言及するところである。大西泰正氏は前掲註（1）二〇一九・二〇二〇著書で議論を整理し、これに「集団指導体制」との呼称を与えた。

（38）大西泰正「宇喜多氏家臣の叙位任官」（前掲註（14）大西二〇一〇著書一部二章、初出二〇〇九年）。

（39）大西泰正「宇喜多騒動の経緯」（前掲註（14）大西二〇一二著書三部一章、初出二〇〇六年）。

（40）前掲註（5）参照。該当の記述のある一章一節は朝尾直弘氏の執筆。

（41）「戸川家譜」は宇喜多氏旧臣の戸川達安の庶子にあたる戸川安吉が、延宝七年（一六七九）以降間もない時期に執筆したものとされる（前掲註（28）森二〇二〇a論文参照）。翻刻は、国立公文書館所蔵の内閣文庫本が『早島の歴史』三巻（一九九九年）に掲載されている。
（42）前掲註（32）拙稿参照。
（43）前掲註（3）金井・柴田論文参照。
（44）前掲註（4）しらが論文参照。
（45）前掲註（39）大西論文参照。
（46）前掲註（19）拙稿参照。
（47）ここでの「初期御家騒動」は福田千鶴『幕藩制的秩序と御家騒動』（校倉書房、一九九九年）の分類にもとづく概念である。同書で福田氏は、近世初頭の大名権力内部において、主君と自律的な大身家臣との主従不和が騒動に発展するものをこれに位置付け、元和八年（一六二二）に出羽最上氏で生じた「最上騒動」を事例に挙げている。
（48）前掲註（5）参照。
（49）『岡山県立記録資料館紀要』八号、二〇一三年。
（50）『織豊期研究』一四号、二〇一二年。
（51）『吉備地方文化研究』一八号、就実大学吉備地方文化研究所、二〇〇八年。
（52）前掲註（19）拙稿参照。
（53）前掲註（19）寺尾論文参照。
（54）前掲註（27）寺尾二〇一六論文参照。
（55）前掲註（37）森論文参照。
（56）『倉敷の歴史』二六号、二〇一六年。
（57）『岡山地方史研究』一五四号、二〇二一年。

第1部

豊臣政権と宇喜多氏

Ⅰ　織豊政権と宇喜多氏

朝尾直弘

一、織田政権と宇喜多直家

天正元年備作の情勢

天正元年（一五七三）秋、宇喜多直家はそれまで本城とした上道郡沼城（現・岡山県岡山市。以降、岡山県内の地名の場合県名は省略する）を出て岡山城に入った。岡山城は、すでに三年以前城主金光与次郎宗高が直家のために沼城において謀殺され、直家の家臣戸川平右衛門・馬場重介が与力一二〇人を率いて在番していた。直家は、城の規模を拡張し、城下に侍屋敷を造営し、ここに家臣の主なものを住わせたと伝えている。直家時代の城と城下町の具体相を詳らかに知ることはできないが、吉備平野の中心にあって、旭川の水運により後背地と連繫し、瀬戸内海に開かれた岡山の地に築城したことは、直家の経綸のなみなみならぬことを示していた。

序章（『岡山県史』第六巻序章）にも述べたように、直家の築城は岡山における近世史の開幕を告げる事件であった。おなじ年七月、中央では織田信長が山城国宇治槙島城に将軍足利義昭を囲み、嗣子義尋を人質にとったうえ義昭を追放していた。室町幕府は崩壊し、ここでも近世の政治体制を模索するあゆみが始まっていた。岡山に進出して領国形成を志向する宇喜多氏は、京都を掌握する織田政権と、近隣で領国化をはかる諸大名、なかんずく中国統一の野望を隠さない毛利氏とのあいだで、時々刻々に変化する選択肢を誤りなく選択しないでは、その生存はおぼつかなかった。

信長は、義昭が「天下を棄て置かれた」ため自分が上洛して取静めたと説明し、毛利輝元に対し、将軍家のことは相談のうえで決めたいと報じた。義昭は毛利氏に頼ろうとしたが、毛利側はその態勢になかった。輝元は使僧安国寺恵瓊《えけい》を派遣するとともに、信長の側近に居た朝山日乗《ちょうざんにちじょう》を通じてそれらの意向を伝えている。日乗は出雲国朝山郷を本貫とし、美作の住人といわれていたから、何らかの縁故を有したのであろう。

この年十二月、織田政権との交渉に当った恵瓊は、とりあえず義昭が「此国江御下向なき事を」確認して帰国した。この時点で、㈠織田方の阿波・但馬への進攻は既定方針であること、㈡尼子遺臣山中幸盛の信長への歎願は認められなかったこと、㈢播磨・備前・美作三国の支配は浦上宗景に認められたことが明らかになっていた（『吉川家文書』六一〇）。信長は、「上《か》ミ下《しも》之間ニテ少々緩怠人も候ハヾ、もミ合則時に申付くべし」（同前書）といっている。緩怠は不注意や怠慢によって無礼または反抗をひき起すことをいう。下には中国・四国を含む西国一般をさすばあいと、九州に限定する用法とがある。前者なら、織田と毛利のあいだ、織田の勢力圏は但馬の半分まで、毛利のそれは備中まで、播・備・作は中間地帯である。後者なら「緩怠人」には毛利も含められることになるが、すでにおなじ時期信長は東北の伊達輝宗に宛てた書状で、五畿内は申すにおよばず「至中国任下知候《（ちゅうごくにいたりげちにまかせ）》」（『伊達家文書』）と広言しているから、その可能性も否定できない。いずれにせよ、天下統一への激しいエネルギーのうずまく中で、播・備・作地域の運命は予断を許さないものがあった。

宇喜多氏は百済《くだら》の出身で備前児島付近に土着し、三宅氏を名のったと伝えている（「浮田氏系図」）。十五世紀後半、文明年間（一四六九〜一四八六年）から確実な文書に現われ、備前国邑久郡邑久郷（現・岡山市）あたりを本貫とした土豪であったらしい。当時の守護赤松氏、守護代浦上氏のもとで国人として台頭し、十六世紀初頭浦上村宗のころ宇喜多能家が村宗の実権掌握に大きな寄与をした。

宇喜多直家（一五二九〜八一）は能家の孫に当り、十六世紀半ば頃、彼の二十代から活動を始め、三十代の初めには邑久・上道両郡を中心に備前南部を抑え、備中に進出して成羽の三村家親と戦い、家親を美作興禅寺（現・久米南町）に暗殺し、子元親の反撃を明禅寺（現・岡山市）の合戦にしりぞけ、その地歩を固めた。三十代の終り頃には、西備前で南北朝以来続いた国人の名門松田氏を金川城（現・岡山市）に亡し、美作に進出して花房職之を久米郡荒神山城（現・津山市）に置き、この地方の経略に当らせた。

直家のころ浦上氏は二家に分れ、長男政宗は播州室津から和気郡三石（現・備前市）に移り、二男宗景は和気郡天神山城（現・和気町）を本城としていたが、直家は宗景のもとにつきながら、無力な主家に代ってこの地方を統一する機会をねらっていた。信長が宗景に播・備・作三国の朱印状を与えたことは、備前にゆるぎない地位を樹立しつつあった直家にはがまんのならぬことであった。

宇喜多直家の備作制圧

機を見るに敏な安国寺恵瓊はこれをみてとり、播州広瀬の略取について信長の了解をとりつけ、安芸への帰途岡山で直家に会い、広瀬への出兵を約束させた。宇喜多氏は、織田・毛利両氏対抗のはざまで毛利の後押しを背景に、浦上宗景と戦うことになる。信長にしてみれば、この中間地帯に安定した権力ができればよし、できなければ吸収合併しようとのはらであった。直家にとっては、播・備・作三国の主となれるチャンスである。毛利側は、直家を支援して浦上宗景とたたかわせることにより、信長朱印状の権威をおとしめ、その圧力をしのぐことができるとみたであろう。

天正二年（一五七四）三月、直家は美作稲荷山城主原田佐高・佐信父子と盟約をかわし、宗景との断絶をつげた（原田家文書）。翌々年、宗景と結んだ美作高田城（現・真庭市）三浦貞広を攻め、これを降している。美作には山中幸盛や宗景を通して信長につくものもいたが、直家もよく枢要の地をおさえ対抗していた。備前でも、各地で宗景勢と直家勢の戦闘が続いた。

備中松山の三村元親は代々毛利と結んで勢力を拡大してきたが、毛利氏が父家親の仇である宇喜多直家と連携したのを見て怒り、背いた。そのかげには、信長が元親に備中・備後を与える約束をしたとの説もある。毛利輝元は小早川隆景とともに出陣、天正二年（一五七四）閏十一月笠岡から小田に陣をしいた。毛利方にしてみれば備中を版図に囲いこむ好機であった。毛利勢は国吉城（現・高梁市）・成羽城（同前）を陥し、翌年正月には隆景は成羽に陣を進め、さらに新見の杠《ゆずりは》城、総社の鬼身《きのみ》城を陥しいれた。これらはいずれも三村一族の守る城で、元親は手足をもがれ、三村勢は元親の籠る備中松山城と、反毛利強硬派といわれた三村（上月）隆徳の備前常山城（現・玉野市、岡山市）に追いこまれていった。やがて、天正三年（一五七五）五月小早川隆景は松山城を攻め、ついにこれを陥いれ、さらに六月常山城も落ち、名門三村氏は亡びた。毛利氏は備中の要所と備前児島の常山城を手に入れ、それぞれ部将を配置し、知行を与えて引揚げた。このとき、毛利が実力でこれらの地を奪ったことが、のち秀吉との交渉で有力な切札となったのである。

宇喜多直家はこの機会に備中にも勢力を伸ばすとともに、児島の常山城には毛利氏とともに城番を送りこんだ。こうして、つかのまではあったが一時の安定期が来た。周辺の憂いを断った直家は天正五年（一五七七）二月天神山城に浦上宗景を攻め、これを陥れた。宗景は消息を絶ち、浦上氏は没落した。十五世紀後半以降東美作と東備前に大きな力を有した浦上氏の滅亡は、直家の備前・美作における覇権をより確固としたものに近づけたといえる。直家ときに四十八歳であった。

だが、三村・浦上氏の没落は宇喜多氏をして直接に織田と毛利という強大な勢力と隣りあわせることになった。備前・美作を力でおさえただけに、それを巨大な隣人たちのあいだで維持し、支配を永続的なものとする課題が登場してきた。めまぐるしく変転する情勢の中でそれを判断しなければならない。

直家と公儀

最初の情勢の変化は外からもたらされた。天正四年（一五七六）二月、信長に追放され紀伊国由良《ゆら》に居た将軍足利義昭は、わずかな供をつれ備後国鞆浦《とものうら》に入った。義昭と近臣たちは、毛利・吉川・小早川氏をはじめ中国・四国の国人たちに「公儀御動座」と伝え、公儀の名のもとに、ともに信長と戦うよう呼びかけた。追放されたとはいえ将軍職はまだ改替されておらず、毛利勢は動揺したが、五月輝元が義昭の命に従うことを決意、山陰・山陽・瀬戸内の三方面から軍を東に動かし、織田・毛利関係は全面戦争へと展開した。

戦いは天正六年（一五七八）秋まで反織田戦線に有利であった。天正四年（一五七四）七月には毛利水軍が大坂木津川口で織田水軍を破り、籠城中の石山本願寺に兵粮を入れ、気勢をあげた。信長は、やはり義昭の働きかけを受けた東国の上杉・武田両氏の動向を気にしながら紀伊雑賀の一向一揆とたたかい、松永久秀の謀反を鎮圧し、ようやく天正五年（一五七七）十月になって羽柴秀吉を中国征討軍の将にすえ毛利攻めの態勢をととのえたものの、天正六年（一五七八）三月播磨三木城の別所長治が寝返り、十月には摂津守護荒木村重の離反にあうなど、苦しい対応に迫られていた。播磨上月城の尼子勝久を見殺しにしたのもこの間のできごとであった。

局面の転換をもたらした要素はいくつかあげることができる。織田水軍が志摩から回送した日本最初の甲鉄艦による毛利水軍の撃破〈天正六年〈一五七八〉十月〉、明智光秀による丹波平定〈天正七年〈一五七九〉六月〉。宇喜多直家の信長への従属〈天正七年〈一五七九〉十月〉などである。なかでも、この地域の戦略的情勢を一変させた意味では、直家の寝返りは毛利氏の前線を一挙に備中まで後退させたもので決定的であった。そして、この寝返りをもって、直家の人物を油断ならぬ策謀家とする評価が、毛利方の史料などによって定着している。しかし、直家の変心をその内面から考える必要があろう。そこにわれわれは「公儀」のもった意義を見出さないわけにいかないのである。

そもそも、信長がこれほど苦戦しなければならなかったのは、義昭が「公儀」の旗を掲げ、全国の大名・国人・本願寺等に強く呼びかけたことが素地にあった。さまざまな勢力が相対立した戦国時代にも、諸勢力がそれぞれの力では解決できない問題の調停・裁定を委任するルールはあった。諸勢力が互いに認めあい、京都の朝廷に聴《ゆる》された将軍が「公儀」を名のったのは、室町時代の後期からで、地方でも、たとえば毛利氏は安芸の国人層によって「公儀」と認められていた。それは実力の世に、その実力を正統と認証し、宣言する形式でもあった。備後鞆に居る義昭が「公儀」であることは疑いないが、その実質をそなえていたかといえば懐疑的な人々も多かったであろう。

信長は天正六年（一五七八）四月右大臣・右大将の両官を辞し、翌年五月完成した安土城天守に入り、京都朝廷から一歩距離をおいたところで独自の新しい政治権力をつくろうとした。一方、安土城と並行してつくった京都二条の屋敷を皇太子誠仁親王に献上し、ここが二条御所とよばれ、事実上朝廷の政務が多く行われるようになる。その他、信長は種々の方策を講じて天皇・公家をとりこみ、諸権門の上に立つ権力をつくり出そうとした。それを背景にちょうど六月ごろから、信長を「公儀」とよぶ動きが織田政権を中心に現われてきた。九州の大友義統、小田原の北条氏政らが使者を送り、信長の執奏により任官叙位、或は参内をとげた。武士の官位奏請権は将軍が掌握していたものである。それが信長の手に入ったのである。逆に、足利義昭を「公儀」とよんだ史料は天正七年（一五七九）四月を最後に見ることができない。すなわち、「公儀」は事実の問題として、天正七年（一五七九）に義昭から信長へ移ったのである。

　宇喜多直家の態度が明確でなくなったのは天正七年（一五七九）に入ってからのことで、秀吉の折衝により九月に一度信長への帰服を申し出たが、このときは信長によって突き返されている。しかし、秀吉の再度のとりなしで十月末に結着をみ、名代として宇喜多基家が信長の嫡子信忠の摂津の陣所に行き、直家自身は播磨の秀吉のもとに赴いて礼を述べ、確定した（『信長公記』）。「備前軍記」が「このとき信長公執奏ありて、直家従五位下に叙爵ありけるとぞ」と記している点に注意したい。直家は制圧した備前・美作の国主としての地位を、「公儀」によって確認されることを望んだのである。織田政権の「公儀」化が直家をして織田氏を頼らせたのであった。直家は二年後に死去したが、天正十年（一五八二）正月宇喜多家の家老衆が安土城に行き、秀吉のとりなしを得て、十歳の八郎（秀家）に跡目相続を認められた。備前・美作両国を支配する「家」として、宇喜多家が公認されていたのである。

高松城水攻め

毛利方は織田政権の「公儀」に従わず、激突の日は近づいていた。天正八・九年（一五八〇、一五八一）は、美作・備前と備中の国境沿いに羽柴・宇喜多軍と毛利軍の小ぜりあいが続いた。天正十年（一五八二）三月、秀吉が播磨・但馬・因幡三国の兵を率いて姫路城を発し、四月岡山城で宇喜多軍と合流、備中に入り、冠山・宮路山の二城を陥れ、鴨城を攻め、ついで高松城（以上、現・岡山市）を囲んだ。

高松城の城主は清水宗治、三方が深田の地形を利して防備を固め、秀吉の誘降に応じなかった。五月八日から秀吉は折からの梅雨を利用し、堤を築いて足守川をせきとめ、城を水中に浸そうとした。築堤の高さは七・二メートル、幅は基層で二一・六メートル、頂上で一〇・八メートル、長さ三キロメートルにおよぶ巨大なものであった。舟三〇隻に石を満載して沈め、石・木・柴をつめ、土嚢《どのう》を積んだが、土嚢一個運搬するごとに銭一〇〇文・米一升を与えたと伝えている。近隣の百姓たちが大動員されたであろう。大規模な土木工事であったが、貨幣経済の利用が効を奏したか、一二日間で川流の閉塞に成功、五月十九日にはおよそ一八八ヘクタールの水面に高松城が浮びあがった。秀吉は堤上に柵を設け、数百メートルごとに番所を置いて監視させた。

毛利の援軍は五月二十一日に到着、本陣を猿懸（現・矢掛町）に置き、吉川元春・小早川隆景の先手がそれぞれ岩崎山（現・岡山市）・日差山（現・倉敷市）に陣をしいた。秀吉は石井山、宇喜多忠家は八幡山（以上、現・岡山市）、その他諸将が陣取り、両軍期せずして高松城をはさんで対峙の形勢となった。人数は正確ではないが、羽柴軍二万、宇喜多軍一万に対し、小早川・吉川軍三万、毛利軍一万、城内に清水軍三〇〇〇と援軍二〇〇〇といわれており、秀吉はこのため信長に支援を要請した。

あとわずかで城が水に浸されるという六月二日、中国出陣の準備で京都に来ていた織田信長は、やはり山陰路出陣を命じられた明智光秀の軍が頭をめぐらして老坂《おいのさか》を越え入京したのに気づかず、宿所の本能寺に四十九年の生涯を終えた。清水宗治が城中の将兵を救うため自決を申し出たのと、秀吉が本能寺の変を知ったのと、どちらが先であったか正確に知ることはできない。高松城の危機が目前にあったことは確実であり、毛利勢がなすすべもなく、それを見守っていなければならなかったのも事実である。六月四日宗治は水中に浮べた小舟で切腹し、即日、秀吉は毛利氏と講和を結んで撤収した。毛利氏は、五〇〇〇の城兵を見殺しにしたとの非難を避けるため講和に応じたといわれる。

秀吉の差出したとされる起請文の写第一条に、「被対公儀《（こうぎにたいされ）》御身上御理《（おことわり）》之儀、我等請取申候条、聊以不可有疎略事《（いささかもってそりゃくあるべからざる）》」とあり、「公儀」に対して毛利の身柄を秀吉が預かったことを明記している（「江系譜」）。この戦争は毛利氏にとって勝手のちがったものではあったが、敗北であったことはたしかである。備中・備後・美作・出雲・伯耆五カ国の放棄を約束したとされるのも、この段階では無理からぬことであったと思われる。秀吉の去った後、本能寺の変を知ったが、毛利氏には長駆上方までそれを追跡する力はなかった。

二、宇喜多分国の成立

中国の国分け

羽柴秀吉は天正十年（一五八二）六月、山崎の戦に明智光秀を破り信長の怨みを晴らし、翌年四月賤ヶ嶽の戦に柴田勝家を斃し、信長の後継者としての地位を確定的なものとした。秀吉は勝家が越前北庄城に自殺した直後、五月十五日付でそのことを小早川隆景に報じた書状において、次のように述べて覚悟のほどを示し、毛利輝元の服属をせまった。「東国は氏政（北条）、北国は景勝（上杉）まで筑前（秀吉）覚悟に任せ候、毛利右馬頭殿（輝元）秀吉存分次第に御覚悟なされ候へば、日本の治、頼朝以来これにはいかでか増すべく候哉、よくよく御異《（意）》見専用に候、七月前に御存分これあるに於ては、御心をおかれず仰せ越さるべく候、八幡大菩薩、秀吉存分候はばいよいよ互いに申し承るべく候事」（『小早川家文書』九八〇）。

ここにはいくつか重要なことがらが示されているが、一つは「日本之治、頼朝以来」と秀吉が源頼朝以来の武家政治の伝統を意識し、将軍として権力を樹立しようとしている点であり、二つには、そのために毛利輝元の協力をもとめ、毛利氏との交渉の期限を七月までと限った点である。名ばかりとはいいながら、依然として将軍の職にある足利義昭が備後鞆《とも》に居ることをにらんでの申入れであった。将軍の問題については、賤ヶ嶽の戦の前に帰洛の交渉がなされており、あるていど合意がみられていたが（『毛利家文書』一〇一四）、義昭が勝家と結び、毛利勢に秀吉と戦うよう出兵を要請したため御破算となり、毛利勢はしばらく形勢を観望するかたちとなった（奥野高広『足利義昭』）。しかし、秀吉の動きは毛利の予想を上廻ってすばやく、本能寺の変後一年を経ぬうちに畿内近国の覇権を手中にしたのである。

秀吉は右の書状で、七月中は兵を休ませるが、いたずらに兵をかかえているわけではないから、いずれ国境へ出かけ「境目之儀をも相立て、連々御等閑《なおざり》なき験《しるし》をも相見申すべく候条、よくよく御分別あり、秀吉腹を立てざるように御覚悟尤《もっとも》に候事」と豪語した。秀吉にとっては中国の国分け、即ち境目と領知を確定し、地域の支配を安定させるところに大きなねらいがあった。そもそも秀吉と輝元の間には高松城講和のさい内内の約定があり、秀吉のいい分では、毛利氏は備中・備後・美作・出雲・伯耆五ヵ国の割譲と人質二人の差出しを誓約しており、このたびももっぱらその履行をせまったのである。「御等閑なき験を」見たいといっているのはそのことをさしている。

しかし、輝元は家臣に対して備・作に知行を与える約束をしており、事実、一部の勢力は備中・美作だけでなく備前にまで浸透したものもいた。毛利家中のなかでは、高松講和の誓約は織田信長に対するもので、秀吉に対しては拘束されないとの立場をとるものが多かった。輝元の家臣団統制力はあまり強いものではなく、国人たちの領知拡大欲を十分におさえきれないところがあり、それが毛利方のかたい姿勢となって表われていた。また、五ヵ国の割譲が口頭の諒解事項で、起請文の文面には載せられていなかったことも混乱の一因となっていた。このため、天正十年（一五八二）六月の山崎の戦の直後から始まっていた両者の交渉は難航し、その後一年半におよぶ長期折衝となったのである。

「京芸和睦」の経過

天正十一年（一五八三）七月以降、毛利方は安国寺恵瓊と林就長を大坂に派遣し、秀吉側は中国経略を担当した蜂須賀彦右衛門（正勝）・黒田官兵衛（孝高）が取次となり、交渉が行われた。秀吉の要求は先の二条のうち人質の問題が最も早く解決し、九月には小早川元総（秀包）と吉川経言（広家）が大坂に赴き、おそらくこれと引替えに備後・出雲の領有が毛利氏に対して認められた。十二月ごろ、秀吉側の要求は、備前・美作二国のほか備中外郡二郡の割譲で、備中川切（高梁川を境界とすること）、伯耆は六郡のうち三郡の引渡し、他に児島と伊予来島の引渡し、人質および縁組の件にしぼられてきた（『毛利家文書』八五九）。備中外郡二郡については毛利側はその引渡しに応じたが、なお備前虎倉（現・岡山市）・児島、美作岩屋（現・津山市）・高田（現・真庭市）、備中松山などの諸城をかかえて放さず、備中内郡の帰属も懸案としてのこされている状態であった。虎倉・岩屋には作州衆が入っており、来島は来島氏が秀吉側に寝返ったため、毛利方が怒り占領していた。

恵瓊が輝元に対し、「山名・赤松・土岐・細川・朝倉などのようなる衆、大名だてにて跡もなく失せられ候」と、広く天下の形勢を見るよう説得し、秀吉の軍隊と毛利の軍隊を比較して、秀吉勢は戦争となれば十日のうちに大軍が出てくるだろうが、毛利勢は人数もすくなく、米銭もなく、動員に三十日や五十日はかかるだろう、「御弓矢になり申候はば、十に七、八は御負けたるべく候、足もとの御用心専一に存じ候」（『毛利家文書』八六〇）といったのはこのころのことである。

美作は、小早川隆景の表現によれば、「これはさらさら用にも立ち候わぬ儀にて候、かほど遠く候とも舟路などにて候へバ各《おのおの》配りにも仕り候て、（知行の）五十、三十宛は取り候ずれども、舟などの通い候はず候山家《やまが》にて候へば、その詮《かい》なく候」（同前書八二九）といった国であったから、毛利方の本音としては維持するに難く、あまり深入りしたくはなかった。しかし、美作高山城でたびかさなる羽柴・宇喜多連合軍の攻撃・誘降を退けていた草苅太郎左衛門（重継）のような武将がなお各所で戦っていて、説得に手間どっていたのである（『萩藩閥閲録』巻三四）。

天正十二年（一五八四）正月になると、この時までに虎倉・升形城は秀吉側に接収され、伊賀与三郎家久の備中加茂城、草苅氏の高山城も接収が決定していた。しかし、備中内郡は未解決で、美作高田・備中松山・備前児島・伯耆八橋の諸城も決着がついていない。秀吉は蜂須賀・黒田の両人に対し、抵抗する城は包囲して干殺しにせよ、誓約を守らないなら、このさいもとにかえって五ヵ国取上げを実行するのによい口実だといっている（『小早川家文書』二七八）。しかし、このあと交渉はさらに一年ずれこんだ。それは主として秀吉側の事情である。秀吉はこの年、征夷大将軍への実をあげようと東征を志し、徳川家康と対決し、長久手の戦に阻まれた。秀吉の権力確立への戦略は大きく転換し、公家官職の最高位である関白となり権力を樹立する方向へと進んだ。十一月、秀吉は従三位権大納言となり、公卿《くぎょう》の地位に昇る。

先に人質として大坂に送られた小早川元総は秀吉に従軍し、一〇万の大軍が木曾川デルタの大河を堰きとめ、敵城を水責めにする様子など、新しい戦争をつぶさに見ている（「厳島野坂文書」）。秀吉は元総の従軍を好感し、おなじく人質でいた大友宗麟の女を養女として元総に娶らせ、一字を与えて秀包《ひでかね》と改名させたうえ、河内国に一万石を与えた。高梁川の境界より東にある備中松山や伯耆八橋の帰属を毛利氏に認めたのも、このためといわれる。こうした秀吉の統一への意欲、不屈の努力、ならびにその実績は、毛利方の態度をしだいに柔げさせ、ついに天正十二年（一五八四）十二月二十六日大坂城において、秀吉の猶子秀勝と輝元の女との祝言が挙げられるにいたった（「宇野主水日記」）。秀勝は信長の子で於次《おつぎ》丸といい、子のない秀吉が嗣子としてもらいうけたもので、秀吉に従って中国に出陣し、具足初めの初陣に児島を攻めたという経歴をもっていた。当時十七歳と推定され、丹波亀山城主であった。この縁組成立を機会に、中国国分けをめぐる「京芸和睦」は一段落を告げる。まもなく、小早川秀包の帰国も認められ、やがて四国出陣に隆景とともに伊予での戦功をたて、人質としての制約も解かれた。

しかし、最終的な領国の確定は実に天正十九年（一五八一）三月の領知宛行状（『毛利家文書』九五六）をまたなければならなかったのである。このとき、毛利輝元は安芸・周防・長門・石見・出雲・備後・隠岐の七カ国と伯耆三郡および「備中国之内」を含め、総計一一二万石の領知を認められた。この中には小早川隆景分の六万六〇〇〇石、吉川広家分の一一万石などが含まれていた（『毛利家文書』九五七）。それまでは、なお未確定の部分を多く残しながら推移したとみるのが事実に即しているといえよう。たとえば、ある時期（九州平定後と推定されている）秀吉は、「備中残分・伯耆残分・備後・伊予」を輝元が差出すなら、豊前・筑前・筑後・肥後の四ヵ国を与え、九州大名の取次を任せるとの提案をしたこともあり（同前書九五五）、毛利氏をその本領である安芸以西に押出そうと考えていたことはたしかである。現に小早川隆景は、宿願の伊予を秀吉の四国征伐に協力して手に入れながら、九州平定後伊予を返し、筑前・筑後・肥前一郡半の領有を強いられてしまった（同前書九八一）。

宇喜多領国の形成

宇喜多秀家の領国は、このような豊臣政権の統一過程における毛利氏との「中国国分け」の中で成立した。秀吉は多忙な日常にあって、当時八郎と呼ばれた秀家に対してしばしば書状を送って情勢を報じ、「西表相替儀無之《にしおもてあいかわるぎこれなき》」ことを確認し、いずれ「西国之表裏者《ひょうりもの》」すなわち毛利氏を成敗すると述べていた（『小早川家文書』四〇七・二七七）。宇喜多氏の大名権力は、豊臣政権の対西国戦略の第一線を確保する目的のもとで、政権の強いテコ入れを受けながら成立した。

テコ入れの具体策として秀吉のとった方策は、一つには秀家の身内《みうち》化と官位昇進による保護である。本能寺の変当時十歳であった八郎を子のなかった秀吉は猶子《ゆうし》とし、みずからの一字を与えて秀家と名のらせている。そればかりか、おなじく秀吉の養女になっていた前田利家の四女豪姫と婚約させ、聚楽第ができるとその一郭に住まわせた。秀吉が関白になると豊臣姓を与え、翌天正十五年（一五八七）八月には一挙に従三位参議に任官させ、秀家は備前宰相とよばれた。十五歳の少年である。この地位は豊臣政権において秀吉を除くと、織田信雄・徳川家康・羽柴秀長・同秀次

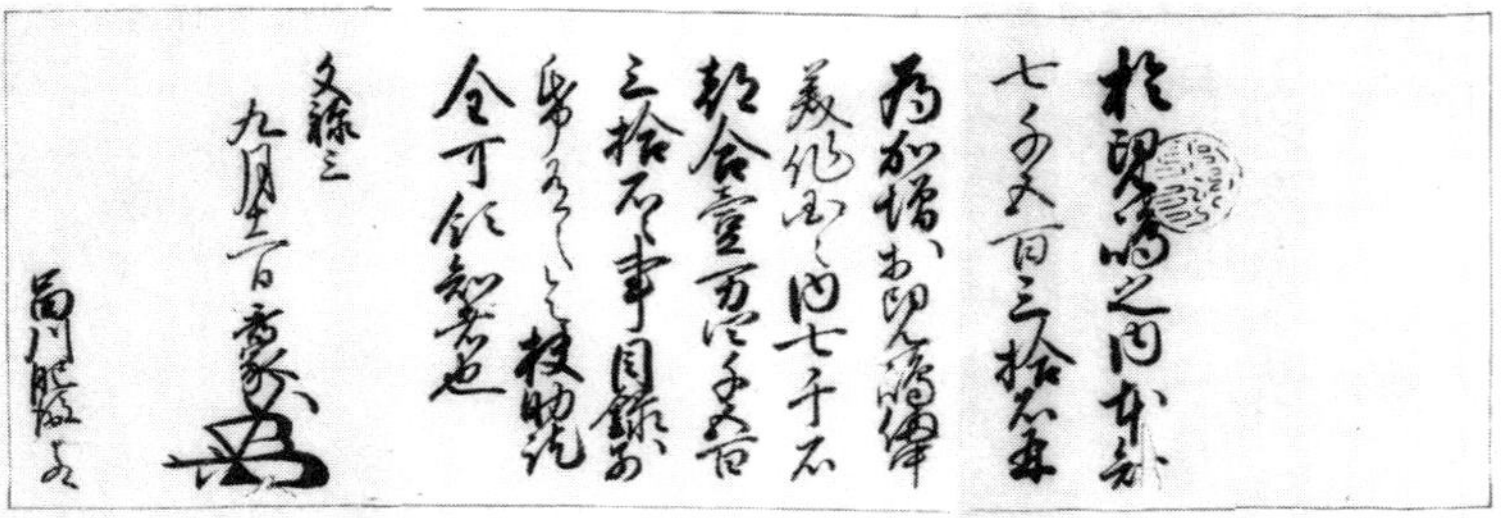

写真１　冨川宛領知宛行状（東京大学史料編纂所影写本）

に次ぎ、前田利家より上の位置にあった。聚楽第行幸にさいして諸大名が三ヵ条の起請文をあげ、秀吉に服従を誓ったとき、右の六人は他の二十三人の大名とは別に誓紙をあげており、別格であったことを示している。信雄は平氏、家康は源氏を名のり、他の四人が豊臣氏であったから、子に恵まれない秀吉のもとにあって、秀家がいかに寵遇をうけたかがよくわかるのである。文禄三年（一五九四）には権中納言に任じ、すぐやめたが以後備前中納言の通称をもってよばれ、のちには五大老の一人にまでなった。

秀家は、しかし領国支配に彼自身がさほど意を用いた気配が感じとれない。むしろ、国人の家老衆が政治の実権を動かしていたのではないかと見られている。秀家の権力は強大な秀吉の権力によって背後から強くささえられていたのである。そのことを示すのが、重臣冨《（戸）》川肥後守（逵安《みちやす》）に宛てた知行宛行状（写真1・秋元家所蔵文書）である。これは秀家が逵安の本知児島の内七五三〇石に、児島・備中・美作の内七〇〇〇石を加増、計一万四五三〇石の領知を与えたものであるが、その袖に秀吉の朱印が押されている。即ち、秀家の知行宛行を秀吉が査閲・承認したことを示している。冨《（戸）》川氏はもとは宇喜多氏と同格の国人であり、秀吉の執奏によって従五位下に叙位している。この種の有力武士に対しては秀吉みずから朱印状を交付した例もあるので、宇喜多氏配下のすべての武士がこのような知行宛行状を受けたとは考えられず、特別な扱いであったとみられるが、にもかかわらず、冨《（戸）》川氏が宇喜多秀家の家臣団に組みこまれるにさいして秀吉と豊臣政権の力が働いていたことを十分に推測させるに足りるであろう。皮肉なことに、秀家同様秀吉の猶子となり、秀家没落後その領国を受継いだ小早川秀秋が文禄四年（一五九五）に筑前・筑後で発給した給人知行目録において、秀吉朱印の押捺が見られる。それぞれに固有の事情はあるとしても、両者に共通する側面―土着の給人層に対する大名自身の統制力の弱さ―も見逃すことができないであろう。

さて、宇喜多秀家の領国については、従来備前・美作および備中東半とされてきた。備前・美作にかんしてはさほど問題はなく、『秀吉事記』なども「備前・美作ノ守護羽柴八郎秀家」と記し、類書にも同様の表現が散見される。しかし、備中東半については、「中国国分け」の過程でしばしば備中の帰属がとりあげられていることからもわかるように、あいまいなままに推移し、それが長い間誤解を生むもとにもなった。

豊臣政権の最終段階での状況を示す慶長三年（一五九八）の大名知行高を「日本賦税」によって見ると、「一、四拾七万四千石　備前・美作　宇喜多中納言秀家」とあり、備中は記されていない。正保二年（一六四五）の江戸幕府作成の村高帳の国高は、備前二八万二〇〇〇石、美作一八万六五〇〇石で、右の数字はその合計に近い。五〇年間の石高の増加を考慮しても、宇喜多氏の備中領がそれほど大きなものであったとは思えない。毛利家の側からみると、輝元の八カ国領有時代の分限帳編集の基礎史料となったといわれる「八ヶ国御配地絵図」（毛利家文庫）の備中国絵図には、都宇・窪屋二郡を欠いている。これらの点から考えると、備中の宇喜多領国は本章第四節（『岡山県史』第六巻第一章）で推定されているように、高梁川以東のうち南部の一部（右の二郡）に限られていたのではないかと思われる。

このほか、播磨国にも所領があった。天正七年（一五七九）直家が織田信長に帰属したとき、備前・美作両国と播磨国赤穂・佐用二郡を所領として認められた（「海老名文書」）。この地はその後秀吉によって生駒親正に与えられたが、親正が讃岐国に移された天正十五年（一五八七）ごろ、赤穂郡のみが再び宇喜多秀家に与えられている（『赤穂市史』第二巻）。

三、検地と朝鮮出兵

宇喜多検地のなぞ

備前・美作四七万四〇〇〇石の領知石高は、もちろん検地によってきまったもので、豊臣政権以前に存在したわけではない。現存する秀家の知行宛行状は、「美作古簡集」など記録に見えるものも含めて、天正十五年（一五八七）以降はほぼ石高表示にのっとっており、天正十一年（一五八三）までは貫高表示をとるものがみられる。したがって、宇喜多領国において、この間すくなくとも一部において検地が行われ、石高表示ひいては石高制に移行したことはまちがいない。にもかかわらず、県下に太閤検地帳が一点も発見されていないのはどういうわけであろうか。

宇喜多秀家は秀吉の奥羽仕置にさいして白川近辺の検地を担当したこともあり（『浅野家文書』五九）、検地に熟練した技術者を抱えていたことは疑いなく、げんに領地の播磨国赤穂郡真殿村には、文禄三年（一五九四）の検地帳が一冊残されている。この帳は写しであるが形式・内容から見て当時を距ること遠くない時期の帳と判断され、宇喜田（多）河内守・宇喜多土佐守（忠家）の署名がある。いずれも「宇喜多家分限帳」に載せられた秀家の家臣であり、秀家が家臣を奉行として検地を行ったことは事実と考えられる。

太閤検地帳が残っていないことについては、池田氏が入封にさいして旧帳を回収したとの説がある。輝政は慶長五年（一六〇〇）播磨姫路城に入ったが、翌年ごろから年貢増徴をめざし村高の二割ほどを打ち出すきびしい検地を実施した。そのため、検地に先立って旧太閤検地帳を回収し、それぞれの田畠の品等別に斗代をほぼ二割増しに修正して村高を決定したとするのである（『赤穂市史』第二巻）。回収説は備前もこれに準じたと見ている。この説明は播磨についてはある程度論証されているが、備前についてはまだ明らかでなく、また美作にかんしての説明も不十分であるが、いまのところそれ以上の事実が明らかでないので、とりあえずは可能性の高い説明であるとしておこう。

つぎに、宇喜多氏が検地を実施したことについては「備前軍記」などにもみえるが、それを太閤検地とみてよいかという問題がある。辞典などによると、備前・美作を太閤検地の行われた国に入れないのが普通である。その理由は、検地帳の未発見に加えて、検地奉行が宇喜多氏の家臣であって、豊臣政権の奉行人でなく、また、検地が実際に竿入れ測量をした証拠が発見されていないところにあるといえよう。しかし、宇喜多検地は太閤検地とみなしてよいと思われる。太閤検地は、秀吉の政権掌握後年次を追って段階的に全国に拡大されていったが、その最初に全国一斉に実施されたのは天正十九年（一五九一）のいわゆる「天正の石直し」である。このとき国ごとに知行御前帳《ごぜんちょう》を作成し、十月中の提出が命じられた。そのさい、一国支配の貫徹している国持大名は、その責任において帳を作成、提出したのである。それは必ずしも一筆ごとに測量したものでないことも多かった。島津氏のように辺境の後進地を知行する大名は独自の帳づくりは「中々なるましき事」であって、島津義弘が国元へ指示した書状によれば、村数・屋敷・田畠と種子蒔足《まきあし》を付け、国桝《くにます》で米・大豆の収納量をしるして京都へ提出したら、専門技術者が京桝に換算して本帳を作成してくれると述べている（「薩藩旧記雑録後編」巻二六）。蒔足は薩摩に独特な面積表示で、土地に蒔いた種子の量で面積を表わすという素朴なものであった。これを三〇〇歩＝一段、で換算し、上中下の品等をつけ、京桝の石高に直すのは、畿内近国を中心に全国から動員された地方《じかた》巧者＝技術者であって、丹波の一農民はこのため京都に四十七日間カン詰めになって本帳作成作業に従事したと伝えている（嵐瑞徴「丹波の太閤検地について」『兵庫史学』二四号）。

宇喜多秀家は備前・美作の国主であり、しかもその地位は豊臣政権成立の早い時期に決定し、かつ秀吉の身内的な大名であった。このような場所には、中央から奉行が来て直接竿入れすることは原則としてなく、ただ基準の指導がなされたにとどまる。複数の領主が居る国は領主間調整の必要があり、また被征服地は検地のうえ知行配分を行ったので、それぞれ豊臣氏奉行の介入もしくは直接検地を受ける必然性があった。備前・美作にはその要素はない。さらに、検地技術者の点からみても、中央の作業に人員を供給する側であっても、派遣を受ける側ではなかった。これらの理由から、宇喜多領の検地は天正年間（一五七三〜一五九一）に部分的に積重ねられ、一方、政権の中枢を構成する大名の格を示す石高が備・作両国に上から設定されるなど、両面から行われたと推測され、それが天正十九年（一五九一）の御前帳にもそのまま太閤検地として認められたのではないかとみられるのである。

寺社領への対策

それでは宇喜多検地は天正十九年（一五九一）に実際に竿入れされたのかというと、恐らくそうではあるまい。宇喜多家臣団の中核は在地に勢力を張った国人層であり、形式的には戦国大名の指出検地に似た体制が主で、領内全般に竿入れが行きわたっていたとは思えない。その点を間接的に示すのが寺社領掌握のあり方である。

宇喜多秀家は、天正十六年（一五八八）八月二十七日付で諸山寺中に宛て、その寺領の安堵を認めるとともに、勤行の専修と国家安全の祈念につとめることを命じた下知状を下した（金山寺文書）。この年四月聚楽第行幸の儀があって豊臣政権の基礎は大いに固まり、秀家の権力も安定した。それを背景として、国主の権威をもって諸山に下知を下したのである。

同時に、各寺領の検地を行っている。長法寺領に対しては「宰相《秀家》殿様上使衆」として、花房湯甫・宇喜多平十郎・足立菅十郎の三名を派遣し、小幡《長法寺》寺領田二町九段一五代・畠二段三五代、坊領田三町五段三五代・畠一町四段三〇代、公文分田五段三〇代の寺領書上をなさしめた（長法寺文書）。安養寺に対しては、翌年金谷重兵衛・砂藤《角南》左衛門・砂《角南》宗左衛門の三人によって正税帳が作成され、田畠一三町六段五代一八歩、米五四石一斗五合・麦一二石八斗四升二合・大豆七石一斗三升七合を検出した（安養寺文書）。恐らく、各寺院でこのような帳が作成され、寺領書上と対をなしていたと思われる。この帳の記載様式は、

入田一所田卅代　米壱斗四升　入田作助右衛門尉　今ハ入田又四郎作
同所一所田廿代　米四升　小中山作五郎右衛門尉
同所一所田廿五代　米壱斗弐升　作万福寺

などというもので、地字・田畠面積・分米・作職保有者を書上げているが、面積表示は町・段・代・歩制（一段＝五〇代）をとっており、太閤検地の原則となった町・段・畝・歩制をとっていない。しかも、ここでは田の分米は石高表示されているが、翌年三月なんらかの理由で一六筆の田畠が金谷重兵衛の署判で「社免寺へ返分」として返却加筆されたとき、その分の年貢は「以上米銭并八貫六百廿五メ」と貫高表示をとっており、同年八月寺で作成した坪付帳も一筆ごと貫高表示となっている。その斗代も田一段あたり米一斗から一石一斗まで斗きざみに分散し、畠は麦・大豆を基本としていた。これらの理由から、天正年間（一五七三～一五九一）の寺社領検地は太閤検地の基準原則によっておらず、天正十九年（一五九一）の「天正の石直し」にさいしては、恐らく島津領のごとき換算を行って「石直し」

を行ったものと思われる。

ただし、寺社への対策としてみた場合、この検地がたんに旧来の寺社領を寺社側の差出目録にもとづいて実見した程度で、年貢も慣行をそのまま認めたものであったかといえば、それには疑問が残る。それは、長法寺領の書上に「宰相殿様上使衆案文」と注記され、この寺領目録が上使衆の主導で作成されたことを窺わせている点、および、先述のように安養寺領正税帳が奉行の手で作成された後、翌年になってさらに奉行の署判で一部の田畠が「返分」として認められた点にかかわっている。返すという以上は、いったん取上げられたと考えるほかない。寺領安堵は旧領を寺のいうままに認めたのではなく、国主の派遣した上使＝奉行衆によって検地を行い、安堵された分以外の寺領は没収されたのである。

豊臣政権の寺社領政策

右のような寺社に対する方針は、豊臣政権の政策として明確にされていた。天正十九年（一五九一）三月十三日秀吉が毛利輝元に与えた領知朱印状は、中国国分けの最終的結着を示す文書であるが、それと同日に出された知行目録朱印状の第一条に、「寺社領事、弐万石分、輝元次第に可立置支配《しはいをたておくべし》、不入寺社之儀、其方次第可弃《棄》破事」（『毛利家文書』九五七）と記されている。秀吉は九ヵ国にわたって合計一一二万石の領知を輝元に認めたが、そのうちに二万石分だけを寺社領とし、どの寺社にどれだけ領地を与えるかは輝元の胸三寸に任せた。これまで「守護不入」の特権をもつ寺社も、輝元の判断で棄破してよいとしたのである。この一条が領知知行目録の冒頭に記されていることは注目される。それは国主に寺社を取捨する権限を容認したものであった。翌年、島津氏仕置に派遣されていた長岡藤孝宛の朱印状にも「寺社領之事、先令内検地《まずうちけんちせしめ》、当所務ゟ《より》義久蔵納ニ可仕事《つかまつるべきこと》」（『島津家文書』三六七）と指示し、さらに当の島津義久に対して、「其方台所方不如意旨、被聞召及《きこしめしおよばれ》候之条、大隅・薩摩両国寺社領事落取《おとしとり》、蔵入ニ可被申付《もうしつけらるべく》候、其方者神者候間、可為迷惑《めいわくたるべく》候へ共、従公儀被仰出事《こうぎよりおおせいださることに》候間、更以非私《さらにもってわたくしにあらず》候条、無其機遣可申付《そのきづかいなくもうしつくべく》候、但、立置度《たておきたき》寺社事者相除、其外者被落取《おとしとられ》、台所方心安様ニ可被申付《もうしつけらるべく》候」（同前書三六八）と念を押している。

ここに示されている原則は、まず領内検地に先立ち、寺社領の検地を行い、それを大名の蔵入地（台所入）＝直轄領にするということである。「神者」は信仰心の篤い者という意味であろう。秀吉は義久が「神者」だからやりにくいだろうが、これは「公儀」の命令であるから決して私のことではない、気遣いなく命じよ、そして「立置」＝存置させたい寺社は別にして、其他は没収し、蔵入を安泰にするようにといっている。大名が蔵入地を拡大し、その権力強化をはかるのを、豊臣政権は「公儀」の名のもとに強力に支援したのである。島津氏がこのとき島津歳久らの反乱鎮圧直後であった事実に示されるように、各大名とも国内での主権確立に苦労していた。国人層を家臣団として統御する課題は、ひとり宇喜多秀家だけのものではなかった。豊臣政権は「天下静謐」を実現するために、まず国ごとの大名領主権確立をめざし、その一方途として国内寺社領の大名蔵入地化を推進したのである。

宇喜多領国の支配は、豊臣政権にとって、ある時期までその中国・九州政策のパイロット・プランともいうべき位置におかれていたから、右のような方針は、毛利領・島津領のそれに先立ってすでに実行に移されていたと考えても無理はない。

文禄の寺社領検地

この方針を一歩進めたのが文禄三年（一五九四）から翌年にかけて実施された検地である。

文禄四年（一五九五）十二月吉日付で宇喜多秀家は遍照院豪円に対し、「備前国四拾八ヶ寺領幷分国中大社領目録」を交付した（金山寺文書）。遍照院豪円は金山寺中興の僧といわれた人物で、宇喜多領内寺社の総管者的地位におかれたとされている。この目録は宇喜多領内六〇ヵ寺・一五社に対して、総計三〇〇〇石の寺社領を寄進し、「右雖異神仏《しんぶつことなるといえども》、祈願念相同《きがんのねんあいおなじ》、茲《ここに》武運長久・国家安全懇丹不可有怠慢者也《たいまんあるべからざるものなり》」と命じたものである。これより先、同年十一月十六日付の遍照院に与えた秀家の判物によると、「於分国中《ぶんこくちゅうにおいて》立置候寺僧・社僧、諸役令免許《めんきよせしむる》者也」（同前文書）と、右の寺社の僧たちに諸役負担を免除していた。いわば、ここにあげられた七五寺社（表）は、国主によって公認された寺社として「立置」かれ、国主の武運長久と国家安全の祈念を義務とするかわり、諸役負担を免除され、総計三〇〇〇石の寺社領を確認されたのである。その統轄は、遍照院をもってなさしめたのであろう。

この目録発給と並行して、それぞれの寺社に対しても秀家の寺領黒印状が交付された。一例として、安養寺の分をあげると、

安養寺寺領之事

一高五拾石也　　和気郡和気内

右内弐石ハ屋敷定米　四拾八石ハ田畠

右如書付之、田畠之上中下を引合《ひきあわせ》、安養寺本願へ可相渡《あいわたすべし》、然間《しかるあいだ》、代官高内引ク相残以高辻《あいのこるたかつじをもって》、可遂算用者也《さんようをとぐべきものなり》

文禄四年拾二月吉日（黒印）　。印文「豊臣秀家」
金谷重兵衛とのへ
（安養寺文書）

表　文禄４年（1595）宇喜多領国に領知を認められた寺社

寺社名	領地石高	寺社名	領地石高	寺社名	領地石高
	石		石		石
金山寺	150	石井原	40	江岸寺	20
瓶井寺	80	元恩寺	20	法万寺	10
沢田寺	30	満願寺	15	法界院	10
今谷寺	30	安養寺	50	徳光寺	20
岩間寺	30	市倉山	15	宝泉寺	20
広谷山	30	杉沢山	20	聖護院殿	100
室山寺	50	石蓮寺	10	化生寺	10
馬路山	60	大松山	10	大運寺	200
塚原山	50	正満寺	10	八幡泉坊	60
西大寺	50	菖蒲谷山	20	蓮昌寺	70
鯛山寺	30	踏石山	20	備前一宮大明神*4	30
南谷寺	20	幡寺山	20	同　二宮大明神	7
真徳寺	20	笠寺山	20	御坂折大明神	25
上寺山	60	岡山寺*1	140	窪宮大明神	10
今寺山	30	千手山	110	春日大明神	10
大賀島山	80	湯迫寺	50	石津大明神	10
横尾寺	50	脇田寺	50	大宮大明神	10
庄田寺	50	石井山	20	上寺上八幡宮	8
正楽寺	15	藤田山	30	居都六社大明神	8
真光寺	30	菅野山	30	牛窓八幡宮	5
小幡山	30	円城寺	20	備中一宮大明神	100
大滝山	50	牛窓山	20	同　惣社大明神	7
薬王寺	15	上地山	10	作州一宮大明神	10
中津寺	20	星友院*2	250	同　二宮大明神	5
築地山	110	八塔寺*3	50	高田宮大明神	15

注　*1　内訳は光珍寺30石，円明院20石，月窓寺20石，観音堂30石，清鏡寺20石，宗福寺20石
*2　48ヵ寺とは別に独立して記載している
*3　以下は「四十八箇寺之外御寄附寺領之事」とある分
*4　以下は「御分国大社之事」とある分
（金山寺所蔵「備前国四拾八ケ寺領并分国中大社領目録」より作成）

となっていて、石高表示で村付がなされており、屋敷定米分と田畠分を分けている。注目されるのは、寺領黒印状が宇喜多氏の家臣に宛てられている点である。右の場合、蔵入地代官金谷重兵衛に宛て、代官支配地のうちから安養寺に和気の内において五〇石を渡し、残りの高を蔵入地として算用せよといっている。蔵入地以外の知行地給人に対する場合は、たとえば作州一宮社領のように、長船紀伊守の知行地美作国東南条郡一宮（現・津山市）において一〇石を社領として差出させ、その代り長船氏に「為替地《かえちとして》、於備中国窪屋郡西庄拾石差遣《さしつかわし》候也」（中山神社文書）と、備中窪屋郡西庄（現・倉敷市）に替地を与えている。現存する寺領黒印状で見るかぎり、給人に対する替地支給および国主としての寺領寄進はすべて西庄でなされている。

さらに、これと同時に寺領帳が作成された。その奉行は、長船紀伊守の家臣池田与右衛門・岡越前守の家臣富山又右衛門尉・富川《戸》肥後守の家臣徳蔵源兵衛（弥五郎）の三名で、各寺社領帳の奥に署判を加えている。

寺領帳の記載様式は、小幡山（長法寺）の場合で見ると、

一所田　四畝拾二歩　七斗五升　大乗院
一所田　弐畝廿五歩　弐斗一升壱合　同　分

とあり、田・畠・屋敷に分け、それぞれ面積と分米を記し、合計している。面積表示は町・段・畝・歩制で、一段＝三〇〇歩、一畝＝三〇歩、分米もすべて石高表示に統一されている。寺領帳には田品の記載はないが、その斗代は、田畠について、それぞれ上・中・下・下々を基準として有していたことが明らかにされている（金井円「織豊期における備前」）。先の三奉行の手によって、このとき太閤検地の原則にもとづく検地が七十五寺社領について施行されたことはまちがいないことと思われる。また、給人に対する替地支給の対象となった備中国窪屋郡西庄においても、検

地がなされたであろうことはほぼ疑いない。

この結果、安養寺の場合、天正十七年（一五八九）の正税帳高が米五四石一斗五合・麦一二石八斗四升二合・大豆七石一斗三升七合あり、前掲「返分」がそれに加えられていたのに対し、文禄四年（一五九五）の寺領帳高は四九石九斗九升四合（目録高五〇石）と削減を受けている。他の寺社についても、同様のことを窺わせる史料が若干残っている。

文禄検地の問題点

文禄検地が備・作の全領域に実施されたかどうかは現状では判断がくだせない。「備前軍記」は、「備前・美作・播磨・備中迄、領国残らず新に検地を入て、家中の領分を過半取あげ、又寺社領多く止められて、二十余万石を打出しける」と述べているが、それには疑わしい点もある。

「備前軍記」は文禄検地の責任者を長船紀伊守貞行としており、かれと秀家夫人に前田家から付けられた中村次郎兵衛らが石田三成にとり入り、それまで仕置職にあった戸川肥後守に代って実権を握り、浮田左京・岡越前守・花房志摩守らを追放して、きびしい領内検地を行ったと記している。しかし、すでに述べたように、文禄の寺社領検地は、長船紀伊守・岡越前守・富《（戸）》川肥後守三重臣の家来を奉行として実施しているのであって、署判の順序から考えても富川肥後守が上席にあって健在であった。したがって、記事は後に起きた家中騒動を前提に、つくられたものとみるべきであろう。

では、「領国残らず新に検地を入て」という点はどうか。宇喜多氏の分限帳を分析した業績によると（しらが康義「戦国豊臣期大名宇喜多氏の成立と崩壊」『岡山県史研究』第六号）、分限帳の記載は、文禄三年（一五九四）までの給人知行高を基準とし、それに同年以降の加増石高を加筆加算する形式をとっており、文禄三年（一五九四）が宇喜多家の給人知行全体について、統一的な石高知行制施行の画期となったと推定されている。その前提として、天正十九年（一五九一）の全国的な御前帳提出が有力な契機をなしていたことも想像に難くない。後に述べるように、第一次の朝鮮出兵から宇喜多氏が帰国し、領内の軍事的・経済的再編がなされねばならぬ事情もあった。外的な要因としては、文禄三年（一五九四）正月から開始された伏見城の普請役があり、全国の諸大名は石高に応じて負担を命じられた。これらの負担基準を明確化するため、領内の石高評価が強行されたと思われる。

すでに述べてきたように、宇喜多氏は、天正十五年（一五八七）ごろから段階的に検地を実施して、給人知行に関しては本領安堵または新恩加増の措置によって画定し、寺社領は安堵寄進を行いつつ削減画定し、蔵入地を設定、拡大してきたとみられる。天正十九年（一五九一）の御前帳高は、こうして積重ねられた実績値にもとづきながら、中央での大名席次による格を考慮して定められたのであろう。文禄検地は、さらに蔵入地の拡大強化をはかり、実地について検地を進めたものであろう。

ひとつの仮定にすぎないが、文禄元年（一五九二）の朝鮮出兵のさいの動員人数（一万人）を基準に考えると、このとき中国・四国衆は一〇〇石につき四人の軍役が厳格に適用されていた（三鬼清一郎「朝鮮役における軍役体系について」『史学雑誌』75―2）から、逆算すると宇喜多氏の役高は二五万石となる。一一二万石の毛利氏の役高は七三・四万石、三〇万七〇〇〇石の小早川氏の役高は二〇万石で、ともに六五、六六％程度であるとしてこれを宇喜多氏に適用すると、その領知高は三八万石前後となる。かりに四七万四〇〇〇石を文禄四年（一五九五）検地の結果打出されたものとみれば、その増加は九万四〇〇〇石（二四・七％）となり、かなりの出目といわねばならないが、もし慶長三年（一五九八）にも検地打出しがあったとしたら、その分を差引かねばならない。いずれにしても「二十余万石を打出しける」という数字は誇張といわねばならないだろう。

文禄の役の「惣大将」

宇喜多秀家は豊臣政権の中枢部を構成する大名であっただけに、天下一統の過程に幾度も大規模な軍役負担を強いられてきた。天正十三年（一五八五）の紀州攻め、同年の四国平定、天正十五年（一五八七）の九州陣、天正十八年（一五九〇）の小田原北条征伐等々、そのいずれにも一万人以上の動員をもって参加している。その秀家にとっても、豊臣政権にとっても、もっとも大きな戦争となったのが朝鮮侵略であった。

秀吉は関白就任と同時に、日本六十余州に対して「天下静謐」、或はのちには「惣無事」と称して武闘の停止を号令した。その一方で、「唐・南蛮迄も」侵略の意図を隠さず、「高麗御渡海」の旗を掲げ続けたのは、互いの闘争を私戦ときめつけられた全国の武士団の不満を外にそらし、天下平定をスムーズに遂行する効果をもたらした。したがって、北条氏の鎮定がなされ奥羽の帰服がなると、まだ十分に統制力をもたない武家統一権力は大陸侵略のスローガンをおろすことができず、国内戦争の延長の気分のまま外征へと突入していった。

文禄元年（一五九二）三月、秀吉の下した出陣命令は九軍編成、一五万八〇〇〇余人の動員となっているが、宇喜多秀家はその八番手として一万人で、とりあえずは対馬在陣が指示されていた（『毛利家文書』八八五・八八六）。この位置は、七番の毛利輝元とともに全軍の後詰にあたっている。一世紀にわたる戦国時代を闘争に過してきた日本の武士団は戦争に熟練しており、朝鮮に普及していなかった鉄砲の威力もあって、緒戦の日本軍は破竹の進撃を続け、五月三日には漢城府（ソウル）を占領した。その半月後に、関白秀次に宛てた有名な書状の中で秀吉は、大唐都（北京）へ天皇を移し、都廻りの一〇ヵ国を進上、大唐関白を秀次に譲り、一〇〇ヵ国を与えるなど、大陸支配の構想を述べたが、その中で宇喜多秀家もしくは羽柴秀保（秀次の弟、秀長の養子）を「日本関白」にするか、或は、高麗に秀家か織田秀信（信長嫡子信忠の子）を置くとのプランを示している（尊経閣文庫「古蹟文徴」）。秀吉自身は、かつて日明貿易の要港であった寧波《ニンポー》に居を定め、天竺（インド）征服を実行しようとのつもりであった（組屋文書）。

秀家は三月七日ごろ対馬を進発、朝鮮に入っていたが、「高麗都御座所」の普請に九州衆とともにあたるよう命じられている。秀吉は年明けに渡海する予定で、そのため釜山から漢城府に至る二三ヵ所の御座所建設を中国・四国衆に命じたが、その一環であった。秀家は都に入った。

しかし、このころから朝鮮側の反撃が始まり、各地で義兵が蜂起し、李舜臣の水軍が日本軍の輸送路を断とうとするにいたった。毛利輝元も、ようやく日本国内の戦争と勝手のちがう様相に気づいていた。「さてさて此国手広《てびろき》事、日本より広《ひろく》候すると申事候、今度御人数ニてハ、此国御おさめハ少分之事候、其上口通《つうぜ》す候」（厳島野坂文書）と、とても遠征軍だけでは統治できず、言葉も通じないといい、都の御座所などどうなるかわからない、人が足りないと報じている。秀吉は徳川家康と前田利家の諫止により、大構想を示した半月後、早くも渡海延期を決定せざるをえなかった。

六月に入ると救援の明軍が朝鮮に入り、平壌で小西行長軍と衝突した。この新情勢に対応して日本軍は漢城府で軍評定を開催するが、この会議の招集者として「惣大将」宇喜多秀家の名が見えている（「黒田家譜」）。秀吉の渡海延期によって、秀家が在朝鮮軍の惣大将になったものと思われる。軍議は、軍師黒田孝高らの意見もあって、明への進攻（それが当初の目的であった）を止め、漢城府防衛に重点をおくことになる。秀家は明軍によって、その首に銀五〇〇〇両の賞銀をかけられた。

文禄二年（一五九三）になると戦局はさらに不利となり、一月漢城府に迫った朝鮮軍を撃退したものの、秀家以下石田三成・吉川広家らも負傷し、四月十八日漢城府を撤退、釜山周辺に集結、六月二十一日から二十九日にわたって晋州城を攻撃、これを陥落させたが、それは講和交渉進行中の一事件であって大勢を転換させるに至らず、第一次出兵（文禄の役）は終結を迎えたのである。

慶長の役は全羅道へ

日明講和交渉は複雑な経過をたどった後、明皇帝が秀吉を日本国王に冊封しようとした事実が露顕し、秀吉が怒って破談となった。慶長二年（一五九七）二月二十一日、秀吉の再征を命じた条々（『浅野家文書』二七〇・二七一）は、全軍を八軍にわけ、別に釜山周辺の城々を確保する一軍を加え、総勢一四万一五〇〇人となっている。このたびは釜山を中心とする慶尚道南部を拠点とし、朝鮮南部の占拠に目標をおいた。この点は明への侵入路確保をねらった第一次とは異なっていた。

宇喜多秀家は前回とおなじく八番手を毛利秀元（輝元養子）とともに勤め、全羅道の大将として泗川から南原へ進んだ。南原城は全羅兵使李福男以下の朝鮮軍のほか、副総兵楊元の率いる明軍が守りを固めていた。日本軍は南から宇喜多秀家を大将とし、藤堂高虎・蜂須賀家政・小西行長らが四方から包囲し、八月十五日総攻撃をかけてこれを陥れ、明人・朝鮮人それぞれ数千の首を討取り、日本へ送った。これによって全羅道の防衛線は崩壊し、日本軍は各地

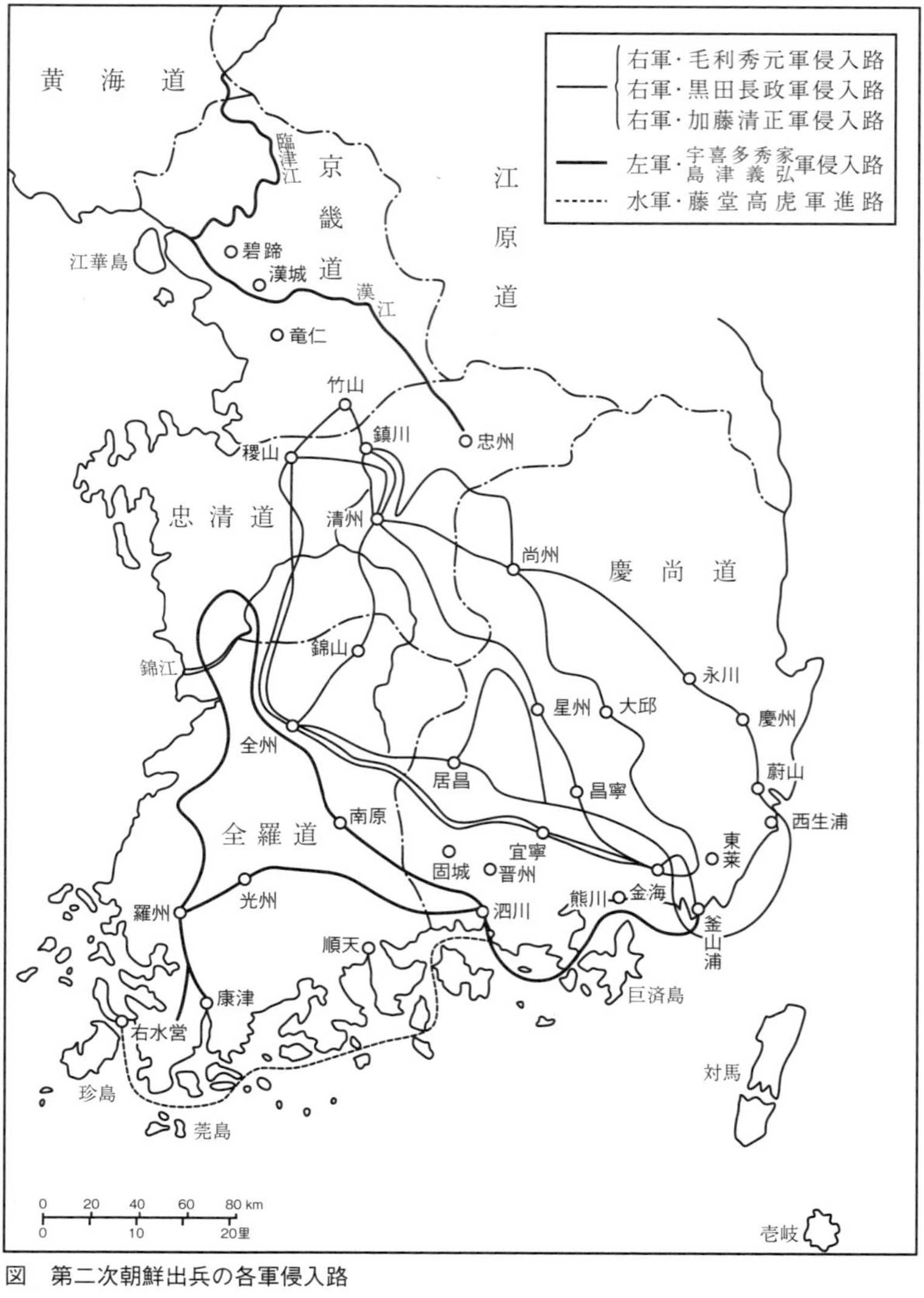

図　第二次朝鮮出兵の各軍侵入路

で放火・殺掠を重ねた。

宇喜多軍の軍目付として派遣された豊後臼杵城主太田一吉の城下にある浄土真宗安養寺の僧慶念は、従軍僧としてこの戦いに参加したが、その日記「朝鮮日々記」につぎのように記し、惨状を伝えている。

> 同《(八月)》六日ニ、野も山も城ハ申におよはす皆々やき《(焼)》たて、人をうち《(討)》きり《(切)》、くさり竹の筒にてくひ《(首)》をしハリ《(縛)》、おや《(親)》ハ子をなけき《(歎)》、子ハ親をたつね《(尋)》、あわれ成る躰、はしめ《(初)》てミ《(見)》侍《はべ》る也（中略）
>
> 十六日ニ、城の内の人数、男女残りなくうちすて、いけ《(生)》取物《(者)》ハなし。され共少しとりかへして有る人も侍りき。
>
> むさんやな　知らぬうき世のならひとて　男女老少　死してうせけり（中略）
>
> 同十八日ニ、奥へ陣かへ《(替)》也。夜明て城の外を見て侍れハ、道のほとりの死人いさこ《(砂)》のことし《(如)》。め《(目)》もあてられぬ気色也。

このころ、日本軍は軍功のしるしとして朝鮮人の鼻を切り、塩漬けにして日本へ送った。軍目付がその数を点検して、鼻請取状を出した。その数はほとんど数えきれないが、『吉川家文書』で確認される分だけでも一万八三五〇個に達している。生きている人からも切ったので、その後朝鮮では数十年にわたり鼻のない人が多く見られたと伝えている（「乱中雑録」）。

こうした行為が朝鮮民衆の怨みをかわぬわけはなく、第二次侵略も苦戦から泥沼状態となり、慶長二年（一五九七）暮から翌年正月にかけての加藤清正の蔚山《ウルサン》籠城に象徴されるような地獄絵図も現出するにいたる。宇喜多秀家は全羅道順天の城普請にあたっており、蔚山救援にはおもむかなかったが、蔚山の衝撃は大きく、慶長三年（一五九八）正月二十六日、秀家以下毛利秀元・蜂須賀家政ら一三名の大名は石田三成ら四奉行に対し、軍の配置替えを願い出ている。それによると、蔚山・順天は地形が悪く、万一のさい救援が難しいので、このさい普請をやめ、それぞれ代りに西生浦と固城を普請し、西生浦には加藤清正を入れ、普請は毛利勢が、固城には島津義弘を入れ、普請は宇喜多勢と藤堂高虎勢でやりたいと述べている。

この提案は諸大名のあいだで朝鮮での戦争に対する悲観的な見通しが大きくなっていたことを物語っており、秀吉によって却下されてしまった。その後、戦局は膠着状態となり、やがて八月十八日秀吉の死とともに全軍の撤兵が命ぜられ、二度にわたる朝鮮侵略の試みは失敗に終ったのである。宇喜多秀家の率いる備作の兵は、どちらかといえば、苛烈な第一線よりは占領地防衛の普請部隊として活動していたふしが強い。この戦争をつうじて、一万人以上の人々が、陣夫などのかたちで動員をうけ、はじめて言葉も通ぜず、文化も異なる外国を体験したことは忘れられない。なかには、蔚山籠城軍に和議を勧告に来た田原七左衛門のように、もと宇喜多家中で明軍に属し働いた人もいた（「吉川家譜」）。国内では、労働力不足と重課のため荒田化が進み、人々はその対策に苦慮させられた。

四、関ヶ原合戦前後

「家中騒動」と家康の影

豊臣秀吉の死は秀家にとって大きなうしろだてを失ったにひとしかった。秀吉の身内または名代としてこそ、秀家は政権の中枢に位置を与えられてきた。その生活も多くは京都・大坂でなされ、領内の支配、家臣の統轄は重臣にまかされていたのが真相であろう。それだけに、重臣層のあいだに亀裂が入り、対立が高まると、宇喜多家の存続は危機に陥った。

慶長四年（一五九九）の秋から翌年正月にかけて、宇喜多家に「家中騒動」が起きた。「板坂卜斎覚書」によると、家老の浮田左京亮（直行）・戸川肥後守（逵安）・岡越前守（家俊）・花房志摩守（正成）の四人が主人秀家に申分があり、大坂高麗橋東北角にあった浮田左京の屋敷にたてこもり、剃髪したうえ、家来を市内の要所に派遣し、もし屋敷で鉄砲の音がしたら町家に火をかけよと命じた。実力による覚悟の反抗である。私戦は公儀によって禁じられており、当然、所罰の対象となる。大谷刑部少輔吉継・榊原式部大輔康政・津田小平次秀政が扱いに入ったが成功せず、家康の命により四人は放逐となった。この事件の日付は明確でないが、『鹿苑日録』には慶長五年（一六〇〇）正月五日夜、宇喜多家の中村次郎兵衛が専恣の行為ありとして斬られ、七〇人ほどの侍が分散し、宇喜多家では大谷刑部少輔に頼って事件を解決するつもりらしいとの記事がある。紛争は十月ごろから生じたらしいが、恐らく騒ぎはこの時起きたと思われる。「備前軍記」によれば、中村は長船紀伊守・明石掃部頭らとともに前記四人と対立した一派に属していた。

ほぼたしかな事実はこれだけである。しかし、背景はかなり複雑であった。まず、仲裁人の榊原康政は主人である家康から「汝《なんじ》、誰ニ被憑《たのまれ》テ、他家ノ出入《でいり》ヲ取持タテシ」と叱責され、江戸へ追い帰されている（「及聞秘録」）。康政は浮田左京亮と親しく、また、かつて花房助兵衛職之《もとゆき》（正成のまたいとこにあたる）が秀吉の勘気に触れて常陸の佐竹義宣に預けられたとき、職之の子職直を引取り榊原の姓を名のらせた人物である。大谷吉継は秀吉の家来であるから叱られはしなかったが、諸書の記録するところによると、このころまで公儀の奉行として家康の信任が厚かったのに、以後疎遠となった。追放された浮田左京亮は坂崎出羽守（直盛）と名をかえ、戸川逵安とともに家康に属し、関ヶ原の陣に参加した。岡家俊・花房正成は増田長盛に預けられ、その領地大和で関ヶ原の戦を過したが、戦後ともに家康に召出され、旗本として知行を与えられている。

これらの点から、この「家中騒動」には陰に陽に徳川家康の影響が及んでいたとみられる。ときに家康は石田三成を近江佐和山に閉居させ、みずからは大坂城西の丸に入って天下の政務をとった。五大老の有力者前田利家はすでに亡く、上杉景勝は会津へ帰り、宇喜多秀家と毛利輝元の二人が家康と並んで政務に署判を加えていた。秀家の家中に亀裂がひろがることは、家康にとって有利である。家康が故意に誘導したとはいえないにしても、事件を最大限に利用したであろうことは推測に難くない。

日蓮宗とキリシタン

「家中騒動」に見られる家康の影はこれだけではない。「備前軍記」によると、両派の対立には領内支配の方針をめぐるもののほかに、日蓮宗とキリシタンの対立があったという。すなわち、秀家夫人の病気治癒の祈禱を日蓮宗の僧にさせたところ、効験がないので秀家が怒り、家中の信者に改宗命令を出し、キリシタンである長船・中村・明石らがそれを推進したというのである。秀吉は寵愛する養女であったこの夫人のために、そのからだについたキツネを退治させようと伏見大社に命令をくだしたほどであるから、秀家の改宗命令もありえないことではない。しかし、「備前軍記」は潤色が多いので、とりあえず宗派と信仰の問題があったという点に限って検討してみよう。

立退いた四人の重臣のうち、浮田左京亮（坂崎出羽守）が不明であるのを除くと、戸川・岡・花房の三名とも日蓮宗の寺院に葬られており（『寛政重修諸家譜』）、同宗の信者であった。問題の冬、慶長四年（一五九九）十一月二十日、日蓮宗をめぐる重要な裁定が徳川家康の手によってなされた。京都妙覚寺の僧日奥は、かねて秀吉の建立した方広寺大仏殿千僧供養への出仕を宗義にもとるものと拒否していた。秀吉は国家のため、公儀への奉公として諸宗の僧の出仕を求めたが、信者でない俗権領主への帰服は不受不施の教義をないがしろにし、宗旨制法を破るものと日奥は主張し、妙覚寺を去り、丹波小泉に隠遁して、さらに強くその説を唱え続けた。この事件を契機に日奥とたもとを分った妙顕寺日紹・妙国寺日統ら出仕派の僧侶が、日奥の行動を「上意をそむき、公儀をかろんし申」すことと訴えたため、家康が大坂城に日奥をよび説得させたがきかず、ついに日奥は袈裟衣を剝がれ、念珠を奪われる処分を受けた。

そもそも、日奥が妙覚寺を去ったのは文禄四年（一五九五）九月のことであった。かれが不屈の主張を叫び続けたとはいえ、いまこの時期に問題をとりあげた家康のねらいに、政治的な意図がなかったと断定するのは難しい。戸川・岡・花房とも受不施派の池上本門寺・谷中感応寺を菩提寺としている。かれらが当初から受不施派の信徒であったか、それとも公儀の意志に沿って不受不施派から転向したかはわからない。いずれにしても、強力な「備前法華」の信徒集団をかかえる宇喜多家中に、日奥処分は信仰をめぐる波紋をもたらしたことは疑いない。事件の発端が慶長四年（一五九九）冬（十〜十二月）とされている点に注意すると、日奥処分はその契機もしくは促進の役割をはたしたものと思われる。

秀家は早い時期に宣教師にキリスト教の領国内布教を許しており（フロイス『日本史』）、領内やかれの周辺にはキリシタンが多数居た。とくに慶長五年（一六〇〇）前後は日本におけるキリシタン信徒が急激に増大し、ピークに達した時期である。こうしたことも、不受不施派処分の事件と複雑にからみあっていたであろう。領国から浮きあがっていた秀家が家臣の心のひだにまでわけいるには、事態はあまりにも複雑で整理をつけることが困難であった。

宇喜多氏の滅亡

慶長五年（一六〇〇）九月十五日関ヶ原の戦において宇喜多氏は没落した。八月一日付で秀家は毛利輝元と連署して、島津家久に対し上洛命令を「公儀」として下していた。秀家は西軍の中心となる大名の一人であった。

戦争の直前に「家中騒動」の主役二人が互いにかわした書状が遺されている（水原家所蔵文書）。八月十八日付で戸川逵安が明石掃部頭守重に宛てた書状と、翌十九日付の守重の返書である。逵安は家康に属し尾張国清須に着陣した。そこで伊勢へ明石守重が西軍の先手衆として来ていることを聞いて手紙を出した。逵安はいう。今度の合戦は内府（家康）が勝つ。秀家は滅亡するだろう。秀家の子八郎秀高を内府の婿にして御家存続をはかる案が出されている。貴殿の御分別でそうはからってほしいものだ。自分も宇喜多家がなくなるのは本意ではない。しかし、「秀家御仕置にてハ国家不相立《あいたたず》とハ天下悉《ことごとく》しり《知》ふらし《触》申事ニ候」、よく分別して頂きたい。自分たちはあなたを悪くは思っていない。自分は女子・母をそちらへ置いてきたが、内府様のために死ぬ覚悟である、と。これによって、家康が宇喜多家の重臣である明石守重をとりこもうとして、秀高を婿にして相続させる案を提議していたことがわかる。

守重は提案を退けた。戦いは秀頼様が勝つと、こちらではいっている。秀家家中のことを仰せ越されたが、外聞実儀が悪くなったのはあなた方の覚悟が行届かなかったからである。しかし、御聞及びかもしれないが、「於上方《かみがたにおいて》人の存《ぞんじ》たる衆余多被相抱《あまたあいかかえられ》候、存外丈夫ニ有之《これある》事候間、於其段《そのだんにおいて》ハ可御心安《おこころやすかるべく》候」。上方で名の知れた侍を抱えたから心配めされるな。内府の御恩に報じて死ぬとの決意は立派だ。あなたの御妻子は大和国郡山に居られるから安心なさい。

互いに礼をつくして述べているが、所信を変えるところはない。同僚や妻子の安否をそれとなく知らせるあたり、いかにも戦国の武士らしい豪毅と情意が感じられる。文面からみる限り、両者が道を分った原因は重臣間の私怨や憎悪ではなく、逵安らの秀家に対する不満、義憤が主であったことを推察させる。戦いはすでに始まっていたのである。

秀家は一万の兵を率いて、小西行長・大谷吉継らとともに関ヶ原の中央天満山の前に陣をしいた。秀家は一命を賭《と》して参陣した。石田三成の書状が述べている。「備前中納言殿、今度之《このたびの》御覚悟、さりとてハ御手柄、是非なき次第に候、（中略）一命を棄而《て》御かせぎの体《てい》に候」（「古今消息集」）。三成が心から信頼し、ほめたのは秀家と小西行長・島津義弘の三人だけであった。七万六〇〇〇の東軍に対し、じっさいに戦闘に参加した西軍は三万五〇〇〇人に過ぎなかった。両軍一進一退の攻防は、周知の小早川秀秋の寝返りによって西軍が敗北、秀家は敗走、兵もほとんど故郷へ逃げ帰った。秀家は伊吹山にのがれたが、従者に逃げられ、衣食に窮し、そのうえ歩きなれぬせいで動けず、かろうじて近江北郡の農家にかくまわれ、一人残った家臣の進藤三右衛門（正次）がひそかに大坂の屋敷に連絡して得た黄金二五枚を頼りに、軍兵の充満する大津・山科を駄賃馬で通りぬけ、伏見から船で大坂へ出、便船を得て薩摩に入った。進藤は船頭から秀家の無事を聞いたのち名乗り出た。家康は進藤が敗れた主を見届けた忠心を賞し、五〇〇石を与え、駿府の御咄《おはなし》衆に出仕させている。

薩摩にかくまわれること三年、島津忠恒のとりなしにより死罪を免れた秀家は、慶長八年（一六〇三）伏見から駿河久能へ送られ、さらに伊豆下田の近くにしばらく居て、慶長十一年（一六〇六）四月八丈島へ流された。薩摩時代から髪をおろして休福と号していたが、島で嫡子秀高・秀継（小平次）とともに五〇年過し、明暦元年（一六五五）十一月病死するまで八十四歳の長寿をたもった。夫人豪姫は実家の前田家へ引取られた。島には前田家のほか、旧臣たちからときどき援助の米・品が送られた。

関ヶ原の戦いと小早川秀秋

関ヶ原の戦は午前八時頃に始まり、正午頃まで勝敗が決しなかった。徳川家康はかねて内通を約束しながら一向に動かぬ小早川秀秋に腹を立て、秀秋の本陣のある松尾山めがけて一斉に銃撃させた。秀秋はこれに驚き、山をかけおりて西軍（大谷吉継勢）の横腹をついたので、さしもの西軍も総くずれとなり、午後二時頃東軍の勝利が決定した。家康は、あまり疲れていない小早川軍に脇坂安治・朽木元綱の軍をつけ、井伊直政を目付として、石田三成の居城佐和山城を攻めさせ、陥しいれた。

家康は九月二十四日大津で秀秋に感状をあたえ、「今度於関ヶ原《せきがはらにおいて》、御忠節之儀、誠感悦之至候」（木下家文書）と述べた。この戦いによって家康の覇権が確定したのであるから、その直接の功績は秀秋にあったといっても過言ではない。十月十五日大規模な知行替えがあり、論功行賞が行われた。六四〇万石の領地が没収され、大名領知の改編がなされた。小早川秀秋には備前・美作五七万四〇〇〇石があたえられ、秀秋は翌年春筑前名島から岡山に入城、岡山中納言とよばれた。なお、宇喜多旧臣の戸川逵安は備中庭瀬二万九〇〇〇石、坂崎成政（宇喜多左京亮）は石見津和野三万石に、それぞれ封じられた。

秀秋は秀吉の正室北政所（ねい）の兄木下家定の五男である。本能寺の変の天正十年（一五八二）の生まれというから、関ヶ原を十九歳で迎えたことになる。三歳のころより子の無い秀吉の養子となり、ねいの手元で育てられた。秀吉が関白任官のころ右衛門尉に任じられ、衛門府の唐名である金吾をもってよばれた。聚楽第行幸のさいの諸大名起請文が七歳の金吾宛になされていることを見ても、その地位のほどを知りうる。秀勝死後の丹波亀山城一〇万石を領して羽柴秀俊と名のり、文禄元年（一五九二）権中納言となり、丹波中納言と呼ばれたが、秀吉が「きん五」と呼びならしたため、のちのちまでも通称金吾中納言でとおっていた。

文禄三年（一五九四）秀俊は小早川隆景の養子となり、翌年隆景が三原に隠退して小早川家を継いだ。子のなかった秀吉は鶴松を淀の方（茶々）とのあいだに得てから、秀俊を毛利家に入れようとしたが、やはり子のない輝元は他家の血の入るのを避け、甥の秀元を継嗣と定め、文禄元年（一五九二）これは秀吉にも認められた。鶴松は三歳で死去し、続いて拾《ひろい》（秀頼）が生れたため事態は変らず、小早川隆景が秀吉の苦慮を察し、すでに養子ときめていた秀包を脇に置いて、秀俊を養子に迎え入れ、輝元の従妹にあたる宍戸隆家の女を配し、継嗣としたのである。家督を継いで後、筑前一国と筑後の大部分、肥前二郡三三万六〇〇〇石（のち五二万石）を領し、筑前中納言と呼ばれた。秀俊が秀秋と改めたのは慶長二年（一五九七）六月に隆景が死去して以後のことで、さらに岡山入城後、秀詮と改名している。

秀秋の人物とその死

秀秋は第一次の朝鮮出兵には名護屋に居たが、第二次は釜山浦城の守将として出陣、蔚山城救援に赴いた。このとき、みずから敵兵一三人を斬り、秀吉から大将としての軽忽を咎められ、越前北庄へ減転封されようとしたが、家康のとりなしと秀吉の死で実現しなかった。秀吉の書状に、人の意見をよくきき、「心をなおし、おとなしく心持可有分別候《ふんべつあるべく》」とある（木下家文書）。秀吉は幼少より秀秋を寵愛し、後継者に育てあげようとして学問・手習いを聖護院准后（道澄）について習わせ、和歌・蹴鞠など公家の教養を身につけさせた。秀秋もよくこたえ、利発な子と

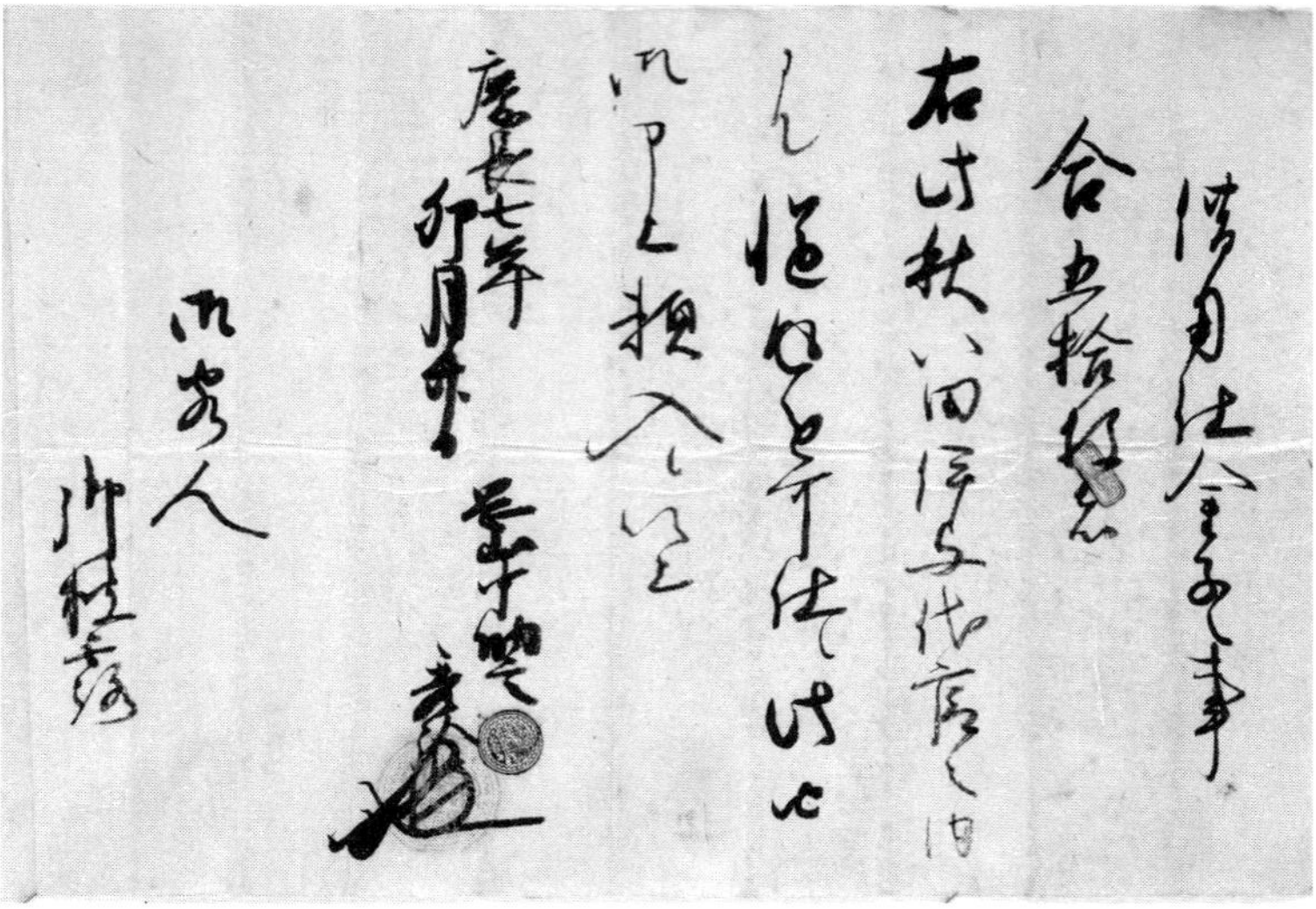

写真２　小早川秀秋自筆金子借用状　名古屋市博物館蔵

期待されていた。近衛信尹《このえのぶただ》の回想によれば、「物のこころ《（心）》もわきまへ給ふしるしみえて、なりくたれるまつし《（貧）》きさふらひ《（侍）》、又は世にたたよひさすらふものを、あまたすく《（救）》ひ給ふ心さしのほともありかた《（有難）》きまてみたまひし」とある。秀秋の長兄は長《ちょう》嘯《しょう》子《し》勝俊《かつとし》であり、秀秋にも文学の血と物のあはれを感じとる心はうけつがれていた。しかし、いつのころか盃の味を覚え、日夜酒に過すようになった。これまで秀吉の愛情を一身にうけていたかれが小早川家へやられる運命となったとき、戦国のあらくれた侍を統御する大名としても、おのれの力のほどを示したかったであろう。その焦りが秀吉に責められる行動となった。

秀吉が死ぬと、秀秋を保護していた大きな力はなくなった。木下家文書には、晩年の秀秋が北政所に頻繁に消息を寄せ、金子五〇枚（五〇〇〇両）という大金を北政所から借りていた事実が示されている。秀秋の望むことは自分のいったことと思って、どんなことでもきいてやれと北政所にいったのは秀吉であった（『武家事紀』）。北政所にすれば血を分けた甥であり、赤子のときから手元で育んだもっとも身近かな子である。関ヶ原にさいして去就を問うた秀秋に、北政所は伏見に籠城して家康を待てといったといわれる。これは鳥居元忠に拒否され実現しなかったが、松尾山の寝返りは家康に勝利をもたらす転機となった。その意味では、関ヶ原の勝敗は北政所の情の動きが決したといってもよい。

しかし、西軍もまた秀秋の感情の起伏を承知していた。『関原始末記』によると、宇喜多秀家らは秀秋に対し、味方になったさいの褒賞として、秀頼が十五歳になるまで関白職を秀秋に渡し天下を譲ること、上方賄料《かみがたまかない》（遠国大名の京都滞在費）として播磨国を与えることなどを示したという。ひょっとしたら天下は秀秋のものになるかも知れなかった。十九歳の繊細な感覚をもった青年には苛酷な選択であった。その苛酷さが青年の心身を病ませ、酒にひたらせたのであろう。岡山中納言として在城二年に満たず、慶長七年（一六〇二）十月十五日鷹狩から帰って急に倒れ、三日目の未明死去した。享年二十一歳であった。嗣子なく、家は断絶、岡山城はふたたび主を失った。

【付記】本書収録にあたって、明らかな誤字・誤植は修正を行った。また、初出時に掲出されていた自治体名は、現行の地名に改めた。（編集部）

Ⅱ　漢城（朝鮮国首都）における宇喜多秀家

しらが康義

はじめに

本稿の課題は、文禄の役のうち、特に漢城（現ソウル）在陣中の宇喜多秀家の政治的地位を明らかにすることにある。最近、宇喜多氏研究は大いに進展した(1)。しかし、文禄・慶長の役における秀家の具体的行動に言及するものは、ほとんどない(2)。豊臣政権における秀家の政治的地位、さらには関ヶ原の役における秀家の政治的役割を考察しようとしたとき、文禄・慶長の役における秀家の具体的な行動の解明と意義づけは必須の課題となる。また、備前・美作地域の農民や土豪、加子として漁民が秀家と共に従軍しており、考察の必要があるのだが、本稿ではほとんど触れることができなかった(3)。さらに、秀家や従軍した農民や土豪たちに対峙した、朝鮮の人々も視野に入れなければならない。秀家も一翼を担った日本軍による朝鮮侵略は、直接の戦火のみならず、朝鮮の人々に凄まじい飢饉状況をもたらしたが、これまでの研究ではほとんど触れられていない。対外戦争のもたらした残虐性として、踏まえておく必要がある(4)。

文禄・慶長の役に関する研究の進展は著しい。最近は日韓の共同研究も行われている。また、日本の研究者が朝鮮の史料を用いて研究を行い、韓国の研究者が日本の史料を用いて研究を行っている(5)。対外戦争の研究は、自国の史料のみならず相手国の史料も用いて研究しなければならない。これは、無意識のうちに陥る自国中心主義を克服するためである。また史料の少ない宇喜多氏の研究、とくに文禄・慶長の役の研究を行うときには、必須のこととなる。本稿は、朝鮮の史料を多用している。最近韓国で史料のデジタル化とインターネット上での公開が進み、(6)朝鮮の史料が格段に利用しやすくなったからである。日本の史料と朝鮮の史料を合わせて用い、文禄の役に於ける宇喜多秀家の具体的な行動に迫りたい。

一、漢城入城まで

豊臣秀吉は、天正十八年（一五九〇）小田原の北条氏を討伐し全国統一を実現し、翌年には、東北地方の一揆を平定する。その後、かねて表明していた「唐入り」明征服にとりかかる。天正十八年には、朝鮮使節が来日しており（「宣祖実録」二十四年正月十三日）、秀吉は朝鮮に明征服の先導を要求した。(7)豊臣政権が時期を明示して「唐入り」を大名へ命じたのは、天正十九年八月である。豊臣政権の奉行人石田正澄は、肥後の大名相良氏に対して、「来年三月朔日ニ唐へ可被乱入旨」と「なごや御座所御普請」を他の九州の大名と共に行うことを命じている（『大日本古文書』相良家文書之二　六九九号）。

宇喜多秀家は、天正十八年春から夏にかけて小田原攻めに従軍し（『大日本古文書』毛利家文書之四　一五六一号）、秋には奥州白河周辺の太閤検地に動員されている（『大日本古文書』浅野家文書　五九号）。おそらく、秀家にも「唐入り」の軍令は届いていたであろう。

天正十九年と思われる「卯月二二日」の「北庄原田之内万掟之事」（『久世町史』資料篇第一巻　一三四八号）には、「一高麗御陣夫可被相定事」とあり、「唐入り」の陣夫が秀家の領国に命じられている。漁民が乗組む「警固船」についても、「高麗江渡海之儀（中略）備前之警固船、重而被仰出」とする文禄元年（一五九二）卯月一九日の秀吉朱印状（『大日本古文書』島津家文書之一　三八六号）がある。

秀家の名前を記した秀吉の軍令としては、「高麗へ罷渡御人数事」と題された（文禄元年）三月十三日の日付をもつ秀吉朱印状（『大日本古文書』小早川家文書之一　五〇一号）がある。これは、九州・四国・中国を中心とする大名が九番の組に編成され、各大名ごとに軍役人数が明記されている陣立書である。先手（先陣）となる一番は、対馬の宗義智・肥後の小西行長ら。これは、攻め込む地域に最も近い者たちが先手を勤めるという、当時の軍事上の慣例にもとづいている。二番・三番・四番も九州の大名たち、五番は蜂須賀家政ら四国の大名たち、六番は再び九州の大名たち、七番は毛利輝元のみで軍役は三万人、八番は宇喜多秀家のみで軍役は一万人、九番は岐阜宰相の羽柴秀勝と丹後少将の細川忠興、秀家は対馬在陣、秀勝と忠興は壱岐在庫、総勢は一五万八七〇〇人、このように唐入りは、九州・四国・中国の大名たちによって担われた。そのほか全国の大名も名護屋に集結待機した（「名古屋御陣場之次第」『佐賀県近世史料』第一編第一巻　五八八頁）。なお、先の陣立書の条目には、「唐入り」には船の用意が肝要であり、用意は秀吉の「船奉行」が行うこと、(8)および、朝鮮との外交交渉の結果にもとづいて渡海することが記載されている。

宗義智・小西行長・僧玄蘇は、最後の交渉を行ったが、明の外藩国朝鮮の国王は明皇帝に臣属しており、(9)明への先導は不可能であった。文禄元年四月十二日宗義智・小西行長らの日本軍が朝鮮の釜山に上陸、翌日釜山城を攻略（「吉野甚五左衛門覚書」『続群書類従』第二〇輯下）、こうして「唐入り」をめざす文禄の役が始まる。

宇喜多秀家は、文禄元年二月に岡山を発ち（浅野家文書　八一号）名護屋の陣所へ、壱岐を経て三月半ばに対馬在陣、四月二十五日前後に朝鮮の釜山へ渡海したものと思われる（「豊臣秀吉朱印状」卯月廿二日〔「伯爵宗家所蔵豊公文書と朝鮮陣」『史学』四巻三号〕）。[10]

このとき、先の陣立書一番から七番までの大名たちは既に渡海をおえ、朝鮮の首都漢城をめざして北上していた。先手一番の小西行長・宗義智らは、釜山に続き尚州さらに忠州で朝鮮軍を破り、五月三日漢城に入城した（「吉野甚五左衛門覚書」）。朝鮮国王は漢城を脱出しており、王宮は朝鮮の乱民によって略奪のあと放火されていた（「宣祖修正実録」二十五年四月晦日）。秀家は、釜山から漢城まで戦らしい戦をすることもなく、やや遅れて五月六日漢城に入城した（「吉野甚五左衛門覚書」）。

二、漢城における宇喜多秀家の政治的地位

秀家が漢城に到着した数日後、漢城に到着した大名たちは参集して会議をおこなった（「吉野甚五左衛門覚書」）。そこでは、朝鮮八道を分割して一道ごとに大名を割当て、その大名がその一道の平定を担当することが取り決められた。大名と担当した各道の関係は、先述した三月十三日付けの「陣立書」にもとづいていると思われる。秀家は、漢城を含む京畿道を担当した。「陣立書」の一番で先手である小西行長は、朝鮮北西部の平壌を含む明に至る最短ルートである平安道、二番の加藤清正は朝鮮東北部の奥まったところにある咸鏡道を担当している（「高麗八州之石納覚之事」〔『南路志』第九巻　五三七号〕）。総じて漢城より北方を九州の大名が、漢城より南方を四国・中国の大名が担当している。

秀家以外の諸大名は、五月十日以降漢城から担当地域へ打出した（「吉野甚五左衛門覚書」）。

諸大名が漢城から担当する各道へ打出した後に、日本軍の漢城入城を承けた秀吉の指示が、諸大名に出されている。そのうち加藤清正宛秀吉朱印状（「秀吉朱印状」五月十六日〈『熊本県史料』中世編　第五　十六号〉）を検討したい。ところで、日本軍の漢城入城は五月三日、このことが肥前名護屋城の秀吉に注進されたのは五月十六日。これを承けた秀吉朱印状が漢城に届くのは、五月末か六月初頭ということになり、往復一ヶ月かかる。まず、この点を踏まえておきたい。この秀吉朱印状には「都并国中政道方之儀、小西相談、下々猥無之様ニ堅可申付候」、また「先当座之御座所ニ可仕候、其普請衆之事、九州衆并備前宰相可仕候」とある。秀吉が自ら朝鮮へ渡海し現地で指揮を執るまでは、朝鮮の首都である漢城と朝鮮全体の支配について、清正と行長が協議して行う。また漢城の秀吉御座所の普請は九州の大名と「備前宰相」である秀家が行う。これが秀吉の指示である。しかし、清正や行長など九州の大名たちは、既に漢城を離れている。「御座所」は、後述のように秀家陣所と一体のものとして秀家によって建てられた。しかし、秀家による漢城と京畿道の平定支配は、秀吉の指示にもとづくものではなく、先述した漢城入城直後の大名たちの会議で取決められ、なしくづし的に始まったものと思われる。

文禄元年六月秀吉は、一旦朝鮮への渡海を延期する。海上で突風が吹くことが多くなるなど天候悪化を理由に、徳川家康と前田利家が秀吉の渡海を引き留めたためとされている（「秀吉朱印状写」六月二日〈「中外経緯伝」『改定史籍集覧』第十一冊〉）。秀吉の代わりに、石田三成・増田長盛・大谷吉継の三奉行をはじめ七名の奉行が朝鮮へ派遣される。この七名に宛てた秀吉朱印状（「成仏寺文書」〈『新編武州文書』上　四七号〉）に、「従備前宰相、花房志摩守差越、高麗之様子申越候、一々被聞召届候」とある。漢城の秀家のもとから家臣の花房秀成が、名護屋の秀吉のところへ派遣され、秀家による漢城と京畿道支配や、他の大名のことなど「高麗之様子」が秀吉に伝えられ、秀吉の承認を得ている。なお、秀成が伝えたのは、朝鮮在陣の他の大名に関わることにも及んだと思われる。ここから、秀家は、漢城と京畿道を支配する一有力大名というに留まらず、朝鮮在陣の大名たちのまとめ役へと変わりつつあることが見て取れる。ところで、朝鮮へ渡海する石田三成等三奉行は、秀吉の朱印の据えられた新たな陣立書（「毛利家文書」之三　九〇四号）を持参した。そこには、「大明国可成程申付候」とあり、この陣立書が明侵攻を準備するものであることがわかる。備ごとに大名の名前と人数が記載されている。備ごとの大名の名前、人数、記載順について、「安芸宰相」までは先述した三月十三日の陣立書とほぼ同じであるが、「備前宰相（宇喜多秀家）」・「岐阜宰相（羽柴秀勝）」・「丹後少将（細川忠興）」については名前・人数の記載がない。この三名は、朝鮮に留まるとされていたのであろう。秀家は漢城に在留し、朝鮮の平定支配にあたる。秀勝は慶尚道の海岸に城を構え、海の「大将」として日本の水軍の統括にあたる（「秀吉朱印状」天正廿年七月十六日〔『高山公実録』上巻　六九頁〕）。秀吉はこのように考えていたらしい。なお、秀家は漢城に残ることに不満をもち、秀吉に異議を申立て、明侵攻の陣立てに加えられている（「成仏寺文書」〔『新編武州文書』上　四七号〕）。秀家の若さと、秀吉との距離の近さが知られる。

文禄元年六月十五日、小西行長は平壌を陥落させた。この平壌が、明へ向かう通路上における日本軍の攻勢限界となる。朝鮮の釜山西方の沿岸部で、日本の水軍は李舜臣率いる朝鮮の水軍に幾度も撃破され、朝鮮水軍との交戦禁止を秀吉から申し渡されている（「秀吉朱印状」天正廿年七月十六日）。「備前之警固船」や漁民たちに大きな被害が生じたことであろう[11]。また、各地で義兵とよばれる朝鮮のゲリラ軍が決起した。義兵の待ち伏せ攻撃をさけるため、日本軍は少人数での行動を避けるようになる（フロイス『日本史』二　二六一頁）。秀家のもとで従軍した備前の土豪が、「うすて共」とよばれる朝鮮のゲリラ軍によって命を落としている（「大甚左書状」〔『久世町史』資料編第一巻一三五九号〕）。その後朝鮮救援のために明が朝鮮に軍隊を派遣する。文禄二年正月には、四万以上の明軍が平壌の小西行長らの日本軍を攻撃、行長らは敗北、漢城へ逃走する。秀家らは漢城以北の日本軍を漢城に集中させ、南下する明軍と漢城郊外の碧蹄館で戦い、明軍の南下をくい止める。

こうしたなかで、秀吉の花押の据えられた二月十八日付けの十三ヶ条の覚書が秀家宛に出される（「余公秀臣氏所蔵文書」〔『岡山城史』グラビア写真〕）。これには「何時も開城府へ唐人取懸候ハ、宰相を為大将示合、後巻いたし悉可討果事」とある。明軍に対処するため、秀家を現地日本軍の大将として軍事行動を行うことが求められている。また「何時も動於有之ハ、（中略）うき人数無之候てハ不相叶候条、備前宰相為大将、前野但馬守・加藤遠江守・石田治部少輔・大谷刑部少輔うき勢ニ成可有之候、示合何方江成共無越度様ニ可相動」とある。明軍の動きに対応した臨機応変の軍事行動を行うため、固定された任務をもたない浮勢が必要であり、前年六月に渡海した石田三成ら奉行衆を浮勢とし、秀家には、浮勢の大将となることも求められている。明軍の漢城接近という軍事的緊張のなかで、臨機応変の軍事行動を行うため、秀家は浮勢、さらに朝鮮現地の日本軍の「大将」になった（北島註（5）Ⓑ三三九頁）。秀吉が軍事指揮権をある程度、秀家に委譲したということもできる。しかし、二〇歳前後の若者である秀家の軍事的な統率力や判断力が、向上したわけではない。秀吉は十三ヶ条の覚書のなかで、加藤光泰と前野長康が宿老として「諸事見計、無越度様ニ」するため「異見」することがあると、秀家に申し渡している（大西註（1）Ⓐ三九頁）。さらに秀吉は、小早川隆景に対して、「若者共ニ令異見、をもしにも被成候様ニと思食候処」と申し送っている（小早川家文書之一二九三号）。「若者」には秀家が想定されている。経験豊富な隆景を朝鮮の日本軍の重鎮として遇し、経験不足の秀家に対する助言指導を秀吉は求めている。なお、朝鮮の人々は、秀家のことを「秀嘉（家）位尊年幼、不能主事」（『宣祖修正実録』二十六年一月一日）とみていた。若年であり、秀吉の娘婿として官位は高いが、大将としての能力は疑問ということであろう。

大将宇喜多秀家に率いられた漢城在陣の日本軍は、明軍接近の危機を乗り越え、小西行長と明軍の沈惟敬との交渉にもとづく休戦を実現し、四月十八日漢城を引き払い、朝鮮南岸の釜山周辺に撤収する。

三、漢城における宇喜多秀家の陣所

漢城における宇喜多秀家の陣所については、小田省吾氏と太田秀春氏の先行研究がある。(12) これらを踏まえて考察を進めたい。

秀家は初め宗廟に陣所を構えた。「倭大将平秀家、率其衆、入処宗廟」（『宣祖実録』二十五年五月三日）とある。宗廟には、李氏朝鮮王朝の歴代国王と后の霊が祀られている。年五回、国王は臣下を引き連れ、国の繁栄のために努力した先祖に感謝を捧げ、国の安泰を祈ってきたとされる。(13) こうした祭祀の場である宗廟の宗教的荘厳さを破壊して、新しい支配者である秀家の政治と軍事、さらに生活の場として陣所が建てられた。宗廟は、騒々しい人馬をともなう宇喜多軍の駐屯地になった。これは、新旧支配者の交代を示す鮮やかな演出といえるかもしれない。新しい支配者は、髪型から服装、さらに話す言葉も違う異民族である。彼らが神聖な宗教空間である宗廟を破壊したことに、漢城の人々はさぞ驚き、悔しい気持ちを持ったにちがいなかろう。

太田氏によると、宗廟の陣所は、北方から伸びる尾根を掘切で切断するとともに平場に削平して建物を設けたようである。掘切で防衛力を高め、削平した尾根上に建物を建て居住空間としたとされる。

秀家は、時期は不明ながら陣所を宗廟から南別宮に移す。「夜間多怪、従卒有暴死者。人言此朝鮮宗廟、有神霊。遂焚宗廟、而移寓南坊。（即南別宮）」（『宣祖修正実録』二十五年五月一日）とある。神聖な宗教空間を破壊された宗廟の神霊が、秀家の従卒を暴死させ、それを恐れた秀家が宗廟を焼き、陣所を移転させたとしている。陣所の移転の後、多大な犠牲を強いられた漢城の人々の日本軍に対する怨恨の意識をもとに、こうした復讐譚がつくられたのではなかろうか。

柳成龍の「懲毖録」巻之二（『朝鮮群書大系』続々第一輯　国会図書館電子図書館）に、文禄二年四月の日本軍漢城撤退後のこととして、「李提督館小公主宅後称南別宮」とある。南別宮とは小公主宅のことで、所在地は、現在の小公洞である。ここは、現在ホテルや百貨店の高層ビルが建ち並ぶソウル随一の繁華街となっている。南別宮は、一八九七年国王高宗が韓国皇帝として即位した際に、そのことを天に報告する円丘壇と呼ばれる祭壇となり、日帝強占期、円丘壇は朝鮮ホテルの敷地になったとされる（小田註(10)）。朝鮮ホテルは現在、高層ホテルであるウェスティン朝鮮ホテルとなっている。ここが秀家の陣所の移転先ということになる。この場所の地形は、ソウル旧市街南方の南山から派生してきた尾根の最末端と思われる。北側のロッテホテルとの間には墜落注意の崖があり、北北西にあたるソウル市庁方面に抜け出る小道は急な階段となっている。宗廟の陣所は北方からの尾根の末端であったが、ここは、南方からの尾根の末端ということになる。地形の条件は宗廟の陣所と同じである。太田氏は、「漢城市街地と高低差のほとんどない平地であった」とされている。誤りではなかろうか。

この陣所には、太田氏も指摘されているように、天守が上げられていた。「王位様ノ御舎兄ノ立ヲ取構、天シュヲ上ケテ備前中納言様御陣ニ成」（「朝鮮日々記」〔『改定史籍集覧』第二五冊〕）、また「羽柴備前宰相平秀家者、以大将在京城、設木柵重牆于内、起楼其中」（「宣祖実録」二十五年十一月十一日）とある。「楼」とは高層建築物のことと思われる。天守としてよいであろう。当時秀家は岡山城の造営に着手していたが、文禄の役によって中止せざるをえなかった。そのため岡山城の天守が竣工したのは、慶長二年（一五九七）とされている（『岡山城史』三三頁）。つまり、この朝鮮の漢城の陣所に上げた天守は、秀家にとって最初の天守ということになる。岡山城の天守は、黒塗りの下見板を張り詰めた黒を基調とする外観をもつものであり、岡山城は烏城とよばれてきた。これは、先に建てられた豊臣時代の大坂城の外観に倣ったものであろう。この時代の大坂城も、黒漆塗りの下見板を張り詰めていた（宮上茂隆『大坂城』草思社　一九八四年　四五頁）。おそらく、漢城の秀家陣所の天守も漆塗りとまではいかないまでも、黒い下見板を張り詰めた黒を基調とする外観をもつものではなかったか。黒い天守は、ここに太閤秀吉の娘婿宇喜多秀家がいることを、日本の武将たちに強くアピールするものであったが、朝鮮の人々にとっては、何とも奇っ怪な建物と思われたのではなかろうか。昌徳宮や景福宮など朝鮮の王宮では、朱色の建物が目立つ。

宗廟の陣所の時には、明らかにすることができなかった秀家の家臣たちの陣所もある程度わかる。典拠史料は安邦俊「壬辰記事」（『隠峯全書』巻六　韓国ＤＢ）である。豊前家守利（岡豊前守家利ヵ）鄭士竜家（南大門付近ヵ）に陣す。富川紀伊守（富川肥後守ヵ）・大宇喜多在京高毛（宇喜多左京ヵ）・花房助兵衛・江原兵庫守・明石楊（掃ヵ）部頭貞陵洞（現在の貞洞、秀家陣所の西方至近）に陣す。長盤（船ヵ）紀伊守西学洞（秀家陣所の北方至近）に陣す。明石右近助水閣洞（秀家陣所の南方至近）に陣す。花房志摩助（守ヵ）桂林君家（秀家陣所の西方至近）に陣す。富川玄蕃允古隠牆洞（秀家陣所の北東至近）に陣す。家臣たちの陣所は、いづれも秀家陣所の至近にあり、北東から北、北西、西、南へと秀家陣所を囲む様にあった。

そのほか秀家の重臣には、漢城と釜山との間の「つなぎの城」の城主となるのもいた。花房志摩守は京畿道の果川に新築された新城の城主であった（「朝鮮陣留書」山口県文書館所蔵　文禄元年十一月十五日）。この果川は、漢城から釜山へ向かう通路の最初の「つなぎの城」であった。漢城の南大門を出て南下し、大川とも言われる漢江を渡り少し南へ下ると果川である。果川の次の「つなぎの城」も新築された城である。残念ながら地名がわからない。城主は、秀家の重臣長船紀伊守であった。さらに南下すると、京畿道最後のつなぎの城が、龍仁の少し北西方にあった(14)。ここも新築された城で、秀家の従兄弟宇喜多左京が城主であった（「朝鮮陣留書」文禄元年十一月十三日）。秀家の重臣である、花房志摩守・長船紀伊守・宇喜多左京進の三人は、漢城内に陣所を持ちながら、京畿道内の「つなぎの城」の城主でもあった。「つなぎの城」は文書の城次ぎ逓送や、名護屋と漢城を往復する秀吉の連絡役の宿所となるなど（「宇喜多一之書状」二月二十八日〔島津家文書之四　一七三九号〕）重要な役割をはたしていた。「つなぎの城」が機能を失えば、漢城・名護屋間の意思疎通が塞がれ、朝鮮の日本軍は重大な危機に直面することになる。

次に秀家の陣所移転の時期について考えたい。秀家家臣の陣所についての記事を持つ安邦俊の「壬辰記事」には、秀吉から漢城に派遣された石田三成らの奉行人の陣所、また朝鮮各地を転戦した大名たちの陣所所在地の記載もある。秀吉奉行人たちの陣所の位置は、石田活（治カ）部少三成、明礼坊洞（現在の明洞、秀家陣所の東方至近）に陣す。大谷（刑部少悑（輔カ）吉絳（継カ）、墨寺洞（明洞東方）に陣す。増田右尉（衛カ）門尉吉（長カ）盛、鑄子洞（明洞南方至近）に陣す。前野但馬守、好賢坊洞（秀家陣所の南方至近、明洞南西至近）に陣す。加藤遠江守、長興庫洞（秀家陣所の南方至近、明洞至近）に陣す。ということであった。いずれも南山北麓で、大谷吉継を除き、秀家陣所から至近のところに陣所を構えている。三成ら奉行たちは、秀家家臣のように秀家陣所を囲むというのではなく、南山北麓を西から東へと、陣所が立地している。

注目したいのは、石田三成ら奉行人の漢城入城の時期である。文禄元年六月秀吉の渡海延期をうけ、代わりに七名の奉行が朝鮮へ派遣された。彼らは七月十六日漢城へ着く（「西征日記」七月十六日〔『続々群書類従』第三〕）。秀家陣所の移転がやや先行し、その後七月に、奉行たちが秀家陣所の近くに陣所を構えたのではなかろうか。その理由は、秀家の陣所が、天守を建てるのにふさわしい南山北麓で最も見栄えのよい場所であり、漢城市街地に最も睨みのきく場所であると思われるからである。

秀家と三成ら奉行人を南山北麓に惹き付けたものは、何であろうか。防御に適した地形ならば、漢城北方の北岳山の山麓でも構わない。南山北麓にあって、北岳山山麓にないもの、それは、龍山倉および漢江渡河点に程近いということになる。朝鮮王朝が全国から集めた租米や貢納物は、漢江の舟運を利用し龍山に陸揚げされた。龍山には多数の保管庫があり、龍山倉と呼ばれていた（「文宗実録」二年三月三日）。漢城へ入城した日本軍は、この龍山倉の貯蔵米等を入手していた。日本軍の漢城撤退時でも、なお二万石の貯蔵米があったとされている（「宣祖修正実録」二十六年四月一日）。さらに漢江渡河点確保を考えれば、南山北麓の利便性は高い。なお、太田氏は、南山北麓に焼け残った家屋が多かったことを理由とされている。

秀家や三成らの奉行衆は、龍山倉を頻繁に訪れなければならない理由があった。それは、兵糧米に関わる実務である。秀家は、漢城内の諸大名の陣所に家臣を派遣し兵糧米を点検している（「西征日記」六月十七日）。三成ら奉行衆の到着後は、「三奉行より諸勢へ月俸米被渡候」（「朝鮮陣覚書」文禄二年正月廿八日）となった。この諸大名への兵粮米は、「公儀より御飯米」（同文禄元年九月廿六日）と言われている。秀吉は、「都内兵粮改、備前宰相ニ渡置之由、尤候、併しながら面々兵粮之儀、其主切手次第可相渡由」と、朝鮮在陣の代官衆に申渡している（「秀吉朱印状」七月十五日〈「片桐文書」『藤堂高虎関係資料集　補遺』三重県史資料叢書５　所収〉）。奉行衆到着後、秀家が兵粮米の受渡しや前提となる人数改めに直接関与することはなくなったとみられる。しかし、兵粮米の調査と人数改めに関わる書類は、秀家に渡されるものとされている。秀家はより高い立場で、奉行衆や代官衆を統括していたと言えるのではなかろうか。人数改めとそれを前提とした兵粮渡しは、大名たちからの軍役・普請役などの徴収のために必要欠くべからざる公儀の実務である（「石田三成覚書」島津家文書之二　九五九号）。秀家は代官衆や奉行衆の統括者として、文禄の役において、このような実務に携わっていた。

秀吉は死のみぎわ、このことを思い出したのかも知れない。「秀吉遺言覚書」には秀家について、「おとな五人之内へも御入候て、諸職おとなしく、贔屓偏頗なしに御肝煎候へ」（「浅野家文書」一〇七号）とある。五奉行を「御肝煎」するとは、統括することであろう。漢城で代官衆や奉行衆を統括した秀家の姿と重なる。[15]

おわりに

文禄の役において、宇喜多秀家の役割は、初めは一有力大名として漢城および京畿道を平定支配するに止まるものであった。その後秀吉の渡航延期、ついで明軍の朝鮮来援という事態のなかで、他の朝鮮在陣大名を統括し、さらには秀吉から「大将」に任ぜられた。初めから秀吉名代や総帥の地位にあったわけではない。また秀家は、漢城で諸大名の兵粮改めなど奉行衆の行う実務をおこない、さらには奉行衆の統括にも当たっていた。このことは、後に秀吉遺言で五奉行の統括を命ぜられることにつながったと思われる。

今後も日本の史料と朝鮮の史料を用い、残された課題である戦闘行動や日明講和における役割など、文禄・慶長の役における宇喜多秀家の具体的な行動を明らかにしていきたい。

註

（1）宇喜多秀家研究に限っても、Ⓐ大西泰正『豊臣期の宇喜多氏と宇喜多秀家』（岩田書院、二〇一〇年）、同『「大老」宇喜多秀家とその家臣団』（岩田書院、二〇一二年）、寺尾克成「宇喜多氏検地の再検討」（米原正義先生古希記念論文集刊行会編『戦国織豊期の政治と文化』（続群書類従完成会、一九九三年所収）、畑和良「宇喜多秀家と『鷹』」（『岡山地方史研究』一一六、二〇〇九年）、光成準治『関ヶ原前夜　西軍大名たちの戦い』（NHK出版、二〇〇九年）、同「中・近世移行期における村落統治と法」（『年報赤松氏研究』三、二〇一〇年）、森俊弘「岡山城とその城下町の形成過程―地誌「吉備前鑑」の検討を中心に―」（『岡山地方史研究』一一八、二〇〇九年）、森脇崇文「豊臣期宇喜多氏における文禄四年寺社領寄進の基礎的考察」（『年報赤松氏研究』二、二〇〇九年）、同「豊臣期大名権力の変革過程―備前宇喜多氏の事例から―」（『ヒストリア』二二五、二〇一一年）、同「宇喜多氏分限帳の分析試論―諸写本の比較検討から―」（『史敏』九、二〇一一年）、渡邊大門「豊臣期宇喜多氏検地再考」（『皇學館論叢』二五七、二〇一〇年）、同『宇喜多直家・秀家』（ミネルヴァ書房、二〇一一年）がある。論点となっている検地、集権化政策、家中騒動、城下町建設などは、いずれも文禄・慶長の役と因果関係をもつ。

（2）大西泰正「文禄期「唐入り」における宇喜多秀家の立場について」（『宇喜多家史談会会報』四二、二〇一二年）がある。

（3）西川宏『岡山と朝鮮』（岡山文庫、日本文教出版、一九八二年）、拙稿「戦国豊臣期大名宇喜多氏の成立と崩壊」（『岡山県史研究』

六、一九八四年）参照。

（4）「懲毖録」巻一五（『朝鮮群書大系』続々第一輯、朝鮮古書刊行会、一九一三年、三二一頁、国会図書館電子図書館）には「此少人民、死於兵戎、死於飢饉者、固已十八九矣」とあり、戦争で殺されたものより、飢饉で死んだものの方がはるかに多い。では何故飢饉になるのか。日本軍の来寇は、倭寇の襲来とされた。毛利輝元は、「此国之者ハばはん衆と斗心得、山へ退候而居候」（「毛利輝元書状」五月二十六日「巻子本厳島文書」（『広島県史』古代中世資料編Ⅲ、一三八頁）と述べている。倭寇は数週間で撤退したが、日本軍は一年以上居座る。「僅保於兵火之旁、而人民奔避、不得治農、田野多荒」（『栢巌先生文集』巻之五、上啓　韓国ＤＢ）農民たちが日本軍を恐れ長期間山野に隠れ住み、農業生産を維持できなくなり、飢饉となった。「不死於寇賊、則死於飢饉癘疫」（同）日本軍に殺害されなくても、飢饉や疫病で人々が死ぬ。「而至於名門男女、無不如此、求生無路、僵死相続」（同）名門（財産のある両班層ヵ）の人々も例外ではなく、生命を維持しようとするがその方法が無く、野垂れ死が相次ぐ。社会の上層の人々にまで餓死が迫る。「飢寒入骨、倫理已滅、捐親捨子、殺人奪物者、不可勝数」（同）飢えと寒さが募るなかで、人々は倫理を失い、親を捨て子を捨て、人を殺して物を奪う者が数え切れない程いる。朝鮮の人々のなかに本人や家族の生命を維持するために、通常の倫理感を超えて行動する人たちが、日本軍のもたらした飢饉状況のなかから現れたということであろう。

（5）本稿が参考にした文禄・慶長の役の研究書、中村栄孝『日鮮関係史の研究』中（吉川弘文館、一九六九年）、藤木久志『織田・豊臣政権』（日本の歴史15、小学館、一九七五年）、李炯錫『壬辰戦乱史』上・中・下（東洋図書出版、一九七七年）、Ⓑ北島万次『豊臣政権の対外認識と朝鮮侵略』（校倉書房、一九九〇年）、同『豊臣秀吉の朝鮮侵略』（吉川弘文館、一九九五年）、同『秀吉の朝鮮侵略と民衆』（岩波新書、岩波書店、二〇一二年）、貫井正之『豊臣政権の海外侵略と朝鮮義兵研究』（青木書店、一九九六年）、中野等『秀吉の軍令と大陸侵攻』（吉川弘文館、二〇〇六年）、同『文禄・慶長の役』（吉川弘文館、二〇〇八年）、本稿の通史的理解は李氏と中野氏の著作に依拠した部分が多い。徳島市立徳島城博物館『特別展「唐入り」の時代―秀吉の大陸出兵と大名たち―』（徳島市立徳島城博物館、二〇一二年）図録集で著名史料の写真版と釈文がある。日韓共同研究について、北島万次・孫承喆・橋本雄・村井章介『日朝交流と相克の歴史』校倉書房、二〇〇九年）、日韓歴史共同研究委員会『第二期日韓歴史共同研究報告書』（財団法人日韓文化交流基金、二〇一〇年）史料解題集が充実している。朝鮮の史料を用いた研究、村井章介「倭城をめぐる交流と葛藤」（北

島万次・孫承喆・橋本雄・村井章介『日朝交流と相克の歴史』校倉書房、二〇〇九年所収）、村井章介「朝鮮史料から見た『倭城』」（『東洋史研究』第六六巻第二号、二〇〇七年）。日本の史料を用いた研究、崔官『文禄・慶長の役』（講談社、一九九四年）、金時徳「異国征伐戦記の世界―韓半島・琉球列島・蝦夷地―」（笠間書院、二〇一〇年）。

（6）『朝鮮王朝実録』は、大韓民國文教部國史編纂委員会によって全文デジタル化され、インターネット上で公開され、様々な検索もできる。「宣祖実録」および「宣祖修正実録」の閲覧・引用はこれによった。韓國古典翻訳院によって『韓國文集叢刊』がデジタルテキスト化され、「韓國古典総合DB」の名でインターネット上で公開されており、様々な検索もできる。『韓國文集叢刊』には、文禄の役の際朝鮮王朝の高官であった柳成龍の「西厓先生文集」など政府役人の文集、地方役人の文集、安邦俊の「隠峯全書」など地方文人の文集が数多く収録されている。本稿で「韓国DB」と註記されているものは、このサイトを通じて閲覧・引用した。両者のサイトへは、九州大学朝鮮史学研究室→研究に役立つサイトからアクセスした。

（7）「日本国関白秀吉奉書朝鮮国王閣下」（「続善隣国宝記」〈『続群書類従』第三〇輯上、四〇四頁〉）。

（8）「備前之警固船」は秀家と行動を共にするのではなく、秀吉の船奉行のもとで水軍に編成され、朝鮮水軍との海戦を戦ったと思われる。朝鮮の史料には、文禄元年七月の閑山島の海戦で、秀家は水軍を率いて戦い敗北、逃走したとするものが多い（「督府忠義伝」『研経齋全集』巻之六一、韓国DB　など）。これは誤りである。秀家は漢城にいて、海戦の指揮をとってはいない。しかし「備前之警固船」は海戦に参加し、大きな被害を受けたものと思われる。

（9）西嶋定生『古代東アジア世界と日本』第三章八（岩波現代文庫、岩波書店、二〇〇〇年）。

（10）『宇喜多秀家陣跡』（唐津市文化財調査報告書、第一四八集、唐津市教育委員会、二〇〇九年）によると、秀家の陣所は、名護屋城本営の南約一・五キロメートルに位置し、高さ約九〇メートル小高い丘の頂上部に約三五メートルの正方形の土塁に囲まれた主郭があり、丘の麓には石垣もあるという。頂上部は本営よりも高さがあり、距離も離れていることから、有力大名として独立した陣所を構えていたことがわかる。

（11）註（8）参照。十八世紀半ば延享度の朝鮮通信使の一員として、備前牛窓に寄港した朝鮮の高官書蘭谷は「此地属備州亦山陽道所轄而、平賊時以其養女婿秀家領之節、壬辰年督戦於閑山島者也」（「奉使日本時間見録」『大系朝鮮通信使』第六巻、明石書店、一九九四年）と述懐している。眼の前に多数の加子の姿を見て、彼らの数世代前の先祖が経験した閑山島の海戦に思いを馳せたのであろう。

(12) 小田省吾「京城に於ける文禄役日本軍諸将陣地の考証」（『朝鮮史講座』三、特別講義 朝鮮史学会、一九二四年）、太田秀春『朝鮮の役と日朝城郭史の研究』第一章　漢城における日本軍の築城（清文堂出版、二〇〇五年）。なお漢城については、須川英徳「朝鮮王朝五〇〇年の都・ソウル」（同編『韓国を歩く』遊学叢書29、勉誠出版、二〇〇一年）から多くのことを学んだ。

(13) 「宗廟祭禮」宗廟祭禮保存会作成ホームページ、韓国。

(14) この城は、一九九七年京畿道博物館によって発掘調査され、日朝両軍の武器や馬具、そのほか陶磁器や瓦などが出土している（黒田慶一「韓国の最近の倭城調査について」（同編『韓国の倭城と壬辰倭乱』岩田書院、二〇〇四年））。

(15) 引用部分の「おとな五人」は、いわゆる五奉行のことである。阿部勝則「豊臣五大老・五奉行についての一考察」（『史苑』四九巻二号、一九八九年）参照。

朝鮮王朝実録にみる宇喜多秀家

朝鮮王朝実録	巻数	宣祖	万暦	日本元号	西暦	月日	記事摘要
宣祖修正実録	26	25	20	文禄元	1592	4月14日	以**平秀家**等三十六将分領、以馬島主平義智及平調信、行長、玄蘇為導
宣祖修正実録	26	25	20	文禄元	1592	5月1日	而宗廟独存、倭大将**平秀家**処其中、夜間多怪、従卒有暴死者
宣祖実録	26	25	20	文禄元	1592	5月3日	倭大将**平秀家**、率其衆、入処宗廟、毎夜神兵撃之
宣祖実録	28	25	20	文禄元	1592	7月1日	鎮護城中者、**豊臣家秀**也
宣祖実録	32	25	20	文禄元	1592	11月11日	羽柴備前宰相**平秀家**者、以大将在京城、設木柵重墻于内、起楼其中
宣祖修正実録	27	26	21	文禄2	1593	1月1日	**秀嘉**位尊年幼、不能主事、若除行長、調信、而進逼京城、則**秀嘉**勢孤
宣祖実録	34	26	21	文禄2	1593	1月7日	擒斬**平秀家**、平秀忠、平行長、平義智、平鎮信等有名諸酋者、毎名賞金五千両
宣祖実録	34	26	21	文禄2	1593	1月12日	大将**平秀嘉**、拠王京一帯、以搗朝鮮腹心
宣祖実録	35	26	21	文禄2	1593	2月21日	京畿居将、乃関白壻**備前守**云、而年十九、毎事与平行長同議伝
宣祖修正実録	27	26	21	文禄2	1593	4月1日	固守王京、要封貢停当乃退、大将**秀家**、副将三成・長盛・吉継・隆景等
宣祖修正実録	27	26	21	文禄2	1593	4月1日	是月十九日、**秀家**等巻大軍渡江、留倉米二万石
宣祖実録	39	26	21	文禄2	1593	6月29日	深責**平秀嘉**、平行長等擅王京之罪、夫関白雄心　較然昭著
宣祖実録	39	26	21	文禄2	1593	6月29日	**平秀嘉**与平行長、意思一般、深欲罷兵早帰
宣祖実録	40	26	21	文禄2	1593	7月10日	本府（晋州）再三苦阻于先鋒行長、大摠兵**秀家**、副摠兵三成等
宣祖実録	40	26	21	文禄2	1593	7月16日	行長力止之不聴、故是行也、**秀家**、行長、三盛、吉継等不往
宣祖実録	49	27	22	文禄3	1594	3月30日	則倭名仍仇知、本是**平秀家**陳中倭、前年七月投降於劉崇正
宣祖実録	83	29	24	慶長元	1596	12月21日	明春若再動兵、則**平秀家**当復為大将云、或言小早川隆景之養子金吾
宣祖実録	93	30	25	慶長2	1597	10月3日	備前宰相所謂**平秀家**領兵二万
宣祖実録	97	31	26	慶長3	1598	2月11日	但天兵毎日哨採、輒与**秀嘉**衆相遇、朝鮮之人、互相離間、
宣祖実録	99	31	26	慶長3	1598	4月7日	倭将**平秀佳**入帰本地事、呉宗道帖報于経理
宣祖実録	99	31	26	慶長3	1598	4月7日	問之則**秀佳**入帰之事、呉宗道稟帖于経理
宣祖実録	126	33	28	慶長5	1600	6月9日	必是内府、与肥前、**備前**等有隙、欲不能者於朝鮮、以消其兵勢案矣
宣祖実録	133	34	29	慶長6	1601	4月25日	領備前州中納言**平秀家**、小西行長、薩摩島主島津等軍四五万兵

※「宣祖実録」および「宣祖修正実録」は、大韓民國文教部國史編纂委員会のホームページ上で閲覧し、そこから引用した。ゴチックは筆者による。

Ⅲ　宇喜多騒動の再検討
――『鹿苑日録』慶長五年正月八日条の解釈をめぐって

石畑匡基

問題の所在

関ヶ原合戦勃発の主因は豊臣秀吉死後の政局にあり、これまで多くの研究が蓄積されてきた。しかしながら、後代の編纂物に依拠して創出された見解が無批判に踏襲されていることが問題視されはじめている。そのため、同時代史料によって当該期の政治史を再検討する機運が高まっている。その動向の一つとして挙げられるのが、秀吉死後に豊臣政権の「五大老」の一人とされる宇喜多氏の家中で発生した宇喜多騒動を取り扱った研究であろう。

朝尾直弘氏は騒動の首謀者と考えられる宇喜多氏宿老層である浮田左京亮や富川達安が関ヶ原合戦において東軍に属し、同じく宿老層であった岡家俊や花房正成が合戦後に徳川家康から旗本として召し出されたことから、騒動の発生には家康の影響があったと指摘した(1)。また、しらが康義氏は関ヶ原合戦に宇喜多氏が敗北した理由として、「家中騒動によって崩壊した軍事力は関ヶ原での決戦における敗北を必然とした」とし、騒動が与えた影響を指摘する(2)。

右の成果に対して、騒動に関する基本的・具体的な事実確認と検証とを経ていないと先行研究を問題視した大西泰正氏によって、騒動の再考がなされた(3)。大西氏は、当主秀家から寵愛を受けていた宿老の長船紀伊守及び秀家の「出頭人」である中村次郎兵衛の失政やキリスト教徒対日蓮宗徒という宗派的対立を騒動の発生理由とする従来の説を江戸期に創出された虚構とし、秀吉の死によって、宇喜多氏権力と密接な関係にあった豊臣政権の動揺が騒動惹起の背景にあったと指摘した。そして騒動の結果、秀家は「家中の不統一を世間に周知させると同時に、公儀の『裁定者』としての家康の介入を防ぐこと」ができず、「この裁定を通じて、家康は豊臣政権の独占と他の大老の枢機からの排除を、無言のうちに広く一般に闡明」するに至ったとし、家康の騒動への介入を家康が豊臣政権を掌握していく一階梯として見なすべきと評価した。さらに、豊臣政権が機能不全に陥った一大変事だと騒動を改めて位置づけ、関ヶ原合戦の誘因と見なすべきと論じた。騒動と関ヶ原開戦との関係性に直接言及している点で大西氏の指摘は画期的であるといえよう。

右の大西氏の論考に対して、光成準治氏はその研究成果を評価しながらも、『戸川記』など後年に成立した史料を使用している点を問題視し、同時代史料のみによる再検討を試みた(4)。しかしながら、光成氏自身も考察に『戸川記』を使用するなど徹底はされなかった。また、かかる光成氏の指摘に対して大西氏から編纂史料であっても吟味した上で使用することが騒動の真相を解明するためには必要であるという反批判が出されるなど、宇喜多騒動に関する研究はその方法論をめぐり議論が活発化している(5)。

しかし、その発生場所など依然として事実経過に関する誤認が残されていると考えられる。なぜなら、騒動を叙述する数少ない同時代史料である『鹿苑日録』（以下『鹿』）慶長五年正月八日条の解釈に再考の余地があるためである。先行研究では、解読が困難な箇所を未解読のまま検討が進められている。宇喜多騒動に関する同時代史料は確かに僅少であり、大西氏が指摘する通り後代の編纂物を全く欠いて騒動の様相を考察することは不可能であろう。しかしながら、優先されるべきはやはり同時代史料の記述である。そのため、『鹿』の記述の背景を明らかにしながら、同時代史料を吟味し、解読が困難な箇所には編纂史料などの二次的史料の記述を参考にするという姿勢で考察に臨むことが重要といえる。

さらに秀吉死後の政局の解明という点を重視すると、先学における深刻な憾みは大谷吉継が騒動の仲裁者であった事実が軽視されている点にあろう。吉継は石田三成とともに蜂起したことで有名な人物であるが、彼の功績や三成とともに蜂起するに至った理由は、これまで編纂物の記述が無批判に用いられ続け、あまり関心が寄せられてはこなかった。

そのため筆者は、大谷吉継について検討し以下の点を明らかにした[6]。石田三成らとともに奉行衆として活躍した吉継は文禄二年（一五九三）ごろから病態に陥り、豊臣政権の中枢からはずれた。しかしながら、慶長三年（一五九八）八月十八日に秀吉が死去すると、慶長四年九月に大坂城入城を果たした「五大老」徳川家康の意向によって、吉継は豊臣政権に復帰する。そして吉継は、石田三成や浅野長政が抜けた「五奉行」を補完する役割を担い、宇喜多騒動など大名家において発生した重要事件の仲裁に関与した。さらに、関ヶ原合戦において西軍として家康と敵対する理由に関しては、宇喜多騒動の仲裁をめぐる両者の見解の相違にその原因があることをつきとめた。このように、秀吉死後の政局や関ヶ原合戦勃発に多大な影響を与えた吉継ではあるが、家康と袂を分かつ原因となる騒動に彼がどのように関与したかについては先学において見解が分かれている。

かかる問題意識により本稿では、騒動の様相を記すほぼ唯一の同時代史料とされる『鹿』慶長五年正月八日条について改めて考察を加え、騒動が発生した場所や様相などといった基本的事実の再考を行う。また、騒動の仲裁者たる大谷吉継がどのように騒動に関与したかについても言及する。以上により騒動の基本的事実を確定した上で改めて騒動への豊臣政権の態度について展望を述べたい。

一、先行研究における記事の解釈

本章ではまず先行研究における『鹿』慶長五年正月八日条の解釈についてまとめてみたい。それでは、懸案である記事の該当部分を掲げよう。

史料Ａ[7]（傍線―石畑、以下同様）

[a]中村次郎兵衛去五日夜相果ト云々、[b]此故ハ此比備前中納言殿長男衆ヲ背テ恣之故ト云々、[c]主者牢人也、[d]定而中納言殿以前不苦之間、形（刑）少エ可出ト云々、[e]備前ニハ不白（島脱カ）与了松下人一両人シテ留守ヲスルト云々、[f]上下七十人ホト之者共、一時ニ聴此事分散、絶言語、

どの先行研究でも事件に関連する記事のなかで右の部分のみが考察されている。この記事に最初に言及したのは朝尾直弘氏である[8]。朝尾氏は記事を次のように解釈している。

　『鹿苑日録』には慶長五年（一六〇〇）正月五日夜、宇喜多家の中村次郎兵衛が専恣の行為ありとして斬られ、七〇人ほどの侍が分散し、宇喜多家では大谷刑部少輔（吉継―石畑註）に頼って事件を解決するつもりらしいとの記事がある。

朝尾氏の研究は記事を初めて使用したという点で画期的といえるが、当該箇所を全面的に解釈してはいない。大谷

吉継に関して注目すると、朝尾氏の解釈では宇喜多家が吉継に仲裁を頼んだとしており、当主秀家から吉継に仲裁を依頼したと理解したと推測される。続いて、大西泰正氏の解釈をみてみたい[(9)]。

①正月五日に中村次郎兵衛が「備前中納言殿長男衆」に断らず専恣な振る舞いがあったとして「牢人」に殺されたこと、②秀家がその「牢人」の引き渡しを大谷吉継に求めたこと、③「備前」（大坂城下備前島の秀家屋敷のことか）の留守居は「下人」である「不白」と「了松」であること、④「上下七十人」が次郎兵衛の件を聞いて退去したこと、

以上のように整理できる。

右に加えて大西氏は「牢人」を慶長四年秋の騒動勃発に際して宇喜多家中を出奔していた浮田左京亮らの徒党、あるいはそれに近い人々であったとする。なお、吉継に着目すると、大西氏は明言してはいないが文脈から仲裁に入った吉継が事前に「牢人」をかくまったと理解したと推測され、朝尾氏の見解と異なるにもかかわらず、大西氏はこれに言及してはいない。

さらに、光成準治氏は大西氏の説をふまえながら新たな解釈をしている[(10)]。「秀家の信任厚かった中村次郎兵衛への襲撃が事件の発端であり、それは慶長五年一月五日の夜に発生したことがわかる」。「襲撃勢力の構成員について、『鹿苑日録』は個人名を記載せず、「備前中納言長男衆」と表記している」。「「備前中納言長男衆」は、彼らの助言を無視して政務を行ったという理由から、中村次郎兵衛を襲撃した」。「一方、襲撃勢力の首謀者達は牢人であると認識されている」。「彼らが襲撃前に牢人となっていたのか、襲撃後に牢人となったのかは明確ではないが、秀家の「以前苦しからず」という対応から、襲撃時にはすでに家中から追放されていたことが窺える。いずれにしても、襲撃勢力への支持は広がらず、結局、彼らは単身大谷吉継に庇護を求め、襲撃勢力の被官達は主人を失い分散していったのである」。

光成氏も記事を全面的に解釈しているようにみえるが不白に関する言及はない。なお、吉継に注目すると、襲撃勢力が吉継に庇護を求めたと解釈している。最後に、管見の限り記事の解釈に言及する最新の研究である渡邊大門氏の解釈を掲げたい(11)。

中村次郎兵衛が去五日に亡くなった。その理由は、この頃宇喜多秀家の年寄衆を差し置いて、中村次郎兵衛が専横な振る舞いを行ったためらしい。中村を討ったのは、秀家から放逐された牢人らであった。その後、首謀犯は大谷吉継のもとを訪れた。秀家には、このことを知らせないとのことである。首謀犯を失った被官人ら七十人は、各地へ落ち延びていった。

まず、吉継に着目すると、光成氏同様に首謀犯（「襲撃勢力」）と吉継とのつながりを指摘する。加えて、渡邊氏の「秀家には、このことを知らせないとのことである」という解釈に注目したい。これは恐らく記事の「備前ニハ不白」の部分を「不曰」と解釈した結果ではないだろうか〔補註1〕。しかし、後述のように不白は実在の人物であり、この解釈は間違いである(12)。

表　先行研究による解釈一覧

先学	朝尾説	大西説	光成説	渡邊説
襲撃理由	中村の専横	中村の専横	中村の専横	中村の専横
大谷への仲裁要請	秀家カ	牢人カ	襲撃勢力	襲撃勢力
牢人の理解	—	秀家旧家臣	秀家旧家臣	秀家旧家臣
不白の理解	—	下人	—	動詞と理解

以上から、朝尾氏の研究以来宇喜多騒動に関する論考にはいずれも同一の記事が使用されながらも、その解釈には相違点が存在する。それぞれの解釈は表で整理してみたが、最新の渡邊氏の研究をもってしても決定的な解釈が導きだされたとは言いがたい。それは、記事が記された背景につい

ての言及がなく、不白や了松などの記事に登場する人物の比定がされぬまま解釈が行われているためであろう。そこで、次章では当該記事の背景について言及してみたい。

二、『鹿苑日録』慶長五年正月八日条の背景

記事の全容とその記主

ここでは、記事が記された背景等について考察を加えていきたい。史料Aとして前掲した記事は『鹿』慶長五年正月八日条の事件記事のみであった。しかしながら、前後の省略されている部分に重要な記述がみられるので、その前後の記事を掲げてみたい。

八日、（中略）予亦赴神宮寺焼香、於途中逢海雲院殿、及暮鴉之故ニ不能目撃、自神宮（寺脱）津守寺之薬師ニ参詣、焼香看経則百燈、其内西僧坊四西僧坊（衍カ）ニ於堂裏相逢、通一語帰寺、於堂前逢疎（庵脱カ）、通一語、向予曰、只今了頓赴慈恩ト云々、此故ニ忩々而帰寺、於門前相逢、則挽袂入寺、且閑話、麩之吸物ニテ進酒、一件相談、話次（ここに史料A—石畑註）、亥刻ニ了頓退出、予亦就睡、

史料Aが記されたこの日、摂津国住吉社の脇寺である津守寺の薬師に参詣した記主は堂裏で西僧坊と雑談した後に帰寺しようとした。すると、堂前で疎庵に会った。彼は記主に「只今了頓赴慈恩」と告げた。このため、急いで帰寺（慈恩寺へカ）した記主は門前で、ある人物と「相逢」しその人物の袂をひいて入寺したという。そして、閑談し麩の吸物で酒をすすめ、一件の相談をした。そして、話のついで（「話次」）として語られた内容が騒動に関する情報（史料A）

であった。ここから、記事に記された情報は記主と共に入寺した人物からもたらされたものだとわかる。その人物とは、続く「亥刻了頓退出」という記述から判断すると了頓であったと推測される。よって、数少ない同時代史料とされる記事の内容も伝聞により書き記されたということを念頭に置く必要がある。

記主に情報を与えた了頓（良頓とも）とは、『鹿』慶長四年の記述の末にある「住吉長男衆上洛之覚」においてその名が確認できる。「住吉長男衆」の実態は不明であるが、摂津住吉の住人だと推測できよう。また、記主と親交があることを勘案すれば、僧籍にあった人物だと考えられる。加えて、『鹿』にその名が頻繁に登場するため、記主と比較的親しい間柄だと思われる。

続いて当該記事の記主について言及しておきたい。光成氏は、記事の記主を慶長五年当時鹿苑寺の住職であった西笑承兌だと解している。そもそも『鹿苑日録』は相国寺鹿苑院院主の執務日記とされており[13]、鹿苑院主をつとめた承兌が記したと判断したのだと推測される。しかしながら、『鹿』の凡例には「不知記年紀未詳ノ冊ヨリ慶長六年」とあり、目次をみると「年未詳」の次は慶長四年五月からの記事が載せられているため、当該期の記主は「不知記」、すなわち不明なのである〔補註2〕。この記主が不明な時期の記事には記主自身である「予」と共に承兌が登場する箇所があるため、少なくとも記主と承兌は別人である[14]。なお、後にも触れることではあるが当該期の記主の動向をみていくと、京都から摂津住吉にたびたび通っており、了頓など「住吉長男衆」と交流を持っていたことがわかる。

記事の登場人物

ここでは、記主と記事の登場人物との関係を考えていきたい。今日、我々が日記を書く際においても同様であるが、基本的に日記には自身の関心を書き記す。さらに、記事の内容が了頓からの伝聞であるならば、了頓は記主の興味関心のある情報を提供した可能性が高い。そのため、記事（特に史料Ａ）の登場人物と記主とにはこれ以前から接点があったと想定される。よって、史料Ａに登場する「中村次郎兵衛」・「備前中納言」・「長男衆」・「形少」・「不白」・「了松」と記主との関係について言及してみたい。

「中村次郎兵衛」は宇喜多秀家の家臣である。宇喜多氏の権力構造を考察した森脇崇文氏は中村を文禄期以降の宇喜多氏において当主と直結して分国運営のために広範な職務を臨機応変に行う奉行人（森脇氏は「直属奉行人」と呼称）であったと指摘している[15]。「去五日夜相果」という記事の記述から中村は死亡したと記主らが考えたことがわかるが、実際は生存しており、騒動の後に宇喜多家中を去り加賀の前田利長に召し抱えられたとされる[16]。さらに、記主との関係については興味深い記述がある。『鹿』慶長四年六月二十一日条には「次ニ赴于中村二郎兵へ、一笑出迎テ閑話、麺子ニテ酒、其以後飯出ツ、各々依枕子一睡、風呂アリ、三度入」とみえる。中村を訪ねた記主は食事を共にしただけでなく、共に昼寝や入浴をしており、両者は相当親しい仲であったと推測される。

「備前中納言」は、備前岡山を本拠とした大名である宇喜多秀家を指す。『鹿』には秀家がしばしば登場する。その内、『鹿』慶長四年十二月二十一日条から秀家と記主との関係を探ってみたい。この日、徳川家康へ「一礼」を述べるために記主は大坂城西の丸を訪ねた。しかしながら、家康は「御虫気」により「御広間」へ「無出御」く、記主は「一礼」を述べずに退出した。すると、西笑承兌が「来駕」して記主に対して「今日内府（家康）無出御之間、明日可来」と伝えた。そのため記主は帰ろうとしたが、門外で「内府有出御」と言う人がいたため、「一礼」を述べるために再訪した。そして記主は、「備前中納言殿一人伸歳暮礼、綿子百把・御腹（服）五ツ進物也、伸一礼退出」した。つまり、再訪した記主は宇喜多秀家一人に歳暮礼として綿百把と御服五つを贈ったというのだ⑰。よって、秀家と記主とは贈答を行う程度の知音関係にあったと推論される。

「長男衆」は了頓ら「住吉長男衆」を指す可能性もあるが、秀家との接点を考慮すると先学が指摘する通り富川達安など宇喜多氏の重臣層であると考えられる。なお、先行研究では「備前中納言殿長男衆」として解釈が行われている。しかし、「備前中納言殿」と「長男衆」とを区別することで解釈が異なってくるため、ひとまず「長男衆」と表記しておく。なお、記主と「長男衆」との関係は不明で、構成者との関係も見いだせない⑱。

「形《刑》少」とは刑部少輔の官途を得ていた大谷吉継である。秀吉死後の吉継が家康のもとで「五奉行」に準じる役割を果たしたことは既に紹介した。記主と吉継との関係を示す初見は『鹿』慶長四年十一月十九日条で、公家日野氏家臣である鴨井新丞と共に記主は吉継を訪ね、「宗外」という人物と「入魂」となっている。また、『鹿』慶長四年十一月二十二日条でも記主は鴨井新丞と共に吉継を訪ね、「宗外老」に会っている。とはいえ、記主は吉継とも接点を持っていたと推測される。史料Aの後の記述ではあるが『鹿』慶長五年三月二十一日条によると、上洛した吉継が記主に出頭要請を行っている。この他に記主と交流のある丁頓ら「住吉長男衆」の公事に際して吉継が登場する。しかしながら、吉継と記主との直接的な交流を示す記述はみられず、それほど深い関係ではなかったと推定される。

「不白」と「了松」は先行研究において下人と理解されている。了松に関しては史料Aの記述でしかその名は確認できない。一方、不白に関しては『鹿苑日録』にその名が散見される。例えば、『鹿』慶長四年九月七日条によると、記主は了頓と共に不白の居所に「投宿」し、そこで「夕飡」を共にしている。一方、『鹿』慶長五年五月一日条では「不白来テ立華ニヘイ、夕飡相伴ニテ進酒」とあり不白も記主の居所に来訪して、食事や酒席を共にしている。つまり、記主と不白は互いの家を行き来するような深い交流関係であったと推測される。なお、不白を下人とする大西氏の見解には賛同できない。『鹿』慶長四年十月十八日条に「不白軒」という表記がある。これは、相国寺鹿苑院内にある「蔭涼軒」と同様で不白はその軒主であった、もしくは「軒」は号を指すため隠居者であると推論される。ちなみに、『鹿』からは不白と秀家との関係は見いだせず、その点でも不白が秀家の下人として備前島屋敷の留守居をしたという見解は成り立つまい。以上、これまで看過されてきた史料Aの登場人物と記主との関係を概観した。その結果、中村や不白が記主と比較的親しい人物であり、加えて不白は秀家の下人ではないことを明らかにした。続いて、史料Aを解釈するために二次的史料が語る騒動の様相をみてみたい。

三、二次的史料が語る騒動の様相

本章では、断片的な史料Aの解釈に援用するため、二次的史料では騒動がどのように語られているか確認してみたい。ここで使用する二次的史料は大西氏も考察に使用した『慶長年中卜斎記』・『戸川家譜』・『看羊録』である(19)。まず、『慶長年中卜斎記』を挙げてみたい。これは徳川家康の侍医である板坂卜斎による覚書で、寛永期（一六二四〜四五）の成立とされている(20)。

此節（慶長四年）備前中納言殿（秀家）、家老浮田左京亮・戸川肥後守（達安）・岡越前守（家俊）・花房志摩守（正成）四人申分出来、四人の衆面々屋敷に居候而ハ難叶とて高麗橋東北の角の浮田左京屋敷あり、此處へ引籠り髪を剃、内の者とも大坂町屋の詰り〳〵に遣し、屋敷に鉄砲鳴候ハ、町中所々焼立候へと覚悟定り候、此内扱人大谷刑部少輔（吉継）・榊原式部大輔（康政）・津田小平次三人也、式部大輔扱様あしきとて御気色を蒙り関東へ追下し候、刑部少・小平次ハ此時ハ御内のものにてなく候へハ御搆ひなし、刑部少輔殊の外御懇にて折々御談合相手に被成候か此時節より御談合相手止み申候、敵に成被申候も此時節よりの趣意と申候

宇喜多秀家と家老である浮田・戸川（富川）・岡・花房の四人との間で「申分」が発生し、四人は高麗橋東北の角にある浮田左京屋敷に立て籠もり、剃髪して自身の家臣を大坂町屋の要所に派遣した。そして、屋敷に鉄砲を打ちこまれたならば所々に火を放つ覚悟であったという。この「扱人」は大谷吉継・榊原康政・津田秀政であったが、榊原は「扱様」が悪いと主君である徳川家康の譴責を受け関東へ向かった。吉継と津田秀政は家康の家臣ではなかったため咎めはなかったが、これまで「御談合相手」だった吉継への「御談合」が止み、家康と吉継は敵対するに至った(21)。同様の解釈は先行研究でも行われているが、傍線部「備前中納言殿、家老」に注目してみたい。朝尾氏は「備前中納言殿」と「家老」とで区別して解釈を行っており、大西氏は今回省略し『慶長見聞書』の記述とまとめて「秀家とその有力家臣との反目」と解釈しているので、朝尾氏と同様に区別して解釈したと考えられる。ここは、先行研究の指摘通り「備前中納言」と「家老」とを区別して解釈すべきであろう。なお、吉継の関与は読み取れるが、秀家と「家老」のどちらの要請で仲裁を行ったかについては不明である。

続いて取り挙げるのは、十七世紀後半の成立とされる『戸川家譜』である。これは、「長男衆」である富川（戸川）達安八男である安吉が著したものという。大西氏は「俗説のもっとも有力な原型」としながらも、「著述者の主観的な部分をのぞけば利用するに足る」という評価を与えている。それでは、騒動の記述がみられる部分の解釈を挙げてみたい(22)。

奉行人である中村の執政に反対した「家老中」が秀家の寵愛を受けた宿老で慶長四年にすでに死去した長船紀伊守の召し使っていた「寺内道作」を殺し、その後中村を討つために大坂へ上った。それを聞いた中村は秀家の妻の縁者のため奥に入って出てこなかった。このため「家老中」は一層憎んで屋敷に忍び込んだ。すると、中村は女装して加賀へ逃げ延びたという。一方、秀家は屋敷に「家老中」が番を付けた事に腹を立て、大谷吉継に依頼して吉継の屋敷において「家老中」の戸川を討つことに決めた。そして、戸川が吉継屋敷に座しているころ、浮田左京亮がこれを聞きつけて戸川を救出し、そのまま大坂玉造の屋敷に、その他の「家老中」らと籠もった。左京亮はすぐに秀家の討手が来るだろうからと、敵味方を区別するため剃髪して坊主の姿になって待ち構えた。秀家は「家老中」を打ち果たしたいと思ったが、大坂での騒ぎということで延引し、慶長五年正月に家康の仲裁によって「家老中」を関東岩槻に下した。

事件の経過を要約すると①「家老中」による中村襲撃、②秀家による戸川襲撃、③「家老中」の大坂立てこもり、④家康の「御扱ひ」というもので、いくつかの事件が複合していることがわかる。なお、大谷吉継の関わり方に注目すると、秀家が吉継に解決を依頼し「家老中」戸川の暗殺を企図している。

最後に掲げるのは、当時伏見に抑留されていた朝鮮国の儒者である姜沆が記した『看羊録』である。大西氏も『看羊録』を考察に使用するが、既に掲げた二次的史料と「内容」が不一致であるため、姜沆の見聞は「何等かの事実を反映しているのであろう」としながらも、「騒動をめぐる史料間の錯綜について、これ以上の合理的な説明を加えることは困難」とする。しかし、筆者は次の理由から決してその記述を看過してはならないと考える。まず、その成立年代が早いことである。慶長二年（一五九七）、「慶長の役」の際に日本軍に捕われた姜沆は日本に移送され抑留された。

そして、彼は翌慶長三年に伏見に移送され、慶長五年四月まで同地に滞在する。そして帰国の途についた姜沆は同年五月に釜山に到着すると騒動の記事が載る「賊中聞見録」等を朝鮮国王に提出しており、慶長五年五月には成立したと考えられる。さらに、関ヶ原合戦がはじまる前の成立であり、徳川権力確立によるバイアスもかかっていない点も他の二次的史料より優れているといえよう。また、騒動の発生時、発生場所とされる上方に彼が滞在していることも重要である。他の研究者からも「誤りは多いものの、改竄の意思はみられず、認識していた内容をそのまま書き記しているため、歴史的事実としてはどうであれ、当時の人々の認識や風聞という面では正しく記されている」(23)という評価がなされており、彼が儒者であることや抑留されていることを差し引いたとしても、その記述を見捨てることはできない。

　庚子（慶長五年）二月、其の麾下、秀家の所為を怒り、斉しく刀鎗を佩して突前し、秀家を劫して曰く、所行を改めずんば、禍すら且つ測らずと、秀家、倉惶として出づる所を知らず、大谷刑部少輔（吉継）、之を聞きて秀家を邀え、出でて一船を共にし大坂に下る、故を以て事皆な已む、首謀者数人、或いは自殺し或いは逃走す、其の餘は則ち置きて問わず、家康、秀家に釁有るを幸いに、殺者の罪を治めずんば、群倭此を以て益す家康を小と云う、

右に掲げたのは、漢文体で記された記事を筆者が読み下したものである。(24)慶長五年二月に秀家家臣が、秀家の「所為」に怒り、刀や槍を佩びて「所行を改めずんば、禍すら且つ測らず」と脅迫した。そのため、秀家はあわてふためいた。これを聞きつけた大谷吉継は秀家を迎えて船で大坂へ下った。これで事件は収束し、首謀者は自殺や逃亡をした。一方で、家康は秀家に「釁」（手抜かり）があったのを幸いに「殺者」（襲撃者）を断罪せず、「群倭」（諸大名）から「小」（つまらない者）と評されたという。吉継に着目すると、吉継が能動的に仲裁へ乗り出し、秀家を助けたことがわかる。

以上、後世の編纂物が描写する騒動の様相を確認してみた。それぞれの記述でばらつきがみられたが、共通する点もみられた。それは、戦闘には至ってはなくとも、秀家と家臣の対立がみられる点である。特に『戸川家譜』と『看羊録』では秀家と家臣とが直接対決している。また、どの記事でも仲裁者として吉継が登場するため、彼が騒動の仲裁に関与した可能性は高い。

四、騒動の真相

いままで確認してきたことを参考にしながら、改めて騒動の真相を明らかにしてみたい。

まず騒動の発生時期をみていく。大西氏は、「騒動の勃発は慶長四年の秋から冬にかけての出来事」としている。ここで、慶長五年正月に秀家の妻が祈禱を依頼していることに注目したい(25)。記事が書かれた前年である慶長四年正月には秀家の妻による祈禱依頼は確認されない。よって、慶長五年正月の祈禱は年中行事ではなく、特別になされたものと考えられる。ここから、秀家の身の上が案じられる事態すなわち騒動が発生しており、その発端は慶長五年正月五日に発生した決起と考えられる(26)。なお、朝尾直弘氏は史料Aを掲げて「紛争は（慶長四年―石畑註）十月ごろから生じたらしいが、恐らく騒ぎはこの時起きたと思われる」と推論されており、正鵠を射ているといえよう。

次に、決起が発生した場所について検討する。その場所について、大西氏は大坂・伏見とし、光成氏は『鹿』の記主の滞在場所から大坂であるとしている。既に確認したように記事は了頓からもたらされた情報であり、記主の滞在場所と決起の発生場所とに関係はない。さらに、決起がおこった慶長五年正月五日に、記主は大坂もしくは住吉にいたことが確認できる。[27] 仮に決起が大坂で発生したのならば、記主自身が決起を実見した、もしくは八日よりも早い段階で情報を得ていたはずである。さらに、『看羊録』には決起後に秀家は「大坂に下った」とあることや、西洞院時慶が記した『時慶記』慶長五年正月十日条に「伏見浮田中納言家中昨日礫由候」とあることから、[28] 決起は伏見で発生したと考えるべきである。ただし、決起は大坂への波及が危惧されていたと推測される。まず、『看羊録』は秀家が襲撃された後に「大坂に下った」としており、襲撃対象である秀家が大坂へ向かった点が挙げられる。続いて、史料A傍線部eに関して大西氏が指摘するように、「備前」を備前島と解した場合、ある可能性が浮上する。それは備前島の了頓もしくは記主の屋敷に不白・了松が所有する「下人一両人」が留守をしたというものである。実は、記主に決起発生の情報をもたらした了頓の居所は備前島である。それは『鹿』慶長四年十月十二日条に「至備前嶋問了頓」という記述から明らかであろう。また、『鹿』慶長四年十一月晦日条には「酩酊して帰備前嶋、了頓来訪閑話」とあり、記主の屋敷も存在したと考えられる。その備前島には宇喜多氏の屋敷もある。そのため、記主と了頓との間では決起が伏見にとどまらず大坂へも波及することが危惧されており、記主は自身と了頓の備前島の屋敷の心配をしたと推測される。加えて、傍線部fの「上下七十人」も光成氏が比定するような「被官人」ではなく、決起に混乱した住民を指すと想定されよう。なお、不白は記主に加え了頓とも親しい間柄であったために、留守をかってでたものと推論される。[29]

それでは、史料Aの解釈を行いながら決起の様相を探ってみたい。まず、傍線部aから中村次郎兵衛が正月五日の夜に「相果」てたという。先述したようにこの情報は誤報であるが、この記述から彼のみが襲撃対象であったかにも思われる。そのためか先行研究では、襲撃の理由について中村が「備前中納言長男衆」に対して専横な振舞があったためだと指摘されている。しかし、『慶長年中卜斎記』の「備前中納言殿、家老」のように、「備前中納言殿」と「長男衆」とで区切って解釈をすることで異なる真相がみえてくる。それは、秀家が「長男衆」を「背テ恣之故」に中村が「相果」てたというものだ。前章で確認した二次的史料でも秀家と家臣との対立が騒動の根底にあったことが確認される。また決起当時、秀家は伏見を居所としていた。慶長四年に比定される九月十三日付で安芸広島の大名である毛利輝元が親族の毛利秀元に宛てた書状には「備（前脱）中納言之儀者、在伏見ニ大かた澄候由候」とある[30]。よって、決起が発生した慶長五年正月には秀家は伏見を居所にしていたと考えられる。そのため、伏見にいた秀家も襲撃にあったと想定される。この点は、先述した秀家の妻による祈禱依頼からもうかがいしれよう。では、当主である秀家が「長男衆」に背くという構図が成立するのだろうか。

「長男衆」とは、先学の指摘通り、富川達安などの宇喜多氏家老層を指す。宇喜多氏の権力構造を検討した森脇崇文氏は決起の発生理由について「中村個人の『専横』に帰結させることには慎重でありたい」とし、宇喜多氏領国の「惣国検地を起点とする複合的な集権化政策そのものを原因とみるべき」と指摘する[31]。森脇氏の指摘に則るならば、決起の原因は単なる家臣同士の対立ではなく秀家と「長男衆」との対立にある。この対立から判断しても傍線部bは「備前中納言殿」が「長男衆」を「背テ恣之故」に決起が発生したと解すべきである。それでは、なぜ記事には中村の安否に関する記述があったのだろうか。それは、記主と中村が親しい関係にあったためであり、実際は秀家など中村以外の人物も襲撃を受けていた可能性が十分考えられる[32]。

決起の原因からすると、その首謀者は先学が指摘する通り「長男衆」が中心であろう。ただし、「長男衆」を傍線部cにある「牢人」と同一人物とみなし、「長男衆」が決起以前に宇喜多家中から追放されているとする大西氏や光成氏の見解には疑問をおぼえる。『日葡辞書』では、牢人を「囚人、または、投獄された者」とする。つまり、「主者牢人也」とは襲撃者が捕縛されていることを指すのではないだろうか。その場合、『時慶記』の慶長五年正月十日条にあった伏見で「磔」にされた人物こそ、秀家らに捕縛され「牢人」となった襲撃者だったと考えることができる。また、二次的史料で確認したように「長男衆」の富川達安らは決起が発生した際に大坂にいたため、「長男衆」は首謀者ではあるが襲撃には加わっていなかったと推測される。

次に、決起の仲裁について検討していく。傍線部dにその名が挙げられていることから大谷吉継が仲裁に関与したと推測される。大西氏・光成氏・渡邊氏はともに、「長男衆」が吉継に仲裁を依頼したと解している。これは「中納言殿」が「牢人」（もしくは「長男衆」）を「形少エ」出せと言ったと解釈しているためだと推測される。しかし、確認した二次的史料において吉継は秀家を助けているのであり、右の解釈には容易に賛同できない。ところで、傍線部④にある「定而」は推量の表現と共に用いることで「きっと〜だろう」という意味を持つ。そのため、「云々」との関係を考慮すると、この箇所は記主に情報をもたらした了頓の推測であると考えるべきである。よって、傍線部dは捕縛した「牢人」をきっと「中納言殿」（秀家）が「形《（刑）》少」（吉継）へ「出」すだろう、つまり引き渡すことになると了頓らが推測していると解すべきである。実際には、「牢人」らは吉継に引き渡されることなく、伏見の秀家の屋敷において「磔」に処された。しかし、吉継は騒動の仲裁に関わることになる。『鹿』慶長五年五月十二日条には、「備前中納《（言脱）》殿之儀ニ付テ、於長束《（正家）》殿、形少《（大谷吉継）》其外御奉行衆有参会」とみえ、騒動の仲裁に吉継が関与していることは確かである。また、この記事からは、五月に入っても騒動が決着していないこと、吉継に加え「御奉行衆」も仲裁に関与していることがわかる。この「御奉行衆」は、いわゆる「五奉行」（この当時は、三成と浅野長政が失脚しているため三奉行）

の面々であると考えられる。

了頓がその関与を予想したように吉継が裁定をつかさどっていたことは広く認知されていた。それは、記主や了頓が吉継の裁定を目の当たりにしていたためと考えられ、了頓ら「住吉長男衆」が起こした公事の裁定にも吉継は関与していた。

> 斎前ニ了頓来話、①昨日自形少（大谷吉継）使者来テ、四人之衆社家引合、雖可和合、相違終ニ不来ト云々、久兵衛廿八日ニ雖還住、形少モ差テ不知ト云々、是ハ若林返札ニ有之、定而平因（平塚為信）才覚ト相聞也、最前ト云ヒ、今ト云ヒ、旁以不届之體、絶言語、（中略）午時橘右自堺帰、常器取来、②午時自形少并平因州有使者、四人之衆引合也、雖然鳥右者指合故不参、松駿公者大阪（ママ）ニ滞留故不来、青蔵・了頓計社家へ一礼、了頓自社家退出して、両人同途して赴大阪（ママ）、形少・平因ニ伸一礼、

右に掲げたのは『鹿』慶長四年十二月三十日条である。この日、記主を訪ねた了頓は次のように語った（傍線部①）。昨日二十九日に大谷吉継の使者が現れ、「四人之衆」と「社家」を召還して対面させ、「和合」（和睦）させようとした。しかしながら、「相違」して出頭しなかったという。ここから「四人之衆」と「社家」の間で公事が発生していると推測される。その後、吉継と平塚為信から使者が遣わされて、再び「四人之衆」の「引合」が命じられた（傍線部②）。なお、「四人之衆」とは「鳥右」（鳥居右衛門尉）・「松駿公」（松駿河）・「青蔵」（青蓮寺蔵人）・「了頓」である。了頓や青蓮寺蔵人は「住吉長男衆上洛之覚」にその名が確認され、鳥居右衛門尉や松駿河も住吉との関係が見出せるため、「四人之衆」とは「住吉長男衆」のメンバーと考えられる。また、「住吉長男衆」と公事になっていることを勘案すれば「社家」は摂津住吉社の社家をさすと推測される。結局、鳥居右衛門尉は「指合」で現れず、松駿河は大坂に滞留していたた

め来なかった。そのため、了頓と青蓮寺蔵人のみが「社家」に一礼をした。そして、両人はそのまま大坂へ出向いて吉継と平塚為信に一礼を行ったという。「四人之衆」と「社家」とがどのような原因で公事に至ったかは不明であるが、一礼を行ったことで公事は一応の解決をみたと考えてよかろう。

このように、寺社が起こした公事の裁定にも吉継は関わっていたのである。当該期の「五奉行」の職掌は、「治安維持」・「寺社」・「公事（大名統制）」などとされる[33]。よって、吉継が寺社や大名の「公事」へ関与しており、「五奉行」に準じる格で「登用」されていたことに間違いないといえよう。そのため、了頓は騒動においてもその仲裁に吉継が関与することを予想したと考えられる。また後には、実際に吉継は仲裁に関与したため、二次的史料でも吉継の名が登場したのだろう。

むすびにかえて

本稿では、秀吉死後の政局に影響を与えた宇喜多騒動を叙述する同時代史料である『鹿』慶長五年正月八日条の解釈を通して、仲裁者である吉継の関わり方や騒動の真相について再考した。その結果、宇喜多騒動は慶長五年正月五日の決起を発端として発生したのであり、決起の場所は伏見と判明した。そして、決起の原因は宇喜多秀家が宿老である「長男衆」に対して専恣な態度をとった点に求められ秀家自身が決起に巻き込まれたことを明らかにした。なお、吉継が騒動の仲裁を行うであろうことを記主らは予測しており、当該期の吉継には公事の裁定者となることが期待されていたことがわかる。しかしながら、決起での襲撃者は捕縛され伏見において磔刑に処せられた。とはいえ、最終的に吉継は「御奉行衆」とともに仲裁に関与したのである。

ここまで明らかにした事実をもとに、宇喜多騒動に対する豊臣「公儀」の対応について展望を述べてむすびにかえたい。近年、森脇崇文氏は宇喜多騒動を初期御家騒動と位置付けた(34)。この森脇氏の見解は宇喜多騒動の新たな歴史的位置付けを行った点で画期的なものといえる。ところで、福田千鶴氏によれば、幕府の強い介入がある点に特徴があるとされた初期御家騒動では、家中騒動が内政干渉の有効な口実となりえても、家中騒動自体は「公儀」の権限によって積極的に介入すべき事柄ではなかったとされる(35)。寛永期に筑前黒田家で発生した黒田騒動では家中騒動という私儀の問題を当主の謀反として訴えることで「公儀」の問題へと転化させ、幕府の介入を企図したと指摘する。そのため、直接的な言及はないが、森脇氏の指摘通り初期御家騒動と位置付くのであれば、この宇喜多騒動は「公儀」の扱うことではないということになろう。

一方で、秀吉死後に「公儀」の運営者となった家康の騒動介入を重視した大西氏は、騒動は「公儀」の裁定がなされたとする。そして、家康による「公儀」掌握が進んだことに騒動の意義を求めた。つまり、宇喜多騒動に対して「公儀」の裁定がなされたのか否かという点で見解がわかれている。

結果的に家康は騒動の仲裁に関わるのではあるが、それが積極的な介入であったかには筆者は疑問を覚える。第三章で掲げた『慶長年中卜斎記』では吉継と共に仲裁に関与した徳川氏家臣榊原康政が「扱様あしきとて御気色を蒙り関東へ追下」されたとする。つまり、家康は康政の「扱様」が悪いと譴責を加えていた。ただし、この譴責を単に「扱様」に収斂してよいのだろうか。騒動が発生する半年前の記事である『鹿』慶長四年六月五日条によると、「亜相」が了頓と疎庵に宛てた書状に「松久道阿弥ヲ以テ、内府(徳川家康)御内サカキ原(榊原康政)ノ式部丞(大輔カ)方ヲ頼候而、理雖有之、内府殿一切公事不請取間、面向（表）ニテ四人ノ奉行衆ニテ可然」という旨が認められていたという。了頓と疎庵は公事について榊原康政を頼みにしたが、「亜相」は家康が「一切公事不請取」のために、「面向（表）」には「四人之奉行衆」を頼むように指示している。この文面では、了頓らは榊原康政自身に公事の裁定を依頼したのか、家康への取次を康政に依頼したのか判然としないが、公事裁定に消極的な家康の態度を読み取ることができよう〔補註3〕。この了頓らの事例を勘案すると、武士と寺社との違いは留意すべきではあるが、宇喜多騒動における家康の譴責は康政の「扱様」だけでなく、騒動への関与自体を含んでいると推測される。

　なお、右の公事では家康に代わり、「四人之奉行衆」すなわち慶長四年閏三月に失脚した石田三成を除く「五奉行」が「面向」きに関与することが期待されている。『鹿』慶長五年五月十二日条で確認したように、『鹿』の記述からは、騒動の裁定には吉継に加えて、「五奉行」（「御奉行衆」）の関与しかみられない。これは、宇喜多騒動に関して「面向」きの裁定を行ったのが吉継や「五奉行」であり、家康の裁定への関与は内々のものであったことを示すのではないだろうか。以上から想定されるのは、基本的に公事には「五奉行」が関与するという豊臣政権（「公儀」）の方針である。これは、宇喜多騒動の裁定に輝元など家康以外の「五大老」が関与していないことからもうかがえる。その豊臣政権の方針において、「五大老」である家康が結果的に騒動の裁定に関わったことも、前稿で検討した吉継と家康との反目につながったのではないだろうか。この私見を確実なものとするためには、宇喜多騒動のみならず、秀吉死後に発生した「公事」などへの豊臣政権の対応の事例を収集・検討することが必要である。それにより、秀吉死後の「五大老」と「五奉行」の役割の片鱗がみえる可能性が期待できるが、今後の課題として、ひとまず擱筆としたい。

註

（１）『岡山県史』近世Ｉ（一九八四年）第一章第一節（朝尾直弘執筆部分）。
（２）しらが康義「戦国豊臣期大名宇喜多氏の成立と崩壊」（『岡山県史研究』六、一九八四年）。
（３）大西泰正『豊臣期の宇喜多氏と宇喜多秀家』（岩田書院、二〇一〇年）第二部「秀吉死後の宇喜多氏」を参考。なお、本稿で挙げる大西氏の見解は特に断らない限り本註による。
（４）光成準治『関ヶ原前夜』（ＮＨＫ出版、二〇〇九年）。なお、本稿で挙げる光成氏の見解は特に断らない限り本註による。
（５）大西泰正「宇喜多騒動をめぐって」（『日本史研究』五七三号、二〇一〇年）。
（６）拙稿「秀吉死後の政局と大谷吉継の豊臣政権復帰」（『日本歴史』七七二号、二〇一二年）。
（７）辻善之助編『鹿苑日録　第三巻』（続群書類従完成会、一九六一年、以下『鹿』と略）慶長五年正月八日条。
（８）註（１）朝尾論文。なお、註（２）しらが論文でも当該記事を使用するが、部分的な解釈である。
（９）註（３）大西著書で、二〇〇八年初出の論文から抜粋。
（10）註（４）光成著書。
（11）渡邊大門『宇喜多直家・秀家』（ミネルヴァ書房、二〇一一年）。なお、同時期に出された森脇崇文「豊臣期大名権力の変革過程」（『ヒストリア』二二五号、二〇一一年）も記事を利用して「中村が宇喜多氏の『長男衆』、すなわち富川達安や浮田左京亮らの一門・宿老を等閑にしていたため」と襲撃理由を説明するが、全体の解釈は行われていない。
（12）なお、東京大学史料編纂所所蔵の謄写本で確認しても「不白」となっている。
（13）今泉淑夫「鹿苑日録」（『国史大辞典』吉川弘文館）によると、「長享元年（一四八七）から慶安四年（一六五一）までの記事があり、大部分が鹿苑院主の日記だが、一部にはのちに院主となる景徐周麟の『等持寺日件録』のようにまだ院主にならない時期の分や、院主の門人の記録、発給文書の控えなどが混在している」という。
（14）例えば、『鹿』慶長四年十二月二十一日条には「西笑向予曰」とある。
（15）註（11）森脇論文。

(16) 大西泰正「長船紀伊守と中村次郎兵衛」(註(3)大西著書、初出は二〇〇六年)。
(17) 結局、この日に記主は家康と対面できなかったようで、『鹿』慶長四年十二月二十四日条に「至西丸、数刻相待、内府へ伸一礼」とある。
(18) 『鹿』には「長男衆」が他の箇所でも確認されるが、宇喜多氏家臣の「長男衆」を指すか、「住吉長男衆」を指すかは判然としない。
(19) なお、大西氏の論考では『慶長見聞書』(慶安年間(一六四八~五二)成立)も使用しているが、『慶長年中卜斎記』の記述と比べ断片的であり、内容もあまり差異が無いため本稿では省略しておく。
(20) 『慶長年中卜斎記』(『改定史籍集覧』二六)。なお、大西氏は成立の早さを評価するが、「史書として有用であるが、著者みずからの記憶違いがあり、また写本として伝えられる中に加筆されて、真実を誤る所も少なくない」という評価もある(伊東多三郎「板坂卜斎覚書」〈『国史大辞典』〉)。
(21) 騒動における家康と吉継の対立構造はほぼ同時代の編纂物とされる『当代記』においても確認される。
(22) 『戸川家譜』(『早島の歴史』三、一九九九年)。なお、『戸川記』は別本。
(23) 水野伍貴「佐和山引退後における石田三成の動向について」(『政治経済史学』五三〇号、二〇一〇年)。
(24) 原文は、『看羊録』(『海行摠載』〈朝鮮古書刊行会、一九一四年〉、以下『看』)による。
(25) 『史料纂集　義演准后日記　二巻』(続群書類従完成会、一九八四年)慶長五年正月九日条、『北野社家日記　第五』(続群書類従完成会、一九七二年)慶長五年正月十日条。
(26) なお、『看』は決起の発生時期を慶長五年二月とする。しかし、同年二月に同様の騒動が発生したとは考えにくいので、大西氏が既に指摘しているように決起が鎮静化した時期と混乱したものと思われる。
(27) 『鹿』慶長五年正月五日条に「帰住吉」とあることから判断。
(28) 時慶記研究会『時慶記　第二巻』(臨川書店、二〇〇五年)慶長五年正月十日条。
(29) 『鹿』慶長五年六月十四日条には「疎庵・不白・勝兵ヲ喚テ夕湌興行、了頓来話故也」とあり、了頓の「来話」のため、不白が食事に呼ばれており親交があったと考えられる。

(30) 大阪城天守閣編『特別展五大老―豊臣政権の運命を託された男たち―』（大阪城天守閣特別事業委員会、二〇〇九年）一二一号。
(31) 註（11）森脇論文。
(32) 森脇崇文氏は、「慶長初年宇喜多秀家士帳」から奉行人である浮田太郎左衛門尉の名前が削除されていることに関して宇喜多騒動の結果であると指摘しており、この決起で浮田も襲撃されていたと推測される（「宇喜多氏分限帳の分析試論」〈『史敏』九号、二〇一一年〉）。
(33) 阿部勝則「豊臣政権の権力構造」（『武田氏研究』一〇、一九九三年）。
(34) 註（11）森脇論文。
(35) 福田千鶴『幕藩制的秩序と御家騒動』（校倉書房、一九九九年）。

〔補註１〕「白」を「もうす」と訓読する用例があるため（『日本国語大辞典』）、「不曰」と誤認したのではないかとする筆者の指摘は撤回しておきたい。

〔補註２〕記主については「『鹿苑日録』第三巻三六～四〇、及び四巻の四一～四七に収められている日記の記主は、鶴峯宗松である」（谷徹也「秀吉死後の豊臣政権」〈『日本史研究』六一七、二〇一四年〉）と指摘されており、記主を不明とした考えを改めたい。

〔補註３〕慶長四年九月に徳川家康が大坂城に入城するまでは、家康が公事裁定に消極的であった点が谷徹也氏によって明らかにされている（〔補註２〕谷論文）。併せて、参照されたい。

第2部

秀家期宇喜多氏の権力構造

Ⅰ　宇喜多氏城郭群の瓦と石垣——岡山城支城群の諸段階

乗岡　実

はじめに

岡山県下で戦国期とされる城を歩くと、瓦の散布や石垣の存在に気付く事がある。それらは、備前・美作を中心とする地域の戦国大名としての最終勝者で織豊大名となった宇喜多氏あるいはその主君とされる浦上氏に関わる城である事が多い。瓦については、岡山城本丸（岡山市丸の内）の発掘調査で膨大量の瓦が出土し、出土層位に基づく分析によって編年が進み(1)、その年代観を他城の瓦についても援用する事が可能になった。とりわけ、宇喜多氏関連城郭の瓦は、岡山城出土の瓦と同じ笵で文様を施した製品、すなわち同笵関係を持つものが多く、年代観だけでなく制作順序まで絞り込める事例もある(2)。また、石垣の年代はそうした瓦との共存関係から展望できる場合もあるし、なにより近年全国各地で行われている戦国期から織豊期の城郭の発掘調査で絞り込まれた石垣の年代観、構造的特徴から考える途も、以前に比べて相当に広がってきた。

岡山城を除いて未だ発掘調査された事例は少ないが、結論とすれば、これらの瓦ないしは想定される瓦葺き礎石建物や石垣は、必ずしも築城時のものではなく、変遷・改修の過程で生み出されたものも多く、その年代とは漠として戦国時代というより、一部により古いものを含む場合もあるが、主体は天正年間（一五七三～一五九二）以降のものである。

宇喜多直家は、元亀元年（一五七〇）に金光宗高から岡山城を接収し、天正元年（一五七三）には亀山城（岡山市沼）から移ってその居城としたとされる。(3) したがって、宇喜多氏の城で瓦や石垣を伴う構造は、宇喜多氏の岡山城とその支城群の整備の中で生み出されたものが主体を占めるという事である。本稿の狙いは正にそこにあり、諸城の瓦や石垣から宇喜多氏岡山城の支城群のあり方を考えようとするものである。これらの城では個々の歴史が語られる事はあったが、岡山城の支城群として宇喜多氏の戦略論の中で有機的関連付けて語られることは、あまりなかった。本城である岡山城の整備時期は、岡山への工事の集中や家臣団の岡山城下への集住化が図られた時期であるから、支城の整備は考え難いと思い込みがちであったが、歴史の事実は必ずしもそうではなかったという事である。

筆者はこのような岡山城支城網としての観点から、各城で採集された瓦の資料報告と同笵関係からの考察(4)を行い、また岡山県南部の戦国期城郭の石垣についての整理(5)を行った事がある。いうまでもなく、岡山城支城網整備の問題は、瓦単体、石垣単体だけでなく立地や縄張り、城門構造、建築、根小屋や城下町の構造、それに文献資料など多面的に行う必要があるが、本稿はそうした作業の総合化の第一歩として、天正元年（一五七三）の宇喜多直家による岡山城の本城化から、慶長五年（一六〇〇）の関ヶ原合戦による宇喜多秀家の敗北までの時間幅で、岡山県下を中心とした岡山城とその支城を対象に、先ず瓦と石垣を接合しようとする試みである。ただし、瓦は、その城にあったとしても、発掘調査が進んでいない現状では未だ確認できない場合も多いとみられるし、仮に瓦が採集されているとしても全貌は不明である。また石垣も有無や構造の詳細などは未確定の事だらけで、資料的制約が大きい。本稿は、あくまでも管見での現状見通しに過ぎない事を最初にお断りしておきたい。

二、各城に伴う瓦

瓦の編年については、岡山城本丸の発掘成果としてまとめた通り(6)であるが、ここでは先ずその概要を記し、続けて各期の瓦がおよぶ城を整理する。

ア、岡山城1式段階［天正年間（一五七三～一五九二年）頃］

造りは丁寧で焼成も良く、まだ中世的な色彩が強い。岡山城下で瓦生産が開始される以前の製品で、産地や瓦工人の系統が判るものもある。

先ず、軒平瓦に注目すると中心飾三葉や五葉は播磨英賀(兵庫県姫路市)系の工人の製品とみられる(7)。これらは、成形・調整が丁寧で、胎土も白くて精良なうえ、硬質に焼き上がって、器面炭素の吸着も良い。瓦当上角を面取りするものが目立っている。

この時期に併行する近隣地場系の瓦工人の製品として、岡山城では未確認であるが、備中吉備津宮内（岡山市吉備津）の工人の製品として吉備津神社（岡山市吉備津）や神護寺（笠岡市甲弩）などに供給された中心飾が宝珠で唐草が多いのが特徴的な軒平瓦がある(8)。また、中心飾が樹状の蓮華?の軒平瓦は、備前福田（備前市福田）の工人の製品とみられる(9)。宮内や福田の瓦師の製品は、播磨系ほどには、焼成や炭素の吸着は良くない。

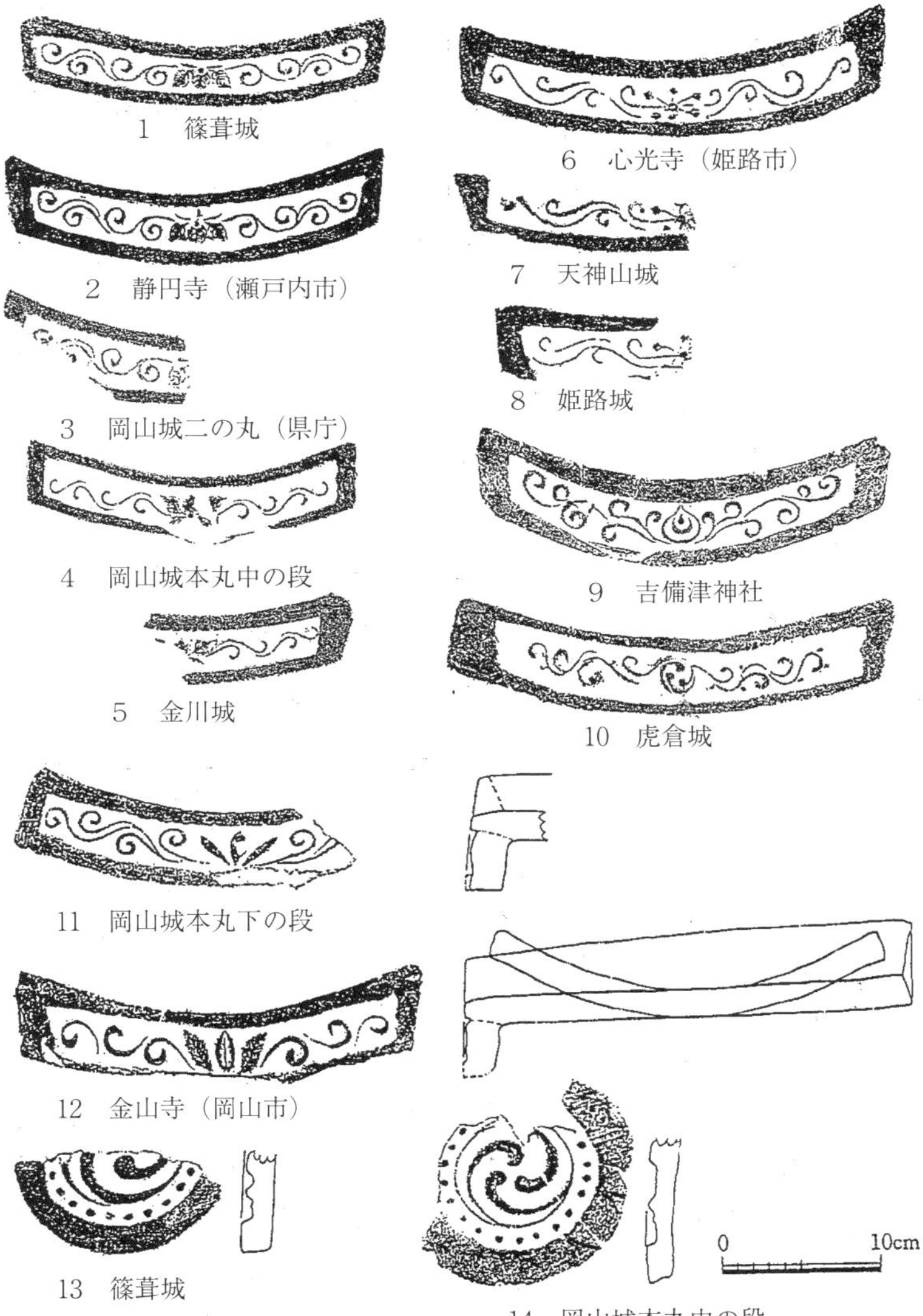

図１　岡山城１式併行期の瓦

1～5：播磨阿賀系、6～8：播磨～備前福田系、9：備中宮内系
10：備前金川系？、11・12：播磨系
註（1）b・（4）a書から作成

1式段階の軒平瓦全体としての特徴は、側区が文様区の上下外縁と同程度に狭く、瓦当面に対して文様面が深く（六〜一二ミリ）、2式に比べて瓦当高が高くて、瓦当の平瓦部への接合や平瓦部のナデ調整が丁寧で、火の通りや炭素吸着が良好である。唐草は播磨系では四転を軸に二転まであり、地場系はそれより唐草は多く複雑に展開する。

軒丸瓦では、文様は尾部が長くて均整がとれた三巴文で、珠文は小さい。珠文数は一七個以上で、二〇個を越えるものが多い。三巴の外縁に圏線を成すものが目につくが、既に成さないものもある。瓦当面から文様面が深く、瓦当裏の丸瓦部に深い括れをもって、頑丈で丁寧なつくりのものが多い。

こうした岡山城1式段階、すなわち天正年間とみられる瓦を伴う城で、播磨・英賀系が及ぶのは岡山城（岡山市丸の内ほか）[10]をはじめ、徳倉城（岡山市御津河内）[11]、金川城（岡山市御津金川・御津下田・御津草生）[12]、篠葺城（真庭市三崎）[13]、岩屋城（津山市中北上）[14]である。また、備中・宮内の瓦工人によるとみられる製品が及ぶのは備中高松城（岡山市高松）[15]、富山城（岡山市矢坂本町・矢坂東町）[16]である。さらに備前・福田の瓦工人によるとみられる製品は岡山城にも及んでいる。その他、播磨ないし備前・福田系とみられるものが天神山城（和気町田土・岩戸）[17]、地場であるいは金川（岡山市御津金川）の瓦工人によるとみられる製品が虎倉城（岡山市御津虎倉）[18]、産地不詳であるいは播磨系とみられる製品が荒神山城（津山市荒神山）[19]と林野城（美作市林野・栄町・杤木）[20]、あるいは大坂四天王寺系とみられる製品が徳倉城[21]に及んでいる。これらは、いずれの城でも少量で、散布する曲輪も限定的である。

ちなみに、この岡山城1式段階以前、天正期を確実に遡る古い瓦が採集されている城としては富山城や岡山城があるが、これらはいよいよ少量で、特に富山城の古い一群はまとまりもなく、古材流用の結果である可能性が強い。

以上のほか、この期もしくはそれより遡る時期の可能性がある瓦が認められる城として、管見の限り県内では猿掛城（倉敷市・矢掛町）、経山城（総社市黒尾）[22]がある。これらの確認資料、散布資料は少量で瓦当文様も不詳であるが、これらは宇喜多氏ではなく、西の毛利氏に関わるものである可能性が強い。また、宇喜多氏もしくは浦上氏に関わる可能性があって、この期もしくはそれよりやや遡る時期とみられる平瓦が周匝茶臼山城（赤磐市周匝・草生）[23]で出土している。

イ、岡山城２式段階［文禄年間から慶長五年頃（一五九二〜一六〇〇年）頃］

岡山城での出土量は一気に膨大となり、少量であるが、金箔瓦が含まれるのも特徴である。岡山城下で瓦生産が始まる、つまり瓦町の形成が行われた最初の段階とみられる。

製作技法の特徴として、この２式の段階までがコビキA技法で、次の３式からコビキB技法へ移行する。コビキとは、タタラと呼ぶ立方体の粘土塊をスライスして瓦の素材となる粘土板を作る工程である。A技法と呼んでいるのは、糸を使ってタタラから粘土板を瓦一枚分づつ切るもので、瓦の面（特にその後の調整を施さない丸瓦内面）に斜め方向の無数の粗い線が残ることになる。対してB技法と呼んでいるのは、鉄線を張った糸鋸形の道具で粘土板を切るもので、切断痕は丸瓦の内面などでは曲面に対して平行する線として残る。鉄線を使って切ると機能性が向上するため、大きなタタラを一気に切ることが可能になり、一つの工程で瓦何枚か分に相当する長方形の粘土板を作ることができる。つまり、コビキB技法は織豊期における瓦の大量生産に呼応した技術革新の産物と言われており、天正十一年（一五八三）に築城された秀吉の大坂城の瓦の内に始まると指摘されたが[24]、その後の研究で実際の転換年代は大坂や播磨では天正末頃に求められる事が明らかとなり[25]、岡山ではそれより遅れて慶長五年（一六〇〇）頃と言う事に

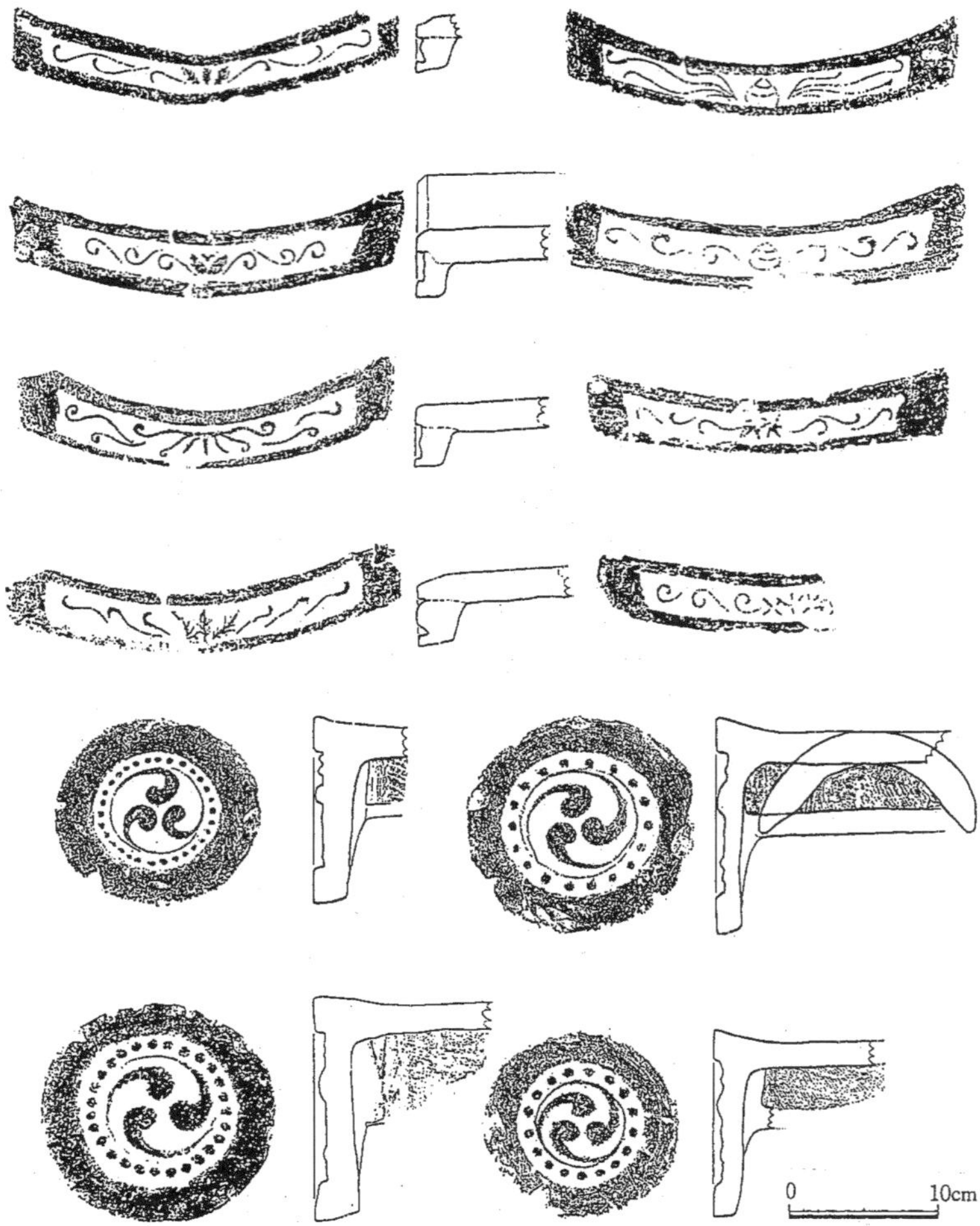

図２　岡山城２式の瓦
総て岡山城本丸中の段出土　註（1） a 書から作成

なる。

軒平瓦をみると、中心飾は細かくは多種多様であるが、三葉系統が四割に対し、宝珠系が三割、桐文系が一割弱の比率で、その他には蔦葉・木槌・三巴などがある。唐草も極めて多彩であるが、一般的な巻き方のものでは三転が主体で、四転はなく、二転のものはごく少数に過ぎない。中心飾宝珠と三葉には、唐草が中心飾の下隅から湧きだして平行して伸びるものがあり、その本数は三~四本である。

上限幅は中の段出土品に限れば、二〇センチ足らずから三〇センチ余りの振幅をもつなか、最大ピークが二五センチ台、次のピークが二二センチ台にある。側区長／上限幅は、個体間また同じ個体でも左右でかなりのバラツキがあるが、平均的には〇・二一~〇・二五で、1式より確実に広くなっている。瓦当高／上限幅は平均的にみて〇・一六ほどで、1式より瓦当高が低くなる。平瓦部の厚さは平均すれば一・九〇~一・九五センチで、4期以降に比べて厚いが、相当に個体差がある。断面形は、台形のものが多いが、1式の様に長方形のものもある。瓦当面に対する文様区面の深さは、五~七ミリと1式に比べれば浅く、その法面の垂直度は低い。

瓦当上角を面取りするものが多いが、同笵品でも面取りを施すものとないものが混在する。平瓦部凹面の瓦当縁に、板状の押圧痕を残すもの、コビキA痕が消え切らずに観察できるものなどもあり、ヨコナデ調整は前後の時期に比べて粗雑である。ただ布目痕を残すものは既にない。また平瓦部凸面は、板状工具による縦方向の擦痕が粗く残る。

軒丸瓦では、文様は特殊なものとして五七桐文がある。串団子状の花をもち、金箔押しのものを含み、二又唐草の滴水系軒平瓦と組み合う。これらは、岡山城でしか確認されていない。軒丸瓦の圧倒的多数は、三巴文で、細かくみると軒平瓦同様に多彩である。頭部に対して尾部が右に巻くものより、左巻きが多い。巴の外に圏線を伴ったり、巴尾部が繋がって圏線状になるものもあるが、そうでないものが多い。巴頭部がC字形のもの、巴の頭部間が詰むもの、頭部からの巻きが一八〇度以上あって尾部が長いものもあるが、既に頭部が粗大なもの、頭部どうしが離れるものもある。珠文数は一一から二三個以上まであるが、平均的には一七～一八個で、1式より減ってくる。瓦当径は中の段では一五センチ台にピークがあるが、一二センチ台から一八センチ台までばらつきがある。瓦当の大きさに瓦笵が適合していない製品もしばしば見かけ、外周部が相当広いものも含まれる。文様区径全体のうち巴部の占める割合も偏差が著しいが、平均値は〇・四五で、3式以降より円部径が小さく珠文部が広い。断面形は、瓦当裏の丸瓦部が深く括れるものが多い。丸瓦部内面の布目は、ゴザ目状に粗いものもあるが、ガーゼ状の細かなものが圧倒的に卓越し、吊紐痕もよく見かける。

胎土・焼成　胎土も、個体差が大きく、微粒で均質なものがあるが、粗砂粒・赤褐色粒・黒色粒を含む例が目につき、極端に砂礫を含むものもある。また、粘土の練りが不十分で、細かい単位の異色生地による流層構造が断面で観察できるものがある。焼成は火が良く通らずに軟質なものが多く、断面の芯が暗色、表部・外側が明色の成層構造となるものが主体である。器面炭素の吸着も悪い。

岡山城2式の瓦が確認されているのは、岡山城（岡山市丸の内ほか）[26]のほか、常山城（岡山市・玉野市）[27]、撫川城（岡山市撫川）[28]、備中高松城（岡山市高松）[29]、徳倉城（岡山市御津河内）[30]、荒神山城（津山市荒神山）[31]で、総てが岡山城例と同笵関係を持ち、岡山の瓦工人の製品とみられる。また、この期と併行し備中・宮内の瓦工人の製品とみられるものが備中高松城に及んでいる。いずれにせよ、この期の瓦が及ぶ城は、岡山県下では管見の限り、こうした宇喜多氏関係の城に尽きる。逆に言えば、備中西部の毛利領の城の瓦の状況が気になるところである。

表1　各城の瓦の年代観

ゴチは宇喜多氏関連　◎＝大量・主体的　○＝あり　△＝少量あり　？＝存在する可能性あるが不詳

	城名	所在地	岡山城1式併行以前（天正以前）	岡山城1式併行（天正頃）	岡山城2式併行（文禄頃）	岡山城3式併行（慶長5・6年頃）	岡山城4式併行（慶長半ば～元和頃）
備前	岡山城	岡山市内山下ほか	△	**◎**	**◎**	◎	◎
	富山城	岡山市矢坂本町ほか	**○**	**○**			
	常山城	岡山市・玉野市			**◎**		
	徳倉城	岡山市御津河内		**○**	○		
	虎倉城	岡山市御津虎倉		**○**		◎	
	金川城	岡山市御津金川ほか		**○**			○
	天神山城	和気町田土・岩戸		**○**			
	周匝茶臼山城	赤磐市周匝・草生		？			
	下津井城	倉敷市下津井			**？**		◎
備中	撫川城	岡山市撫川			**○**		
	備中高松城	岡山市高松		○	**○**		◎
	経山城	総社市黒尾	？	？			
	猿掛城	矢掛町・倉敷市		？			
	備中松山城	高梁市					？
美作	高田城	真庭市勝山		**？**	**？**	○？	
	篠葺城	真庭市三崎	？	**○**			
	岩屋城	津山市中北上		**○**			
	荒神山城	津山市荒神山		**○**	**◎**		
	医王山城	津山市吉見				○？	
	林野城	美作市林野ほか		**○**		○？	
播磨	駒山城	兵庫県上郡町		？	**？**		
	利神城	兵庫県佐用町		△	**○？**	◎	
	感状山城	兵庫県赤穂市					
	姫路城	兵庫県姫路市		◎		◎	

三、各城に伴う石垣

岡山県下の戦国期から織豊期の城郭に伴う石垣は実に多様であるが、ここでは次のように模式化して考えたい。

A類は土留め的低石垣・石組の類である。およそ高さ凡そ一・五メートル未満、多くは数十センチで、それ自体が城壁・塁線の構造面での主体をなすのではなく、明確な隅角部を持たない事も多い。城地の地山石、それも人が一人で抱え持つ事が出来る程度の大きさの自然石ないしは粗割り石（矢穴を伴わない）をたいてい垂直に積む。具体例としては、岡山城本丸中の段のI期古段階の土塁郭内側裾石垣[32]や天神山城の本丸南東の曲輪間段斜面の裾石垣、三石城本丸の居館跡といわれる高まりの裾石垣、北曽根城の本丸西南石垣、金川城本丸北側土塁の郭外側裾石垣、荒神山城の本丸から南東に下った曲輪の段斜面石垣、虎倉城本丸の東に延びる長大な曲輪の先端部の頂部外側石垣などが上げられる。

A類の中でも区別したいA2類は、土留め的低石垣・石組の類であるが、人が一人で抱え持つ事が出来ない大石を組み込むものである。具体例として岡山城本丸中の段のI期新段階の土塁郭内側裾石垣[33]がある。

B類は、城壁・塁線を主体となって構成する高さ凡そ三メートル未満の石垣であるが、一つの主要曲輪の外郭を完結囲繞して構築されている事は少なく、その一部に終わっている場合が多い。たいていが、人が一人で抱え持つ事が出来る程度の大きさの自然石や粗割り石を垂直に積み、石材は城地やすぐ近くで採れる地山の自然石を使用する。またB2類として、大石を組み込むものを分離しておきたい。B類の具体例としては、天神山城の桜馬場曲輪側部斜面など本丸を含む主要部の随所にみられる曲輪側部石垣や同じ天神山城の出丸である太鼓丸の城門部付近石垣、三石城

天神山城段裾石垣（Ａ類）

岡山城本丸中の段１期新石垣（Ａ２類）

天神山城石垣（Ｂ類）

富山城本丸石垣（Ｂ２類）

岡山城本丸本段天守台石垣（Ｃ類）

常山城本丸石垣（Ｃ類）

撫川城本丸石垣（Ｃ類）

下津井城石垣（Ｄ２類）

図３　各城の石垣

の大手門北や三の丸の先端部から一段下がった小曲輪の石垣、富山城の本丸石垣などが上げられる。ちなみに天神山城では、本丸周辺と太鼓丸では地山岩の石種が異なっており、応じて石垣の石材種も異なっている。

C類は自然石・巨石使用の石垣である。高さが三メートル以上あり、多くの場合は垂直に積むのではなく一定の傾斜をもって積んでいる。しかし反りは未だない。隅角部は一般部築石とは区別される、より大きく形が方形に近い石材を用い、石材の長辺を一段ごとに左右に振り分ける算木積みを志向するが、まだ定式化していない。基本は自然石使用のいわゆる野面積みであるが、ごく僅かに矢穴を伴う割石を含む場合がある。ただしそれは、多面が割り面で構成され随所に矢穴が残る狭義の割石とは異なり、自然石を単に半裁しただけといった意味合いのものである。石材を運んだり積むには人が一人で抱え持つ範囲を越えた大石を用い、石材も城地の地山石を越えた範囲での調達・運搬が前提である。裏込め石材の石種や形も、築石とは差別化が図られている。いわゆる織豊系城郭に伴う石垣である。標識例は岡山城本丸石垣で、その2期(34)石垣に3期石垣を加えたものが該当し、この岡山城2期石垣例が本県での初出と考えて良い。その他の例として、常山城、撫川城、徳倉城の石垣が上げられる。また、虎倉城本丸は破城を受けて判然としないが散布している石材からすれば、意外とC類の石垣を伴っていた可能性がある。

D類はC類より新しい段階の高さ3メートル以上ある高石垣で、岡山城4期、5期石垣が該当する。原則として本稿の対象時期より新しいものである。D1類とするのは岡山城4期石垣に対応し自然石主体であるが断面に反りが出現する。D2類は多面が割り面となって随所に矢穴を残す方形割石積みで、隅角部の算木積も既に定式化し、隅石だけでなく隅脇石も一般部築石からの差別化が出来上がっている。岡山城のD2類は本丸中の段北半の月見櫓周辺や旧本丸と伝えられる池田家祖廟のあった曲輪、西の丸、対面所跡の曲輪などにある。岡山城以外のD2類は関ヶ原後に

表２　各城の石垣構築状況（岡山城以外は現況＝最終構造）

A～D＝石垣の構造
A＝土留め低石垣　A2＝巨石を伴う土留め低石垣　B＝高 3m 未満の塁線石垣　C＝自然石の巨石使用高石垣　D＝反りや割石（矢穴）使用の高石垣

	城名	所在地	最高ランク石垣種	主曲輪（本丸）	主要曲輪	特定城門周辺など	その他の曲輪
備前	岡山城本丸１期古	岡山市内山下ほか	A 以上	?	A	?	?
	岡山城本丸１期新		A2 以上	?	A2	?	?
	岡山城本丸２期		C	C	C	C	非 C
	岡山城最終形		D	C	C・D	C・D	D
	富山城	岡山市矢坂本町ほか	B2	A・B2	A・B	B2	非 B
	常山城	岡山市・玉野市	C	C	C	?	一部のみ C
	徳倉城	岡山市御津河内	C	C	C	C	非 C
	虎倉城	岡山市御津虎倉	C？	C？	非 C	?	非 C
	金川城	岡山市御津金川	A で一部 D？	A	A	一部 D？	非 C・D
	天神山城	和気町田土・岩戸	B	B	B	B？・B2	一部 B・B2
	周匝茶臼山城	赤磐市周匝・草生	A？	非 B	非 B	非 B	非 B
	下津井城	倉敷市下津井	D	D	D	D	C・D
備中	撫川城	岡山市撫川	C	C	非 C	非 C	非 C
	備中高松城	岡山市高松	類 D？	類 D？	?	?	?
	経山城	総社市黒尾	B	B	B	B	非 B
	猿掛城	矢掛町・倉敷市	A	A	A	非 B	非 B
	備中松山城	高梁市	D	D	D	D	一部 D
美作	高田城	真庭市勝山	A？	非 B	非 B	非 B	非 B
	篠葺城	真庭市三崎	A	非 B	非 B	非 B	非 B
	岩屋城	津山市中北上	A？	非 B	非 B	非 B	非 B
	荒神山城	津山市荒神山	B？	非 C	一部 B？	A～B？	非 B
	医王山城	津山市吉見	B	B	一部 B	B	非 B
播磨	駒山城	兵庫県上郡町	A	非 B	A	非 B	非 B
	利神城	兵庫県佐用町	D	C	C・D	C・D	一部 C・D
	感状山城	兵庫県赤穂市	B	B2	B2	B	一部 B
	姫路城	兵庫県姫路市	D	D	D	D	D

池田氏が大改修した下津井城で主体となる石垣で、その他該当しそうなものとして、破城を受けていて判然としないが散布石材から金川城の本丸南東の虎口周辺に想定復元される石垣がある。

四、城郭での瓦と石垣のあり方

天正元年（一五七三）に宇喜多氏の本城となった岡山城では、岡山城１式の瓦とＡ類石垣が、２式の瓦とＣ類石垣が併存関係にあった。それでは、その支城とみられる城での瓦と石垣の併存関係・共存関係はどうであろうか。

ア、岡山城１式併行期の瓦と石垣

富山城（岡山市矢坂本町ほか）は発掘調査で瓦と石垣が出土した[35]。永禄十一年（一五六八）の松田氏の金川城の落城以後、宇喜多直家の弟の浮田忠家の城となり、特に天正元年（一五七三）までは宇喜多氏が備前西部をおさえる拠点城郭であった[36]。主要な曲輪にＡ類石垣が、また本丸にＢ類石垣を伴い、瓦とＢ類石垣の同時併存は明らかである。廃城は慶長五年（一六〇〇）とされるが、２式以後の瓦は出土しておらず、設備投資の主体は天正末頃までにあったと考えてよい。逆にＡ類石垣の一部は宇喜多期ではなく、先行する松田氏段階に構築された可能性もある。

徳倉城（岡山市御津河内）では、播磨・英賀の瓦工人による瓦が確認できる。この城は永禄十一年（一五六八）以後、宇喜多氏の城となり、遠藤河内守が守備した。石垣は本丸と妙見宮のある曲輪からなる中枢部にＣ類およびＢ類、その他にＡ類あるいはＢ類が残る。瓦の散布は本丸周辺に限られるようであるが、２式の瓦と混じって散布し、１式と

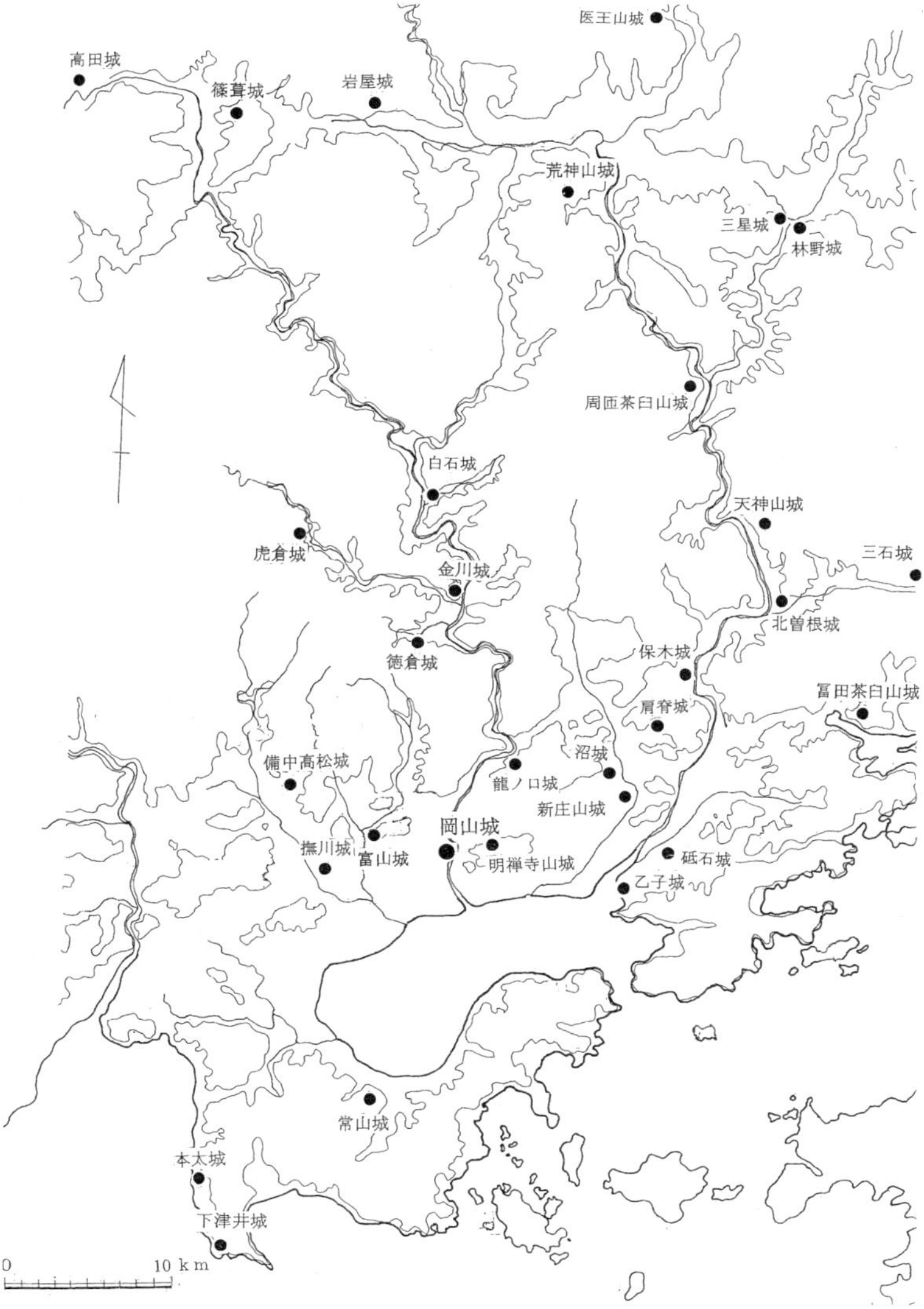

図４　宇喜多氏関連の主要城郭

同時に伴う石垣の構造は必ずしも明らかでない。

虎倉城（岡山市御津虎倉）は、宇喜多直家に従った伊賀久隆の城で、天正七年（一五七九）から天正十六年（一五八八）までは家老の長船紀伊守貞親の居城であった。天正十年の年銘瓦を含めて天正頃とみられる瓦が散布するのは、本丸と二の丸～三の丸と本丸の東南に続く細長い曲輪の先端部付近で、Ａ類石垣と共存するといえるかも知れないが、石垣が瓦葺き建物の下部構造をなすという関係ではない。

金川城（岡山市御津金川ほか）は、準戦国大名の松田氏の本城であったが永禄十一年（一五六八）の落城以後は、宇喜多氏の城となり、直家の弟の浮田春家が入った。播磨・英賀の瓦師による瓦が確認でき、Ａ類石垣との同時共存性は窺えるが、直接の共伴関係はみられない。

天神山城（和気町田土ほか）は宇喜多直家の主君であったとされる戦国大名の浦上宗景の居城で、天正三年（一五七五）に直家に攻められて落城したが[37]、散布する瓦の年代観から落城直後に宇喜多氏が活用した可能性も十分に考えられる[38]。瓦が散布するのは馬屋の段のみで、Ｂ類石垣との同時共存性が窺えるが、逆に石垣がある場所に必ず瓦があるという関係ではない。また、落城後に宇喜多氏が活用して瓦を持ち込んだとしても、石垣の少なくとも一部はやはり浦上氏段階のものとみられる。

備中高松城（岡山市高松）は毛利方の清水宗治の居城であったが、天正十年（一五八二）に著名な高松城水攻めの舞台となって落城してからは、宇喜多氏の城となり、杉原七郎左衛門を経て家老級の花房正成が城主となった。瓦の多くは岡山城４式段階のもので、１式段階の瓦と石垣との関係は不詳である。

篠葺城（真庭市三崎）は、天正四年（一五七八）に宇喜多方の城となり、一時毛利方に奪還されたが、天正十年（一五八二）

からは再び宇喜多方の城となった。天正五年（一五七七）銘の播磨・英賀の瓦工人の製品が採集されている。瓦とA類石垣との同時共存性は窺えるが、遺構の上での直接の共伴関係はみられない。

岩屋城（津山市中北上）は、天正の初め宇喜多直家方の城となり、天正九年（一五八一）に毛利方に奪還されたが、天正十年（一五八二）からは再び宇喜多方の城となった。その慈悲門寺跡に播磨・英賀の瓦工人の製品とみられる瓦が散布するが、石垣との直接の共伴関係はみられない。瓦は本丸東方谷部の井戸付近にも散布する。

荒神山城（津山市荒神山）は、元亀元年（一五七〇）に直家配下の花房職之が築城した。一時、天正三年（一五七五）に毛利方に一旦は落とされたとされるが、基本は宇喜多家の家老級としての花房職之の城であった。天正頃とみられる瓦とA類石垣との同時共存性が窺えるが、瓦と石垣が常に共存するという訳でもない。

林野城（美作市林野ほか）は天文年間に尼子方の城で、永禄八年（一五六五）以降に浦上方としての江見氏が入ったが、天正七年（一五七九）に江見氏が宇喜多直家に敗れてからは、宇喜多氏の持城となった。この期の瓦は本丸の比較的広範囲に散布する。ちなみに、コビキB技法をとる瓦が二の丸を中心に散布し、小早川秀秋段階での継続使用と少なくとも作事面での新たな設備投資の可能性が強くうかがえる。いずれにせよ、この城全体として現状では明確な石垣は確認できない。

例えば、天神山城はB類を含めて最も石垣が多用されるが、瓦葺建物が想定できるのはごく限られた曲輪だけでしかない。また、先行する浦上氏段階の話かも知れないが、瓦があるのに石垣がない周匝茶臼山城（赤磐市周匝）の様な例もあるし、A類・B類石垣があるのに、瓦が未確認の富田松山城（備前市片上）の様な宇喜多ないしは浦上氏の城もある。また、瓦と石垣があっても、それはその城の必ずしも本丸ではない事も特徴といえる。

表３　瓦や石垣などからみた城の整備年代

×～◎＝瓦の有無や量
×＝瓦なし・未確認　△＝あるがごく少数・未詳　○＝一定量が限定的にあり　◎＝広範・大量にあり
Ａ～Ｄ＝石垣の構造
Ａ＝土留め低石垣　Ａ２＝巨石を伴う土留め低石垣　Ｂ＝高３ｍ未満の塁線石垣　Ｃ＝自然石の巨石使用高石垣　Ｄ＝反りや割石（矢穴）使用の高石垣
アンダーラインは塁線としての石垣構築が複数の曲輪に及ぶもの
ゴチは宇喜多氏関連

瓦年代	備中	備前西部	備前東部	美作	西播磨
岡山城１式（併行期） 天正１～19年頃 （1573～1591年頃）	×Ａ　すくも山城 ×Ａ　鷹ノ巣山城 △Ｂ　経山城 △Ａ　猿掛城？ ○　備中高松城	○Ａ（Ｂ？）　**岡山城** ○Ｂ　**富山城** ○Ａ　**金川城** ○？　**徳倉城** ○Ａ　**虎倉城**	？Ｂ　**三石城** ○Ｂ　**天神山城** ×Ａ　**冨田茶臼山城**	○Ａ　**篠葺城** ○　**岩屋城** ○Ａ　**荒神山城** ○　**林野城**	◎　姫路城 △Ｂ　**感状山城？** ○Ａ　**駒山城？**
岡山城２式（併行期） 文禄１～慶長５年頃 （1591～1600年頃）	○　**備中高松城** ○Ｃ　**撫川城**	◎Ｃ　**岡山城** ◎Ｃ　**常山城** ◎Ｃ　**徳倉城**		◎Ａ　**荒神山城**	○Ｃ　？**利神城？**
岡山城３式（併行期） 慶長６・７年頃 （1601・1602年）		◎Ｃ　岡山城 ◎Ｃ　虎倉城		○Ｂ　医王山城 ○？　高田城 ○？　林野城	
岡山城４式（併行期） 慶長８年以降 （1603年以降）	◎Ｂ　備中高松城 ◎Ｄ　備中松山城	◎Ｄ　岡山城 ◎Ｄ　下津井城 ○Ｄ？金川城		◎Ｄ　津山城	◎Ｄ　姫路城 ◎Ｄ　利神城

すなわちこの期の宇喜多氏の支城全体とすれば、A類・B類石垣と瓦が同時併存のものが確かに多いが、片方だけのものもあり、むしろ構造的には石垣と瓦葺き礎石建物が必ずしも直結していない。

イ、岡山城２式の瓦と石垣

常山城（岡山市灘崎町・玉野市）は、備中中西部を本拠とする三村氏に属する上野氏の城であったが、天正三年（一五七五）に毛利方としての宇喜多氏の城となって家老の戸川秀安が入り、その後宇喜多氏は織田方となり戸川氏の家督も逵安に引き継がれたが、宇喜多氏家老の戸川氏の城として関ヶ原合戦の直前にまで至った。現状では、C類石垣は本丸の南西から兵庫丸、栂尾丸、總門丸北東部に及び、２式の瓦は本丸周辺に散布が確認できる。つまり、少なくとも本丸周辺では瓦とC類石垣と直結している。

徳倉城は先述の通り１式期の瓦も散布している。２式の瓦も本丸および西に続く妙見宮の曲輪に限って散布し、C類石垣と強い一体性が窺える。

撫川城（岡山市撫川）は天正十年（一五八二）までは、境目七城の一つとして毛利方の城であったが、以後は宇喜多方の城となり、その武将が入ったとされる。瓦の散布は本丸に限られ、またC類石垣も本丸に限られ、両者は直結している。

備中高松城（岡山市高松）は先述の通り１式期の瓦もある。２式の瓦と石垣の関係は不詳であるが、仮に石垣があったとしても本丸に限られる可能性が強そうである。

荒神山城（津山市荒神山）も先述の通り１式期の瓦もある。２式の瓦は本丸周辺に限って散布する。元は本丸には

Ｃ類石垣があって破城によって失われたといった可能性も完全には否定できないが、現況ではＣ類石垣と２式の瓦の一体的共存は確認できず、一部にＡ類・Ｂ類石垣を有するとはいえ基本は土造りの曲輪に瓦葺き建物群があったと考えられる。

常山城・撫川城・徳倉城は、本城の岡山城と同じく瓦葺き建物とＣ類石垣が組み合う形で時期に構築されたと考えて矛盾なく、高松城はその関係は不詳、荒神山城はそうでなかった可能性が強い。

五、宇喜多氏岡山城の支城群

ア、およそ天正段階（岡山城１式瓦併行期）

宇喜多直家の晩年から秀家幼少期に当たる。先ず一般論として、この期の城郭における瓦葺き建物と石垣の存在は、尾張・美濃・近江から摂津などでは織豊系城郭に直結あるいは関連する歩みがあるとはいえ、それとは併行しながらも別個の独自の歩みで、全国的にみると先進事例と言えよう。

例えば西隣の毛利方の城などと比べると、宇喜多氏の城郭群では、瓦と石垣が支城レベルにまで及んでいる事は特徴的である。つまり、宇喜多氏は、本城の岡山城だけでなく、家老ないしはこれに準じる城主・城代に委ねた支城の整備に瓦葺き建物と石垣を共に普遍性をもって取り込んだと言って良い。その瓦の微妙な年代観や篠葺城で具体的に天正五年（一五七七）銘の瓦が確認されている事から、宇喜多直家が織田方となった天正七年（一五七九）以前、つまり織豊大名化以前から瓦葺き建物や石垣を採用していた事が確認できる。そのうち石垣は天神山城や富田松山城の状況からして宇喜多氏が自身で生み出したと言うより主君の浦上氏の伝統を引き継ぐものであった可能性が強く、現に石垣の中でもB類は浦上氏が本拠を持った備前東部の城に目立っている。織豊系城郭以前の瓦や石垣は播磨でも目立ち[39]、宇喜多氏の石垣と瓦はそうした先進地帯の西の一画を占めるといえる。これらは、大名でいうと赤松氏・浦上氏—宇喜多氏といった、元来は主従関係にあった脈絡の中で育まれてきたものと言えるかも知れない。

しかし、瓦葺き建物と石垣は諸城に普遍性を持つとはいえ、個々の城の中では、部位が極めて限定的で、しかも必ずしも本丸に限定されず、数量もごく僅かに留まっている。石垣はA類、せいぜいB類までで、高石垣の上に瓦葺き建物が林立するという状況とは大きく異なっている。つまり、石垣と瓦葺き建物は確かに同時に共存するが、石垣が直に瓦葺き建物の基礎をなすのではなく、両者に構造的一体性は必ずしもない。ただ、支城はそうであったとしても、本城である岡山城のこの期の全貌は不詳である。本丸中の段でその一端が見えたとはいえ、その後の城郭改造のために発掘調査によらなければ確認できず、宇喜多氏のこの期での最高到達点がどこにあるかは、今後の大いなる課題である。

さて、宇喜多氏によって瓦や石垣が持ち込まれた城は、西の旭川沿いのグループと、東の吉井川沿いを軸とするグループに大別できそうである。（図5）

瓦の面で注目されるのは、西の旭川沿いである。下流には本城の岡山城があり、徳倉城、金川城、篠葺城と続く。また、厳密な意味での水系は吉井川であるが、篠葺城の東六キロの位置にある岩屋城も併せて考える事ができる。これらには、決まって播磨・英賀系の瓦が入っている。しかも、それは本城の岡山城のものと同范関係を持っている。一方で、より播磨に近い東方グループの城では他系統の瓦が入っており、旭川沿いのグループは宇喜多氏による一元的施策に

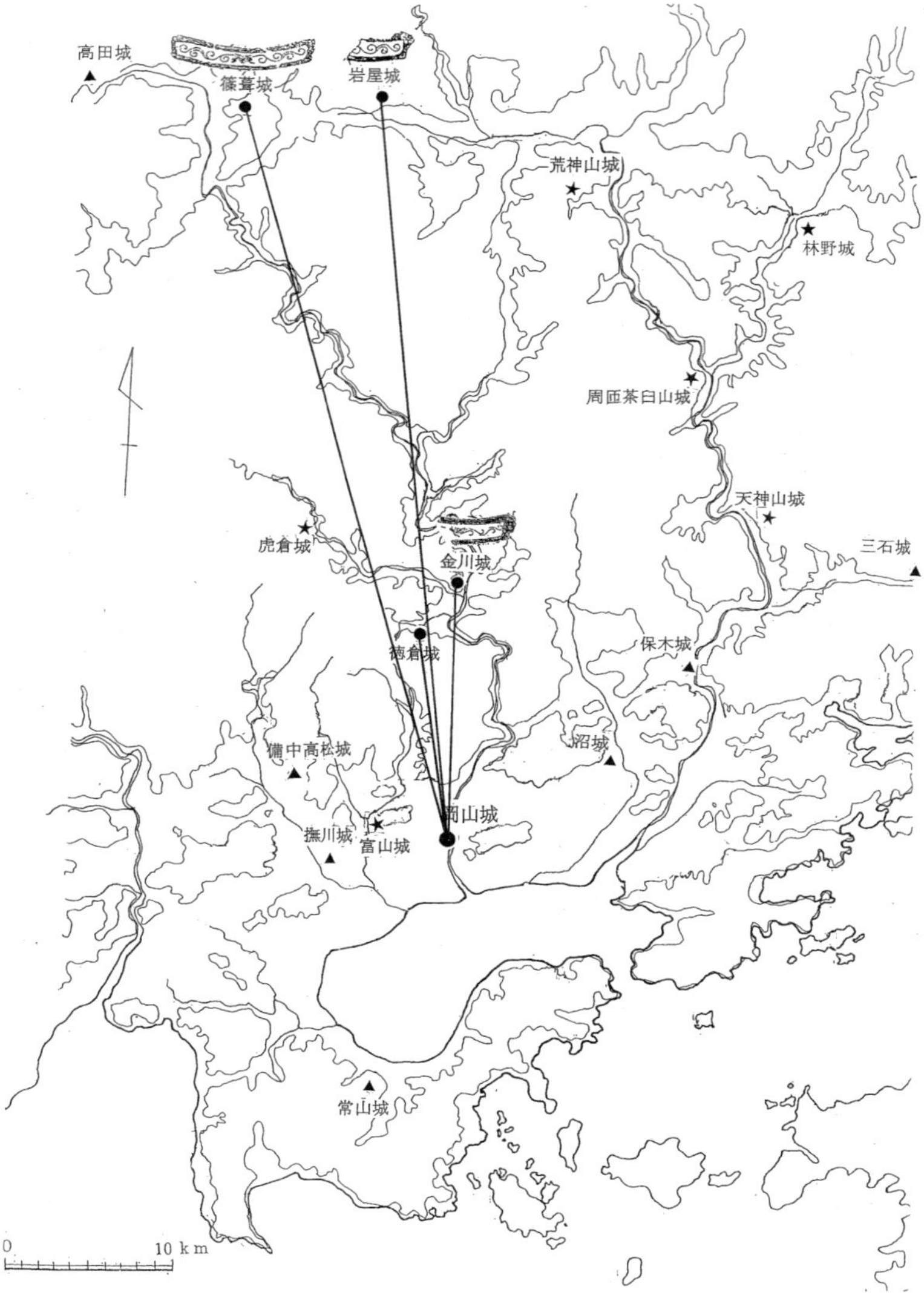

図５　天正期の瓦を伴う城と阿賀系軒平瓦の同笵関係
●阿賀系の瓦を伴う　★その他の系統の瓦を伴う　▲瓦不詳の参考城郭

よって設備投資が行われた事を予見させる。しかし、旭川沿いのグループは石垣は顕著でなく、基本はA類である。すなわちこの設備投資は、基本的には既存の城郭構造を温存したまま活用した、またその城の中でも局部に限られる作事優先の設備投資であったとみられる。

そうした諸城の整備は、最下流に本城の岡山城があるという宇喜多氏の本願地的生命線の確保であり、なにより宇多氏が西に迫る毛利氏に対する防御ラインの形成を具現化したものと考えてよいだろう。宇喜多氏が浦上氏を攻めて備前の覇者となった天正三年（一五七九）以降、宇喜多氏が織田方に付いていよいよ緊張が高まった天正七年（一五七九）を経て、高松城の水攻めの終戦で高梁川以東が宇喜多の領国となった天正十年（一五八二）まで、あるいは美作西部でその後の小競り合いが終結した天正十三年（一五八五）までに最も意義を持つものと評価できるし、現に各城で確認されている播磨・英賀系の同笵瓦の年代観[41]も正にそれに合致している。

その意味では、当時の宇喜多氏に関わりそうな城として、瓦が存在するが内容の詳細が不明の高田城（真庭市勝山）に、この種の瓦が含まれるのか否の検討が課題となるし、金川城と笹葺城の中間点の白石城（岡山市建部町大田）あたりの瓦の有無や内容が気になるところである。

岡山城の西方四・五キロにある富山城は、高松城の水攻めの直前の宇喜多氏にとって対毛利氏という意味では重要な支城で、やはり天正期の瓦が出土しており、この期に設備投資があった可能性が高い。この城はB2類石垣を伴い、一方で次の文禄期の瓦を伴わないから、B2類石垣も天正期に整備された可能性が高い。瓦が播磨系ではなく備中・宮内の瓦を採用している事、またA類を越えてB2類石垣まで構築している事、しかもそのB類石垣と瓦葺き建物が併せて整備された事となり、先の旭川グループとは異なった側面を持つ支城整備であったと予見できる。それは、本城の岡山城の咽元前衛の位置にあり、直家の岡山城入城以前に宇喜多氏の最西前線の支城として機能した前段階に続いて、宮内をも含む備中の前線地帯を直ににらむ重要な支城であった事に他ならないであろう。

一方、東方のグループ、天神山城、三石城、周匝茶臼山城、荒神山城、林野城などは、瓦があっても地場系ないしは英賀本流とはやや異なった播磨系で、詳細不明とはいえ概して雑多で統一性がなさそうである。そのうち南部の備前の諸域の石垣は先の旭川グループに比べて際立っていて、Ｂ類石垣も各城で散見できるし、瓦は未確認であるが石垣は目立つ城もある。これらは、宇喜多氏が新たに整備したのか、浦上氏段階にあったものを、放置ないしは継続使用しただけなのか微妙なものを含んでいるが、天正前葉から半ばという時間幅、浦上氏追放後では前線の後方となるし、天正七年までの対織田でも前線は播磨でやはり後方になるし、天正七年以後はいよいよ前線からは遠く空洞地域であった。むろん宇喜多氏にとって、この地は重要な領国で、幾つかの城の機能は当然に維持されたに違いないが、旭川グループとは異なって軍事ラインからは遠い事が、少なくとも瓦葺き建物を伴う整備のあり方の違いに反映しているのではなかろうか。

その意味で、同じ東方のグループでも北部の美作にあって、反宇喜多勢力との前線に近い荒神山城と林野城の二城でこの期の瓦が数量や分布範囲のうえで目立ち、瓦葺き建物の建設を伴う形での支城整備が南部より積極的に行われた可能性が窺える事は示唆的である。

イ、およそ文禄段階（岡山城２式瓦期）

宇喜多秀家の盛期にあたる。瓦と石垣から浮かび上がった宇喜多氏の城は、本城の岡山城のほか、常山城、徳倉城、

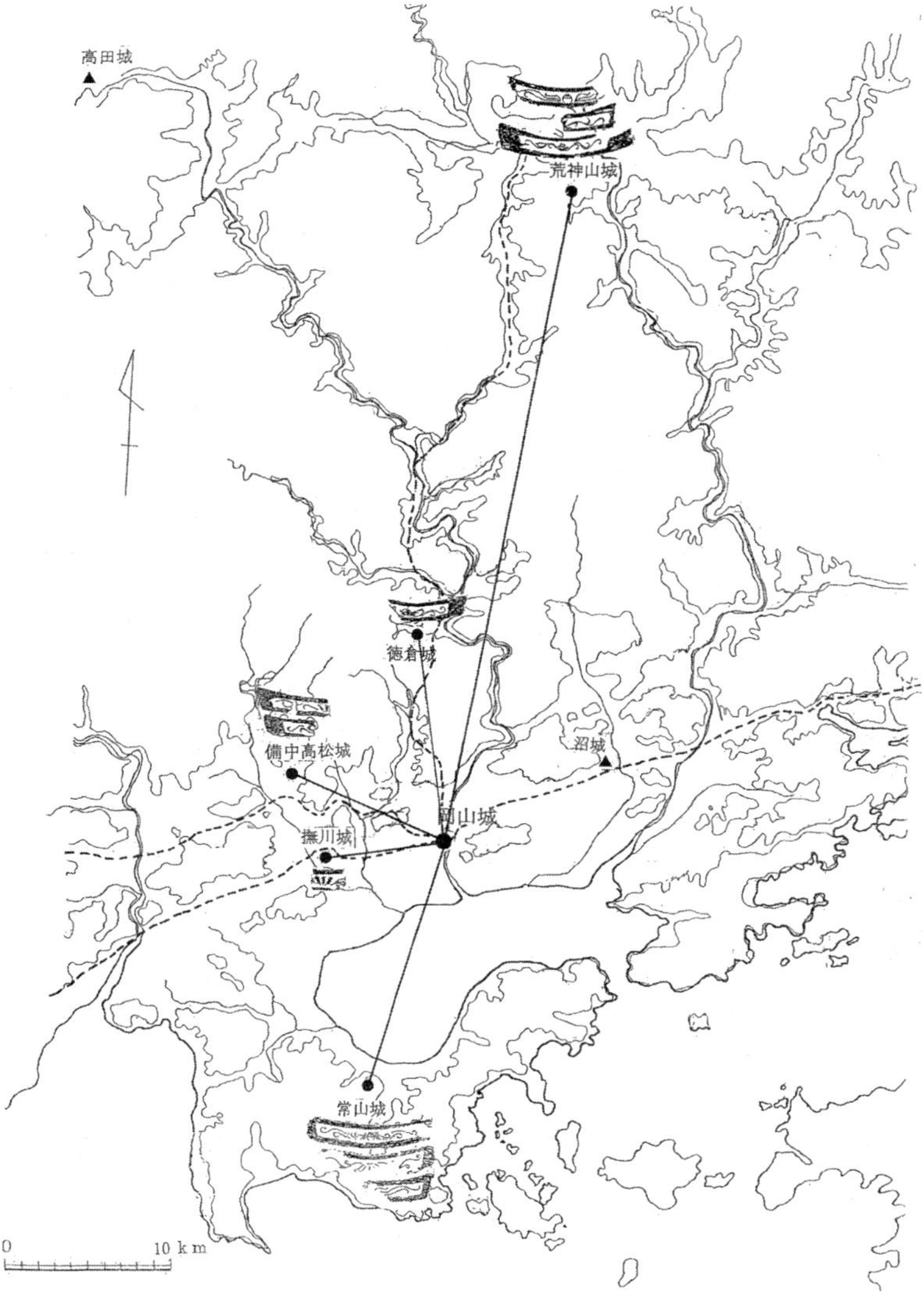

図６　岡山城２式瓦の同笵関係
破線は陸路、▲瓦不詳の参考城郭

撫川城、備中高松城、荒神山城である。（図６）

先ず瓦では、この期の支城の瓦は、備中高松城を除くと、いずれの城でも最新の瓦で（古材流用の可能性が低い）、量も相当にまとまるから、この段階に各城共に瓦葺き建物が新築された可能性が高く、その各城での棟数も天正段階に比べて相当に多かったと見込まれる。しかも、本丸には必ず絡んでくる。また複数種の瓦がある場合もことごとく、本城の岡山城と同范関係をもつ岡山城２式の瓦そのものである。この岡山城２式に瓦とは、先述のように岡山城下で編成された瓦工人の製品とみられるもので、支城群の岡山城への求心性が瓦の上でも明確と言える。例えば旭川ラインの支城の瓦が他国の瓦に依存していた天正段階とは大きな違いである。すなわち、本城に付属する工人が支城の瓦も焼くことは自然なことではあるが、それは天正段階に果たせていなかった。この段階でのこうした関係の成立は、支城を委ねられた家臣の宇喜多氏への依存性を示すものといえるし、近世大名領国制下の領国経済の成立を象徴するものともいえよう。

石垣では、岡山城は本城に相応しくＣ類、すなわち織豊系城郭の石垣を、大規模にまた相当数の曲輪に伴う。支城では常山城では距離を置いた複数の曲輪に伴い、徳倉城は本丸ほか中枢曲輪に、そして撫川城は本丸のみにＣ類石垣を伴い、同じＣ類石垣を伴う城でも部位や規模に格差があるが、これらではＣ類石垣と一体となった瓦葺き建物を林立させるという状況を本城と共有している事は重要である。つまり、本城にはある金箔瓦こそ欠くが、高石垣の上に瓦葺建物が林立するという意味では、これらの支城は岡山城のミニチュア版ともいえる景観を呈していた事になる。瓦葺き建物はあっても石垣との関係が不詳の備中高松城や、普請面では前代の構造を温存した部分が多く、あたかも作事面での整備が優先した観の強い荒神山城も含めて、そうした格差を持ちながらも進んだ支城の織豊系城郭化が進(42)

んだ事は間違いない。注意しておかなければならないのは、これらに新規築城の城はなく、天正期の支城整備と同様に、引き続き既存の城郭を利用し、その中枢部を中心とした部分について織豊系城郭化を図ったという事である。

こうした瓦葺き建物や石垣の整備がこの期に行われた支城は、確かに数千石以上の有力な家臣に委ねられた支城である。しかし、そうした支城の総てではない。なるほど二万五六〇〇石[43]の有力国家老であった戸川肥後守逵安に委ねられた常山城では、瓦葺き建物やC類石垣が壮大に整備された。しかし、筆頭の三万三一一〇石の明石掃部頭全登の持ち城と言われている保木城（岡山市瀬戸町保木・瀬戸内市徳富）や二万三三三〇石の岡豊前守利勝の城と伝わる肩脊城（岡山市瀬戸町肩脊）では少なくとC類石垣は認められないし、大量の瓦が存在した形跡もない。対して徳倉城の遠藤河内守は石高だけで言えば第九位[44]の四五〇〇石である。ちなみに、備中高松城の花房志摩守正成は一万四八六〇石、荒神山城の花房助兵衛職之は七〇〇〇石であるし、瓦の年代観からこの期の瓦葺き建物の整備を考えにくい富山城の宇喜多左京亮詮家は二万四〇七九石、虎倉城の長船紀伊守吉兵衛は二万四〇八四石である。

つまり、この期の支城の整備の有無や状況は必ずしも城を預けた家臣の格や石高によって決定されたものではなく、TPOに応じてその城に委ねられた戦略的な意図による要素も大きいと予見できるのである。逆に言えば、天正期ないしはそれ以前から続く支城への家臣配置が温存され、再配置が進んでいない事の裏返しで、移封を受けずに元の領国のまま織豊大名化した宇喜多氏の経緯とも関わる宇喜多氏家臣体制の保守性ないしは弱点と評価できるかも知れない。

さて、この期に整備が行われた支城は、常山城、撫川城、徳倉城、備中高松城の岡山圏域グループと美作の荒神山城に分けて考えておきたい。（図6）

本城岡山城を起点にすると、常山城は岡山城の南南西一六キロメートル、撫川城は西南西八・五キロメートル、備中高松城は西北西一一キロメートル、徳倉城は北北西一二・五キロメートルの位置にあり、見事に近似する距離を隔てて岡山城を取り巻く衛星支城として評価できるのである。これは、岡山に至る交通路に関わっているに違いない。すなわち常山城は瀬戸内海路に関わる岡山の南口、撫川城は江戸時代に庭瀬往来として整備される陸路に関わる岡山の西口、備中高松城は山陽道に関わる岡山の西北口、徳倉城は江戸時代に津山往来として整備される陸路に関わる岡山の北口を固めている。軍事的には岡山城への咽元を守備し、また高石垣の上に林立する厳しい瓦葺建物群、すなわち織豊系城郭群を出現させて、領国の中核として岡山圏域をクローズアップし、領内外の人々に視覚的にアピールしたものと考えられる。[45]

ところで、以上のように考えると、岡山圏域の東口を固める城の有無が気になる。もしあったとすれば、断然その候補は岡山城の東一一キロメートルの山陽道沿いにある沼城（岡山市沼）であろう。岡山城以前の直家の本城であるが、現状では、破城を受けたためか石垣は確認できず、瓦も不詳であるが、後の池田家の編纂物に伝えられているように、小早川秀秋が廃城にした際に岡山城に移築されたという大納戸櫓の前身櫓などがあった可能性が高く、文禄段階での沼城の整備の有無は追求して行くべき課題と考える。[46]逆に富山城は、一族の浮田左京亮に委ねたいわば格の高い城でありながら、岡山圏域の入口を軍事的に固め視覚的な演出を果たすには、もはや岡山城に近過ぎまた山の上で、そうした役割は備中高松城や庭瀬城に譲った結果、この期の際だった設備投資は見送られたと考えたい。

ちなみに、二万石以上の宇喜多家の家臣の城と伝わる諸城の分布を見ると、領国内に均等にあるのではなく、これまた見事に岡山城を取り巻くようにある。それはそれで戦略的意図の現れとみられ、ここで述べた織豊系城郭化され

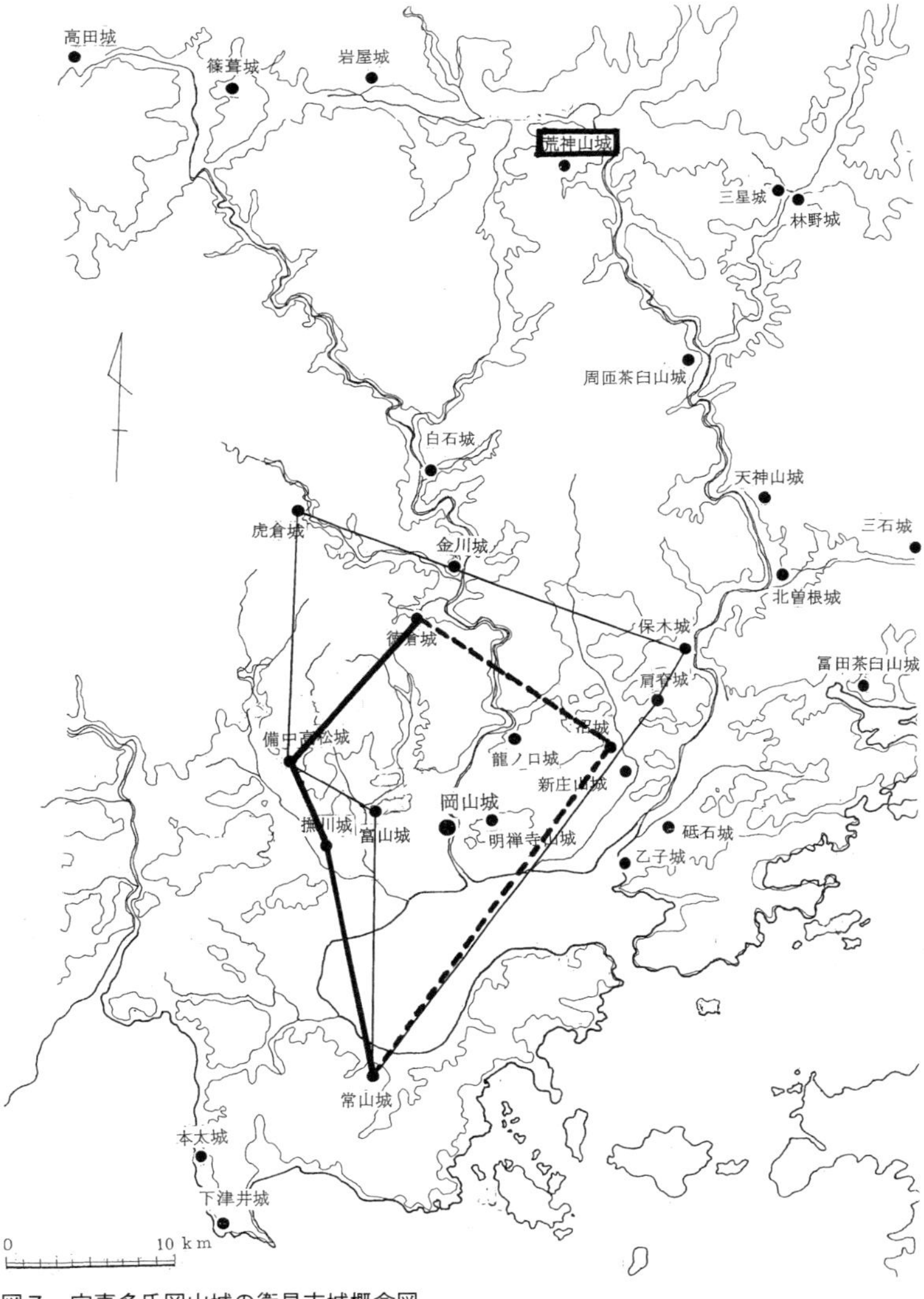

図７　宇喜多氏岡山城の衛星支城概念図
太線：文禄期に整備された織豊系城郭網、細線：二万石以上の家臣の城郭網

た支城と重複するものもあり、また同じく交通路をにらんだ立地を取るようであるが、それらはむしろ前代の天正期からの配置で、その両者のズレにこそ、先に述べたこの期の支城整備の意義が読み取れよう。（図７）

いっぽう、荒神山城は岡山城から四〇キロメートルも離れ、津山盆地をにらむ美作支配の上での戦略拠点であり、同時に旭川沿い及び吉井川沿いに備前に至る陸路を固めたる機能を、前代から引き継ぎながら強化するための整備と評価しておきたい。C類石垣の欠如は、領外の人に向かってもアピールする必要がある岡山圏域の支城と異なって、領国内奥部にあるいわば領内向けの城であり、各要素が揃って整った形として織豊系城郭を視覚的に演出する意味合いが薄かった事も一因かも知れない。

六、岡山城支城群の段階論への展望

これまで言及してきた城以外の宇喜多氏の支城が当該期に機能しなかったということでなく、むしろ重要な意味を持って機能していた城もあったはずである。しかし、瓦葺き建物の建築といった作事や石垣構築といった普請を伴う設備投資は「現状維持」以上に積極的な「宇喜多政権の意志」の反映で、それぞれの戦略論と直結しているはずであるし、なにより考古学の立場、ましては発掘調査がほとんど行われていない資料的制約のなかでは「現状維持での継続使用」は俎上に上げにくい。それを前提としたうえで、最後に岡山城支城群整備のあり方についての段階論を、宇喜多氏以後も含めて展望しておきたい。

Ⅰ　およそ天正期、宇喜多秀家晩年から秀家幼少期の支城整備は、旭川グループに象徴されるように、「点」あるいはその連続としての「線」つまり軍事ラインの形成に重点がありそうである。領内の地域支配の貫徹というより、軍事が前面に出る。これは、いまだ戦国期の延長の段階ではある意味当然の事と言える。石垣と瓦は同時共存するが、構造的な一体性に乏しく、どちらかといえば作事優先の設備投資といえよう。

Ⅱ　およそ文禄期、宇喜多秀家の盛期の支城網整備は、岡山圏域の支城群に象徴されるように、本城の岡山城と間髪を置かず同時併行[47]で支城も織豊系城郭化を果たし、それで岡山城の軍事的な外構えを形成し、視覚的にも領国の中核部に岡山圏域の形成を具現化するものであった。天正期が「線」とすれば、この一群は「中核円」の論理である。瓦と石垣は一体のものとして、つまり作事と普請がセットで行われた。こうした岡山圏域を構成する支城の整備は、秀家の居城の軍備の万全とその荘厳化でもあるが、秀吉の身内大名としての宇喜多秀家の城郭群の特質に違いなく、秀吉の居城である大坂城の外周諸国に身内大名の居城を配す構想[48]に規模観こそ違うが通じているのかも知れない。ある意味では軍事的安定期＝領国近隣の和平を受けた、いわば秀吉の大坂ワールド、秀家の岡山ワールドの形成である。また、荒神山城は本城から離れた領国に支配拠点を整備するといった戦略であろう。

Ⅲ　慶長五年（一六〇〇）の関ヶ原合戦直後、備前・美作で宇喜多領を引き継いだ小早川秀秋段階の支城は、宇喜多氏の支城を踏襲したものが多い。後世の池田家の編纂物では沼城（亀山城）、富山城は廃城、金川城、常山城、虎倉城は存続したとされる[49]。瓦の上では、先述の最古のコビキB技法による岡山城3式が対応するが、この期とみられる瓦は確かに虎倉城で確認され、またその可能性を持つ古相のコビキB技法の瓦片が、医王山城（津山市吉見）[50]、林野城（美作市林野ほか）、高田城（真庭市勝山）にも散布する。岡山城2式と3式の間はコビキ技法の変化があって明確であるが、3式と4式の差は微妙で、あくまで可能性であるが、秀秋による新たな支城整備は備前・美作を合わせた領国内の外周部（国境を越えて地域拠点に入る道筋の門戸的位置など）に目立ち、関ヶ原合戦後で確定した領国への他国勢の侵攻を防御するという戦略意図によるものが含まれている可能性が強い。その場合の支城整備の構想は、再度の軍事的緊張を受けたいわば領国守備の「外周円」である。秀秋政権の短命性と関わってか、それほど大規模な普請、石垣構築は伴っていないようで、限定的な作事に重きがある整備に思え、様々な点で宇喜多秀家による文禄頃の支城整備とは違っていたようである。この期での領国境や港湾をおさえる支城の整備は、安芸・備後を領した福島氏による亀居城（広島県大竹市）や神辺城（広島県福山市）の整備と軌を一にしている。

Ⅳ　慶長八年（一六〇三）に岡山城主となったのは池田忠継である。その領国は美作は外れて、基本的に備前一国に限られた。岡山城主の支配範囲は秀秋段階に比べると減った訳であるが、その時点での岡山城は、それ自身が忠継の父である池田輝政の居る播磨の姫路城の事実上の支城であった。池田氏段階になると前代からの多くの支城が廃城となり、慶長備前国絵図(51)にも示されるように岡山城の支城は下津井城、金川城に一旦集約されて残る。下津井城（倉敷市下津井）と金川城（岡山市御津金川ほか）では、実際に岡山城４式の瓦が確認され、Ｄ２の石垣を伴っている。瓦は、少なくとも下津井城では(52)、大半が岡山城出土品と同笵関係を持ち、瓦の上でも本城・支城間の関係と対応している。金川城は岡山城を補佐する備前西北部の拠点であり、下津井城は常山城の役割を引き継ぐもので瀬戸内海上交通を掌握する上での拠点性を持ち、藩の利害を超えた幕府の意向を受けたものとされている。下津井城自体は前代の城を改修したものであるが、Ｄ２類の石垣が累々と構築され、池田氏による整備は事実上の新規築城に近いものであった。金川城、岡山城、下津井城の配置は、軍事的には西に対する備えともみる事ができる。いずれにせよ、この三城は地域支配と軍事の機能が統一した存在である。

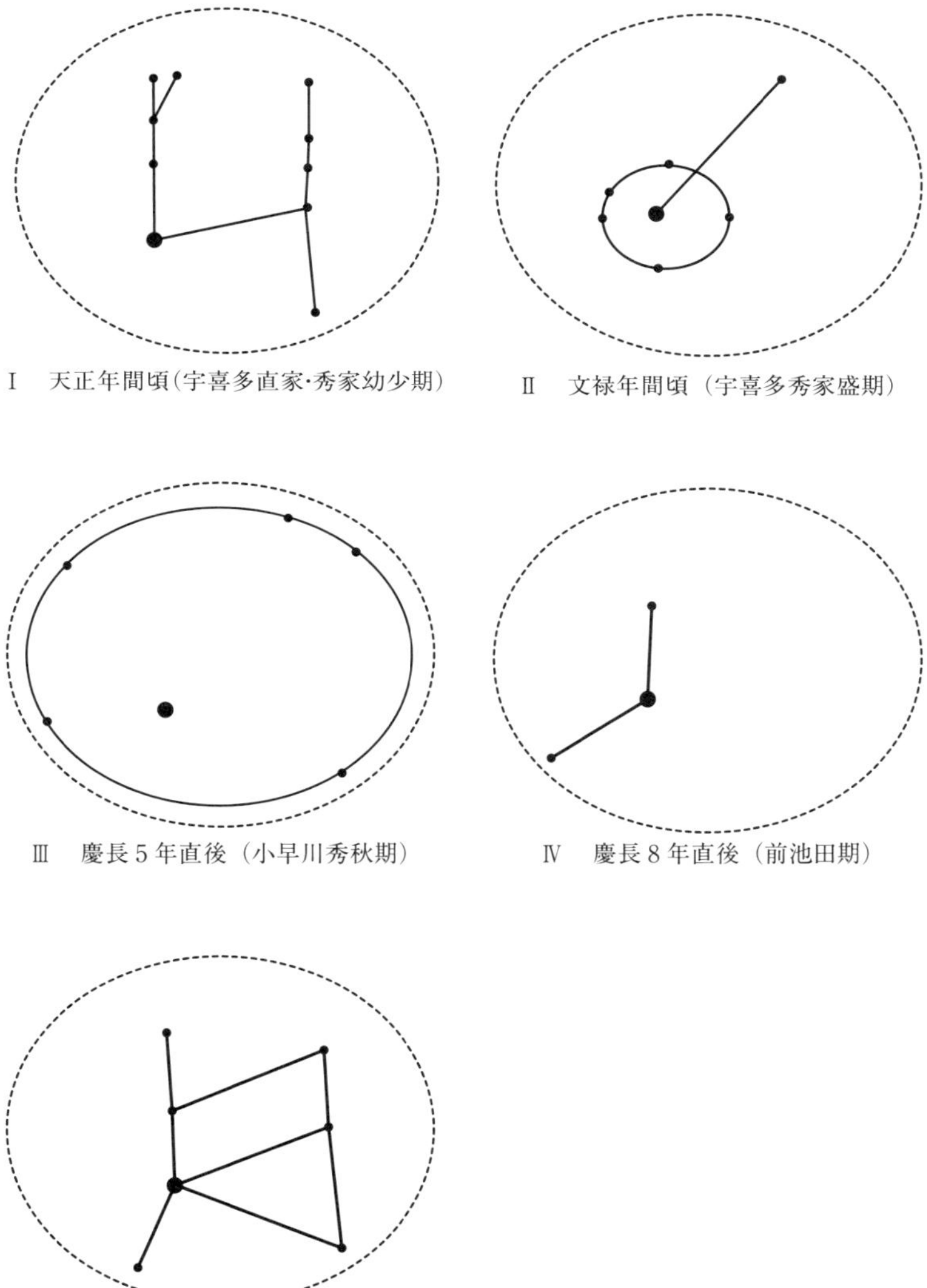

図８　各段階の整備対象地域の模式図

破線は領国、●は本城、●は支城、－は城郭間の関係性を示す

Ⅴ　元和元年（一六一五）の一国一城令が貫徹される流れの中で下津井城と金川城も廃城となり、本城の岡山城一城のみが残る事になる。岡山城の支城は消滅したが、池田氏の家老に委ねられた建部・金川・天城・周匝・虫明といった領内に散在する陣屋群に、領国内各ブロックの安定支配と軍事・治安維持といった、支城が持ちうる機能の一部が引き継がれたわけであるが、それへの変換過程はむしろ先のⅣの段階を通じてなされたといえよう。

註

（1）a岡山市教育委員会『史跡岡山城跡本丸中の段発掘調査報告』一九九七年。
b岡山市教育委員会『史跡岡山城跡本丸下の段発掘調査報告』二〇〇一年。
（2）註（1）と同じ。
（3）a永山卯三郎『岡山市史』第二（岡山市役所、一九三六年）。
b谷口澄夫「第二章第一節　岡山城と城下町」（『岡山県史』近世Ⅰ　岡山県）ほか。
（4）a乗岡実「中世山城の瓦三題」（『吉備　されど吉備』古代吉備国を語る会、二〇〇〇年）。
b乗岡実「瓦からみた宇喜多秀家期岡山城の支城網」（『環瀬戸内の考古学』古代吉備研究会、二〇〇二年）。
（5）a乗岡実「中国１」（『第17回全国城郭研究者セミナー　戦国城郭の石垣』中世城郭研究会、二〇〇〇年）。
b乗岡実「石垣普請と採石地」（『森宏之君追悼城郭論集』織豊期城郭研究会、二〇〇五年）。
（6）乗岡実「瓦について」（『史跡岡山城跡本丸下の段発掘調査報告』岡山市教育委員会、二〇〇一年）。
（7）田中幸夫「秀吉の城郭と播磨系瓦工人」（『第２回織豊期城郭研究会　研究集会資料』織豊期城郭研究会、一九九四年）。
（8）乗岡実「吉備津神社御釜殿の瓦と宮内の瓦師」（『岡山市埋蔵文化財調査の概要』一九九六年度、岡山市教育委員会、一九九八年）。
（9）註（4）aと同じ。
（10）註（1）a・bと同じ。

(11)　a板津権六「戦国時代」(『御津町史』御津町、一九八五年)。
b註(5)bと同じ。
(12)　a註(11)aと同じ。
b岡山市教育委員会(旧御津町教育委員会)保管資料。
(13)　註(4)aと同じ。
(14)　乗岡採集品で詳細は未報告。註(4)a、註(6)書で一部を紹介。
(15)　a出宮徳尚・根木修ほか『備中高松城跡公園発掘調査概報』(岡山市教育委員会、一九七六年)。
b註(8)と同じ。
(16)　a水内昌康・出宮徳尚『富山城跡第2次調査報告』(岡山市教育委員会、一九六九年)。
註(8)と同じ。
(17)　註(4)aと同じ。
(18)　註(4)aと同じ。
(19)　註(4)bと同じ。
(20)　本丸を中心にこの期の瓦が散布。瓦頭片を乗岡が採取(未報告)。二の丸に慶長期の瓦も散布。
(21)　乗岡実・長谷川一英「徳倉城」(『織豊期城郭の瓦』織豊期城郭研究会、一九九四年)。
(22)　松尾洋平「経山城の台風被害について」(『総社市埋蔵文化財調査年報』15　総社市教育委員会、二〇〇六年)。
(23)　『備前周匝茶臼山城址発掘調査報告書』(吉井町教育委員会、一九九〇年)。
(24)　森田克行「屋瓦」(『摂津　高槻城』一九八四年)。
(25)　黒田慶一「豊臣氏大坂城の瓦について」(『織豊城郭』創刊号、織豊期城郭研究会、一九九四年)など。
(26)　註(1)a・bと同じ。
(27)　a北村章『備前児島と常山城』(山陽新聞社、一九九四年)。

b註（4）bと同じ。
(28) 註（4）bと同じ。
(29) 註（15）と同じ。
(30) 註（4）bと同じ。
(31) 註（4）bと同じ。
(32) 註（1）aと同じ。
(33) 註（1）aと同じ。
(34) 乗岡実「石垣について」（『史跡岡山城跡本丸下の段発掘調査報告』岡山市教育委員会、二〇〇一年）。
(35) 註（16）aと同じ。
(36) 河本清・葛原克人・出宮徳尚「岡山県」（『日本城郭体系』13、新人物往来社、一九八〇年）など。以後、各城の城史に関する一般的な理解は同書などによる。
また、本稿の対象とした宇喜多氏の城郭の多くについては、角田誠「宇喜多氏と利神城についての一考察」（『播磨利神城』城郭談話会、一九九三年）なども参考とした。
(37) a寺尾克成「浦上宗景考—宇喜多氏研究の前提—」（『國學院雜誌』第92巻第3号、一九九一年）。
b岸田裕之「小瀬木平松家のこと」（『熊山町史調査報告』四、一九九二年）。

cしらが康義「天神山落城についての一史料」（『岡山藩研究』第23号、一九九七年）。
＊従来、註（36）書を初め、落城年代は天正五年（一五七九）とされてきた。
(38) 註（4）aと同じ。
(39) a註（5）aと同じ。
b中井均「置塩城跡の石垣—播磨・備前地域の戦国期城郭からの検討—」（『置塩城跡総合調査報告』夢前町教育委員会、二〇〇二年）。

(40)　註（37）と同じ。
(41)　黒田慶一「ＳＴ96―４次調査」（『大阪市埋蔵文化財調査報告』一九九六年度、大阪市文化財協会、一九九九年）。
(42)　ａ中井均「織豊系城郭の画期―礎石建物・瓦・石垣の出現―」（『中世城郭研究論集』、一九九〇年）。
　b中井均「城郭にみる石垣・瓦・礎石建物」（『戦国時代の考古学』、二〇〇三年）。
(43)　『続群書類従』所収（岡山城史編纂委員会、一九八三年。『岡山城史』山陽新聞社などに再録）の『宇喜多家分限帳』による。以下、宇喜多家家臣の石高も同じ。
(44)　註（43）の『宇喜多家分限帳』に記載がないが有力家臣で、秀家の妻の豪姫について前田家からきた中村次郎兵衛を除く。
(45)　ａ乗岡実「岡山市内に残された巨大で奇抜な構築物」（『岡山学こと始め』第2号、岡山市デジタルミュージアム、二〇〇三年）。
　b安土城考古博物館『信長の城・秀吉の城』（サンライズ出版、二〇〇七年）など。
(46)　寛政年間編の『吉備温故秘録』「巻之二一　城府　上」（『吉備群書輯成』第七輯に採録、吉備群書集成刊行会、一九三一年）。
(47)　註（4）b、註（6）に示したように、瓦范の変化に着眼した瓦の製作順序の解明からも追認できる。
(48)　中村博司「豊臣秀吉と茨木城」（『よみがえる茨木城』清文堂、二〇〇七年）。
(49)　ａ註（46）と同じ。
　b安政年間編の『備前軍記』（『吉備群書輯成』三輯に採録、吉備群書集成刊行会、一九三一年）。
(50)　平岡正宏「医王山城採集の瓦」（『年報　津山弥生の里』第4号、一九九七年）。
(51)　岡山大学附属図書館所蔵池田家文庫Ｔ５―１備前国図（慶長国絵図）。
(52)　ａ註（1）ａ・註（6）と同じ。
　b藤原好二「山本慶一氏寄贈の資料Ⅰ」（『倉敷埋蔵文化財センター年報』7、二〇〇〇年）。

Ⅱ

豊臣期大名権力の変革過程

――備前宇喜多氏の事例から

森脇崇文

はじめに

近世初頭、大名権力の構造が大きな変化を見せることは、周知の事実といってよいだろう。かつて高木昭作氏は、幕藩制の成立期において、主君との特別な信頼関係によって取り立てられた者が幕政・藩政の中枢を担う、いわゆる出頭人政治の広汎な存在を指摘した(1)。この出頭人政治の研究は、藤井譲治氏らによってさらに深められ、効率的な政治機構である反面、個人の器量・信頼に依存する不安定性を内包しており、その安定化をはかるべく幕府・大名権力内部では職制の整備が進むという構図が提示されている(2)。また、一方で高木氏は、当該期大名権力の内部には高い自律性を有する重臣が多数存在することに触れ、これらの重臣と当主―出頭人、あるいは重臣相互での内部矛盾の激発を、初期御家騒動と位置づけた(3)。初期御家騒動に関しては、その後、笠谷和比古氏や福田千鶴氏により研究が進められ(4)、近年では一元的大名権力が確立する重要な契機と捉える見解が主流となっている。

上述のように、当該期大名権力機構の変革は、その基本構図がつぶさに明らかになりつつある。しかし、戦国期からの接続という見地に立ってみると、いまだ等閑視されている論点があることに気付く。すなわち、論の前提となる出頭人政治がいかにして形成されたのかという問題である。この点について、幕藩制研究者の多くはその存在を戦国期の遺風とみなし、所与のものとしている観がある。しかし、戦国期の領主権力構造を扱う研究では、大名家中の中核は、主に一門衆や譜代にわたる宿老たちにより構成されるとされている[5]。無論、当主により抜擢される者も存在するが[6]、その役割は幕藩制期の出頭人と比して、大きく限定されるものである。とすれば、広汎な出頭人政治の成立それ自体を、中近世移行期における大名権力変革の一段階として位置づける必要があるだろう。そのためには、幕藩制の淵源たる織豊期、とりわけ直近にあたる豊臣期の分析は欠かすことができない。

豊臣期の大名権力については、いわゆる大名集権化の動きに着目する個別研究が、既に多くなされている[7]。中でも最近刊行された平井上総氏の著書では、統一政権との関係を背景とした大名権力内部の構造変革が詳細に分析されており、本稿の問題関心に大きな示唆を与えるものであった。こうした成果に学びつつ、豊臣期を起点とする大名権力の変革過程研究を、より一層深化させていく必要があるだろう。

その点、興味深い分析素材となりうるのが備前宇喜多氏である。宇喜多氏は豊臣政権において枢要な位置にあり、その末期には大老の一角を担うほどの大名家でありながら、これまで注目を集めてこなかった。特に、その権力構造についての実証的研究は、未だ黎明段階といえる[8]。しかし、豊臣期における宇喜多氏内部には、歴史的条件の変動に即応し、大規模な自己変革を遂げた形跡が看取されるのである。また、関ヶ原合戦の直前に発生した家中の内紛事件である宇喜多騒動に関しては、近年大西泰正氏によって事実解明が進展しつつあるが[9]、本稿で考察する権力構造の変容を組み込むことで、そこに内在する本質をより詳らかにしうるものと思われる。

本稿は、宇喜多氏権力の変革過程を解明し、それを通じて中近世移行期における大名権力の質的転換についての新たな視角を提示することを目的とするものである。

一、豊臣期宇喜多氏権力の課題

論の前提として、まずは戦国期から豊臣前期までの宇喜多氏がいかなる構造を有していたかについて確認しておこう。(10)

宇喜多氏における一門・宿老層の立場

宇喜多氏は備前南部の地域領主を出自とし、宇喜多直家が当主となる戦国末期に急速な成長をみせて備作地域に成立した、新興の大名権力である。天正年間に入り、中国地方東部を舞台に織田政権と毛利氏との対立が表面化し始めると、直家は当初毛利氏に与するが、羽柴秀吉の取次によって天正七年（一五七九）に織田政権に帰属する。以降の宇喜多氏は、直家の死去による嫡子秀家の家督相続などを経ながらも一貫して秀吉麾下にあり続け、そのまま豊臣政権へと組み込まれていくことになる。(11)

このように短期間で台頭した宇喜多氏には、一門衆が極めて少ない。確実なものとしては、直家の弟である忠家の家系が唯一といえる。直家期における忠家は分国支配への関与はみられないものの、軍事面で中核的な役割を担っていた。そして直家の死後には、幼少の秀家とともに上方を拠点に活動し、天正十四年には出家して式部卿法印安津と名乗る。大西泰正氏はこの時期における忠家の立場を検討し、一門として秀家を後見するとともに、秀吉直臣としての性格を色濃く有することを指摘している。(12)また、忠家の子とされる元家には、直家期の末期において、当主の「名代」として活動した事例が散見される。[13] その数は限られるものの、他大名権力の場合と同様、高い自律性を有し、必要に応じて当主権限を代行・分掌しうる一門衆の特質が、宇喜多氏においても想定できるだろう。

そして、宇喜多氏の分国運営に不可欠な役割を果たしていたのが、岡家利・長船貞親・富川秀安の三者である。彼らは、その草創期から直家に付属した存在とされ、岡家利による度々の直家副状の発給や、長船貞親が自身の子息を毛利氏への人質としたことなどからうかがえるように、宇喜多氏家中の中核として分国運営を補完する存在であった。[14] 直家死去直後の天正十年三月には、これら三氏は秀吉から宇喜多氏に送られた書状の宛所に名を連ねている。[15] 毛利氏との戦争が続く緊迫した状況下で、幼少の秀家に代わり、彼らが実質的な宇喜多氏の運営主体となっていたことがうかがえよう。そして、この分国運営体制は、豊臣政権下に加わった後も継続していったと考えられる。

（端裏書）「案文」

尚々、此通岡豊（岡豊前守家利）へも具申渡候、以上

今度御名字中出入之儀、以二御書立之上一々承届候、菟角以二近年手継之姿一御淳熟候而御奉公可レ被二相勤一事専一候、若新儀於下被二仰出一旁々上者、忽可レ被レ行二御闕所一候、此旨難（難波）左へも申理候、為レ其御書立留置候、恐々謹言

天正十四年

極月十九日　（富川）秀安 判在

（長船）貞親 判在

（上書）「難五郎兵

（長船越中守）
長越

（富川肥後守）
富肥

案文

秀安

難太郎左

難九郎左

御宿所

」

これは、宇喜多氏の麾下国人である難波氏一門内の相論を裁許した史料で、発給者は長船貞親・富川秀安である(16)。内容は、近年の手継を支持し、和解して宇喜多氏に奉公することを求めるものであるが、そこでは当主秀家による「御闕所」を匂わせつつも、裁許自体は発給者両名がおこなっている。そして、尚々書部分から通常こうした裁許には岡家利も関与することがうかがえ、宇喜多氏権力の意志決定に、彼らが強い主導性を有していたことが確認できるだろう。豊臣前期、彼ら三氏は、毛利氏との領土交渉、秀吉饗応の差配、他大名や豊臣政権関係者との交際などにおいて、中心的な役割を果たしている(17)。他方、当主である秀家は禁制発給や知行宛行など形式的なものを除き、分国支配への関与はほとんどみられない。つまり、この時期の宇喜多氏では、岡・長船・富川の三氏を筆頭とする直家期以来の宿老が、幼少の秀家を推戴し、分国運営の主体となっていたのである(18)。

このような構造を有する宇喜多氏に対し、秀吉は、秀家を自身の一門格として寵遇する一方、岡・長船・富川の宿老三氏をはじめとする重臣達を天正十四年という極めて早い時期に諸大夫成させるなど、当主と一門・宿老の両方向から取り込みをはかっていく(19)。その背後には、対毛利氏の藩屏、また相次ぐ軍事動員の主力として重要視する宇喜多氏を、安定して豊臣政権に繋ぎとめておくため、幼少の当主のみならず、実質的な権力中枢である一門・宿老をも掌握しておこうとする意図がみてとれるだろう。

おおむね天正末年頃まで、秀家を推戴した一門・宿老を中核とする家政運営体制は堅持されていたものと考えられる。この体制が大きく転換するのは、豊臣政権の主導による大陸出兵が挙行され、それが頓挫した文禄二年（一五九三）以降のこととなる。

文禄出兵後の転換と惣国検地

豊臣後期に入ると、宇喜多氏の体制は大きく変化する。文禄出兵を境に、秀家による主体的な分国運営への関与が目立ちはじめ、その一方で一門・宿老の活動は急速に影を潜めていくのである。この変化には、幼少であった秀家の成長や、直家期から宇喜多氏を支えてきた一門・宿老の代替わりなども影響したと考えられる[20]。しかし、それ以上に大陸出兵が宇喜多氏権力の方向性に及ぼした影響を想定すべきだろう。

文禄出兵に至るまでの豊臣政権の軍役動員が、宇喜多氏にもたらした多大な負荷については、既に先学が指摘するところである[21]。そして、文禄出兵が当初の目的を達せずして頓挫したことで、宇喜多氏は得るところのないまま、出兵における恩賞知行の捻出や、軍役体制の再編、疲弊した在地の立て直しといった喫緊の問題に直面することとなる。こうした状況下において第一に打ち出された政策が、文禄三年に実施された惣国検地であった。

この検地に関しては、その徹底性を疑問視する寺尾克成氏の研究がある[22]。寺尾氏は、播磨国赤穂郡真殿村の検地帳[23]を検討対象とし、そこに検地役人として名を連ねる「宇喜田《ママ》河内守」「宇喜多土佐守」を同村の給人と推測する。そして、彼らが軍役忌避のために斗代を意図的に低く見積もった可能性を指摘し、そうした行為の余地を残すこの検地を、指出検地同然の不徹底なものと評価するのである。しかし、詳細は後述するが、浮田河内守・浮田土佐守の両名は、豊臣後期における宇喜多氏の分国運営を担う秀家側近の奉行人であり、この真殿村検地にもその立場から関与したものと思われる。つまり、彼らに軍役忌避の必要性はなく、寺尾氏の見解はその前提から成り立たなくなる。むしろ、秀家側近である両名の関与からは、惣国検地における秀家の強い主導性を想定すべきだろう。

この傍証として、宿老富川氏の末裔により編まれた家伝「戸川記」の、「宇喜多の分国悉く検地を入、且ツ普代の諸士の拝地をも宜敷分は割替て所替を申付る」という記述が挙げられる(24)。後世の編纂物だけに慎重に扱わねばならないが、この惣国検地においては分国内の寺社領を対象に実測検地がおこなわれ、その大部分が宇喜多氏に収公されている(25)。こうした検地の方針が、寺社領のみに限定されるものとみるのは不自然であり、給人知行地に対しても大きく踏み込むものであったと考えるべきだろう。つまり、惣国検地によって宇喜多氏権力は、初めて分国の一元的把握に至るのである。

この惣国検地を契機として、宇喜多氏では軍役動員の基本台帳となる分限帳が作成される(26)。これは検地によって確定した給人の本知高と、その後の加増高、そして組頭ごとの与力編成を記録したものであり、慶長五年（一六〇〇）の宇喜多氏改易まで逐次改訂を加えられながら運用され続けていく。また、惣国検地の翌年には、分国内諸権益の回収を見込んだ酒造業者の岡山城下集住令や(27)、宇喜多氏への忠勤を核とした寺社秩序の新規構築をはかる一斉寄進といった施策が(28)、相次いで実施される。つまり、惣国検地を嚆矢に、宇喜多氏分国は大規模な再編を遂げていくのであり、その意図するところは当主秀家への権力集約にあったと想定されるのである。

しかし、こうした権力再編を進める上で、大きな桎梏となったと考えられるのが、これまで宇喜多氏を支えてきた一門・宿老の存在である。彼らは分国運営の担い手でありながら、それぞれが巨大な給人であり、さらに多数の与力給人の利害を代弁する組頭でもある。このような性格を併せ持つ一門・宿老が分国運営に関与し続ける限り、個別の利害関係を離れた大名権力の基盤強化を、迅速に貫徹させることは困難といわざるをえない。実際、惣国検地の過程では、同じ宿老三氏である岡越前守組と富川達安組の間にさえ年貢収納をめぐる深刻な対立が発生し、また、直家期以来の宿老の一人である花房職秀は、検地を契機として宇喜多氏を退去したとされているのである。(29)

秀家が目指す大名権力の再編にあたっては、一門・宿老層を分国運営から切り離し、当主の意向を忠実に履行する、新たな実務者集団が必要とされた。先出の浮田河内守・土佐守は、そうした理由から分国運営に取り立てられた存在と考えられるだろう。彼ら以外にも、豊臣後期にはそれまでみられなかった人物が、数多く分国運営に参与してくるのだが、そこにみられる特徴として、彼らの多くが「浮田」という名字を名乗っていることが挙げられる。そして、土佐守・河内守についても、惣国検地から間もない時期に「浮田」へとその名字を切り替えているのである。それでは、この「浮田」という名字は、いかなる意味を有するものであったのか。次章では、この点について具体的な検討をおこないたい。

二、宇喜多氏における「浮田」名字

「浮田」名字の存在形態

宇喜多氏に関する史料を読み込んでいくと、秀家期のある時期から、次の文書のように「浮田」名字の人物が頻繁に登場してくることに気付かされる[30]。

　　岡山光珍寺寺領之事

　一、高三拾石也

　右光珍寺江令二寄進一候間、田畠之上中下を引合、於二備中国窪屋郡内西庄一、慥可二相渡一候也、

　　　文禄四年　　　　　　　　浮田土佐守とのへ

　　　拾二月吉日（秀家黒印）浮田菅兵衛（宗勝）とのへ

　　　　　　　　　　　　　　浮田河内守とのへ

「宇喜多」と音通するこの名字がどのようなものであるのかについて、従来の研究では明確な答えは提示されていない[31]。では、「宇喜多」・「浮田」の両名字は、当該期にどう用いられていたのか。宇喜多氏が備前・美作を掌握する天正初年から関ヶ原合戦まで、発給者・受給者がこれらの名字を使用した史料を一覧にしたものが【附表】である[32]。これをみると、宇喜多氏の初見から、天正末年までは「宇喜多」名字しかみられず、年号を有する史料での「浮田」の初見は文禄四年（一五九五）まで下る。そして、それから後は「浮田」を名乗る人物が続々と出現し、「宇喜多」の使用事例は全く確認できなくなる。一体この偏りは、いかなる意味を持つのであろうか。

この疑問に関する重要な手がかりが、関ヶ原合戦の後に秀家らが配流された江戸期の八丈島に存在する。元文四年（一七三九）に作成された「宇喜多一類共人数之覚」は、当時の八丈島における宇喜多氏一門の戸別調査記録であるが、この中で「宇喜多」と表記されるのは嫡流の一家のみであり、庶流家は全て「浮田」となっている[33]。つまり、江戸時代中期の宇喜多氏一門には、嫡流家と庶流家で両名字を厳密に使い分ける慣習が存在していたのである。この慣習が

【附表】「宇喜多」「浮田」名字が確認できる発給・受給文書一覧

No.	年次	月日	人名	種別	典拠
1	(天正 2)(1574)	3月13日	宇喜多和泉守直家	発給	原田文書［県史］
2	(天正 2)(1574)	9月16日	宇泉(宇喜多和泉守)直家	発給	新出沼元家文書［久世町史　資料編 1］
3	(天正 3)(1575)	7月11日	宇泉(宇喜多和泉守)直家	発給	美作沼元家文書［岡古］
4	(天正 3)(1575)	7月11日	宇泉(宇喜多和泉守)直家	発給	新出沼元家文書［久世町史　資料編 1］
5	(天正 3)(1575)	7月11日	宇泉(宇喜多和泉守)直家	発給	菅納家文書［美古］
6	(天正 6)(1578)	11月8日	宇泉(宇喜多和泉守直家)	受給	毛利家文書［大日本古文書］
7	(天正 8ヵ)(1580)	3月24日	宇泉(宇喜多和泉守)直家	発給	中野嘉太郎収集文書［岡古］
8	(天正 9 以前)	3月13日	宇喜多直家	発給	猪八郎所蔵［黄］
9	(天正 9 以前)	10月24日	宇喜多和泉守(直家)	受給	晴豊記紙背文書［続史大］
10	(天正 9 以前)	某月14日	宇喜多和泉守(直家)	受給	晴豊記紙背文書［続史大］
11	(天正 9 以前)	某月16日	宇喜多和泉守(直家)	受給	晴豊記紙背文書［続史大］
12	(天正 10ヵ)(1582)	4月10日	宇又左 (宇喜多又左衛門尉)貞親	発給	備前金山寺文書［岡古］
13	(天正 10)(1582)	7月5日	宇河入(宇喜多河内入道)	受給	備前妙覚寺文書［不受不施遺芳］
14	(天正 13 以前)	5月29日	*宇喜多左京*	受給	高橋義彦氏所蔵文書［東史影］
15	(天正 14 以前)	3月24日	*宇喜多七郎兵衛尉忠家*	発給	備中吉備津神社文書［岡古］
16	(天正 20 以前)	1月11日	宇喜多河内入道	受給	備前妙覚寺文書［不受不施遺芳］
17	(天正 20)(1592)	11月13日	*宇喜多左京亮*	受給	古文書雑纂　二［東史影］
18	文禄 3(1593)	9月8日	宇喜田河内守 宇喜多土佐守	発給	赤穂市真殿区有文書
19	(文禄 4 以前)	7月24日	浮田菅兵衛	受給	［美作諸将感状記］
20	文禄 4(1595)	12月吉日	浮田土佐守	受給	備前弘法寺文書［岡古］
21	文禄 4(1595)	12月吉日	*浮田左京亮*	受給	脇田山安養寺常行院所蔵［黄］
22	文禄 4(1595)	12月吉日	浮田弥三兵衛	受給	恩徳寺西方院所蔵［黄］
23	文禄 4(1595)	12月吉日	浮田土佐守 浮田菅兵衛 浮田河内守	受給	備前光珍寺文書［旧版　岡山市史］
24	(慶長 2ヵ)(1597)	4月12日	浮田官兵衛尉宗勝	発給	小坂四郎右衛門所蔵［美古］
25	(慶長 2ヵ)(1597)	4月13日	浮田官兵衛尉宗勝	発給	田口氏所蔵［美古］
26	(慶長 4)(1599)	4月17日	浮田太郎左衛門尉	発給	備前西大寺文書［岡古］
27	(慶長 4 以前)	4月16日	浮田平太 浮田河内守 浮田六郎右衛門尉	受給	備前遠藤家文書［岡古］
28	(慶長 4 以前)	7月12日	浮(浮田)河内守 浮(浮田)菅兵衛	発給	大阪城天守閣所蔵文書
29	(慶長 4 以前)	8月6日	浮田覚兵衛	受給	備前来住家文書［岡古］
30	(慶長 4 以前)	12月14日	浮田土佐守 浮田太郎左衛門尉	受給	大阪城天守閣所蔵文書

(注 1) 大名としての宇喜多氏が滅亡する慶長 5 年 (1600) を下限とした。

(注 2) 天正年間以前 (文明～元亀年間) には管見の限り 19 件の「宇喜多」名字の使用事例がみられるが、「浮田」名字の使用事例は一件も確認されないため省略した。

(注 3) 宇喜多氏の庶流家にあたる人物については、その名前部分を斜体としている。

(注 4)「典拠」欄の［　］内に史料集などを記した。［岡古］＝岡山県古文書集、［県史］＝岡山県史第 20 巻　家わけ史料編［黄］＝黄薇古簡集、［美古］＝美作古簡集註解、［東史影］＝東京大学史料編纂所影写本、［続史大］＝増補続史料大成いつ頃成立したものかは定かでないが、同史料で秀家の嫡男である秀隆を「宇喜多」、次男秀継を「浮田」と明確に区別している点からみても、近世初頭まで遡る可能性は十分にあると思われる。

実際に、豊臣政権期の「浮田」名字所持者の中にも、庶流家とみなすべき人物が確認できる。先出の忠家の子、すなわち秀家の従兄弟にあたる浮田左京亮がそれである。後に坂崎出羽守を名乗り、千姫騒動を引き起こしたことで著名な人物だが、宇喜多氏家中にあった時期には「浮田」名字の使用が確認されるのである(34)。ただし、左京亮の父である忠家は、直家期のものと思われる発給文書で「宇喜多」を名乗っており、また左京亮自身についても、文禄出兵中の秀吉朱印状では「宇喜多左京亮」と表記されている(35)。これらを総合すると、「浮田」は宇喜多氏の庶流名字として、文禄年間に創設されたものと考えられよう。

しかし一方で、「浮田」名字所有者には、宇喜多氏との血縁が想定できない者も存在している。その一例が、先出の浮田土佐守とその父である(36)。この父子は二代にわたって宇喜多氏に仕えており、とりわけ二代目土佐守は秀家期の分国内で多様な職務を担う重要な存在であるが、従来その出自は不詳であった。ところが、彼らの出自について、近年有力な見解が提示された。備前の地域領主に、天正年間に至って宇喜多氏に属した延原土佐守・内蔵丞という父子が存在するが、この父子と浮田土佐守父子とは、いくつかの共通項から同一人物と推測されるのである(37)。つまり、いずれかの時点でその名字を改めたことになるのだが、「宇喜多」・「浮田」といった名字への改変を、彼らが自発的に選択しえたとは考えがたい。その背景には、宇喜多氏の意向に基づく名字の付与・認可を想定するべきだろう。

宇喜多氏が、非血縁の人物に名字を付与したとされる事例は他にもみられる。浮田河内守は備前の地域領主である遠藤氏を出自とするが、永禄年間に宇喜多氏と敵対していた備中三村氏当主を暗殺する功を立て、名字を与えられたとされる[38]。また、後年秀家らの八丈島配流に帯同した医師の村田助六（道珍斎）には、秀家から名字が与えられており、実際に子孫には「浮田」名字の使用が確認できる[39]。

秀家期の宇喜多氏分国には、かなりの数の「浮田」名字所有者が存在していた[40]。先述のごとく、一門衆をほとんど有さなかった直家期から、わずかの期間でこれほど縁戚者が増加するとは到底考えがたい。その大半は何らかの形で名字を付与された者と考えるべきだろう。では、この時期における庶流名字の創出、そしてそれを付与する行為には、どのような意図が存在したのであろうか。この点を次に考察したい。

「浮田」名字創出の意義

戦国期の領主権力内で庶流家が嫡流家と異なる名字を用いることは多くみられるが、庶流名字を積極的に活用した事例としては、織田氏を扱った山崎布美氏の研究が参考となるだろう[41]。山崎氏は、信長が庶流家に「織田」から「津田」への名字替を強制することで、彼らの一門意識を従属意識へと転換させ、新たな家中秩序の形成をはかったとする。

前章の忠家・元家父子にみられたような、当主の権限を代行・分掌しうる庶流一門の立場は、多方面に及ぶ軍事行動や、広域にわたる分国支配に有効な反面、分国からの独立や惣領の地位継承をめぐる内部対立の危険性を常にはらんでいる。秀家の父である直家も、同族との抗争を制して宇喜多氏嫡流を継承したとされるように[42]、当該期の当主と庶流一門は横並びに近い関係にあり、その統制は、戦国期以来内包される大名権力の課題であった。この問題は、豊臣期に入り、大名権力が再編されていく過程で一層顕在化する。長宗我部氏では、文禄期を境に一門衆排斥の傾向が顕著となることが知られるが[43]、大名権力が集権体制の構築に舵を切るに際し、庶流一門の従属化は不可避の課題となるのである。一門衆である浮田左京亮の名字替や、八丈島にみられる名字秩序は、嫡流家の差別化をはかる事例として、織田氏における津田名字と同じく、一門統制の文脈で捉えることができよう。

それでは、一門以外の人物における「浮田」名字は、いかなる意味を持つのだろうか。戦国期、主家名字を家臣に付与する事例は普遍的にみられ、擬制的に一門へと包摂する慣習とされる(44)。豊臣前期までの宇喜多氏においても、「浮田」創出以前は同名字「宇喜多」の付与がおこなわれていたとみられる。浮田河内守・土佐守は、両者ともその先代にあたる人物に「宇喜多」名字の使用が確認され(45)、また彼ら自身、その活動初見である惣国検地の時点では「宇喜多」を名乗っているのは先にみた通りである。直家期でも比較的遅くに帰属した遠藤氏・延原氏に名字が与えられている点は、当主との紐帯を示す徴証として注目される。

ただし、惣国検地に至るまで、この両氏の分国運営への関与は確認できない。戦国期・豊臣前期には、宿老の長船氏や美作国人の江原氏にも「宇喜多」名字が許された形跡があり(46)、この段階にみられる同名字付与は、擬制的一門化という本来の名誉称号的な機能にとどまるものとみるべきだろう。

しかし、文禄年間に「浮田」名字が創出された後、河内守・土佐守が「浮田」に名字替をおこなったのに対し、宿老や国人による「浮田」名字の使用事例は全くみられない(47)。元来、一門の従属関係強調のため創出された「浮田」名字の付与は、同名字の場合とは明確にその性格を異にすると思われる。河内守・土佐守が文禄三年の惣国検地を端緒に分国運営に参与してくることは既に述べたが、彼らの名字替は、まさにその直後にあたる。この時期の宇喜多氏では、一門・宿老に代わる分国運営層として、秀家の意志を代行する存在が求められていた。浮田河内守・土佐守の起用も、そうした要請に基づくものであるが、彼らの「浮田」名字は秀家との信頼関係を強調する役割を果したと推測される。彼らと同じく、豊臣後期の分国運営の担い手である、浮田菅兵衛尉宗勝・浮田太郎左衛門尉などといった非血縁と思しき「浮田」名字所持者も、同様の意図で庶流名字を付与された存在と考えられよう。

文禄出兵の後、大名権力の再編強化を志向する秀家は、「浮田」名字の創出によって庶流一門の従属化を促した。その一方で、これまで分国運営の埒外にあった人物のうち、忠誠や能力を見込んだ者に「浮田」名字を付与することで、当主との紐帯を示す標章として機能させたのである。(48)

三、直属奉行人の活動と宇喜多氏権力の展開

直属奉行人の活動傾向

ここまで論じてきたように、文禄出兵以後の宇喜多氏では、それまで活動がみられなかった複数名の家臣たちが、繰り返し分国運営に関わる文書に登場するようになる。その構成は、先出の浮田土佐守・浮田河内守をはじめ、浮田宗勝・浮田太郎左衛門尉など、「浮田」名字の所有者が多数を占め、そこに富山源次らが加わる。彼らは単独よりも二〜三名での活動が目立ち、しかも事案ごとにその組み合わせは改変されている。つまり、豊臣後期の宇喜多氏では、彼らが分国運営の実務を担う一群を形成していたのである。彼らは、秀家との信頼関係によって分国運営に起用された存在と考えられ、この特徴は高木昭作氏の提示した「出頭人」概念と重なるものといえる。(49)ただし、出頭人という語は、しばしば「近習出頭人」とも換言されるように、多年におよぶ主君への物理的近侍という要素を強く想起させるものである。本稿ではその点を重視せず、当主と直結する分国運営の担い手という部分を強調するため、これらの

面々を特に「直属奉行人」と呼んでおくこととする。

では、彼らは具体的にどのような活動をおこなっていたのだろうか。限られた史料からではあるが、その職掌を検討していこう。

直属奉行人の活動初見が文禄三年の惣国検地にあることは既に述べたが、彼らの代表的な職務のひとつに、この惣国検地によって飛躍的な増大をみたと考えられる、宇喜多氏蔵入地の統括的管理が挙げられる。

（尚々書略）
態申遣候、仍宗真罷失候付而、代官所之事太郎左衛門源二為二両人一相改之旨申越候、尤之儀ニ候、土佐守も相加候間、猶以入レ念相改、当所務之義無二相違一やうニ可レ被二申付一候、代官之事ハ
一、作州大井北方ヲハ、浮田兵庫正ニ申付候事、
（二箇条略）
右則書状遣候間、従二其方一相届可レ申候、宗真時ハ七分宛ニさへ進納仕候間、いろは付ニハ勿論之儀ニ候間、随分七分宛ニ可二申付一候、定而請人可レ有レ之候間、請人丈夫ニ候者、則引渡可レ申候、何茂請状を早速此者ニ可レ被二差上一候、時分柄之義ニ候間、由断候間敷候、為レ其入レ念申遣候也、
十二月十四日　（秀家花押）
浮田土佐守□□（との）へ
冨山源次とのへ
浮田太郎左衛門尉とのへ

右の史料は、「宗真」なる人物が宇喜多氏より退転したため、彼が代官を務める蔵入地の検分を申し出た、浮田太郎左衛門尉と冨山源次への返答である。(50)秀家は二名の申し出を承認しつつ、そこに浮田土佐守を加え、検分後の新代官選任などに具体的な指示を与えている。蔵入地代官には、一門・宿老を含む多様な人物の補任がみられるが、闕所地の処理や新代官への移譲などは、直属奉行人の職掌であったと考えられる。

さらに、直属奉行人は新規耕地の開発についても指揮する立場にあった。「宇喜多堤」の築堤など、近世を通じて進められる備前・備中沿岸部の干拓事業に初めて本格的に着手したのは、秀家期の宇喜多氏であった。その一環と思しき「灘四ヶ村塩堤」普請において、浮田河内守・浮田宗勝は、築堤の責任者と思われる冨山九郎右衛門に指示を与え、「普請割方」と「穿鑿」の奉行を派遣している。(51)ここでの河内守・宗勝は、現地責任者の上位にあり、干拓事業全体を監督する存在であったと考えられる。そして、こうした干拓により開発された地域である備中西庄内において、文禄四年十二月に秀家から岡山城下の光珍寺に寺領が寄進された際、その打渡しは浮田宗勝・浮田土佐守・浮田河内守に命じられている。(52)新規創出の耕地に関しても、その維持管理は直属奉行人が担っていたとみられよう。

もう一つ、彼らの職掌として注目されるのが、秀家の使者としての役割である。例えば、秀家から備前西大寺圓蔵坊に寄進がなされた際は、浮田太郎左衛門尉が副状発給と打渡しを担っている。(53)また、宛所は不明だが、秀家が大坂備前島に屋敷を与えることを約した書状では、中村家正・冨山源次が打渡しの使者を務めている。(54)この中村二郎兵衛尉家正は秀家側近として著名な人物であるが、本事例以外にも備前坂折宮への寄進で浮田河内守・浮田太郎左衛門尉と連携した動きをみせるなど、(55)その職務内容は直属奉行人の一人として位置づけられるべきものである。このように、彼らは秀家の意向に基づいてあらゆる方面へ派遣されうる存在であった。

直属奉行人形成以降の宇喜多氏権力

上述のごとく、直属奉行人の活動は多岐にわたり、当該期宇喜多氏の分国運営は、彼らによって支えられていたといえる。ただし、注意したいのは、彼らの活動は自身の専断ではなく、当主秀家の意向の反映に他ならないという点である。宗真退転に際しての浮田太郎左衛門尉らの行動は、蔵入地の統括という彼らの職掌とともに、職掌に基づく行動でさえ秀家の承認を必要とする彼らの特性をも示している。かつての宿老層が、いわば大名権力の共同運営者として分国運営に参画したのに対し、直属奉行人が分国運営に携わる根拠は、あくまで秀家の忠実な代行者としての立場にあった。彼らが複数名での活動を基本とし、その組み合わせも固定されていない理由の一つは、職務遂行に恣意がないかを相互に監視させることにあると考えられよう。

時と場合に応じ、様々な職務を担いうる直属奉行人に対し、同時期の宇喜多氏分国には特定の職掌に固定された「奉行」の存在もみとめられる。文禄年間頃のことと思われるが、秀家は備前の豪商来住法悦が岡山城下で屋敷を売却することを許可し、その旨を「町奉行」浮田覚兵衛に伝えている[56]。前出の酒造業者集住令にもみられるように、秀家の集権化構想において岡山城下町の振興と秩序維持は重要な意味を有しており、町奉行はそうした目的から設置された役職であろう。浮田覚兵衛の出自は不明だが、非一門にもかかわらず「浮田」名字を付与されている点からみて、その任用は秀家の主体的意思によるものと思われる[57]。また、同じく文禄年間以降とされる事例として、宇喜多氏備中領で、千原九右衛門尉が秀家から鷹餌徴収の「奉行」に任ぜられ、さらにその監督者として恒屋五兵衛が派遣されたことが、畑和良氏によって紹介されている[58]。これらの人物の位置づけについては、未解明の部分が多いものの、両者とも豊臣前期に入ってから登用された新参家臣であることが指摘されており、秀家による人材任用の実例として興味深い[59]。

このように、文禄期以降の宇喜多氏においては、広範な職務を臨機応変に担う直属奉行人を中心に、新規台頭の家臣たちの相互補完によって支配が成り立っていた。彼らはいずれも当主秀家によって分国運営に起用された存在であり、秀家の意向は彼らを通じて実現されていたと考えられるのである。

ただし、こうした体制が成立したことで分国支配から切り離された一門・宿老層は、分国内における全ての役割を手放したわけではない。宇喜多氏の分限帳によれば、宿老層は自分知行高だけで宇喜多氏家臣団全体の四分の一を占め、さらに組頭として多数の与力をその麾下に置いていた[60]。当該期大名権力の最優先課題ともいえる軍制面において、依然宇喜多氏は宿老層に依存していたのである。そうした状況における、秀家と宿老たちとの微妙な関係が垣間見えるのが、文禄三年九月、惣国検地後に富川達安に発給された知行安堵宛行状である[61]。この文書は、秀家の署判に加え、袖に秀吉の朱印が据えられている点で注目を集めてきた。先行研究の多くは、この朱印を自律性の強い宿老富川氏に対して、当主権力が未確立である秀家を補助するため、秀吉が保証を与えたものと評価する[62]。大名家臣への知行宛行状に秀吉が朱印を与える事例は、同じ文禄期の筑前小早川氏における検地でもみられ、これと同様の役割を有していた可能性も確かに想定される[63]。しかしながら、豊臣前期における宇喜多氏宿老と豊臣政権との距離を考えると、むしろ富川氏の側から秀吉の朱印を求めた可能性も考えられる。すなわち、自己の所領安堵を宇喜多氏権力内で完結させず、秀吉の承認を取り付けることによって、所領、とりわけ本貫地である備前児島への秀家による恣意的介入を牽制しようとした可能性も指摘できよう。こう考えると、富川氏とほぼ同時期でありながら、本領安堵文言を含まない花房秀成への知行宛行状が、秀家の単独発給であることも理解しやすい[64]。

結局のところ、宇喜多氏分国において同様の事例が他にみられない以上、どちらが秀吉の袖判を望んだかという問題に、明確な答えを出すのは難しい。しかし、いずれが袖判を求めたにせよ、惣国検地後においても宿老の特権的地位が存続したこと、彼らと秀家との矛盾が秀吉の存在によって緩衝されていたことを、この史料が伝えていることは間違いない。このような状況下での集権化志向には一定の限界が存在し、秀家—直属奉行人と一門・宿老との関係は、矛盾を孕みながらも拮抗して推移したと考えられる。この関係が急速に緊迫化するのは、秀吉の死去により、大陸出兵が最終的に頓挫した後のこととなる。

四、豊臣期宇喜多氏権力の展開からみた宇喜多騒動の評価

宇喜多騒動の再考察

慶長四年（一五九九）から五年にかけて、宇喜多氏内部では当主秀家と家中との対立状況が発生する。反秀家の首魁となったのは富川達安・浮田左京亮・岡越前守・花房秀成らの一門・宿老たちである。慶長五年正月に至り、これらの面々は当時家中で「専横」を振るっていた中村家正の襲撃に関与した後、大坂の浮田左京亮邸に武装して立て籠もるという事件を発生させることとなる。後に「宇喜多騒動」と呼ばれるこの一連の家中騒動は、豊臣期の宇喜多氏を論ずる上で欠かすことのできない事件である。

近年、この騒動については、大西泰正氏が精力的な研究をおこなっている[65]。大西氏は関連史料を博捜し、それらを総合することで騒動の経緯を再構築した。史料の評価などに議論の余地は残すものの[66]、騒動の経過についての解明は

飛躍的な進展をみせたといえよう。ところが、事実研究の躍進に対して、その歴史的背景の考察は、現在に至るまでほとんど停滞状態にある。そこでは、秀吉による後援の喪失、政権の課す過重な軍役といった外的要因が強調され、内的要因への言及は秀家の器量不足、当主権力の未確立といった推論以上には踏み込まれていないのである。これは、宇喜多氏の内部構造がほとんど未解明の状況において、先行研究が秀家と秀吉の関係や、家康による介入などから宇喜多騒動を解釈しようとしてきたことによる。しかし、この騒動が宇喜多氏の内部矛盾に起因するものである以上、それらはあくまで副次的要素とみるべきだろう。

既述のように、文禄出兵以後の宇喜多氏権力においては、秀家と直属奉行人を中核とした集権化政策が推進されていた。これにより、戦国期から宇喜多家中の中核を担ってきた一門・宿老たちは、分国運営から切り離されていくが、その後も分国内における特権的地位は保ち続けていたと思われる。その淵源は、軍役主体としての彼らの必要性であり、秀吉による保証の存在であった。しかし、慶長三年の秀吉死去と大陸出兵の終結以後、慶長出兵の不首尾による負荷がのしかかる中、集権化策を進める秀家直属奉行人と、特権維持をはかる一門・宿老たちとは、正面から分国内で対峙することになるのである。

宇喜多騒動の過程で起こった中村家正の襲撃事件を伝える『鹿苑日録』の記事からは、騒動の背後にある対立構造を垣間みることができる。[67]

（前略）話次、中村次郎兵衛（家正）去五日夜相果ト云々、此故ハ此比備前中納言殿（宇喜多秀家）長男衆ヲ背テ恣之故ト云々、主者牢人也、
定而中納言殿以レ前不レ苦之間、形少（大谷刑部少輔吉継）エ可レ出ト云々、（中略）、上下七十人ホト之者共、一時ニ聴二此事一分散、
絶二言語一、（後略）

これによると、襲撃の理由は中村が宇喜多氏の「長男衆《おとなしゅう》」、すなわち富川達安や浮田左京亮らの一門・宿老を等閑にしていたためとされる。中村と一門・宿老との軋轢を示唆する記述であるが、これを中村個人の「専横」に帰結させることには慎重でありたい。中村家正は、直属奉行人の中でも、特に秀家に近侍する役割を担っており、集権化の中核にある人物であった[68]。大西氏は、宇喜多騒動の原因として文禄三年の惣国検地を重要視しているが、より正確には、惣国検地を起点とする複合的な集権化政策そのものを原因とみるべきだろう。一門・宿老たちは、中村家正を排除することで、その抑止をはかったのである。

先行研究では、この宇喜多騒動を大名権力崩壊の象徴とみなす見解が主流を占める[69]。しかし、それらの根拠は、軍事面での弱体化の指摘にほぼ限られる。その軍事力にしても、同年の関ヶ原合戦に際して一万八〇〇〇人といわれる動員を果たし[70]、西軍の主力として機能した事実を考えると、「崩壊」との評価は一面的に過ぎよう。むしろ関ヶ原合戦に際しては、分国内支城の在番選定が秀家によって一元的になされ、在番の諸将からは直属奉行人の統括のもと厳重な人質徴収がおこなわれており[71]、騒動を契機として軍事面における秀家の権限強化さえ想定されるのである。こうした状況からみて、宇喜多騒動を大名権力の崩壊過程とする解釈は疑問とせざるを得ず、そこに新たな歴史的評価が必要となるだろう。

慶長五年八月、既に宇喜多氏を退去して家康の麾下に属していた富川達安は、宇喜多家中に残る明石守重に対して書状を送っている[72]。その中で富川は、「秀家御仕置にてハ国家不㆓相立㆒」と秀家主導の分国運営への強い不満を口にしつつも、宇喜多氏の滅亡を「我等式まで無㆓本意㆒存事」として、その存続を画策しているのである。この書状の内容全てを額面通りには受け取れないが、富川が秀家と一体化されない宇喜多氏「国家」像を理想とし、その実現を志向していたことはうかがい知れよう。宇喜多騒動は、当主への集権によって分国の一元化を図ろうとする秀家―直属奉行人と、利益共同体としてのあり方に固執する一門・宿老という、異なる大名権力像を志向する集団同士の相克の帰結であった。こうした背景は、幕藩制下における初期御家騒動と通底するものといえるだろう。

宇喜多騒動の歴史的位置づけ

高木昭作氏は、初期御家騒動の典型例として、文禄期に端を発する蒲生氏の家中騒動を指摘している[73]。しかし、少なくとも豊臣期段階の蒲生騒動は、重臣の相互対立という色相が濃く、若年の当主秀行の主体性は希薄である[74]。初期御家騒動と一口にいっても、当主が幼少などの理由で家中の対立を抑制し得ない場合と、当主自身の政治行動が家中との対立に至る場合とは、一元的大名権力の未確立という背景を共有するものとはいえ、峻別して考える必要がある。本稿では、仮に前者を「家中紛争型」、後者を「当主専制型」の初期御家騒動と区分しておく。宇喜多騒動の場合、先出の富川達安書状に端的にみられるごとく、その対立要因は秀家自身の政策にあり、「当主専制型」とみなすべき事例といえるだろう。

従来知られる「当主専制型」初期御家騒動の代表例としては、当主忠之による側近政治に、栗山大膳を中心とする大身家老たちが反発して生じた黒田騒動が挙げられる[75]。寛永期の黒田騒動は、宇喜多騒動より三十年あまり降る事例だが、その要因となった当主・側近による専制的政治機構の形成は、宇喜多氏を含む豊臣期の大名権力に広汎にみられる特色である。

山口啓二氏が論じたように、統一政権への帰属は大名権力の存立要件を大きく変転させる[76]。地域戦乱の終結により、外敵の侵攻、家中の離反といった危機が抑制される一方、政権の主導する「公的」戦争への参加が至上命題となるのである。こうした背景の中、当主の意向を貫徹する一元的大名権力の構築という可能性が生まれ、またそれを目指すことが必要とされていく。

天正十六年（一五八八）、豊臣政権に正式に帰属した毛利氏では、同年より惣国検地が実施されていった。それを主導した分国運営層には、戦国期以来の一門・譜代重臣に混じって、「なりあかり《成り上がり》」といわれる佐世元嘉・二宮就辰や、「輝元帰依之僧」である安国寺恵瓊らが参与したことが知られる。彼らは当主輝元によって抜擢された存在であり、その意向をより直接的に分国運営に取り入れていく役割を果たしていたと考えられる(77)。

そして、宇喜多氏の場合と同様に、文禄出兵の挙行と頓挫を経て、大名権力の変革運動は急速に広まっていく。出兵に際し、麾下国人の梅北国兼が反乱を起こすなど、分国支配の脆弱性を露呈した島津氏では、当主長弟の義弘と宿老筆頭の伊集院忠棟を中核として、豊臣政権の手を借りた権力構造の改新がはかられる。その過程で、島津氏の内部には義弘・伊集院に直結する奉行人機構が形成され、新たな分国運営体制が整備されていくのである(78)。

また、文禄期の長宗我部氏では、「三人奉行」と呼称される中核的吏僚集団の形成や、仏僧である非有齊の政治参画など、権力機構の変容が指摘されている(79)。彼らの登場は当主の意向を反映したものとされ、文禄五年の「長宗我部氏掟書」の制定などとあわせ、当該期における大名権力再編の一環として捉えられるだろう。

なお、宇喜多氏をはじめ、本稿では戦国期以来の版図を保持する大名権力の事例を中心に取り上げたが、いわゆる「豊臣取立大名」についても、その内部構造が戦国期権力のあり方を規範として成立したものである以上、いずれはその克服が必要となると推測される。例えば、関ヶ原合戦後に宇喜多氏旧領の備前・美作に入封した小早川氏において、旧来重臣の排除と側近政治の形成が指摘されているように[80]、集権化を目指した権力機構の整備は、当該期の大名権力の普遍的課題であった。

上述のごとく、豊臣期大名権力の内部では、当主の主体的意志に基づく新たな分国運営機構が形成されていく。彼らの職権は、出自や知行高に規定されるものでなく、もっぱら当主の代行者としての立場に求められる。これこそが、当主と大名権力が一体のものとなる近世的な「御家」の萌芽形態とみることができよう[81]。こうして形成された「御家」の萌芽は、次第に大名権力全体を包括するものへと拡大していく。その過程で、戦国期以来の自律性を保つ一門・譜代重臣・旧国人といった層とは必然的に対峙することとなり、それが尖鋭的な形で表出したものが、「当主専制型」の初期御家騒動と位置づけられよう。

宇喜多氏において、極めて早い時期にこの種の騒動が生じた理由としては、急進的な集権化の進展に加えて、秀家幼少期の分国運営主体となっていた一門・宿老たちの自意識や、婚姻や信仰を媒介とした家臣間の強固な結束といった要因が想定される[82]。無論、従来指摘される秀吉の影響力などについても、大きな規定要素となったことは否定しない。しかし、宇喜多騒動を必要以上に特殊例とみなすことなく、当該期大名権力の変革過程総体の中に位置づけていくことで、そこに新たな歴史的意義を見出すことができるはずである。

おわりに

文禄出兵の挙行と頓挫は、それを主導した豊臣政権を大きく動揺させる一方、動員された大名権力の内部にも深刻な影響をもたらしたとされる[83]。大陸での「十そうはい《層倍》廿そうはい《層倍》のちきよう《知行》」は霧消し[84]、出兵以前から蓄積してきた諸課題が一気に顕在化してくるのである[85]。文禄出兵の後、宇喜多氏において惣国検地を始めとする分国再編の動きが急速に進展するのも、こうした背景に対処しようとしたものと考えられる。そして、それらを実現するべく編成されたのが直属奉行人であり、彼らは秀家の意向を分国運営に反映させる上で重要な役割を果たした。

宇喜多氏の特徴として注目すべきは、庶流名字「浮田」の創出である。これにより、当主である秀家は、一門衆の統御と新たな分国運営層の編成を両立させていく。このように、当該期の大名権力は様々な手法によって、新たな権力機構の構築を模索するが、その目的は有意性を失った分権体制の解体にあった。各大名権力の内部では、頂点としての当主と、その意志を実現する直属層が主体となって、分国内権益・権限の集約が図られていく。そこで出現してくるのが側近政治、あるいは出頭人政治と呼ばれる体制であり、近世的な大名「御家」の母体となるものであった。ただし、当主と側近のみによって成り立つ権力中枢は、一門・譜代宿老や、半独立的な旧国人領主といった存在の位置づけを欠くという、脆弱さを孕むものであった。大名権力は、それらの一部を権力機構の中に取り込むことで[86]、あるいは実力行使による排除をはかることで[87]、徐々に「御家」の拡大と安定化を目指していくこととなるのである[88]。

本稿では、豊臣期の宇喜多氏が、いかに戦国期以来の体制を変革していったかを考察した。無論、大名権力の成り立ちは多様であり、その地理的・歴史的条件や豊臣政権への服属経緯、文禄・慶長出兵での負担の多寡によって、変革過程は一様でない。今後は多様な大名権力における内部構造の変化を詳細に検討し、上記の諸条件が大名権力に与えた作用を見極めていく必要がある。それにより、中近世移行期の大名権力がいかなる契機で、どのように変化していったかの全体像を描くことが可能となるだろう。

註

（1）高木昭作「江戸幕府の成立」（『岩波講座　日本歴史』9、岩波書店、一九七五年）。なお、高木氏の出頭人概念についての専論は、同「「出頭」および「出頭人」」（同『日本近世国家史の研究』第六章、岩波書店、一九九〇年、初出一九七一年）。
（2）藤井譲治『江戸時代の官僚制』（青木書店、一九九九年）。
（3）前掲註（1）高木一九七五論文。
（4）笠谷和比古『主君「押込」の構造』（平凡社選書一一九、平凡社、一九八八年）、福田千鶴『幕藩制的秩序と御家騒動』（校倉書房、一九九九年）。
（5）松浦義則「戦国期毛利氏「家中」の成立」（『史学研究五十周年記念論叢』日本編、福武書店、一九八〇年）、久留島典子「領主の一揆と中世後期社会」（『岩波講座　日本通史』中世3、岩波書店、一九九四年）。
（6）例えば、馬部隆弘「戦国期毛利氏の領国支配における「検使」の役割」（『ヒストリア』一九二、二〇〇四年）では、毛利氏において当主に直属する存在として編成される「検使」の特質と職掌が分析されている。
（7）本稿の論点と関わる主なものとしては、山本博文「豊臣政権下の大名領国」（『日本史研究』二六四、一九八四年）、秋山伸隆「戦国大名毛利氏領国の支配構造」（同『戦国大名毛利氏の研究』吉川弘文館、一九九八年、初出一九八五年）、中野等「豊臣政権と島津領国」（同『豊臣政権の対外侵略と太閤検地』第三編第二章、校倉書房、一九九六年）、津野倫明「豊臣期における長宗我部氏の領国支配」（『北大史学』三六、一九九六年）、同「長宗我部権力における非有斎の存在意義」（『海南史学』三九、二〇〇一年）、平井上総『長宗我部氏の検地と権力構造』（校倉書房、二〇〇八年）など。
（8）秀家期宇喜多氏の権力構造を主題とする研究は、管見の限り、金井圓「織豊期における備前」（『地方史研究』九―六、一九五九年）、柴田一「戦国土豪層と太閤検地」（『歴史教育』八―八、一九六〇年）、しらが康義「戦国豊臣期大名宇喜多氏の成立と崩壊」（『岡山県史研究』六、一九八四年）、大西泰正『豊臣期の宇喜多氏と宇喜多秀家』（岩田選書 地域の中世7、二〇一〇年）、他には『岡山県史』第六巻　近世1（一九八四年）をはじめとした自治体史の記述がある程度である。
（9）大西泰正「秀吉死後の宇喜多氏」（前掲註（8）大西著書第二部、初出二〇〇六年・二〇〇八年）。

(10)　なお、本稿では行論の便宜上、備中高松城における織田・宇喜多氏と毛利氏の講和が結ばれる天正十年（一五八二）六月までを「戦国期」、大陸出兵が休戦期を迎える文禄二年（一五九三）四月頃までを「豊臣前期」、関ヶ原合戦がおこなわれる慶長五年（一六〇〇）九月までを「豊臣後期」とする。また、「直家期」「秀家期」という時期区分も併用するが、これは直家が死去したとされる天正九年末を境とするものである。

(11)　戦国期宇喜多氏の成長過程については、前掲註（8）しらが論文をはじめ、森俊弘「宇喜多直家の権力形態とその形成過程」（『岡山地方史研究』一〇九、二〇〇六年）など、多数の先行研究がある。

(12)　大西泰正「宇喜多忠家」（前掲註（8）大西著書第三部第一章、初出二〇〇五年）。

(13)　元家は、織田氏への帰属に際して直家の名代となっており（『信長公記』天正七年十月三十日記事）、また、かつて備前守護代の浦上村宗が発給した備前八塔寺の寺掟を、文言を踏襲して再発給する（藤井駿・水野恭一郎編『岡山県古文書集』第三巻三一一頁　備前八塔寺文書、以降は『岡古』三―三一一頁　備前八塔寺文書と略記）など、当主権限を代行する役割を果たしていた。なお、直家の死後間もない天正十年初頭、元家は、毛利氏との合戦で討死しているため、秀家期における活動はみられない（森俊弘「年欠三月四日付け羽柴秀吉書状をめぐって」『岡山地方史研究』一〇〇、二〇〇三年）。

(14)　（元亀二年）九月十一日岡家利書状（岡山県地方史研究連絡協議会編『黄薇古簡集』二一〇頁、以降は『黄古』二一〇頁と略記）、年欠十月十一日長船貞親書状（『岡古』三―三二九頁　備前水原岩太郎氏所蔵文書）。なお、富川秀安も土佐長宗我部氏から宇喜多氏に宛てられた書状の宛所となるなど、権力中枢での活動がみられる（年欠九月十六日長宗我部元親書状、尊経閣文庫所蔵「武家手鑑」）。

(15)　前掲註（13）森論文。

(16)　天正十四年十二月十九日長船貞親・富川秀安書状案（『岡古』三―三三〇頁　備前水原岩太郎氏所蔵文書）。

(17)　年欠十一月二日蜂須賀正勝・岡家利・黒田孝高連署状（毛利博物館所蔵「御書御判物控一」）、（天正十五年ヵ）八月七日長船貞親書状（『黄古』二三二頁）、年欠十二月十九日増田長盛書状（平野實編『三宝寺誌』三九頁　長船文書）、（天正十九年）十一月六日安国寺恵瓊書状（平野實編『三宝寺誌』三九頁　長船文書）。

(18) 岡・長船・富川氏以外の宿老としては、秀吉との外交交渉を専管としていた花房志摩守秀成や、美作の地域支配を担っていた花房助兵衛尉職秀などが挙げられる。
(19) 大西泰正「宇喜多氏家臣の叙位任官」(前掲註(8)大西著書第一部第二章、初出二〇〇九年)。
(20) 元亀三年(一五七二)生まれの秀家は、文禄二年時点で二十二歳である。また、この頃までに、宇喜多忠家は浮田左京亮に、宿老三氏は、岡家利から岡越前守に、長船貞親から長船紀伊守に、富川秀安から富川達安に、それぞれ代替わりしている。
(21) 前掲註(8)しらが論文・『岡山県史』など。
(22) 寺尾克成「宇喜多氏検地の再検討」(米原正義先生古稀記念論文集刊行会編『戦国織豊期の政治と文化』続群書類従完成会、一九九三年)。
(23) 「播州赤穂郡周世郷真殿村検地帳(写本)」(『赤穂市史』第二巻)。本史料の署名者のうち、河内守については名字表記が「宇喜田」となっているが、これは筆写過程での誤りと考えられ、原本は「宇喜多」と思われる。なお、この両名は惣国検地後に「浮田」へと名字替をおこなっているため、本稿では以降「浮田」名字で統一する。
(24) 「戸川記」(『改訂史籍集覧』第二五冊　新加別記類第六五)。
(25) 拙稿「豊臣期宇喜多氏における文禄四年寺社領一斉寄進の基礎的考察」(『年報赤松氏研究』二、二〇〇九年)。
(26) 「慶長初年宇喜多秀家士帳」(金沢市立玉川図書館近世史料館加越能文庫、以降加越能文庫と略記)。宇喜多氏の分限帳には数系統の写本が伝来するが、本稿では最も原型に近いと思われるこの写本に拠る。
(27) 文禄四年五月八日宇喜多秀家書状(『黄古』一五七頁)。
(28) 前掲註(22)寺尾論文、前掲註(25)拙稿。
(29) 前掲註(24)「戸川記」、および「浦上宇喜多両家記」(加越能文庫)。
(30) 文禄四年十二月吉日宇喜多秀家黒印状(旧版『岡山市史』一五五一頁　光珍寺文書)。
(31) 渡邊大門「中近世移行期における宇喜多氏の権力構造」(『美作大学・美作短期大学部紀要』第四〇号・第五二号、二〇〇七年)では、「浮田」名字の付与について若干の言及があるが、その詳細については説明されていない。

（32）後世の編纂物はもちろん、同時代でも公家日記など名字使用者が当事者として関与しない史料では「宇喜多」「浮田」が無秩序に混用される傾向にある。議論の混乱を避けるため、ここでは発給・受給史料のみを検討対象に限定した。
（33）「八丈島宇喜多一類人別書上并起本之事」（加越能文庫）。
（34）【附表】〔No.21〕文書。
（35）忠家については【附表】〔No.15〕文書、左京亮については〔No.14〕〔No.17〕文書。
（36）父子のうち、子の方は天正年間までは内蔵丞を名乗っているが、後に隠居した父の官途を譲られ、土佐守を襲名する。本稿では、父の土佐守を取り上げる場合は（先代）と付し、特に注記無く登場する土佐守は全て子を指している。
（37）官途名の一致のほか、天正十一年に浮田土佐守（先代）が菩提寺本久寺を建立した（旧版『赤磐郡史』）備前佐伯荘は延原氏代々の本拠であり、また延宝五年（一六七七）成立の軍記「浦上宇喜多両家記」（加越能文庫）が延原内蔵丞の縁戚と伝える別所重棟は、播磨雲龍寺蔵「別所系図」（福本錦嶺編『別所氏と三木合戦』所載）によれば浮田土佐守の舅にあたる。そして、浮田土佐守父子が史料に現れる天正年間後半から、入れ替わるように延原土佐守父子の活動はみられなくなる。なお、浮田土佐守父子と延原土佐守父子の共通項を最初に指摘されたのは畑和良氏であり、本稿の執筆にあたっても多大なご教示を得た。
（38）岸田裕之「浦上政宗支配下の備前国衆と鳥取荘の遠藤氏」（『広島大学文学部紀要』第五五巻特輯号2、一九九五年）にて翻刻掲載の「遠藤氏系図」。
（39）「宇喜多家旧記」（加越能文庫）所収の「村田系譜」など。
（40）前掲註（26）「慶長初年宇喜多秀家士帳」には、二十九名の「浮田」名字の人物が記載されている。
（41）山崎布美「織田一族における家中秩序」（『日本歴史』七四五、二〇一〇年）。
（42）森俊弘「岡山藩士馬場家の宇喜多氏関連伝承について」（『岡山地方史研究』九五、二〇〇一年）。
（43）平井上総「戦国～豊臣期における長宗我部氏の一族」（前掲註（7）平井著書第六章、初出二〇〇三年）。
（44）これを最も大規模におこなったものが、豊臣政権における「羽柴」名字の付与政策といえよう（村川浩平「羽柴氏下賜と豊臣姓下賜」、同『日本近世武家政権論』第一編　豊臣政権、日本図書刊行会、二〇〇〇年、初出一九九六年）。

(45) 天正十一年九月「本久寺本堂棟札銘」（旧版『赤磐郡史』）、および【附表】〔No.13〕〔No.16〕文書。これらの史料に登場する河内守は既に入道を名乗っていることから、豊臣後期に活躍する浮田河内守の先代にあたる人物と推測される。

(46) 長船氏については【附表】〔No.12〕文書。また、江原氏は宇喜多氏と婚姻関係を結んだとされる国人であり、天正十一年七月十一日岡家利起請文（矢吹正則編・矢吹金一郎校訂『美作古簡集註解』下—一一六頁）の文中で江原親次が「宇又四」（宇喜多又四郎）と呼称されている。

(47) 【附表】〔No.12〕で「宇又左」を名乗った長船貞親、その後継者にあたる長船紀伊守とも、その後は一貫して長船名字で文書に登場する。江原親次についても、文禄三年二月九日に美作幻住寺へ宛てた寺領寄進状では江原名字を用いており（『岡古』四—二八一頁　美作幻住寺文書）、豊臣後期には元の名字に復していたものと考えられる。

(48) ところで、この時期における名字に関する問題としては、秀家への「羽柴」名字の付与が知られている。これが宇喜多氏の名字政策に及ぼした影響についてはなお検討が必要だが、秀家への「羽柴」名字付与が天正十年代の前半と想定されるのに対して、「宇喜多」名字の付与は戦国期からみられ、また「浮田」名字の出現は文禄年間まで下ることから、今のところ直接的な相関関係はみられない。

(49) 前掲註（1）高木一九九〇論文。

(50) 年欠十二月一四日宇喜多秀家書状（『大阪城天守閣紀要』第二二号、新収蔵資料紹介、一九九四年）。同『紀要』所収の原本写真を確認の上、翻刻を一部修正した。なお、この史料の年次については、上記『紀要』にて宮本裕次氏が宗真退去と宇喜多騒動との関係を想定して慶長四年と比定し、後に大西泰正氏もそれに倣い、宇喜多騒動の史料と位置づけるが（前掲註（9）大西著書第二部）、両氏ともその明確な根拠は示していない。さしあたり本稿では断定を避け、豊臣後期の年未詳史料としておく。

(51) 年欠七月十二日浮田河内守・浮田宗勝連署状（『大阪城天守閣紀要』第二二号、新収蔵資料紹介、一九九四年）。

(52) 前掲註（30）文書、詳細は前掲註（25）拙稿。

(53) （慶長四年）四月十七日浮田太郎左衛門尉書状（『岡古』三—一一八頁　備前西大寺文書）。

(54) 年欠八月二十日宇喜多秀家書状（『黄古』二六六頁）。

(55) 年欠三月十六日中村家正書状（『黄古』一六〇頁）。
(56) 年欠八月六日宇喜多秀家書状（『岡古』四―九九頁　備前来住家文書）。
(57) なお、他の専任奉行としては、慶長五年正月十六日に美作木山寺へ山林伐採の禁制を発給した「山奉行」の存在が確認できる（『岡古』二―一一六頁　美作木山寺文書）。
(58) 畑和良「宇喜多秀家と「鷹」」（『岡山地方史研究』一一六、二〇〇九年）。
(59) 恒屋五兵衛は、年未詳ながら秀家の指示によって国元での鹿皮徴収にも携わっていたことが確認され（年欠四月二日宇喜多秀家書状、東京大学史料編纂所影写本―佐佐木信綱氏所蔵文書）、継続的に分国運営に関与していた存在とみられる。
(60) 分限帳によると、岡・長船・富川三氏の家督者に浮田左京亮を加えた四名の知行高合計は一〇万石弱に及び、与力分の知行高まで含むと一五万石にも達する。
(61) 文禄三年九月十二日宇喜多秀家判物（東京大学史料編纂所影写本―秋元興朝氏所蔵文書）。
(62) 前掲註（８）しらが論文・『岡山県史』、大西泰正「宇喜多秀家論」（前掲註（８）大西著書第一部第一章、初出二〇〇九年）など。
(63) 筑前小早川氏の文禄検地については中野等「文禄期豊臣政権の地域支配」（『史学雑誌』一〇二―七、一九九三年）、本多博之「小早川秀秋の筑前支配と石高制」（『九州史学』一一七、一九九七年）などが詳しい。ただし、小早川氏の場合は秀吉によって付属された山口宗永が検地を主導し、寺社領に関しては秀吉自身が宛行の主体となっているのに対して、宇喜多氏の惣国検地には政権関係者の直接的関与はみられず、富川を除く知行宛行は給人・寺社とも秀家による単独発給である。これらからみて、小早川氏と宇喜多氏の検地のあり方は大きく異なるものであり、袖判の共通性のみから秀吉による宇喜多氏検地への干渉を過大に想定する見解は首肯しがたい。
(64) 文禄三年九月十六日宇喜多秀家判物（東京大学史料編纂所影写本―秋元興朝氏所蔵文書）。
(65) 前掲註（９）大西著書第二部。
(66) 例えば、前掲註（50）文書の年代比定など。
(67) 『鹿苑日録』慶長五年正月八日条。なお中村は、この事件後に秀家室の実家にあたる加賀前田氏に仕官しており、ここで殺害と伝えられるのは誤報である。

(68) 中村家正は備中吉備津宮に関する寺町淡路守の書状を秀家に取り次ぐなど、基本的に秀家に近侍して上方で活動していたと考えられる（『岡古』二―二四五頁　備中吉備津神社文書）。なお、『岡古』での文書名は「中次郎吉直書状」となっているが、東京大学史料編纂所影写本では、上書の署名は「中《(中村)》二郎兵衛」と読むことができ、家正の書状とみられる。

(69) 前掲註（8）しらが論文、久保健一郎「「境目」の領主と「公儀」」（岡山藩研究会編『藩世界の意識と関係』、岩田書院、二〇〇〇年）など。

(70) 備口人数書立（米山一政編『真田家文書』上―六五頁）。

(71)（慶長五年）九月十日宇喜多秀家書状写（『久世町史』資料編一、編年資料―三六四頁　新出沼元家文書）。

(72)（慶長五年）八月十九日富川達安書状案（『岡古』三―三三一頁　備前水原岩太郎氏所蔵文書）。なお、富川氏は慶長年間初頭にその名字を「戸川」と改め、この書状に対する明石の返書の宛名も「戸肥《(戸川肥後守)》様」となっているが、本稿では富川に統一する。

(73) 前掲註（1）高木一九七五論文。

(74) 蒲生騒動については『會津若松史』2　近世1（一九六五年）、藤田達生「蒲生騒動」（福田千鶴編『新選御家騒動』上、新人物往来社、二〇〇七年）など参照。

(75) 福田千鶴「寛永期の御家騒動」（前掲註（4）福田著書第二部第七章、初出一九九〇年）。

(76) 山口啓二「藩体制の成立」（『岩波講座　日本歴史』10　近世2、岩波書店、一九六七年、後に『山口啓二著作集』二、校倉書房、二〇〇八年に収録）。

(77) 加藤益幹「戦国大名毛利氏の奉行人制について」（『年報中世史研究』三、一九七八年）、津野倫明「安国寺恵瓊の虚像と実像」（『北大史学』四〇、二〇〇〇年）。

(78) 前掲註（7）山本論文、中野論文。

(79) 前掲註（7）津野両論文、平井上総「豊臣期長宗我部氏における権力構造の変容」（前掲註（7）平井著書第二部第八章）。

(80) 黒田基樹「小早川秀詮の備前・美作支配」（岡山藩研究会編『藩世界の意識と関係』、岩田書院、二〇〇〇年）。

(81) ここでの「御家」は、前掲註（４）笠谷著書・福田著書などでも用いられる、その大名権力構成員総体の帰属対象として意識される、理念上の存在である。「一元的大名権力」「一元的藩政」といった研究概念と、ほぼ重なるものと捉えてよいだろう。

(82) 宇喜多氏の一門・宿老の相互婚姻関係は前掲註（24）「戸川記」や、『寛永諸家系図傳』『寛政重修諸家譜』から確認される。また、宇喜多氏内部における法華宗信仰コミュニティの存在は、前掲註（８）『岡山県史』などで古くから指摘されている。

(83) 前掲註（７）中野論文。

(84) （天正二十年）五月十八日山中長俊書状（『小浜市史』諸家文書編一　組屋文書）。

(85) 例えば、金銭的負荷への対処、戦功者への恩賞捻出、軍役動員体制の整備、疲弊した在地の立て直しなどが想定される。こうした社会背景と、文禄・慶長期における大名権力の再編との具体的関係性については、今後さらに掘り下げていくべき課題といえる。

(86) 長宗我部氏においては、戦国期以来の家老格である久武親直が慶長期にいたって権力機構に参与してくるが、平井上総氏は、これを当主不在状況を見据えた「留守居」体制整備の動きと想定し、大身家老である久武氏を取り込むことで、分国運営の安定化をはかったものとする（前掲註（79）平井論文）。本稿では触れられなかったが、宇喜多氏においても、長船紀伊守は他の宿老と異なり、秀家側に与して集権化を推し進める動きをみせていたとされる（前掲註（24）「戸川記」）。もし長船氏が久武氏と同様に権力機構安定化という役割を担っていたとすれば、慶長四年とされる長船紀伊守の死去が宇喜多騒動の勃発に及ぼした影響についても考慮すべきだろう。

(87) 家中騒動を契機とした排除のほか、毛利氏における慶長十年（一六〇五）七月の天野氏・熊谷氏の粛清なども同様の志向によるものと評価しうる。

(88) こうした動向の最終的な着地点となるのが、笠谷和比古氏が提示するところの「家老合議制」の成立といえるだろう（前掲註（４）笠谷著書）。

【付記】　本稿の骨格部分は二〇〇八年十一月九日就実大学にて開催された歴史シンポジウム「岡山県古代・中世史研究の最前線」において「宇喜多氏家臣団の構造と展開」と題して報告したものであり、レジュメは若干の加筆をおこなった上で『吉備地方文化研究』

第一九号（二〇〇九年三月二十日発行）に転載されている。あわせてご参照されたい。

【再録時付記】研究の進展にともない、年次比定の見直しなどが必要な部分も見受けられるが、単純な誤字脱字・体裁の修正以外はあえて初出時のままにとどめている。その旨ご了解をいただきたい。

Ⅲ 文禄・慶長期における宇喜多氏家臣団の構造
――分限帳の分析から見る重臣層の負担

寺尾克成

はじめに

宇喜多氏研究はその出発点である、しらが康義氏の論考(1)以降、実証的研究が定着し史料の不足を補う様々な手法の導入により豊臣期を中心に著しい進展がみられる(2)。近年、豊臣期宇喜多氏権力の解明という点で、しらが論を継承するものとして注目されるのは、大西泰正、森脇崇文両氏の論考である。大西氏は宇喜多家臣の戸川氏など宇喜多氏重臣を網羅する詳細な人物研究を進めており、また家中騒動についても、従前の重臣の一斉退去説を否定する新見解を提示された(3)。一方、森脇氏は検地論からのアプローチにより秀家の新たな権力基盤として領国経営を担う「直属奉行人」の存在を明らかにされている(4)。

宇喜多氏研究の更なる深化が期待される中、史料不足を補完する意味で、いわゆる浮田氏分限帳の活用は今後の課題の一つと言えよう。その存在は古くから知られており情報量も膨大だが、近世の写本故に史料としての検討事例は少ない。しらが論は分限帳の一つ「備前國主宇喜多中納言秀家卿之着到」(5)の加増記載と秀家の知行宛行状を突合しその整合性を提唱された(6)。著者においてはかつて「吉備拾遺本」及び「浮田氏分限帳」(7)を中心に検討を行ったが(8)、史料的価値及び家臣の人物検討の不徹底さから十分な検討をなし得なかった。近年では渡邊氏が家臣団における「組の編成」を指摘され[9]、現存する宇喜多氏の知行宛行状の分析から分限帳との関連付けを行っておられる[10]。

以上のような研究動向の中で森脇論文[11]の発表により分限帳はまさに研究の俎上にのぼったと言える。氏は現存する十八種の分限帳の詳細な比較検討及び分類により原本からの派生の系統を解明、「慶長初年宇喜多秀家士帳」[12]（以下「士帳」と表記する）を原本に最も近い写本であることを明らかにされた。

本稿ではこれら先学の業績を基に宇喜多家臣団研究における分限帳の活用方法の試みの一つとして、「士帳」の分析を通じて文禄・慶長期の宇喜多氏重臣層の家臣団内における役割の変化について検討するものである。

一、「士帳」の構成とその成立時期

「士帳」の表記様式は以下のとおりである。

【史料1】[13]

（A）　（B）

1　一　戸川肥後守　貳万五千六百石
此内　七千石　文三御加増（H）
千石　慶三御加増
五千百石　慶三加山内分

四千五百七拾石　慶四加

2　一　新免伊賀守　三千六百五拾石内
弐千七拾五石　慶四加

3　一　岡　市丞　三千百六拾石内
五百石　文三加
千石　慶三高田城領

（I）
御小姓ニ入

4　一　浮田㐂八　千三百廿石

（中略）

96　一　鉄砲衆四十人　八百石

（D）与力分貮万千四百六十石五斗
（C）自分貮万五千六百石
（E）都合四万八千六拾石五斗内
（F）貮千石城領加　無役
〆四万六千六拾石五斗　肥後分
右　貮千五百五十　山内半役分引

千石　　　　　　　　　慶五ヨリ無役引
完〆四万貳千五百拾石五斗
97 一　岡　越前守　　　貳万三千三百卅石
　　　　　此内　　　　壱万石　　御加増分
　　　　　　　　　　　千石　　　慶三加
　　　　　　　　　　　七百卅石　慶四加

（中略）

495 一　浮田河内守　　　四千五百石
496 一　太田弥太郎　　　六十五石
497 一　今田三九郎　　　五十石
498 一　庄屋与五郎　　　五十石
499 一　寺尾彦兵衛尉　　四十石
500 小一　津島次郎太郎　四十石内卅石文四加
501 小一　岡本権丞　　　三千貳百六十五石内
（G）　　　　　　　　　　千七百石　慶四加

（後略）

家臣名（A）、石高（B）が基本事項。寄親を先頭に与力が列記された組（以下「組」と表記する。）が記載。組名の表記はないが、組の末尾には寄親石高（C）と与力分の石高合計（D）、及び組単位の集計記載（E）（城領、無役地内訳（F）を含む）が記載。ただし長船吉兵衛尉、浮田河内守の二組には集計記載（E）相当部分）がない。組は十二（浮田河内守を含む）に編成されている。

浮田河内守組の末尾から御台所衆までの一七二名は組に属していないが、氏名の上に「小」（小姓の意（G））が記載[14]されていることから秀家直属（以下「馬廻」と表記する）と考えられる。

文禄三～慶長五年（一五九四～一六〇〇）に加増を受けた者は石高表示の後ろに「三百石　文三加」というパターンで加増記載がある（H）。加増ではなく新知の場合は「加」の表記ではなく「慶四新知」等という表記となる。

戸川組には家臣名の右上に「御小姓ニ入」「宇弥八ニ入」などの記載（I）あり、これは戸川の宇喜多氏退去後の与力の再編成を示すものと考えられる。またこれとは別に浮田主馬組は与力に「被召上」「主馬ニ入」「河州ニ人」のいずれかの記載がみられる。家臣の削除記録が線引き（見え消し）で残っている点は「士帳」の特徴と言えよう。

成立時期について、「戸川家譜」[15]で慶長四年病死とされる重臣の長船紀伊守が当初から記載されておらず、弟とされる吉兵衛尉（No.233）が寄親として表記。一方で慶長五年の家中騒動[16]で宇喜多家を退去した中村次郎兵衛[17]（No.437）は記載が貼紙により上書き削除されていることから「士帳」は慶長四年の宇喜多家臣団の状況を記録したものであり、翌五年の騒動による異動が加筆、訂正されたものと考えられる。

二、「士帳」から見る家臣団の全体構成

全体像の把握のため「士帳」の記載を所属、石高別に集計したものが表1である。

家臣総数は六八五人（重複する八名を除く）。十二の組と馬廻、御台所衆、西丸番衆から構成。鉄砲衆は「四十人八百石」の表記で七組と馬廻の戸川玄蕃（No.503）に付属する三二〇名と、「御鉄砲頭」十六名（馬廻兼務）に率いられるもの五五八名の計八七八名。弓衆は各組に付属せず「御弓頭」三名（馬廻兼務、うち一名は御鉄砲頭とも兼務）に率いられる七〇名で編成。

家臣の石高総合計は三五万七一二八石六斗（うち無役一万一六五〇石）。毛利氏の場合は一一二万石に占める軍役対象は八九万石（七九・五％）であり、宇喜多氏に当該比率を当てはめれば総石高は約四四万九〇〇〇石。城領等の無役地を加算すると「慶長三年大名帳」の四七万四〇〇〇〇石に近似している。

組の構成をみるとき、一万石以上の寄親が率いる規模の大きな六組と五〇〇〇石未満の寄親と少数の与力で編成された六組に大別され、その不均衡が目立つ。家臣団構造を検討するうえで、家中騒動前に当該不均衡が生じた理由の解明は不可欠であり、本稿においては十二組のうち前段六組について、その編成過程を検討する。

三、「士帳」における加増記載の検討

表1①から⑥の寄親はいずれも大西氏により詳細な検討がなされている。①戸川肥後守、②岡越前守、③長船吉兵衛尉は譜代の重臣。石高は二万五〇〇〇石前後、与力数は一〇〇名程度で、組ごとの石高は四〜五万石にも及ぶ。⑥花房志摩守も石高と組の規模で前三組には及ばないまでも譜代の重臣である。④明石掃部頭は旧浦上時代は宇喜多氏

（表１）「士帳」にみる家臣団の構成・石高分布

所属	寄親 石高 A	寄親 内訳 無役※1 B	寄親 内訳 半役 C	寄親 内訳 城領 D	与力石高（下段の（ ）内は人数） 内訳 10,000石以上	内訳 9,999石～3,000石	内訳 2,999石～1,000石	内訳 999石～500石	内訳 499石～100石	内訳 99石～50石	内訳 49石～1石	小計 E	組付属鉄砲衆※ F	与力管理城領 G	与力石高集計※2 E＋F＝H	合計（Fを除く） A＋E＝I	石高総合計 F＋I＝J	無役　計 B+C+D+G=K	合計軍役対象 J－K＝L	備考
① 戸川肥後守	25,600	1,000	2,550	1,000		6,810 (2)	2,320 (2)	5,165 (6)	6,195 (33)	914 (15)	1,086.5 (36)	22,490.5 (94)	800 (40)	1,000	23,290.5 (134)	48,090.5	48,890.5	5,550	43,340.5	
（土佐守分　再掲）									120 (1)	100 (2)	140 (5)	360 (8)								
② 岡　越前守	23,330	1,000				4,500 (1)	6,460 (4)	2,940 (5)	4,380 (22)	1,040 (17)	2,377 (86)	21,697 (135)		1,000	21,697 (135)	45,027	45,027	2,000	43,027	
③ 長船　吉兵衛尉	24,084					9,000 (2)	2,010 (2)	1,690 (2)	2,510 (17)	1,145 (18)	1,690 (54)	18,045 (95)			18,045 (95)	42,129	42,129	0	42,129	
④ 明石　掃部頭	33,110	1,000					1,000 (1)					1,000 (1)	800 (40)	1,000	1,800 (41)	34,110	34,910	2,000	32,910	
⑤ 浮田　左京亮	24,079.1	1,000			10,000 (1)			500 (1)	680 (4)	390 (7)	380 (14)	11,950 (27)	800 (40)		12,750 (67)	36,029.1	36,829.1	1,000	35,829.1	
（一門　再掲）					10,000 (1)				300 (1)			10,300 (2)				10,300				
⑥ 花房　志摩守	14,860	500							670 (5)	370 (6)	190 (6)	1,230 (17)			1,230 (17)	16,090	16,090	500	15,590	
①～⑥　小計（人数　小計）	145,063.1 (6)	4,500	2,550	1,000	10,000 (1)	20,310 (5)	11,790 (9)	10,295 (14)	14,435 (81)	3,850 (63)	5,723.5 (196)	76,412.5 (369)	2,400 (120)	3,000	78,812.5 (489)	221,476	223,876	11,050	212,826	
⑦ 浮田　主馬（旧　浮田太郎左衛門尉）	4,360	300							710 (4)	495 (8)	775 (24)	1,980 (36)			1,980 (36)	6,340	6,340	300	6,040	浮田太郎左衛門尉は集計より除外

⑧ 浮田　菅兵衛尉	4,000								200 (2)	105 (2)	370 (13)	675 (17)	800 (40)		1,475 (57)	4,675	5,475	0	5,475	
宍甘　太郎兵衛尉 ⑨（旧　中村次郎兵衛）	1,210									210 (3)	170 (5)	380 (8)	800 (40)		1,180 (48)	1,590	2,390	0	2,390	中村次郎兵衛は集計より除外
⑩ 楢村　監物	3,100	300								110 (2)	715 (22)	825 (24)	800 (40)		1,625 (64)	3,925	4,725	300	4,425	
⑪ 明石　久兵衛尉	2,000									70 (1)	400 (17)	470 (18)	800 (40)		1,270 (58)	2,470	3,270	0	3,270	
⑫ 浮田　河内守	4,500											0 (0)				4,500	4,500	0	4,500	
馬廻 ※3						6,265 (2)	25,209 (19)	25,290 (38)	21,535 (87)	385 (6)	560 (19)	79,244 (171)	800 (40)			79,244	80,044	0	80,044	
御台所衆									130 (1)	100 (2)	60 (2)	290 (5)				290	290	0	290	
西丸番衆									450 (2)	140 (2)	509 (21)	1,099 (25)				1,099	1,099	0	1,099	
御鉄砲衆																22,320 (558)	22,320	0	22,320	16組編成 ※4
御弓衆																2,800 (70)	2,800	0	2,800	3組編成 ※5
石高　計 （人数　計）	164,233.1 (12)	9,600	5,100	2,000	10,000 (1)	26,575 (7)	36,999 (28)	35,585 (52)	37,460 (177)	5,474 (89)	9,282.5 (319)	161,375.5 (673)	6,400 (320)	3,000	86,343 (752)	350,728.6 (685)	357,128.6 (1005)	11,650 0	345,478.6 0	

※1　D欄における戸川肥後守の城領（1,000石）については、「士帳」に城名等の記載はないが、戸川組の集計記載から後述の「高田城領」以外の存在が推測される。
※2　H欄の「与力石高集計」の値は「士帳」の個々の与力の石高表記の集計値であるが、「士帳」中の組単位の集計記載と一致しない（いずれも個々の石高の集計値の方が大きい）に関しては、原本から「士帳」までの筆写の過程において家臣の加筆が類推されるが、今後の検討課題としたい。
※3　馬廻については当然与力ではないが、石高と人数の分布を同表中で表記するため「与力石高の内訳」欄及びE欄に記載した。御台所衆、西丸番衆についても同様。
※4　御鉄砲衆は、39人編成4組、38人編成9組、20人編成3組の計558名（御鉄砲頭は馬廻の兼務であるため除く）
※5　御弓衆は、30人編成2組、10人編成1組の計70名（御弓頭は馬廻の兼務であるため除く）

よりも格上の有力国人、石高は三万石以上で「士帳」中最大。⑤浮田左京亮は一門の重鎮である。これら六組は宇喜多氏の軍事的中核を構成したと規定できる。

六組の総人員は三六九名、石高は二二万石余。寄親六人の知行だけで一四万五〇〇〇石余を占めて全家臣の四割に相当する。そこで組の成立過程を「士帳」の加増記載から検討する。

「士帳」には全体の一九%に当たる二二九名に加増記載があり、総計は一三万三〇〇〇石余に及ぶ。天正期宇喜多氏の石高は三八万石と推計(25)されるが、前述のとおり慶長四年における石高は約四七万四〇〇〇石。約九万四〇〇〇石の増加がみられる。これは検地の影響も推測できるが(26)、仮にすべてを検地による打ち出し分としても、家臣への加増はそれを四万石以上超過している。当然蔵入地もあると推計すれば超過分は更に増加が見込まれ、加増分が検地による打ち出しだけでないのは明らかである。

表2から加増の時期は文禄三年(一五九四)、慶長三年(一五九八)に集中。朝鮮出兵の影響が推測できるとともに、対象は①〜⑥の重臣に集中している(加増分の六割、与力分を加えると七割)。検地による打ち出しの反映であれ

(表2)「士帳」にみる家臣団の加増一覧

所属	氏名	寄親	与力人数	石高	文禄3年	文禄4年	文禄5年	慶長元年	慶長2年	慶長3年	慶長4年	慶長5年	加増その他	加増計	加増前石高	備考
①戸川肥後守	戸川　肥後守	1		25,600	7,000					6,100	4,970			18,070	7,530	慶三内訳 1,000、5,100山内之内
	与力分		10	8,945	500	350	0	0	300	1,700	2,075	0	0	4,925	4,020	
	(組　小計)			34,545	7,500	350	0	0	300	7,800	7,045	0	0	22,995	11,550	
②岡越前守	同　越前守	1		23,330						1,000	730		10,000	11,730	11,600	
	与力分		5	2,440	0	20	0	0	430	1,200	0	0	0	1,650	790	
	(組　小計)			25,770	0	20	0	0	430	2,200	730	0	10,000	13,380	12,390	

③	長船吉兵衛	長船　吉兵衛尉	1		24,084	7,000		5,000			1,000	3,454			16,454	7,630	
		与力分		7	12,310	3,000	0	980	0	0	1,330	0	0	0	5,310	7,000	
		（組　小計）			36,394	10,000	0	5,980	0	0	2,330	3,454	0	0	21,764	14,630	
④	明石掃部頭	明石　掃部頭	1		33,110	10,000					10,610				20,610	12,500	慶三内訳　1,000、9,610 山内之内
⑤	浮田左京亮	浮田　左京亮	1		24,079						500		5,919.1		6,419.1	17,660	1,000 石無役
		与力分		1	500	0	0	0	0	0	0	500	0	0	500	0	
		（組　小計）			24,579	0	0	0	0	0	500	500	5,919	0	6,919	17,660	
⑥	花房志摩守	花房　志摩守	1		14,860	8,000					500				8,500	6,360	
小計（①～⑥）		寄親　分	6		145,063	32,000	0	5,000	0	0	19,710	9,154	5,919	10,000	81,783	63,280	
		与力　分		23	24,195	3,500	370	980	0	730	4,230	2,575	0	0	12,385	11,810	
⑦	浮田主馬	浮田　太郎左衛門尉	1		5,360		300	2,000			1,000			1,000	4,300	1,060	
		与力分		4	250	0	120	0	0	0	0	0	0	0	120	130	
		（組　小計）			5,610	0	420	2,000	0	0	1,000	0	0	1,000	4,420	1,190	
⑧	浮田菅兵衛尉	浮田　菅兵衛尉	1		4,000	1,500	325	570			1,000				3,395	605	
⑨	宍甘太郎兵衛尉	中村　次郎兵衛	1		3,000		100	1,150		300	1,000				2,550	450	
		宍甘　太郎兵衛尉	1		1,210		300			400	400				1,100	110	
		与力分		1	70	0	30	0	0	0	0	0	0	0	30	40	
		（組　小計）			4,280	0	430	1,150	0	700	1,400	0	0	0	3,680	600	
⑩	楢村監物	楢村　監物	1		3,100	1,540				500					2,040	1,060	
		与力分		1	50	0	0	0	0	0	30	0	0	0	30	20	
		（組　小計）			3,150	1,540	0	0	0	500	30	0	0	0	2,070	1,080	
⑪	明石久兵衛尉	明石　久兵衛尉	1		2,000			500							500	1,500	
小計（⑦～⑪）		寄親　分	6		18,670	3,040	1,025	4,220	0	1,200	3,400	0	0	1,000	13,885	4,785	
		与力　分		6	370	0	150	0	0	0	30	0	0	0	180	190	
組　合計		寄親　分	12		163,733	35,040	1,025	9,220	0	1,200	23,110	9,154	5,919	11,000	95,668	68,065	
		与力　分		29	24,565	3,500	520	980	0	730	4,260	2,575	0	0	12,565	12,000	
馬廻 下段の（　）は人数			88		48,089	1,405	3,060	2,520	0	1,950	11,130	3,395	1,990	90	25,540		
					(88)	(16)	(26)	(21)	(0)	(15)	(44)	(11)	(16)	(2)			
総合計			129		236,387	39,945	4,605	12,720	0	3,880	38,500	15,124	7,909	11,090	133,773	80,065	

※　浮田河内守組の与力１名（No.500　津島次郎太郎）が30石の加増を受けているが、浮田主馬組の与力と重複していることから表中からは除外。
※　岡越前守加増のうち年未詳の１万石については、加増歴の先頭に記載があることから文禄期と推側できる。

ば、少とも文禄期の加増記載は家臣団全体に比較的均一に表記されるべきと考えられるが実際は相違している。また石高表記から加増記載を差し引いた加増前石高（文禄三年以前の状態）を見ると、一万石以上の家臣は⑤浮田、④明石、②岡の三名だけで重臣層の石高が意外に低く、文禄期を中心に家臣団上層部に大きな変動があったことが推測される。

【史料2】[27]

以上

態申觸候、仍御参内ニ付而、立からの馬入候間、服部孫三・板波山介申次第ニ見せ可申候、自然機ニ入候者、一日可借ル候、為其令申候也、

（文禄三年）卯月十六日　（宇喜多秀家）（花押）

但組中まて

岡越前守とのへ

（戸川）富川肥後守とのへ

長舟紀伊守とのへ

無御座候

明石掃部助とのへ

花房志摩守とのへ

岡采女正とのへ

浮田平太とのへ

浮田河内守とのへ
岡本權之丞とのへ
長船吉兵へとのへ
服部權兵へとのへ
中吉平兵へとのへ
角南隼人とのへ
浮田六郎右衛門尉とのへ
苅田與右衛門尉とのへ
村田七郎右衛門尉とのへ
宍甘四郎左衛門尉とのへ
烏山左馬允とのへ

史料2は家臣十八名へ参内に伴う「立ちからの馬」の捜索借用の依頼である。年代について『岡古』第四輯解題では聚楽行幸と関連付けて「天正十六年カ」と推測している。しかし当該推測には疑義がある。すなわち「言経卿記」天正十六年三月二十日条[28]には、当時の宇喜多氏重臣として岡豊前守、長船越中守（岡越前守、長船紀伊守の父に当たる）の名が見える。岡豊前守は文禄元年（一五九二）八月に朝鮮で陣没しており、宇喜多勢は翌年六月の晋州城攻略にも参加していることから、宛先に岡越前守を含む史料2は文禄三年以降のものと言える。一方で宛先に見える岡→戸川の序列が、「士帳」記載の戸川→岡の順に逆転するのは文禄五年（一五九六）正月十二日の「脇田寺寺領帳[29]」が初見であるが、その契機となったのは、後述史料3文禄三年九月の戸川への加増による石高上昇と考えられることから、本稿では文禄三年と比定した。

着目するのはその宛先十八名である。「但組中まて」とあるように依頼を宛先家臣だけでなく、その配下までに求めている点である。すなわち文禄期以前の宇喜多家臣団は「士帳」とは異なる十八の組（明石を含める）があった[30]と考えられ、宛先の十八名は寄親と規定できる。なお明石掃部助については「無御座候」とあって「士帳」同様に与力はない。

表3は表2と史料2宛先寄親の比較である。文禄期と「士帳」（慶長期）家臣団構成には寄親を中心に変動がみられる。文禄以前の組を指揮した十八名の寄親（病死した長船紀伊守は除く）は四つに分類される。

（Ⅰ型）

石高に変動はあるものの、慶長期まで一貫して寄親として機能が継続している者が五名（明石掃部を含む）。これらは全体的に大量の加増を受け石高が二～三倍に増加。組の集約化は明らかで、与力数も増加が推測される。

（Ⅱ型）

他の寄親（Ⅰ型）の与力に組み入れられた者が一名（№235浮田平太）。これは特殊な例と推測される。長船紀伊守病死後に弟の吉兵衛尉が跡を継いだ際に同役であった浮田平太が吉兵衛尉の補佐役として与力に組み込まれた可能性がうかがえる（紀伊守、吉兵衛尉、浮田平太の三組が統合）。「士帳」における長船組に集計記載がない（群書本には「文闕」と表記）理由とし紀伊守死後の長船組の再編[31]（三組統合）の集計作業が「士帳」原本作成の作業工程に間に合わなかった（後述予定で空欄としたままで筆写がなされた）と考えることができる。

（Ⅲ型）

馬廻へ編入（組の解体）された者が六名。このうち浮田河内文守（№495）については、後に寄親として復帰している。

（表3）「遠藤家文書」及び「士帳」の比較からみる宇喜多氏重臣石高の変遷

「遠藤家文書」岡山県古文書集 4-137（文禄3）4.16		「士帳」													類型
宛所		(No.) 名称	組(表1)	石高	文禄3	文禄4	文禄5	慶長2	慶長3	慶長4	慶長5	その他	加増計	加増前石高	
1岡　越前守		(97) 岡　越前守	②	23,330					1,000	730		10,000	11,730	11,600	Ⅰ型
2富川（戸川）肥後守		(1) 戸川肥後守	①	25,600	7,000				6,100	4,970			18,070	7,530	Ⅰ型
3長舟紀伊守		病死													Ⅳ型
4明石掃部助	無御座候	(330) 明石掃部頭	④	33,110	10,000				10,610				20,610	12,500	Ⅰ型
5花房志摩守		(362) 花房志摩守	⑥	14,860	8,000				500				8,500	6,360	Ⅰ型
6岡　采女正		不在													Ⅳ型
7浮田平太		(235) 浮田平太	③	6,000	3,000								3,000	3,000	Ⅱ型
8浮田河内守		(495) 浮田河内守	⑫	4,500									0	4,500	Ⅲ型→Ⅰ型
9岡本権之丞		(501) 岡本権之丞	×	3,265						1,700			1,700	1,565	Ⅲ型
10長船吉兵へ		(233) 長船吉兵衛尉	③	24,084	7,000		5,000		1,000	3,454			16,454	7,630	Ⅰ型
11服部権兵へ		不在													Ⅳ型
12中吉平兵へ		(506) 中吉平兵衛尉	×	1,510	300								300	1,210	Ⅲ型
13角南隼人		(507) 角南隼人佐	×	1,520									0	1,520	Ⅲ型
14浮田六郎右衛門尉		不在													Ⅳ型
15苅田與右衛門尉		(526) 苅田與右衛門尉	×	800					240				240	560	Ⅲ型
16村田七郎右衛門尉		不在													Ⅳ型
17宍甘四郎左衛門尉		(523) 宍甘四郎左衛門	×	800		100			360				460	340	Ⅲ型
18島山左馬允		不在													Ⅳ型
記載なし		(333) 浮田左京亮	⑤	24,079					500		5,919		6,419	17,660	

（Ⅳ型）

「士帳」に見られない者。すなわち慶長期には家臣として存在しない者（同姓同名の者が「士帳」に見られない）が五名。岡采女正は史料2の宛先六番目に位置し、前後の寄親の状況から知行三〇〇〇石クラスと推測できるが、「士帳」における岡姓十八名中で該当者はいない[32]。浮田六郎右衛門尉も同様。「士帳」に浮田姓は三一名おり六郎右衛門尉もしくはその後継者の確認は困難である。服部、村田、鳥山の三氏について、服部姓は三〇石が三名、鳥山姓は三〇石一名、村田姓なしの状況から、後継者を含め家臣団から消失している。

文禄以前の有力家臣の約三分の一は家臣として存在しなくなっている。「士帳」が慶長四年の状態を記録したものである以上、文禄期と慶長期の差異は朝鮮出兵における家臣の大量喪失[33]に影響していると考えられるのである。

文禄以前の十八組の編成は、朝鮮での損害故に、六名の重臣[34]が率いる組に再編、集約（重臣への加増を含む）したものと言えよう。なお、表1⑤の浮田左京亮は表2から加増歴がほとんどなく、加増前石高が一万七六〇〇石と家中最大。史料2の宛先にも表れないことから、元来は一門として別格扱いであったと考えられる。それが「士帳」では序列五位で重臣と同列に家臣団の中に位置づけられている。相対的に家中での地位は低下しており、左京亮が家中騒動において退転する理由の一つと考えることもできる。左京亮の父忠家は「士帳」（№360）に「安津」の名で表記され、知行一万石を有して健在である。秀家の叔父であり直家以来の唯一の宿老でもあり、家中騒動に際し調停者として最適の人物であるはずだが、管見の限りにおいて役割を果たした形跡がない点も自家の家格低下に対する反発と考えて間違いないであろう。

四、重臣の「所替」

次に実際の加増状況について検討する。表4は文禄三年以降の現存する秀家の知行宛行状（知行目録を含む）と「士帳」との関連をまとめたもので、「士帳」加増記載の正確さが確認できる。このうち戸川肥後守は「士帳」加増記載の四件中三件までの宛行が確認できる。

【史料3】[35]

（朱印影《（豊臣秀吉）》）[36]

於児嶋之内、本知七千五百三拾石幷為加増、於児嶋備中美作国之内七千石、都合壹万四千五百三拾石之事、目録別帋有之、令扶助訖、全可領知者也、

文禄三《（一五九四）》

九月十二日　　秀家《（宇喜多）》（花押影）

冨川《（戸川達安）》肥後守とのへ

史料3は表4№1に該当。袖に秀吉朱印が捺されている点は他の宇喜多氏関係文書には今のところ見られない。この秀吉朱印を、しらが氏は「知行宛行に関する秀吉の検査と承認を意味している」[37]とし、三鬼氏は「秀吉が権力によって知行関係に保証を与えた」ものとして「いまだ領主権を十分に確立していない大名に対しては、その後ろ盾になることによって領国の安定化をはかる」[38]と指摘され、宇喜多氏権力脆弱性の例証とされている。大西氏はこれら先学の

（表４）　文禄・慶長期　宇喜多家臣団への宛行状一覧

宛行状・目録								出典	「士帳」			整合性	備考
No.	発給年月日	宛先	石高	区分	形式	発給	宛行対象地		No.	所属	加増記載		
1	文禄 3.9.12	富川肥後守	7,530	本知		秀家（花押　影）	備前　児島	「秋元興朝氏所蔵文書」（東京大学史料編纂所　影写本）	1	戸川	7,530	◎	「富川」は「戸川」と同じ史料３
			7,000	加増		袖に秀吉朱印	児島（備前）、備中、美作				7,000		
2	文禄 3.9.16	花房志摩守	3,000	新知	A	（秀家）（花押　影）	備前国　和気郡　新田庄	「秋元興朝氏所蔵文書」（東京大学史料編纂所　影写本）	362	花房	8,000	●	「新知」は3,000石だが、「士帳」との差5,000石は同年中に別途加増があったと推測
3	文禄 5.1.13	井上平左衛門	100	加増	A	（秀家）　花押	美作国　真島郡　之内	「新訂訳文　東作誌」中巻	-	なし	-	×	
4	文禄 5.1.27	進藤三左衛門尉	200	不明	A2	（秀家）（花押　写）	備中国　賀陽郡　之内	「古文書十八通」（国立国会図書館　古典籍資料室）	555	馬廻	-	◎	「新知」、「加増」いずれか不明。進藤の加増前石高は200石。新知と推測すれば◎
5	文禄 5.1.27	松原久右衛門尉	100	加増	A	（秀家）（黒印　写）	備中　都宇郡　宮内	「藩中古文書」（国文学史料館）	655	馬廻	100	◎	
6	慶長 2.4.7	進藤三左衛門尉	200	替知	A3	（秀家）（黒印　写）	備前国　津高郡　之内	「古文書十八通」（国立国会図書館　古典籍資料室）	555	馬廻	-	-	史料６　No.4　の替地
7	慶長 3.4.27	進藤三左衛門尉	200	加増	D	（秀家）「黒印如前」		「古文書十八通」（国立国会図書館　古典籍資料室）	555	馬廻	200	◎	
8	慶長 3.4.27	松原久右衛門尉	300	加増	D	（秀家）「印　同前」	美作国　西、條郡　院庄	「藩中古文書」（国文学史料館）	655	馬廻	200	△	
9	慶長 3.7.23	大森藤左衛門尉	100	加増	C	（秀家）　（黒印）	備前　上東郡　草部　内 備前　邑久郡　服部　内 作州　英田郡　川會　内	「本社文書」（『吉備津彦神社史料』）	23	戸川	100	◎	上東＝上道
10	慶長 3.9.9	戸川肥後守	5,100	預置		（秀家）（花押　影）	作州　山内・高田	「秋元興朝氏所蔵文書」（東京大学史料編纂所　影写本）	1	戸川	5,100	◎	史料４
11	慶長 3.9.9	牧宗兵衛尉	500	不明	B	秀家	美作国　大庭郡　福田村	「津山郷土博物館寄託弓斎叢書」（『久世町史』資料編　１巻　編年史料）	560	馬廻	250	△※２	
12	慶長 4.2.6	戸川肥後守	4,965	加増	C	（秀家）（黒印　影）	備中加陽郡、作州久米南条郡、同久米北条郡、同東北条郡、播磨佐用郡14か所	「秋元興朝氏所蔵文書」（東京大学史料編纂所　影写本）	1	戸川	4,965	◎	

13	慶長 4.2.6	難波助右衛門尉	100	加増	A	（秀家）（黒印）	備中　都宇郡　早嶋	「難波文書」（『岡山県史』20 家わけ史料）	576	馬廻	-	△※3	士帳では「難波宗太郎」
14	慶長 4.2.6	花房外記	1,000	新知	C	（秀家）（黒印　影）	作州東北条郡、同久米南条郡、同久米北条郡、5か所	「秋元興朝氏所蔵文書」（東京大学史料編纂所　影写本）	644	馬廻	-	◎	
15	慶長 4.3.21	不破加右衛門尉 ※1	600	新知	A	（秀家）「花押如上」	備前國　津高郡　芳賀村	「不破氏古文書」（『山内家史料』第二代忠義公紀）	650	馬廻	-	◎	
16	慶長 4.12.13	不破九左衛門尉	200	加増	A	（秀家）「印　如上」	備前國　津高郡　芳賀村	「不破氏古文書」（『山内家史料』第二代忠義公紀）	650	馬廻	200	○※4	「士帳」では「弐百石　慶五加」
17	慶長 5.1.2	進藤三左衛門尉	200	加増	A2	（秀家）（花押　写）	備前国　石生郡　小野田村	「古文書十八通」（国立国会図書館　古典籍資料室）	555	馬廻	200	◎	石生＝磐梨
18	慶長 5.8.4	不破九左衛門尉	700	加増	C	（秀家）（花押　写）	（播磨）　東有年 （美作）　南北條	「不破氏古文書」（『山内家史料』第二代忠義公紀）	650	馬廻	-	×	500石（東有年）＋200石（美作）
19	慶長 5.8.4	不破九左衛門尉	800	加増	C2	（秀家）（黒印　写）	作州　西条郡　野介内　竹田 同　久米北條郡　南庄	「不破氏古文書」（『山内家史料』第二代忠義公紀）	650	馬廻	-	×	鉄砲衆付属
20	慶長 5.8.4	納所小兵衛	50	新知	A	（秀家）（黒印　影）	備前國　三野郡　下中野	「塚本文書」（東京大学史料編纂所　影写本）	-	なし	-	×	三野＝御野
21	慶長 5.8.4	長原菅作	100	加増	B2	秀家「此花押同前」	備中国　都宇郡　八尾	「黄薇古簡集」巻第八　上道郡　長原村長原元吉古所蔵	382	浮田主馬	-	×	士帳には「被召上」記載あり

形式については以下のとおり。なお、空欄（2点）はA～Dいずれにも該当しないもの

A「（地名）之内為新知（または加増）○○石之事　目録別紙有之」　A2「（地名）之内○○石之事　目録別紙有之」　A3「（地名）之内○○石之事　目録別紙有之　就領知悪与申　為替知」

B「於（地名）之内○○石之事相計訖」　B2「於（地名）之内○○石之事　為加増令扶助訖」

C「知行目録＋明細（箇条書き）＋都合○○石右為加増」　C2「知行目録＋明細（箇条書き）＋都合○○石右新儀召置」

D「為加増○○石之事　目録別紙有之」

なお、A、Cについては宛行地が一円的なもので、B、Dについては広範囲に分散していたものと考えられる。

「士帳」との整合性について

◎　宛行状等と「士帳」加増記載が一致（なお、「新知」として宛行れたものについては、「士帳」の加増前石高と一致しているものはこれに含めた）

●　石高が不一致（ただし、宛行状等　<　「士帳」加増記載　で、他の宛行状等の存在が推測されるもの）

○　発給年と「士帳」加増年にずれがあるもの　△　石高が不一致（宛行状等　>　「士帳」加増記載）

※1　不破加右衛門尉は不破九右衛門尉の旧名であることは　森脇論考②により明らかにされている。

※2　牧宗兵衛尉の石高の不一致に関しても、森脇論考②で旧領安堵と新規加増が同時に行われたことによる誤記を推測されている。

※3　森脇論考②において、助右衛門尉と宗太郎を同一人物と比定されている。

※4　加増年のずれに関しても、森脇論考②で宛行状の日付が慶長4年末という点に着目され「何らかの事情で打渡しが翌年にずれこんだものだろう」と推測されている。

検討を踏まえつつ、秀吉朱印の捺された位置（冒頭の「児嶋」に係るように押印）に着目、児島が旧毛利領で中国国切により宇喜多領となった経緯を踏まえ「因縁浅からぬ領国の境目地域だからこそ、秀家に加え、秀吉がこれを保証する必要があったのでは[39]」と論じている。

しかし当該史料は単なる加増ではなく、「本知」宛行を含む点に着目する必要がある。文禄三年（一五九四）以前の戸川の石高は七五三〇石。それが旧毛利領である「児嶋之内」において「本知」として宛行われている。戸川氏は宇喜多氏創業の功臣。当然その基盤は宇喜多氏同様に備前東南部であって児島ではない。ではなぜ本知が児島なのか。考えられることは、文禄三年の戸川氏の児島移封である。

秀吉朱印は新領における戸川の領有に対する後ろ盾というよりも、秀家による戸川移封を戸川自身に納得させるための保障であったと考えたほうがより妥当である。

戸川と同じⅠ型に分類される花房志摩守は、表４№２から文禄三年九月に「新知三千石[40]」が宛行われているが、これには秀吉朱印はなく秀家の花押だけである。この点から秀家の知行宛行権の行使には、元来秀吉の後ろ盾は必要としていなかったと考えられる。重臣の移封という相当の抵抗が予想される事態に対して、秀家にとっての秀吉による後ろ盾であったと考えてよいであろう。

重臣移封に関して「戸川家譜[41]」では「三ヶ国検地す、作州・両備州、播磨の内も同し事なり、諸士数代所持し来る知行を所替させける程に」とあって物国検地の実施とそれに伴う所領の「所替」（移封）が行われたことが記されている。また同書には「岡越前組と肥後守組と、夏方先納違ひ申分に依て、両家引分れ闘諍に及ぶ」とあるが、これが史料３との関連を示すものであろう。「夏方先納違ひ」とは文禄三年九月に児島移封を命じられた戸川が旧領の文禄三年分の年貢を持ち去ったことを示し、戸川旧領の一部を領有することとなった岡越前守（もしくは岡組与力）との間に係争が生じたと見るべきである。同じ例は「浦上宇喜多両家記」(42)に花房助兵衛(43)と長船紀伊守との間にも「所替先納ノ事ニ云分出来ス」とあるように「所替」に伴う年貢帰属の係争がみられることから重臣層を中心に大規模な所領の異動があったことが推測される。

五、知行の「預ケ置」

【史料4】(44)

猶以至只今荒地之所、従来年令開発候様ニ可申付事肝要候、已上、

作刕山内・高田近辺五千百石之事、目録別紙有之、預ケ置訖、彼地百姓等相寛様ニ加撫育、田地不荒様可申付、

然間三ケ年者先半役可相勤者也、

慶長三（一五九八）

九月九日　秀家（宇喜多）（花押影）

戸川肥後守（達安）殿

史料4は表4№10である。内容は「山内・高田」周辺の五一〇〇石の「預け置」で本知、新知、加増のいずれでもない。渡邊氏(45)はこれを「知行地としてではなく宇喜多氏の蔵入地が「預け置かれた」」と規定、「実体がなく、新たな開墾地として預け置かれた可能性」を指摘しておられるが、「代官」等の文言がまったくないことから蔵入地かどう

かは疑問である。「只今荒地」の文言及び石高がすでに決まっていることから、当該地は新規の開墾地ではなく、荒廃したかつての知行地であったと考えた方が妥当である。荒廃地の「開発」、百姓の「撫育」を指示。そのうえで「三ヶ年者先半役可相勤」としている。「半役」とは年貢半分ではなく軍役対象（半役）地を示すものであり、「士帳」にも「五千百石　慶三加山内分」と記され戸川の知行に含まれている。また戸川組の集計記載でも「貳千五百五十　山内半役分引」と表記。まさに戸川にとっては荒廃地を預けられ、開発（復旧で収益は見込めない）と、半役とはいえ軍役負担の増加という二重苦が課せられているのである。では「預ケ置」とはいかなる形態を指すのであろうか。知行、領知のように明確に領有権が認められたものではないことは明らかである。

対象地の「山内・高田」について、「高田」は真島郡（現在の真庭市勝山）高田城付近と推測できる。高田城は美作西部の要衝で最終的には児島と同様に宇喜多氏に引渡された、いわゆる領国の外周部に当たる地域である。「山内」は現在地名として存在しないが高田と併記されていることから同地域と推測できる。

【史料５】(46)

（前略）

330　一　明石掃部頭　　三万三千百拾石
　　　　　此内　　壱万石　　文三御加増
　　　　　　　　　千石　　　慶三加
　　　　　　　　　九千六百拾石　慶三山之内加

331　一　明石四郎兵衛尉　千石　　無役

但三星城領

（後略）

明石掃部頭（№330）の加増記載にも戸川同様に「九千六百拾石　慶三山之内加」（半役、無役の記載なし）がみられる。「預ケ置」の記載がないが、山内分が別記載で、また戸川の例からみても「預ケ置」であったと推測できる。これらのことから「山内」は一万石を超える地域であったことがうかがえる。

そこで美作西部の有力国人江原氏に着目する。江原親次は宇喜多直家の女婿。篠向城（高田城から西南六キロ）を拠点とし、「浦上宇喜多両家記」[47]では「知行一万石」を領したとあるが慶長三年（一五九八）朝鮮において陣没し「早世ニテ家絶ス」とされる。「士帳」には親次の名はなく、江原姓では江原三丞[48]（№577）が馬廻四〇〇石で残るのみである。親次には内記[49]という実子がいたが、「江原内記」としては「士帳」に記載はない。しかし「浮田内記」（№502）としては馬廻三〇〇〇石として記載がある。「吉備温故秘録」[50]から浮田内記と江原内記は同一人物と推測でき、馬廻における序列が二番目である点からも、内記は江原氏としてではなく、秀家の甥の立場から宇喜多一門として処遇されたとみられる。「士帳」の浮田内記には加増記載がないことから、三〇〇〇石は父親次の遺領の一部と考えられる。残余の親次の所領（荒廃し、幼少の内記では領知が困難な部分）こそが「山内」分（特定地名ではなく江原領の総称）として戸川、明石に「預ヶ置」かれたものであったと推測できる。

森俊弘氏[51]は江原氏旧臣の宇喜多直臣化の状況から、江原家臣団の解体を指摘されておりその点については筆者も同意見であるが、江原領は一門衆たる内記への継承を念頭に、その復旧と軍役確保を戸川ら重臣に転嫁している姿がうかがえる。当然、復旧完了もしくは内記成人後に「山内」分は内記に返還され、戸川らには新たな荒廃地が「預ケ置」

かれる可能性は否定できない。

当時の宇喜多領において荒廃地や闕所地は広範に存在しており、加増＝負担であったことは次の史料からも明白である。

【史料６】[52]

於備前國津高郡之内弐百石之事、目録別紙有之候、就領知悪与申為替知成扶助訖、全被知行、弥可抽奉公之忠者也

慶二（一五九七）
卯月七日　黒印写（印文豊臣秀家）

進藤三左衛門尉

とのへ

当史料は表４№６に相当。これに先立つ文禄五年正月に進藤は備中賀陽郡において二〇〇石の宛行[53]を受けているが、その地が「領知悪しき」との申し出により、「替地」が宛行われている。進藤三左衛門尉は馬廻六〇〇石（№555）。関ヶ原敗戦後は秀家と行動を共にしてその薩摩行きを手引きした人物で、秀家側近であったと考えられる。側近という立場故に可能であった無心であり、文禄慶長期の加増には「領知悪しき」地が数多く含まれており、加増対象地の多くは家臣にとっては不本意なものであった好例と言える。

六、与力負担と城領の管理負担

表2から各組与力も総計で一万二〇〇〇石余の加増がみられる。このうち①戸川、②岡、③長船の三組与力二二名に加増が集中。対象者は組内の序列も比較的上位者である。また馬廻の加増が八八名で二万五〇〇〇石余であるのに対し、加増石高の平均値も高い。加増時期は慶長三年が多く（馬廻にも共通）、これらが慶長の役の家臣団損失の穴埋めであることは明らかである。寄親への軍役転嫁の余波が与力等にも及んでいる状況がうかがえる。加増与力のうち、①戸川組の大森藤左衛門尉（No.23）[54]は、宛行地が表4から二国三郡の広範囲に散在している。同組の有力与力である岡市之丞（No.3）[55]も、文禄期から美作高田付近に知行の一部を有しており[56]、史料1における岡の加増記載「五百石文三加」から、これが文禄三年の加増の一部であったことが推測される。

一方で馬廻は表4から比較的に同一郡内または同一村内での一円的な宛行例が多くみられ、与力とは加増地の形態に差がある。寄親の戸川の加増が領国全体に及んでいること[57]と合わせて考えれば、有力与力も領内の広範囲に渡り在地の復旧と軍役確保の任を負わされていたと考えられるのである。

城領に関しても同様である。領国全体に及ぶはずの支城、城領のうちで「士帳」の城領記載はわずか三例。表5から概ね慶長三年に新たに設定されている[58]。これは家臣知行の闕所同様に、従前の城領管理者の機能停止に伴うものであったと考えられる。このうち幸山城領の岡平次郎（No.107）と史料5三星城領の明石四郎兵衛尉（No.331）は、共に「士帳」記載石高のすべてが城領で、自身の知行を有していない。すなわち岡平次郎と明石四郎兵衛尉は宇喜多氏の直臣

（表５）「士帳」にみる城領一覧

所属	城領管理者 番号	氏名	石高（A）	城名	所在地	城領石高（B）		「士帳」記載内容	城領以外石高（A－B）
① 戸川肥後守	1	戸川　肥後守	25,600	不明		1,000		戸川組の集計記載に「弐千石城領分　無役」とあり高田の他に更に千石の城領が存在。戸川自身の加増記載に「千石　慶三御加増」とあり、かつ他の与力に城領記載が見当たらないことから慶長三年の千石加増が城領分であったことが推測される。	24,600
	3	岡　市丞	3,160	高田城	美作国真嶋郡（真庭市勝山）	1,000		「千石　慶三高田城領」	2,160
② 岡　越前守	103	湯浅　九郎兵衛尉	880	幸山城（高山城）	備中国窪屋郡（総社市西郡・清音三因）	1,000	500	「五百石　慶三加幸山城領」	380
	107	岡　平次郎	500				500	「五百石　慶三新知幸山城領」	0
④ 明石掃部頭	331	明石　四郎兵衛尉	1,000	三星城	美作国勝南郡（美作市明見）	1,000		「千石無役　但三星城領」	0

ではなく、それぞれ岡越前守、明石掃部頭の家臣（陪臣）であった可能性が考えられるのである。つまり荒廃した城領の復旧も寄親に託され、そこから与力委任（高田）、陪臣による直営（三星）、与力と陪臣の共同管理（幸山）のような管理形態を採ったのではないかと推測されるのである。

まとめ

「士帳」の分析から宇喜多家臣団、特に重臣への負担増の状況について検討を試みた。二度の長期外征による家臣団の消耗と領国の疲弊は宇喜多氏にあっても甚大なものであり、豊臣政権からの、今後とも予想される軍役賦課に対し、在地の復旧と家臣団再編による軍役確保は差し迫った課題であったと言えよう。

秀家は対策として重臣知行地の大幅な「所替」を行い、加増という名目での広範囲に散在する闕所地や荒廃地の宛行や「預ケ置」を実施して、在地・城領の復旧を負わせている。すなわち重臣層への軍役確保の転嫁である。また十八の軍事組織を六組に集約することにより、当然増員したとみられる与力の管理という負担も増加したと考えられる。宇喜多氏重臣は朝鮮からの帰還後は、軍事的中核として機能は維持しつつも、在地の復旧（軍役確保の監督者）専任という側面がより強く打ち出されて、その役割の転換が図られているのである。相対的に従前の領国経営の中枢への参画という比重は低下せざるを得なかったと言える。家臣団内におけるこの負担の不均衡が、家中騒動において重臣の多くが秀家を見限る一因と見ることができよう。大西氏はこの時期の戸川肥後守について「領国経営の中枢から排除され[59]」と規定され、また「浮田左京亮についても同様」と推測しているが、士帳の分析からも同様の結論が導き出されるのである[60]。

「士帳」という膨大なデータへのアプローチとして表を多用したため、多分に計数的、資料分析中心の内容になったことは御容赦願いたい。また推測が多く実証的でないという御批判も甘受する覚悟である。願わくは本稿が今後の宇喜多氏研究の一助となれば甚幸である。最後に士帳の閲覧、複写を快く御許可いただいた金沢市立玉川図書館近世史料館の皆様にお礼を申し上げたい。

なお、本稿提出後に森脇崇文氏の「豊臣期宇喜多氏の構造的特質」（『待兼山論叢』第四十六号史学篇、二〇一二年一二月）及び小川雄氏の「徳川権力と戸川達安―慶長年間を中心として―」（『十六世紀史論叢』第三号、二〇一四年三月）に接した。

本稿と関連する記述が多く見受けられるが、それらを取り入れて論ずることができなかった。御容赦願いたい。

註

（1）しらが康義「戦国豊臣期大名宇喜多氏の成立と崩壊」（『岡山県史研究』六号、一九八四年二月）。

（2）宇喜多氏研究は多岐に及び個々の業績については省略するが、大西泰正「総論備前宇喜多氏をめぐって」（『論集戦国大名と国衆一一　備前宇喜多氏』岩田書院、二〇一二年）に詳細に分類、解説されているので参照願いたい。

（3）大西泰正『豊臣期の宇喜多氏と宇喜多秀家』（岩田選書 地域の中世七、岩田書院、二〇一〇年。以下「大西著書①」と表記する）、同『「大老」宇喜多秀家とその家臣団　続豊臣期の宇喜多氏と宇喜多秀家』（岩田書院、二〇一二年、以下「大西著書②」と表記する）、同「明石掃部の基礎的考察」（『岡山地方史研究』一二五、二〇一一年）。

（4）森脇崇文「豊臣期大名権力の変革過程―備前宇喜多氏の事例から―」（『ヒストリア』二二五、二〇一一年）以下「森脇論考①」と表記する）。

（5）永山卯三郎遍『吉備郡史』中巻（名著出版復刻）所収。以下本稿にて引用する場合はすべてこれにより、「吉備拾遺本」と表記する。

（6）註（1）に同じ。

（7）『続群書類従』（第二十五輯上　武家部　所収）。以下本稿にて引用する場合はすべてこれにより、「群書本」と表記する。

（8）筆者「宇喜多氏家臣団の崩壊」（國史學會大会報告、一九九一年五月一九日）。

（9）渡邊大門『戦国期浦上氏・宇喜多氏と地域権力』（岩田書院、二〇一一年、以下、「渡邊著書」）と表記する。

（10）渡邊大門「宇喜多氏家臣に関する一考察」（『年報赤松氏研究』第五号、二〇一二年）。

（11）森脇崇文「宇喜多氏分限帳の分析試論―諸写本の比較検討から―」（『史敏』九、二〇一一年、以下「森脇論考②」と表記する）。

（12）金沢市立玉川図書館近世史料館所蔵「加越能文庫」所収。

（13）註（12）に同じ。また史料中の人名等に付されたアラビア数字及びアルファベットは筆者による。人名に付した数字は士帳における各家臣の表記位置をわかりやすくするため、先頭に記された戸川肥後守を1として以後連番を付している。なお当該数字は各組等に付属する「鉄砲衆　四十人」等にも付している。

(14) 浮田河内守組の最後に記載される津島次郎太郎（№500）にも「小」が付されているが、津島は浮田太郎左衛門組（後の浮田主馬組）から河内守組に異動しており、「小」の表記は誤記と推測される。石高から見ても津島は四〇石であり、馬廻の先頭は岡本権丞（№501）であると考えられる。

(15) 国立公文書館蔵『早島の歴史』三巻史料編所収。

(16) 『鹿苑日録』第三巻、慶長五年正月八日条。

(17) 大西著作①。第三部第三章により家中騒動の一方の当事者である、長船紀伊、中村次郎兵衛、浮田太郎左衛門らの再評価がなされている。あわせて『鹿苑日録』で死亡説が記された中村が後に前田家に仕えたことも明らかにされている。

(18) 馬廻については、「士帳」中に特に文言の表記はないが（氏名の上に「小」が記載されている場合が多い）本稿では他の所属と区別するため便宜上「馬廻」と表記する（以下同じ）。

(19) 宍甘太郎兵衛尉組だけは「鉄砲衆廿人　四百石」が二組付属している。

(20) 馬廻中で戸川玄蕃（№503）だけ鉄砲衆が付属している点は不自然である。本来は鉄砲衆の位置が三人繰り上がった浮田河内組の末尾（500津島と501岡本の間）にあり、筆写の過程で位置が現在の場所へずれたと推測できるが、現時点では「士帳」記載のとおりとする。

(21) 鉄砲衆については、各組に付属する者は一人当たり二〇石が基準であるのに対し鉄砲頭に指揮される直轄の鉄砲衆は一人当たり四〇石と倍の基準である。双方基準の相違については今後の検討課題としたい。

(22) 「天正十九年三月十三日付豊臣秀吉朱印知行目録」「毛利家文書」九五七号（『大日本古文書　毛利家文書』三　所収）。

(23) 『続群書類従』（第二十五輯上　武家部　所収）。

(24) 註（3）に同じ。

(25) 『岡山県史』近世一（第一章一節、四〇頁）。

(26) 筆者「宇喜多氏検地の再検討」（『米原正義先生古稀記念論集　戦国織豊期の政治と文化』一九九三年）。筆者は宇喜多氏検地の

不徹底さを論ずる者として、当該論中において播磨国赤穂郡真殿村の文禄検地を例にとり、①斗代の低設定と②検地奉行である「宇喜田河内守」及び「宇喜多土佐守（これを宇喜多忠家と人物比定）」が宇喜多氏重臣であることから同村の検地を両人の知行地の差出と規定したが、②の土佐守は忠家ではなく森脇論考①から浮田姓を与えられた「直属奉行人」の「延原土佐」であることが明らかで、筆者の差出説は誤りであったと言える。ただし①に関しては「直属奉行人」が実施した検地としては斗代設定が低いという疑問は解消されておらず在地との何らかの妥協は類推できる。なお、当該論は『論集戦国大名と国衆一一　備前宇喜多氏』（岩田書院、二〇一二年）に再掲されている。再掲に当たって森脇氏のご指摘は存じていたが、宇喜多氏研究史の一連の流れにおける当該論の位置づけから、敢えて加筆訂正は行わず当初のまま再掲したことを申し上げておく。

(27)「遠藤家文書」（『岡山県古文書集』〈以下『岡古』と表記〉第四輯　一三七頁）。

(28)「言経卿記」三（『大日本古記録』）。

(29)『黄薇古簡集』一七六頁。

(30)渡邊著書第一部第五章において渡邊氏は『岡古』の年代比定に従い「天正十六年前後を契機として「組」が組織された」と規定されているが、「遠藤家文書」では組編成の存在は確認できても、その編成の契機とみることはできないのではないだろうか。

(31)長船吉兵衛尉組の成立過程から、「士帳」の長船の加増記載は吉兵衛と紀伊守の加増記載がまとめられている（むしろ大半が紀伊守分とも）と考えられる。

(32)岡市丞（No.3）の加増前石高が一六六〇石、岡新作（No.99）一五一〇石、岡小六（No.100）が一四五〇石と千石以上が三名存在するが、いずれも石高的に該当しない。

(33)大西氏は著書②（第三章、註35）で「島津家文書」、「小早川文書」により文禄の役における宇喜多氏の朝鮮での損耗を五分の一から四分の一と推計されている。

(34)このうち長船紀伊守については「士帳」成立前に死亡しているが、弟吉兵衛とのを含めて一体のものと捉える。

(35)「秋元興朝氏所蔵文書」（東京大学史料編纂所影写本）。なお判読に当たり読点及び中黒は筆者による。以下同じ。

(36)影写本であるため印影は当然黒であるが、管見の限りで秀吉黒印はなく、当該文書の存在を最初に紹介されたしらが氏はこれを朱印と判断し（註（1））、また三鬼清一郎氏も「豊臣秀吉文書に関する基礎的研究（続）」（『名古屋大学文学部研究論集』史学三五号）において同様に考察されていることから本稿でも朱印とした。

（37）しらが氏前掲論文。

（38）三鬼清一郎氏前掲論文。

（39）大西著作②第3章、九九頁。

（40）註（35）に同じ。

（41）註（15）に同じ。

（42）備作之史料（五）『金沢の宇喜多家史料』所収。

（43）花房助兵衛は美作荒神山城にあって宇喜多氏の美作経略を主になった重臣であるが、「士帳」成立の慶長四年時点ではすでに宇喜多氏を退去している。

（44）註（35）に同じ。

（45）渡邊著書第一部第三章、一一〇頁。

（46）註（12）に同じ。

（47）註（42）に同じ。

（48）「源姓江原氏旧記」（『美作古城史』第一輯　所収）によれば、江原三丞は親次の甥とある。

（49）「金田家中興由緒書」（『美作古城史』第一輯　所収）。

（50）「吉備温故秘録」巻八十四　干城一三　五九　虫明九平次（『吉備群書集成』第六輯　所収）に「中納言殿被申候は、我姉幷に甥宇喜多内記親子之者、作州笹吹に罷在候」とある。

（51）『久世町史』資料編　第一巻　編年資料　一四〇七号文書解説。なお、森氏の考察とは別に表4№12から慶長四年二月の戸川への宛行状（加増）において江原氏の本貫地の一部と考えられる久米郡倭文（現在の美咲町北西部）の地において一五〇石が加増されている点にも注目する必要がある。

（52）「古文書十八通」（国立国会図書館古典籍資料室）。
（53）註（52）に同じ。表4No.4に相当。
（54）表4の宛行状は二十一通であるが、家中騒動後の慶長五年八月分の四件は除いて検討する。
（55）岡市之丞は戸川肥後守の与力で石高三一六〇石。「士帳」では再編成の記載がなく、また群書本では退去者として〇印がついていることからも家中騒動に伴い宇喜多氏を退去していると考えられる。
（56）文禄四年の寺社領一括寄進に際し、岡は高田周辺の知行地から、化生寺と宝泉寺へ計三〇石の引渡し命令を受けている。「文禄四年十二月吉日付宇喜多秀家黒印状」（「美作化生寺文書」一号（『岡山県史』二〇巻　家わけ史料所収）及び「文禄四年十二月吉日付宇喜多秀家黒印状」（「美作化生寺文書」（『久世町史』資料編　第一巻　編年資料所収　一三九一号文書）。
（57）宛行状から断定できるのは戸川だけであるが、同じく寄親の花房志摩守は表4の三〇〇〇石（和気郡新田庄内）以外に「士帳」加増記載との差五〇〇〇石に関しては別途宛行が見込まれる。
（58）幸山城は、備中高梁川の東岸、山陽道との交差地点にあり中国国切を経て宇喜多氏が領有するに至っている。三星城は美作南東部、吉井川と出雲街道の交差地点にあり国人後藤氏の本拠。戦国期は各勢力の争奪地となり、天正七年の後藤氏滅亡により宇喜多氏に帰属している。高田城も前述のとおりであり、いずれの城も中世以来のものであってその城領も当然慶長以前から存在していたと考えられる。
（59）大西著作②　第三章「戸川達安をめぐって」一〇四～一〇七頁。
（60）宇喜多氏の成立過程から見ても、その大名権力が譜代重臣の合議体制の上に成り立っていると考えるべきであるが、自らの権力基盤というべき譜代重臣を排除した秀家は新たな権力基盤をどこに求めたのか。今後の検討課題としたい。

Ⅳ

宇喜多氏分限帳編成の意図
――秀家の新権力基盤の形成

寺尾克成

はじめに

豊臣政権下における宇喜多氏権力構造の解明については家臣団研究からのアプローチを中心に近年大きな進展が見られる。その最たるものは大西氏[1]、森脇氏[2]の論考であろう。両氏の業績を受けつつ更なる研究の深化を求める現状において、近世の写本ではあるが史料として宇喜多氏分限帳の分析、検討は有効な手法であると考えられる。森脇氏により「慶長初年宇喜多秀家士帳」[3]（以下「士帳」と表記する）の史料的な位置付けがなされて以来[4]、分限帳の史料的な活用が期待されるところである。筆者においては両氏の業績を受けて一部ではあるが「士帳」の分析を行うことにより、文禄～慶長期における宇喜多氏家臣団上層部の大規模な異動を見出すことができた[5]。その過程において宇喜多氏家臣団内の寄親寄子の組（以下「組」と表記する）の編成規模の差異に注目するに至った。「士帳」には十二の組が表記されるが、譜代重臣に率いられた軍事的中核を担う編成と見られる組（六組）と、それとは明らかに編成の小さい組に大別される。慶長四年（一五九九）に作成された「士帳」には文禄以降の家臣団の大規模な変動が反映されたものであると規定できるが、本来軍事的に均等であるべき組の編成が慶長四年時点においても不均等である理由の検討は宇喜多氏家臣団の構造解明の一助となると考えられる。本稿では「士帳」の分析を中心に組の構成差異の要因について検討するものである。

一、小規模編成の組の形態

「士帳」に見る各組の構成は表1のとおりである。

①〜⑥の組は戸川肥後守等一万石以上の重臣が率いるもので、その規模に多少の差異は見られる与力数が百名前後、組ごとの石高合計は四万石前後。これは文禄期まで十八個存在した組[6]（本稿においては以後「旧組」と称する）が再編、集約化[7]されたもので、宇喜多氏の軍事的中核を担うことが明白なものである。一方⑦〜⑫は前述の重臣が率いる六組とは明らかに編成規模の小さい組として存在する。すなわち、寄親の石高は一〇〇〇石から四〇〇〇石。与力数は一組当たり平均十七名で石高の低い寄親が少数の与力を率いる形態（以下本稿では「小編成組」と表記）を採っている。小編成組六組の石高合計は二万五〇〇〇石余（家臣の総石高の七％強）、与力数は一〇三人（家臣総数の一六％弱）で戸川ら重臣の一組分よりも小規模である。小編成組与力一人あたりの石高は平均四二石（「士帳」全体での平均値は馬廻を含め二四〇石）で小禄の者が大半である（一〇〇石以上の与力はわずか六名で一〇〇石未満の与力が全体の九五％を占める）。小編成組全体での動員能力は一〇〇石四人役で計算しても千人程度、六組のうち四組に鉄砲衆（四十人）が付属するが[8]軍事的には大きな力には成り得ない組である。

そこで「士帳」における小編成組の加増記載表２に着目する。小編成組の寄親六名のうち浮田主馬（№

表１　「士帳」にみる各組の構成・石高分布

数字は特に指定のないものは石高、（　　）内は人数

所属	寄親 石高 A	与力石高 内訳 500石以上	499石～100石	99石～50石	49石～1石	小計 B	合計（除鉄砲衆） A＋B＝C	組付属鉄砲衆 D	総合計 C＋D＝E	与力石高平均	構成比 D/G E/G	備考
① 戸川　肥後守	25,600	14,295 (10)	6,195 (33)	914 (15)	1,086.5 (36)	22,490.5 (94)	48,090.5 (95)	800 (40)	48,890.5 (135)			
①（土佐守分　再掲）			120 (1)	100 (2)	140 (5)	360 (8)						
② 岡　越前守	23,330	13,900 (10)	4,380 (22)	1,040 (17)	2,377 (86)	21,697 (135)	45,027 (136)		45,027 (136)			
③ 長船　吉兵衛尉	24,084	12,700 (6)	2,510 (17)	1,145 (18)	1,690 (54)	18,045 (95)	42,129 (96)		42,129 (96)			
④ 明石　掃部頭	33,110	1,000 (1)				1,000 (1)	34,110 (2)	800 (40)	34,910 (42)			
⑤ 浮田　左京亮	24,079.1	10,500 (2)	680 (4)	390 (7)	380 (14)	11,950 (27)	36,029.1 (28)	800 (40)	36,829.1 (68)			
⑤（一門　再掲）		10,000 (1)	300 (1)			10,300 (2)						
⑥ 花房　志摩守	14,860		670 (5)	370 (6)	190 (6)	1,230 (17)	16,090 (18)		16,090 (18)			
①～⑥　小計　X	145,063.1 (6)	52,395 (29)	14,435 (81)	3,859 (63)	5,723.5 (196)	76,412.5 (369)	221,475.6 (375)	2,400 (120)	223,875.6 (495)	207.1	68.02% (54.74%)	
⑦ 浮田　主馬（旧　浮田太郎左衛門尉）	4,360		710 (4)	495 (8)	775 (24)	1,980 (36)	6,340 (37)		6,340 (37)	55.0		浮田太郎左衛門尉は集計より除外
⑧ 浮田　菅兵衛尉	4,000		200 (2)	105 (2)	370 (13)	675 (17)	4,675 (18)	800 (40)	5,475 (58)	39.7		
⑨ 宍甘　太郎兵衛尉（旧　中村次郎兵衛）	1,210			210 (3)	170 (5)	380 (8)	1,590 (9)		1,590 (9)	47.5		中村次郎兵衛は集計より除外
⑩ 楢村　監物	3,100			110 (2)	715 (22)	825 (24)	3,925 (25)	800 (40)	4,725 (65)	34.4		
⑪ 明石　久兵衛尉	2,000			70 (1)	400 (17)	470 (18)	2,470 (19)	800 (40)	3,270 (59)	26.1		
⑫ 浮田　河内守	4,500					0 (0)	4,500 (1)		4,500 (1)			5人の与力全員が⑦と重複のため集計から除外
⑦～⑫　小計　Y	19,170 (6)		910 (6)	990 (16)	2,430 (81)	4,330 (103)	23,500 (109)	2,400 (120)	25,900 (247)	42.0	7.22% (15.91%)	
計　X＋Y＝Z	164,233.1 (12)	52,395 (29)	15,345 (87)	4,849 (79)	8,153.5 (277)	80,742.5 (472)	244,975.6 (484)	4,800 (240)	249,775.6 (724)			
参考「士帳」総合計	164,233.1 (12)	109,159.0 (88)	37,460.0 (177)	5,474.0 (89)	9,282.5 (319)	161,375.5 (673)	325,608.6 (685)					

表２　「士帳」にみる小編成組所属家臣を中心とした加増一覧

所属	人数 A	「士帳」記載石高 B	加増計 文禄３年	文禄４年	文禄５年	慶長２年	慶長３年	慶長４年	慶長５年	その他	C	加増前 B－C＝D	加増倍率 (B/D)	平均加増石高 (C/A)	備考
(表１)①～⑥重臣組の集計　寄親分　中段(　)は加増記載に占める割合　下段(　)は各年ごとの加増割合 (E)	6	145,063.1	32,000 (24.12%) (39.13%)	0 (0.00%) (0.00%)	5,000 (3.77%) (6.11%)	0 (0.00%) (0.00%)	19,710 (14.86%) (24.10%)	9,154 (6.90%) (11.19%)	5,919 (4.46%) (7.24%)	10,000 (7.54%) (12.23%)	81,783 (61.64%) (100%)	63,280.1	2.29	13,630.5	年未詳の加増7.48%は岡越前守の10,000石。「士帳」加増記載の先頭に「御加増分」と表記されていることから時期は文禄３年と推測できる。
(表１)①～⑥重臣組の集計　与力分　下段(　)は加増記載に占める割合	23	24,195	3,500 (2.64%)	370 (0.28%)	980 (0.74%)	730 (0.55%)	4,230 (3.19%)	2,575	0	0	12,385	11,810	2.05	538.5	
(表１)⑦～⑫小編成組の集計　寄親　⑦浮田　太郎左衛門尉		5,360		300	2,000		1,000			1,000	4,300	1,060	5.06		年未詳の加増は浮田太郎左衛門尉の1,000石。「士帳」加増記載の先頭に「御加増分」と表記されていることから時期は文禄３年と推測できる。主馬は加増なし。集計に含まず。
⑦浮田主馬		(4,360)									(0)	(4,360)	0.00		
⑧浮田　管兵衛尉		4,000	1,500	325	570		1,000				3,395	605	6.61		
⑨中村　次郎兵衛		3,000		100	1,150	300	1,000				2,550	450	6.67		
⑨宍甘　太郎兵衛尉		1,210		300		400	400				1,100	110	11.00		
⑩楢村　監物		3,100	1,540			500					2,040	1,060	2.92		
⑪明石　久兵衛尉		2,000			500						500	1,500	1.33		
⑫浮田　河内守		(4,500)									(0)	(4,500)	0.00		加増なし、集計には含まず
石高　中段(　)は加増記載に占める割合　下段(　)は各年ごとの加増割合 (F)	6	18,670	3,010 (2.29%) (21.59%)	1,025 (0.77%) (7.38%)	4,220 (3.18%) (30.39%)	1,200 (0.97%) (8.64%)	3,400 (2.56%) (24.45%)	0 (0.00%) (0.00%)	0 (0.00%) (0.00%)	1,000 (0.75%) (7.20%)	13,885 (10.47%) (100%)	4,785	3.90	2,314.2	
与力分　下段(　)は加増記載に占める割合	6	370	0 (0.00%)	150 (0.11%)	0 (0.00%)	0 (0.00%)	30 (0.02%)	0 (0.00%)	0 (0.00%)	0 (0.00%)	180 (0.14%)	190	1.95	30.0	浮川河内与力１名に加増があるが浮田主馬組の与力と重複していることから集計からは除外。
組合計　寄親分	12	163,733.1	35,010	1,025	9,220	1,200	23,110	0,154	5,919	11,000	95,068	68,065			
組合計　与力分	29	24,565	3,500	520	980	730	4,260	2,575	0	0	12,565	12,000			

馬廻　2段目の（　）は人数　3段目の（　）は加増記載に占める割合　4段目の（　）は各年ごとの加増割合	(G)	87	46,879	1,405 (16) (1.06%) (5.75%)	2,760 (25) (2.08%) (11.29%)	2,520 (21) (1.90%) (10.31%)	1,550 (14) (1.17%) (6.34%)	10,730 (43) (8.09%) (43.90%)	3,395 (11) (2.56%) (13.89%)	1,990 (16) (1.50%) (8.14%)	90 (2) (0.07%) (0.37%)	24,440 (18.42%) (100%)	22,439	2.09	280.9	宍甘太郎左衛門（No.513）は宍甘太郎兵衛と重複するものとして集計に含まず。
参考　「士帳」全体の加増記載の合計		127	235,177.1	39,945	4,305	12,720	3,480	38,100	15,124	7,909	11,090	132,673	102,504	2.29	1,044.7	

380）と浮田河内守（No.495）を除く四名は文禄三年（一五九四）から大幅な加増を受けていることがわかる。これら小編成組寄親の加増による石高の増加割合は平均で三・九倍。戸川等重臣の平均値二・三倍を大きく上回っている。重臣の加増は朝鮮での家臣団喪失の穴埋め（軍役賦課の転嫁）であることはすでに明らかであるが、[9]小編成組寄親の加増は軍役の転嫁とは意味合いが相違していると考えられる。すなわち当該寄親は浮田河内守を除けば旧組のいずれの寄親でもなく、また文禄三年以前の石高も千石程度もしくは更に少禄である（浮田主馬に関しては後述）。重臣同様に小編成組寄親にも軍役転嫁が見られるのであれば浮田河内守も含めた全員に加増があって然るべきであるが河内守に加増記載はない。

森脇氏は「直属奉行人を組頭へと取り立て、また当主側近を多く含む直臣団を強化していくという家中編成の方向性」を指摘、その目的を「秀家が自由に差配できる軍事力の増強を模索するもの」とされ、中村次郎兵衛の鉄砲頭兼務の事例を「そうした志向性の端的な表出」と規定されている。[10]前段の直属奉行人の「組頭」取り立てに関しては筆者も同意見であるが、後段の「軍事力の増強」に関しては疑問が残る。小編成組の寄親が森脇氏の指摘のとおり直属奉行人を以って充てたことは間違いなかろう。しかし旧組の寄親のうち六名は慶長期には家臣として存在せず、組も六名の重臣が率いる形に編成替えされた経緯を見ると、「秀家が自由に差配できる軍事力の増強」が目的であれば旧組のうち寄親欠員の組に奉行人を充てれば効率的に軍事力の継承が可能であったはずであるが、その手法は取っていない。また小編成組の与力についても同様で、すべてが馬廻りから抽出されたとは考えられず、旧組のいずれかの与力が前職であった者もいたと見るべきであろう。組の集約過程において、各組の少禄の与力が抽出され新たな組が編成されたと考えれば、そこには軍事力増強だけでない他の要因も検討する必要がある。

「士帳」には各所に修正、削除、加筆記載が見られ、慶長四年（一五九九）の成立から短期間のうちに随時改訂がなされたことは明白である。そこでこれら訂正記載から「士帳」編成当初の小編成組の構成を検討する。

二、「士帳」編成当初の小編成組寄親

寄親の異動（「士帳」の貼紙訂正記載）

【史料1】(11)

（前略）

百石　文四加

437　此下ニ中村次郎兵衛　三千石内　百五十石文五加　千石　文五加

三百石　慶二加　千石　慶三加

如此有つてはり紙して除キ宍甘太郎兵衛云上ニアリ

438　一　宍甘太郎兵衛尉　千貳百十石内

三百石　　文四加
四百石　　慶二加
四百石　　慶三加

（中略）

こ、ニ
447 ◯　鉄砲衆　廿人　四百石　と阿りてはり紙して
448 ◯　鉄砲衆　廿人　四百石　除きてアリ

（中略）

御鉄砲頭
703　一　川端丹後守　　三十九人
こ、ニ中村次郎兵衛と有つてはり紙して　千五百六十石
除て上書ニ川端丹後守書出ニ有也

（後略）

史料1は表1⑨の宍甘太郎兵衛尉組の冒頭部分である。組を率いる宍甘太郎兵衛尉（No.438）の項には「此下ニ中村次郎兵衛如此有てはり紙して除キ宍甘太郎兵衛書云上ニアリ」とあり、中村次郎兵衛尉（No.437）の表記の上に貼紙がされて宍甘の名が記載されている。つまり⑨宍甘組はかつて中村次郎兵衛尉が率いていたのである。中村は家中騒動の一方の当事者で慶長五年（一六〇〇）上方において戸川肥後守以下の重臣の襲撃を受けて宇喜多家を退去[12]してい

表３　「士帳」馬廻における集計記録による分類

分類	番号	氏名	石高	加増記録								削除記録	集計記載と実際の石高合計の差	「士帳」原本の記載状況（推測）	備考
				文禄3	文禄5	慶長2	慶長3	慶長4	慶長5	加増計	加増前				
A	653	寺町　淡路守	300							0	300			○	
	654	松原　丹後入道	150							0	150			○	
	655	松原　久右衛門	1,000	100	100	300	200			700	300			○	
	656	中村　吉蔵	200							0	200			○	
	657	浮多　市介	150							0	150			○	
	658	辻　清三郎	150							0	150			○	
	659	浅井　兵庫	150							0	150			△	兵庫の下に「庄九郎」追記
	660	大塚　半右衛門	150							0	150			○	
	661	浮田　熊	150							0	150			○	
	662	鯰江　清四郎	100					50		50	50			△	内　浅少九郎
No.662 後に「以上貳千四百五十石」（2,450 石）の集計表記			2,500										50		
B	663	伊藤　四郎左衛門	600							0	600	線引きあり		○	線引きが削除を意味するものかは不明
	664	須々木　行連	30							0	30			○	
	665	長原　十郎右衛門	30						30	30	0			×	新知慶五
	666	甚助	30							0	30			○	
	667	三宅　次郎左衛門	20							0	20			○	
	668	難波　六右衛門	30						30	30	0			×	新知慶五
	669	安田　彦七	20							0	20			○	
	670	寺尾　与左衛門	30						30	30	0			×	慶五新知
	671	升原　孫兵衛	20							0	20	線引き「けしてあり」表記		×	
	672	納所　宗七	20							0	20			○	
No.672 後に「以上七百廿石」（720 石）の集計表記			830										110		

①「士帳」の馬廻172名には末尾から10名ごとに集計記載がある。
② A群10名の石高合計（2,500石）と集計表記（2,450石）に50石の差が見られる点については、No.659浅井兵庫に追記された「庄九郎」とNo.662鯰江清四郎に追記された「浅少九郎」が同一人物と推測できる点から、浅井庄九郎の慶長4年の加増記載（50石）が後に書き込まれた可能性が推測できる。
③ B群の集計記載の差（110石）については、No.671の升原孫兵衛（20石）が線引きで削除されて「けしてあり」と注記されていることから、「士帳」筆写時にすでに原史料が削除（原史料作成時に誤記して削除）された可能性が大きい。またNo.665、668、670の慶長5年の「新知」（計90石）が集計表記に反映していないことが推測される。これは「士帳」が慶長4年の状況を記録したものである例証ともなる。
④ A群については、石高が100石以上のものばかりで構成される点に着目すれば、秀家の近習衆であったと推測できる。またNo.655松原久右衛門は御鉄砲頭、御弓頭を兼務し、鉄砲衆20人、弓衆10人を配下に持つことから、秀家本陣に鉄砲、弓が配置されていたことも推測される。
⑤ B群は、A群に比べ明らかに石高が低く別の役割（本陣の警護等）があったと考えられる。

る。後任となった宍甘は馬廻の宍甘太郎左衛門尉（No.513）が同一人物と推測され(13)、中村の退去に伴い寄親欠員の補充として馬廻から異動したと考えられる。

中村は文禄三年以降の加増で石高が六・七倍に増加、与力八名の組の寄親となり同時に組に四〇名の鉄砲衆を配置されている。またそれとは別に鉄砲頭（三九名の鉄砲衆付属）を兼務するなど家中での異例の累進（権能強化）が見られる。中村が秀家側近でかつ直属奉行人の一人であることは衆目の一致するところであるが(14)、与力を含めた中村組の家臣団内における位置付けは検討されていない。

「士帳」の馬廻一七二名には末尾から十名ごとに二ヶ所の集計記載が見られる。表3は集計記載ごとのまとめであるが、表中A群の十名は寺町淡路守(15)（No.653）を筆頭に一〇〇石以上の者で構成、うち松原久右衛門（No.655）は鉄砲頭、弓頭を兼務している。石高から見てA群が秀家の近習的な集団を形成していたと推測できる。一方B群は先頭の伊藤四郎左衛門（No.663）が六〇〇石であるが他はすべて三〇石以下の下級家臣であり、伊藤を指揮者とする秀家の警護集団を構成していたと考えられる。いずれにせよ表3の二〇名が常時秀家に近侍する集団であり戦時における本陣構成員と規定できる。そして当然ながら当該集団に中村及びその与力は含まれていない。

【史料2】(16)

態申入候、其方御代官所、於宮保之内弐百石、坂折宮へ被成奉納候ハヽ、早々神主社僧中へ可有御引渡候、猶浮太郎左《（太郎左衛門）》・浮河州《（浮田河内守）》へ申入候、恐々謹言、

三月十六日　　中村次郎兵衛尉

池田助左衛門殿

満夕　　御宿所

史料2は家臣団内における中村の役割を顕著に示すものである。内容は宇喜多氏蔵入地である宮保（備前国御野郡）において二〇〇石を坂折宮（酒折宮＝現在の岡山神社）へ引き渡すよう当地の代官（池田、満夕）に秀家の内意を伝えたものであるが、同時に末尾に「浮太郎左・浮河州へ申入候」とあることから蔵入地の統括者(17)である浮田太郎左衛門尉等へも同様の伝達を行っており、秀家からの領国の奉行衆への命令伝達系統上には中村が存在している。すなわち中村は大老として在京・在坂機会の多かった秀家の政務的側近としてその意志を領国の奉行人に伝達、もしくは領国からの報告を秀家に取り次ぐ役割を担っており、秀家と家臣団（特に奉行衆）との結節点となり得る存在(18)と規定できる。同時に中村与力八名は政務的な側近たる中村の補佐役であったと言えよう。

「士帳」において中村組が敢えて馬廻の側近集団と別枠で表記されているのは軍事的結合が主となる従来の側近とは役割の相違する新側近集団の編成にその理由が求められるのであり、それ故に家中最小の八名の構成で組が存在し得たのであろう。

中村への権限集中は特別でそのために重臣層の反発を招いたとも言えるが、中村失脚後その権能は三分割[19]され、宍甘には中村の与力だけが引き継がれている。秀家は重臣との妥協で中村の軍事的機能の削減は行ったと考えられるが、同時に旧中村組（政務的な側近集団）の温存を図っている。

中村後任の宍甘が関ヶ原合戦においては秀家に近侍せず、岡山城に在番して国内の人質徴収のとりまとめの中心的役割[20]を担っていた点も、宍甘更には前任の中村の家臣団内での役割を端的に表すものと言えよう。

寄親の代替（「士帳」の線引き訂正記載）

【史料3】[21]

（前略）

380　主馬　四千三百六十石

381　一　浮田太郎左衛門尉　五千三百六十石内

千石　御加増　三百石　文四加

弐千石　文五加　千石　慶三加

被召上

382　一　長原蕾作　二百石内

（中略）

河州二人

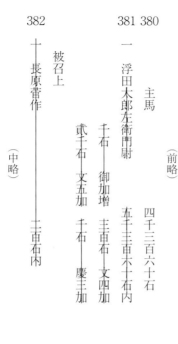

389　一　太田弥太郎　　六十五石
河州二人
390　一　今田三五郎　　五十石
（後略）

同様に表1⑦浮田主馬組でも寄親交代がみられる。史料3は「士帳」の浮田主馬組冒頭部分である。浮田太郎左衛門尉（No.381）の「太郎左衛門尉」及び石高と加増歴を線引きで削除して、横に「主馬　四千三百六十石」と追記がみられることから、浮田主馬組も当初は浮田太郎左衛門尉組であったことが判る。前述の中村同様に浮田太郎左衛門尉は直属奉行人の代表的な人物である。表1から浮田太郎左衛門尉組は小編成組の先頭に位置し与力三十六名を有している。その記載削除の経緯は明らかではないが中村次郎兵衛尉の退去と関連していることは容易に推測可能である。

浮田主馬（No.380）については前述の宍甘のように組を引継ぎ寄親になる前職が「士帳」に見られない。石高表示「四千三百六十石」にも加増歴はなく、逆に「新知」という表示もない。また森脇論考①【附表】でも表記されず直属奉行人としての経歴がないと考えられる。以上の点から主馬は家臣団内での異動で寄親に抜擢されたものでも新規召抱えでもなく、浮田太郎左衛門尉の子（または一族）としてその跡を継いだと考えられるのである[22]。太郎左衛門尉は領国検地の推進者として中村次郎兵衛尉同様に重臣による排斥対象とされていたと考えられ、秀家は慶長五年（一六〇〇）当初蜂起した重臣との妥協により太郎左衛門尉を致仕させ[24]、また長原菅作（No.382）以下の同組与力四名（いずれも石高百石以上[23]）を「被召上」として改易せざるを得ない状態に追い込まれたと見るべきである。

組の分割（浮田主馬組与力の分割注記）

しかし同時に「士帳」から秀家は重臣蜂起に対して巻き返しを図っている様子が伺える。すなわち⑫浮田河内守組の新設である。

【史料4[25]】

（前略）

495	一	浮田河内守	四千五百石
496	一	太田弥太郎	六十五石
497	一	今田三九郎	五十石
498	一	庄屋与五郎	五十石
499	一	寺尾彦兵衛尉	四十石
500	小一	津嶋次郎太郎	四十石内丗石文四加
501	小一	岡本権丞	三千弐百六十五石内 千七百石　慶四加

（後略）

史料4は「士帳」の浮田河内守組の部分である。五名の与力が表記されているが、太田弥太郎（No.496）が史料3中のNo.389と重複している。同様に他の与力四名もすべて主馬組与力と重複し更に組の集計記載もない。[26]

浮田主馬組与力のほとんどに「主馬ニ入」「河州ニ入」など編成替えとおぼしき記載がみられる。表4はそれをまとめたものであるが、浮田太郎左衛門尉組が主馬組に継承される過程において与力（改易された四名を除く三十二名）のうち二十名が主馬組に残り、十一名が河内守組に異動している（一名は不明）。河内守組は旧組を継承したものでもなく、また「士帳」編成当初から存在していたものでもない。これは奉行人経歴が皆無の主馬が小編成組では最大の三十二名の与力を率いる負担を軽減するとともに、戸川、岡など重臣層の実力行使に対抗しうる者を新たに寄親とする必要があったためであろう。河内守は旧組のうちの一つを率いた寄親で、組の集約時に馬廻に編入された重臣であり、かつては戸川らと同格でありながら同時に直属奉行人としても広く活動していることから適任者であったと言えよう。

「士帳」にみる馬廻の先頭は石高から見ても史料４中の岡本権之丞（No.501）であるが、本来の馬廻の先頭は浮田河内守であり河内守と岡本は表記が連続していたはずである。河内守組が新設されるにあたり浮田主馬組から異動となった与力が河内守と岡本の記載の間に途中まで追記されたと見るべきであろう。河内守組にも組別集計記載がない理由をこの点に求めることができるのである。[27][28]

小編成組の権能（家臣団内の位置付け）

表１⑧浮田菅兵衛尉（No.411）も直属奉行人と規定される人物である。[29]⑩楢原監物（No.449）と⑪明石久兵衛尉（No.475）については現時点では家臣団内の位置付けが史料により確認できないが、「士帳」における⑦浮田主馬、⑨宍甘両組の寄親の修正記載等から六つの小編成組のうち少なくとも四組は直属奉人が率いた組であることが判る。

そして小編成組の寄親に関して、森脇氏が「相次ぐ加増によって直属奉行人を組頭へと取り立て[30]」と規定した点は、表2のE、F、G行の比較からも明らかである。すなわち重臣の加増は主に軍役転嫁であり、その余波は慶長三年（一五九八）以降は馬廻にも及んでいるが、[31]小編成組寄親については加増期間の前半に集中。加増前石高の少なさから見ても軍役転嫁とは一線を画す加増であったと言えよう。つまり小編成組の寄親への加増とは、新たに寄親に就け、領国経営の中枢に参画させることを目的とした家臣団内での家格上昇のためのものであったと推測できるのである。文禄以前は戸川らと同格の寄親であった浮田河内守（格上げの必要がすでにない）だけに加増がみられない点もその例証と言えよう（浮田土佐については後述）。

その編成時期は文禄三年（一五九四）以降であり、寄親が直属奉行人であることと少禄（平均四十二石）の与力が少数付属する点からもから小編成組は軍事的増強は受けつつも平時においては民生、農政を主務とする組[32]であったと推測することができる。

小編成組成立の契機として推測されるのは文禄検地であろう。赤穂郡真殿村の例から検地奉行は直属奉行人[33]であるが、実際の作業についてはより下級の家臣が動員されたことは明らかであり、これら実務者が検地という広範囲、長期の作業を通じて農政専門家として育成、組織化されたと考えられる。文禄検地終了後もこれら実務者が本来の所属に戻らず、旧組の再編に合わせて小編成組与力に組織化されたと考えられる。そこで中村組の役割については考察したが、その他の小編成組の役割も明確する必要がある。

表４　浮田主馬　組（旧　浮田太郎左衛門尉　組）の再編成

番号	氏名	石高	役職	新編成表記	加増計	加増前	重複	貼紙・訂正	異動後　区分
380	浮田　太郎左衛門尉	5,360	旧寄親		4,300	1,060		線引により削除（主馬を追記）	「士帳」から線引きにより削除
381	浮田　主馬	4,360	寄親		0	4,360		浮田太郎左衛門尉 5360 石を線で消し、主馬を追記	寄親として追記
382	長原　菅作	200		被召上	0	200		線引により削除「被召上」	石高から旧浮田太郎左衛門尉組の幹部と推測。太郎左衛門尉失脚に連座するかたちでの「被召上」と推測
383	岡本　太郎	200		被召上	0	200		線引により削除「被召上」	
384	浮田　弥三兵衛尉	160		被召上	0	160		線引により削除「被召上」	
385	楢原　宗八	150		被召上	0	150		線引により削除「被召上」	
388	大畠　小右衛門尉	70			0	70			不明
408	東　助右衛門尉	30		主（主馬か）	0	30			浮田主馬の与力へ編入（残留）
409	東　藤介	30		主（主馬か）	0	30			
410	次田　三郎次郎	30		主（主馬か）	0	30			
411	福田　三兵衛尉	30		主（主馬か）	0	30			
412	下山　弥一	30		主（主馬か）	0	30			
386	下山　神吉	80		主馬	40	40			
387	周藤　弥平次	80		主馬	30	50			
392	松井　九郎兵衛	50		主馬	0	50			
393	橋本　又兵衛尉	50		主馬	20	30			
394	片山　神介	40		主馬	0	40			
396	浮田　助兵衛尉	40		主馬	0	40			
397	橋本　与五郎	40		主馬	0	40			
398	平島　孫一郎	40		主馬	0	40			
400	花房　平蔵	40		主馬	0	40			
402	立石　与兵衛尉	30		主馬	0	30			
403	難波　与三郎	35		主馬	0	35			
405	牧　神次郎	30		主馬	0	30			
414	大倉　治兵衛尉	30		主馬	0	30			
415	山神　与五郎	30		主馬	0	30			
417	北原　新三郎	20		主馬	0	20			
389	太田　弥太郎	65		河州	0	65	●		浮田河内守の与力へ編入
390	今田　三九郎	50		河州	0	50	●		
391	庄屋　与五郎	50		河州	0	50	●	三九郎を線引きし　与五郎　追記	
395	寺尾　彦兵衛尉	40		河州	0	40	●		
399	津島　次郎太郎	40		河州	30	10	●		
401	福本　平左衛門尉	30		河州	0	30			
404	長崎　与兵衛尉	30		河州	0	30			
406	今田　三十郎	30		河州	0	30			
407	貴志田　三丞	30		河州	0	30			
413	市井　神右衛門尉	30		河州	0	30			
416	萩原　源五郎	20		河州	0	20			

三、小編成組による在地への関わり

【史料5】[34]

尚々、従富肥（戸川肥後守）可被申候へ共、今ほと彼是被取乱候間、我等より申事ニ候、巳上、

備中東三須百姓公役之事、給人衆あまた有之付而、百姓衆そも〱にて郷役難成之由候、互之為にて候間、各々談合候て、佐野新右衛門方ニ可被仰付候、此上ニ何角申者候ハ、堅可被申究候、恐々謹言、

文五申（一五九六）

岡市（岡市之丞）

正月廿日　久雅（花押）

大藤左（大森藤左衛門尉）まいる

御宿所

史料5は従来の寄親与力の関係を通しての在地への関わりを示すものである。東三須は備中窪屋郡（総社市南部で宇喜多領の西端）に所在。給人知行地錯綜のため公役の賦課に難渋した結果、寄親間の「談合」により在地の有力者である佐野新右衛門に一括賦課することが決定している。宛所の「大藤左」は戸川組与力の大森藤左衛門尉（№23）で東三須の給人の一人と見られる。発給者の「岡市」は同じく戸川組の有力与力である岡市之丞（№３）で「従富肥（戸川肥後守）可被申候へ共」の文言から戸川の代理として行動、すなわち寄親からのラインによる決定事項の伝達がなされている。東三須の給人衆のすべてが戸川与力とは考えにくいことから、この「談合」は各給人の寄親である重

臣によるもので、談合結果は再び各組のラインで伝達されている。
これは寄親が与力に対しての年貢・公役の賦課徴収に係る監督責任が課せられていたことからも必要に迫られたものであろうが、組を横断的に跨ぐ案件には寄親間での談合（合議）がなされていたことを示すものである[35]。
これに対して地域は異なるが新たな動きが見られる。

【史料6[36]】

北庄原田之内萬掟之事

一　新荒者不及申古荒迄も可成程ハ作可被申付事

一　高處御陣夫可被相定事

一　逐電人悉引返可被申付事

一　藪せひとう堅可被申付事

附竹の子壹本ニても折取候ハヽ、可為曲事事

一　田畠作心不入百姓秋才遣間敷事

右之通先々堅可被申渡候以上

卯月十二日　　浮田菅兵衛宗勝

尾坂右兵衛殿

史料6は浮田菅兵衛発出の「掟」である。宛所の尾坂右兵衛は菅兵衛の与力で尾坂孫次郎（No.422）の父にあたる[37]。しらが氏[38]は年代を天正二十年（一五九二）と比定したうえで分限帳での菅兵衛と尾坂の関係に注目し、「軍事編成であ

る寄親—寄子の関係を通じて農政に関する「掟」が在地へ伝達」とし「農政機構が未成立」と指摘する。光成氏[39]は「秀家が組頭（寄親）を通じて、組の構成員（寄子）に対して、村落統治の方針を徹底しようとしていた」とし（ただし光成氏は菅兵衛組の性格に関しては述べておられない）、この掟を「領国全体に適用される基本法」と評価。一方で森脇論考②の【附表】では「慶長2（一五九七）カ」と比定しており年代について意見の分かれるところである。表2から菅兵衛の累進は文禄三年（一五九四）以降であり天正二十年時点で尾坂が与力として預けられていたとは考えにくい。「高處（麗）御陣夫」の文言から朝鮮への出兵を控えた時期ではあるが、それは「新荒」等の文言にみるように村落疲弊が一般的になっていたことからからも文禄ではなく慶長の役を控えた慶長二年四月のものと考えて間違いないであろう。

北庄原田は現在の久米郡美咲町原田一帯でその石高は約一五〇〇石で複数の給人知行地が含まれていたと推測されるが[40]、尾坂右兵衛の本拠は神目（現久米南町の南端）と考えられ原田とは一〇キロ以上南方に位置している。「土帳」からその石高が五五石である点を考え合わせると尾坂は原田を知行していたとは考えにくく、当該掟をその地を領する給人として受けてはいないことになる。逆に「先々堅可被申渡候」の文言から尾坂は「先々」への掟の伝達者と位置付けられる。そして「先々」とは原田を領する各給人ではなく在地の有力者であった考えられるのである。つまり史料6は直属奉行人からその与力に対して発せられた政策の伝達命令であり、給人単位ではなく郷村を単位として区域[41]をまとめて直接在地へ伝達されたと考えられるのである。

森脇論考②では直属奉行人の活動形態を「単独よりも二～三名での活動が目立ち、しかも事案ごとにその組み合わせは改変されている」と規定。領国経営の企画、立案や秀家の意図を政策化する点は重臣から直属奉行人の専管事項に移りつつあったと考えられるが、決定事項の在地への伝達・施行に関しては小編成組与力がその任に当たったと考えて問題ないであろう。

重臣合議制から集権的な領国経営への移行を図る秀家にとって文禄慶長期はその過渡期に当たり、直属奉行人と在地への直接的な伝達経路となる小編成組を自己の権力の施行装置として重臣による「談合」を排して史料5から史料6に見られる体制の転換を目指したと考えられるのである。戸川肥後守が「秀家御仕置にてハ国家不相立[42]」と批判した「仕置」とはこの新体制そのものであり、大名権力の在地への直接的な浸透、介入に対する重臣層の危機感の表れと解することができる。

小編成組の役割から「士帳」は旧組を再編した重臣が率いる軍事主体の組と直属奉行人が率いる領国統治機構としての組という機能の相反する二種類の組を併記した構成になっている。これは奉行人個人の力量及び秀家との関係だけに依存することなく、小編成組を職制上においても活動の法的根拠を与え家臣団内における位置付けを明確にし、新たに形成しつつあった秀家の権力基盤の維持強化を目的にしたものであったといえよう。

四、小編成組の地域割――浮田土佐守組の存在

最後に「士帳」における両組併記の原則から小編成組の地域割の可能性について検討を試みる。「士帳」の戸川組末尾には「土佐守分」（表1）の土佐守再掲分として別枠で八名（№88〜95、三六〇石）の家臣が列記され集計記載では戸川組に含まれている。「士帳」には土佐守の受領名を持つ者の表記はないが、戸川組解体後の与力（十一名）の

異動先注記には「土佐ニ入」等の記載があり「土佐守」が存在していたことは明らかである。一方「士帳」と同系統[43]の「備前國主宇喜多中納言秀家卿之着到」[44]末尾の寄親一覧には戸川肥後守の後ろに実在しない「戸川土佐守」[45]の記載が見られるのと同時に支城一覧には「鍛治屋山　信原土佐守」の表記がみられる。信原（延原）土佐守（本稿においては以下「浮田土佐守」で表記する）は浮田姓を与えられた直属奉行人と規定され[46]赤穂真殿村の検地奉行など各方面での活動が明らかにされているが「士帳」には表記が見られない[47]。

表1から「土佐守分」八名はその構成、石高が前述の宍甘組や浮田河内守組など小編成組の与力の規模に類似している。また「士帳」編成の基本的方向性である両組併記の観点からも「土佐守分」とは直属奉行人である浮田土佐守を寄親とする小編成組がもう一つあり戸川組に属するという変則的な形で存在していたと推測することはできないであろうか。戸川、岡、長船と続く家臣団重臣序列の中にあって戸川、岡組の間に浮田土佐守組が記載されるという不自然さから後世の筆写の過程で土佐守部分の記載が削除された可能性を指摘しておきたい。土佐守の与力八名が戸川組に付随しているという形態から、土佐守組は戸川肥後守が移封された児島郡担当の小編成組であったと考えられる。宇喜多時代の児島郡の石高は約四万石（このうち戸川の知行は約二〜三割相当）と推測され[48]、八名の与力は浮田土佐守指揮により児島郡内において戸川領、他の給人知行地等の区分を超えた横断的な在地支配を担当したと考えられる。ただし児島の地域性[49]から戦時においては戸川の指揮下に入るよう定められ「士帳」の戸川組末尾に記載されていたのであろう。

浮田土佐守組与力個々の担当区域は不明だが、四万石を八名で担当していたことから単純計算で与力一名は約五千石相当の区域を担当していたと推測できる。表1から小編成組の全与力数は一〇三名（浮田土佐組を含み宍甘組は除く）

であり、約四七万石[50]の領国全体をカバーする体制が整えられていたと見るべきであろう。各小編成組は国若しくは郡を単位として担当区域が定められており、担当区域の石高の差が各組の与力数の差に表れていたと考えられる。重臣層の秀家への反発は直属奉行人と小編成組とを通じて在地への秀家権力の横断的介入への嫌悪がその一因と考えることができるのである。

まとめ

文禄、慶長期の宇喜多氏は長期外征による家臣損失の復旧（軍役確保）と豊臣政権からの過重な軍役賦課を果たし得る領国支配体制の構築という課題に直面していた。秀家は軍役確保を重臣へ転嫁し、その役割を軍事面に特化することで結果として領国経営の中枢から彼らを遠ざけることになる[51]が、新たな権力基盤として直属奉行人をその跡に参画させ、自らの意志決定を従前の寄親経由の給人単位から郷村を単位とした在地へ直接伝達、施行する小編成組（行政機構）の整備をも合わせて行うことにより集権化を推進している様子がうかがえる。文禄・慶長期の宇喜多家臣団は重臣が率いる軍事組織と秀家直轄の集権的な領国統治機構が並立する形態に改変された状態であり、「士帳」はこの統治機構を家臣団内の職制として機能することを明文化・制度化したものであった。「士帳」に見られる組の構成の差異はそれを端的に表したものとあったと規定できよう。その背景には慶長三年の秀吉と重臣長船紀伊守の死が影響している。最大の庇護者と家中における有力な調停者の相次ぐ喪失が秀家をして新たな権力基盤の強化を意図したものであり、そこには江戸期に作り上げられた「邪智[52]」ある君側の奸を重用し国政を壟断したイメージとは大きく相達した改革者としての秀家像を見ることができるのである。

註

（1）大西泰正『豊臣期の宇喜多氏と宇喜多秀家』（岩田選書 地域の中世七、岩田書院、二〇一〇年。以下「大西著書①」と表記する）、同『「大老」宇喜多秀家とその家臣団　続豊臣期の宇喜多氏と宇喜多秀家』（岩田書院、二〇一二年）、同『宇喜多秀家と明石掃部』（岩田書院、二〇一五年）。

（2）森脇崇文「豊臣期大名権力の変革過程―備前宇喜多氏の事例から―」（『ヒストリア』二二五、二〇一一年。以下「森脇論考①」と表記する）、同「宇喜多氏分限帳の分析試論―諸写本の比較検討から―」（『史敏』九、二〇一一年。以下「森脇論考②」と表記する）、同「豊臣期宇喜多氏の構造的特質」（『待兼山論叢』第四六号史学篇、二〇一二年。以下「森脇論考③」と表記する）。

（3）金沢市立玉川図書館近世史料館所蔵「加越能文庫」所収。

（4）森脇論考②。

（5）筆者「文禄・慶長期における宇喜多氏家臣団の構造―分限帳の分析から見る重臣層の負担―」（『國學院雑誌』一一六巻三号、二〇一五年）。なお、当該稿の提出後に「森脇論考③」に接したため、拙稿が宇喜多氏分限帳の内容分析の先鞭を付けた旨の表記をしてしまったが、「森脇論考③」こそがその位置を占めることは明白であり、その点自らの研究史の把握、分析の拙さを恥じ入るとともに、森脇氏にはお詫び申し上げたい。

（6）「（文禄三年）四月十六日付　岡越前守他十七名宛宇喜多秀家判物」（「遠藤家文書」『岡山県古文書集』〈以下『岡古』と表記〉第四輯一三七頁）。

（7）註（5）拙稿。

（8）各組付属の鉄砲衆（四〇人、八〇〇石）は小編成組だけに増強されているわけではなく、表1から重臣である明石、浮田左京亮組にも配置されている（戸川組への配置に関しては後述）。明石は与力の付属がないものであり、浮田については「士帳」編成の慶長期から新たに組を指揮するようになった寄親経験の浅いケースに対しての補強と考えられ、家臣団全体を俯瞰した上でのものであり、小編成組特有のものとは言えない。
(9) 註（5）に同じ。
(10) 森脇論考③。
(11) 註（3）に同じ。また史料中の人名等に付されたアラビア数字は筆者による。人名に付した数字は「士帳」における各家臣の表記位置をわかりやすくするため、先頭に記された戸川肥後守を1として以後連番を付している。なお当該数字は各組等に付属する「鉄砲衆　四十人」等にも付している。
(12) 家中騒動の一方の当事者である中村次郎兵衛尉は『鹿苑日録』第三巻（慶長五年正月八日条）に宇喜多氏重臣の襲撃により死亡したとされているが、大西著作①　第三部第三章により中村が後に前田家に仕えたことが明らかにされている。
(13) 宍甘太郎兵衛尉（No.438）と宍甘太郎左衛門尉（No.513）は石高はともに一二一〇石。加増歴は共に文禄四年三〇〇石、慶長二年四〇〇石、慶長三年四〇〇石であり、通称の一部「兵衛」と「左衛門」のみが相違。これは追記または写しの際の誤記または誤写と推測でき両者は同一人物と考えられる。
(14) 大西著書①第三部第三章及び森脇論考①。
(15) 寺町淡路守について詳細は不明。「士帳」における寺町姓は淡路守だけである。ただし「言経卿記」天正十六年二月十九日条（『大日本古記録』）には、「宇喜多宰相殿御内」の寺町光直（孫右衛門尉）が自亭にて連歌を催し、宇喜多忠家を始め長船、岡等の宇喜多重臣も参加。また同年三月二十日条では梅庵での連歌会の参加者に宇喜多重臣と共に光直の名が見られる。光直と淡路守の関係は今後の検討課題であるが、参加者の構成から光直は秀家の代理としての出席が推測され、また京に自邸を所有していることからも寺町氏は秀家側近であったと考えられる。
(16)『黄薇古簡集』巻第六　城府六（上之町福岡屋弥十郎所蔵）。
(17) 森脇論考①。
(18)「年未詳十一月三日付寺町淡路守宛氏未詳直吉書状」（「備中吉備津神社文書」『岡古』第二輯二四五頁）では、秀家近習の寺町淡路守による吉備津神社での祈禱（おそらく秀家の代参であろう）の復命を直吉なる人物が取り次いでいる。森脇氏は「森脇論考①」

註（68）において、直吉を中村次郎兵衛と規定しており筆者も同意見である。秀家近習であっても業務関連の復命は中村を介するという流れが形成されていたと見ることはできる。
(19) 史料1から御鉄砲衆頭は川端丹後守（№703）に交代。また中村組付属の鉄砲衆は「はり紙にて除き」とあるように組から分離されている。配属先は不明だが馬廻の戸川玄蕃允（№503）だけに不自然に鉄砲衆が付属していることから関連性を指摘しておきたい。
(20)「（慶長五年）九月十日付宍甘四郎左衛門他九名宛宇喜多秀家書状写」（「新出沼元家文書」八号『久世町史』資料編第一巻所収）。
(21) 註（11）に同じ。
(22) 浮田太郎左衛門尉の知行は家中騒動の一方の当事者であることから、千石を減じた形で主馬に継承させたと考えるべきであろう。
(23) 小編成組の与力のうち百石以上の者は浮田太郎左衛門尉組に四名と浮田菅兵衛尉組に二名のみ。このうち太郎左衛門尉組の四名は全員「被召上」として太郎左衛門尉に連座する形で知行を召上げられたと推測できる。
(24) 長原萱作は「慶長五年八月四日付宇喜多秀家知行宛行状写」（『黄薇古簡集』巻第八、上道郡長原村長原元吉古所蔵）により一〇〇石の加増を受けており、宇喜多氏に帰参していることが確認できる。時期は重臣退去後が妥当であり、長原等の「被召上」が秀家の本意ではなかったものと考えられる。
(25) 註（3）に同じ。
(26) 浮田河内守組の最後に記載される津島次郎太郎（№500）には「小」が付されているが、津島は浮田太郎左衛門組（後の浮田主馬組）から河内守組に異動しており、「小」の表記は筆写の過程における誤記と推測される。
(27) 岡本権之丞の知行は三二六五石（慶長四年の一七〇〇石加増を含む）、文禄期までは寄親を務めていたが浮田河内守同様に馬廻に編入されている。しかし河内守の知行は四五〇〇石で家臣団内の序列は河内守が上位であり、馬廻の先頭は河内守で岡本は二番手であったと考えられる。
(28) 浮田主馬組から浮田河内守組への異動与力は十一名であるが、追記されているのは五名のみ。他の六名の記載が漏れている理由は不明であるが、家中騒動再燃による混乱、もしくは森脇論考②で指摘される分限帳の使用下限に至り追記が中断し後世に写しが伝わったものではないかと推測できる。

(29) 森脇論考①。
(30) 註(10)に同じ。
(31) 註(5)に同じ。
(32) 森脇論考③では、家中騒動後と見られる戸川肥後守、浮田太郎左衛門尉組の与力改変注記に着目され、戸川組が解体されたのに対し、浮田組が「ほぼ原形をとどめる形で、彼と立場が近い組頭二名に相続されているのは、この組が軍事以外にも何らかの役割を担っていたためだろうか」と述べておられる。
(33) 註(29)に同じ。
(34) 「備中佐野家文書」(『岡古』第三輯二六九頁)。同書解題によれば佐野家は備中窪屋郡三須郷の旧族で近世は蒔田藩の庄屋を世襲。戦国期は備中守護代石川氏の被官であったとされる。おそらく石川氏の滅亡に際して帰農したものと思われる。
(35) 「文禄三年十月七日付定書案」(「難波文書」三五号『岡山県史』第二十巻家わけ史料三三五頁)。
(36) 『美作古簡集註解』巻之九、三六頁(上神目村小坂四郎右衛門所蔵)。なお、同書では史料の年代を天正十九年(一五九一)と比定している。
(37) 尾坂(小坂)氏は近世において久米郡神目(現久米南町)で大庄屋を務めた家である。おそらく宇喜多氏改易後は帰農したものであろう。同家所蔵文書(註(36)に同じ)のうち「(慶長五年カ)七月二十四日付浮田菅兵衛宛秀家判物」によれば、尾坂右兵衛は引退後京に在住していたが息子孫三郎(孫次郎)の「曲事」(家中騒動に連座したものであろうか)により出頭し菅兵衛に「預置」かれていたが、赦免され「如前其方(菅兵衛)與力二仕」というように菅兵衛与力に復帰している様子が伺える。
(38) しらが康義「戦国豊臣期大名宇喜多氏の成立と崩壊」(『岡山県史研究』六号、一九八四年二月)。
(39) 光成準治「中・近世移行期における村落統治と法─備前・美作国を中心に─」(『年報赤松氏研究』第三号、二〇一〇年)。なお『美作古簡集註解』巻之五、一五四頁(籾山村田口氏所蔵)には当該掟とほぼ同じ内容の田口藤左衛門宛の菅兵衛の掟が所収されているが、光成氏は同稿において田口氏所蔵文書の信憑性に疑義を呈しておられ史料としては採用していない。筆者もこの点に関しては光成氏と同意見である。

(40)　原田は近世において東村、中村、西村に分かれており『旧高旧領取調帳』によれば各村の旧高は四五九石、五一九石、五六二石（いずれも一石未満は省略）。また「慶長四年二月六日付戸川肥後守宛宇喜多秀家知行宛行状写」（「秋元興朝氏所蔵文書」東京大学史料編纂所影写本）から戸川に加増された四九六五石の中に久米南条郡原田六百石が含まれることから、慶長の役の影響で原田に六百石相当の闕所地が生じていたことはわかる（当該闕所地が複数の給人知行地か単独のものであったかは不明）。一方で戸川に宛行われなかった（闕所地ではない）部分が九百石相当あることから、少なくとも複数の給人知行地が混在していたと言えよう。

(41)　明確な史料はないが各小編成組ごとに政策施行の担当区域が定められていたことは類推はできる。小編成組与力の知行地や活動区域を個別に解明していくことで組編成や担当区域分けの基準の解明が期待できるが今後の検討課題としたい。

(42)　「（慶長五年）八月十八日付戸川達安書状案」（「水原岩太郎氏所蔵文書」『岡古』第三輯三三二頁）。

(43)　森脇論考②。

(44)　永山卯三郎編『吉備郡史』中巻（名著出版復刻）所収。

(45)　『寛永諸家系図傳』第十一（藤原氏　癸十一　支流　戸川）、『寛政重修諸家譜』巻十五（巻九百七十三　藤原氏支流　戸川）では肥後守（達安）の子正安が土佐守を称している。「備前國主宇喜多中納言秀家卿之着到」では土佐を正安と比定しているが、前述の『寛政重修諸家譜』では正安の生年は慶長十一年（一六〇六）であり「士帳」編成時には存在していない。

(46)　森脇論考①。

(47)　森脇論考③において、氏は「土佐ニ入」の土佐守を浮田内蔵丞（No.649）（馬廻二〇〇石）と推測されておられる。しかし浮田土佐守は浦上宗景旧臣の出身、宇喜多氏服属後は備中の鍛冶山城在番として対毛利の最前線を勤めた武将でもあり、その石高が慶長期に至って二〇〇石という点は不自然である。森脇論考①において延原氏は代々父が土佐守、子が内蔵丞の官途を継承してきたことが指摘されており、本来「士帳」には浮田土佐守と内蔵丞父子が其々表記されていて、父である土佐守の表記だけが後に削除されたと考えることはできないであろうか。

(48)　『旧高旧領取調帳』によれば児島郡の石高は四万九一三九石（一石未満省略）。このうち近世の児島湾干拓により成立したと見られる十一か村、一万一九七石（一石未満省略）を除く三万八九四二石が宇喜多時代の石高と考えられる。一方児島における戸川領は「文禄三年九月十二日付富川肥後守宛宇喜多秀家知行宛行状写」（『秋元興朝氏所蔵文書』東京大学史料編纂所影写本）から移封された本知が七五三〇石（一九・三％）、同時に加増された七〇〇〇石（児島、美作、備中）の大半が仮に児島内であったと仮定しても三五％程度と推測される。

(49) 当時の児島は離島で一島で一郡を形成。旧毛利領であり中国国切により宇喜多領に編入されている。

(50)「慶長三年大名帳」（『続群書類従』第二十五輯上　武家部所収）。

(51) 註（5）に同じ。

(52)「備前軍記」（『吉備群書集成』第三輯）では、長船紀伊守、中村次郎兵衛、浮田太郎左衛門尉を「みな邪智ありし者なり」と表記し、永く人物像として固定していたが、大西著書①（第三部第三章）により固定概念は払拭されている。

第3部　秀家を取り巻く人々の素描

Ⅰ　年欠三月四日付け羽柴秀吉書状をめぐって

――書状とその関係史料を再読して

森　俊弘

はじめに

ここに羽柴秀吉が発給した一通の無年号書状がある。

【史料１】

其表之様子、桑原次右衛門《貞也》罷帰候て承届、先以尤候、驚《警》固舟之事、あハち《淡路》舟・くき《九鬼》舟、驚《警》固舟其上当国之諸浦之舟共之事ハ不及申悉以申付候、人数之事も先堺目迄、八幡も御照覧候へ、可出候、其上注進次第自身可出馬候、切々可承候、油断ニ付而如此之仕合ニ候、可被得其□□《意候カ》、恐々謹言、

三月四日　羽筑

秀吉（花押）

明飛殿

一郎兵殿

平右殿

又左殿
平内殿
　御宿所

書状は兵庫県佐用郡上月町に在住する岡本逸二氏の所蔵文書(1)で、その原本図版と翻刻を載せる『兵庫県史』史料編中世三は、文書の発給年次を「天正七年ヵ」とし、宛名についても「明飛」に「明石飛騨守ヵ」、「平右」に「菅平右衛門尉ヵ」と注記する。また三鬼清一郎氏も年次比定について同様の立場をとっている(2)〔補註1〕。

　こうした『兵庫県史』などの見解は、以降の文書解釈に大きな影響を及ぼしたようで、例えば奥野高廣氏は同書の理解を更に進め、天正六年（一五七八）十一月の木津川口における合戦後、毛利氏の再挙を知った羽柴秀吉が同七年に「明石市付近の豪族」明石飛騨守や岩屋地方の豪族「菅平右衛門」らに明石海峡での阻止を命じたものとし、次いで橋詰茂氏も、同七年に宇喜多氏が織田信長方に転じ、対して毛利氏は経済封鎖を行ったため、秀吉は同年三月四日に「淡路舟・九鬼舟をはじめ、浦々の船を境目まで出船することを明石飛騨守や菅平右衛門尉などに命じている」と叙述している(3)。

　しかしながら書状は一読して、宛名の面々の訴える「其表之様子」を聞き届けた秀吉が軍船等の船舶や軍勢の派遣など事態への対応を誓約したものと読むべきであって、従って奥野・橋詰氏のいう彼等に出船を命じた内容ではなく、また後述するように宛名の「明飛殿」は播磨の豪族ではなく「平右殿」も菅氏とするには疑問がある。

　『兵庫県史』の注に見られるような宛名・年次の比定や、内容そのものにも不明な要素を残す現在、文書を改めて読解し、書状をめぐる史実関係を明らかにしようとするのが本稿の目的である。

一、書状の内容と年代比定

【史料1】は「明飛」を始めとした宛名の面々五名が、桑原貞也を取次として訴える「其表之様子」を聞届けた秀吉が軍船等の船舶や軍勢の派遣など事態への対応を誓約したものである。

まず宛名の面々については、同一人物等が発給者とみられる年欠卯月十日付け連署状(4)が知られており、こちらには「宇又左貞親」「富平右秀安」「岡平家利」「宇一入宗寿」、以上四名の署名がある。

両者を比較すると「平内」は岡平内丞家利、「又左」は宇喜多(長船)又左衛門尉貞親、「平右」は富川平右衛門尉秀安、「一郎兵」は宇垣一郎兵衛入道宗寿(5)、つまり彼等は宇喜多家の家老衆ということになり、残る「明飛」も明石飛騨守行雄である事が確実となる。

書状の文言にある「其表」は備前国としてよいと思うが、その「様子」については記載がなく今は具体的に知り得ない。ただ秀吉が家老衆の訴えを「先以尤候」とし、自分の「油断」で「如此之仕合」になったと記す事から、宇喜多家が何らかの窮状にあるのは間違いない。

さて書状で秀吉が示した対応は二つある。一つ目は軍船等の船舶派遣で、淡路船・九鬼船からなる警固舟と「当国諸浦之舟共」などの派遣を命じたとし、二つ目は軍勢の派遣で、神文を記し、まずは境目まで必ず出勢させ、秀吉自身も注進次第出馬すると誓約する。

書状の発給年次については、文面から窺える両者の関係から宇喜多直家の織田信長への帰属が明らかとなる天正七年秋以降、秀吉が備前国へ出馬する同十年三月以前、更に「あハち舟」派遣の文言から、秀吉が淡路国を制圧する同九年十一月以降と考えられ、従って該当するのは同十年三月のみである。書状で秀吉が備前出勢を表明している事自体、結果的ではあるがその傍証としてよい。

これらに関連して宇喜多家の旧臣、牧左馬助の覚書には「其時直家死去ニ付、感状ハ家老より給候事」として、同十年正月九日とされる直家の死後に家老から文書発給が行われたとする。直家没後の宇喜多家が家老衆の合議で運営されていた状況を窺わせ、【史料1】などとの関係においても注目されよう。

以上、書状の大意が明らかとなったところで、次章からはその文言を手がかりに、前後の史実関係を明らかにしていきたい。

二、秀吉による備前出勢とその契機

書状で誓約した通り、まもなく秀吉は家臣等に備前出勢を命じたようで、天正十年三月十七日には信濃国にあった織田信長の許にも「御次公、御具足初めにて羽柴筑前守御伴仕り、備前の児島に御敵城一所相残り候。此の表へ相働き手遣ひ」と注進している。ちなみに注進に関連して秀吉が同日及び翌日付けで毛利氏の家臣乃美少輔四郎に織田方への内応を誘った書状が知られており、書状中同氏への恩賞給与について触れた部分で「児島之儀者備州内ニ候」と強調している事と併せ、事件当時少輔四郎が父宗勝と「備前ノ国常山」に在城していて内応は未遂に終わったとする説話も存在しており注目される。即ち「御敵城」とは常山城（玉野市宇藤木・児島郡灘崎町迫川）であり、攻撃に先駆けて城内への調略を行っていた事になる。

この秀吉の注進は従来、大村由己「惟任退治記」や小瀬甫庵「甫庵太閤記」の三月十五日出陣という記述と相俟って実際の攻城を報じたものと理解されてきたが、史料からは三月二十六日に黒田孝高等が先発、秀吉自身は四月二日頃の出陣であったとみられる事(12)、「手遣ひ」とは一般に「手筈」の意であって(13)予告に過ぎず、従ってこの攻撃が実際行われたか今のところ不明である〔補註2〕。

とはいえこの注進は、秀吉が備前出勢にあたっての当初目標を述べたものであるから、出勢の意図や【史料1】のいう「其表之様子」「如此之仕合」の具体像を考察する上で重要な手掛りを含むと考えられる。何故秀吉は児島、或いは常山城を目標としたのだろうか。

秀吉の出勢に先立つ正月九日、直家の喪が発せられた事実は先に触れた通りだが、直家死後に児島で発生したという合戦が知られている。

【史料2】

児島八浜合戦、直家（宇喜多）死去之後、宇喜多七郎兵衛忠家子息与太郎大将として戸川平右衛門・岡平内、重介（馬場）も同罷立候、
此戦事長ク略仕候、与太郎打死、中村惣介・同子二人共打死仕候由書置申候、

この合戦は、児島郡大崎村（現玉野市八浜町大崎）一帯で宇喜多勢と毛利勢が衝突した所謂「八浜合戦」である。当史料は岡山藩士馬場家の奉公書で(14)、既に拙稿で(15)指摘したとおり、合戦に参戦した馬場重介ないし子息の与平次の覚書に拠る記録と考えられる。

覚書は早くから存在を知られ、同書を引用したとみられる編纂物も数多く、例えば類同関係を指摘しうる「志士清

談」には「直家死後」、参照を明記する土肥経平「備前軍記」(安永三年〔一七七四〕自序)にも「直家は実死去」と記す。また戸川達安の子安吉が伝聞を纏めた「戸川記」(延宝四年〔一六七七〕頃)[16]〔補註3〕には「直家卒去の後」、同じく「浦上宇喜多両家記」にも直家病死後として同様の経過を記している。ただし、別箇所で天正九年二月十四日という直家の没年を記す「両家記」の記事を元に考証、同年八月二十一日と比定したと思しき「備前軍記」を除き、明確な年次には触れていない。

以降、八浜合戦について様々な編纂物が言及しているが[17]、その記述は依拠史料のまちまちな解釈で錯綜、混乱し通説を掲げることさえ困難な状況といえる。北村章氏の指摘[18]によれば、従来から合戦に関して天正八年三月頃、同八月、同月九日、同二十四日、同九年八月二十一日、同二十四日など様々な年代が付与されてきたという。

その中でも同九年二月二十一日説は、明治期に「史料稿本」で比定がなされて以降、参謀本部が『日本戦史』の編纂において採用、また渡辺世祐氏や米原正義氏等も同説に基づき叙述や注釈を行っており、更に『岡山県史』や『新修倉敷市史』もこれらを承けた内容となるなど、近年岡山県域でも歴史的事実として定着してきている観がある[19]。

しかし同説の嚆矢である「史料稿本」からして「今姑其年ハ備前軍記・浦上宇喜多記ヲ取リ、其月日ハ文書ニ拠ル」とするように「文書」、一次史料では月日しか確定できず、年次のみ他の編纂物を援用しているのである。つまり同説にも再考の余地が多分に残されている。

さて八浜合戦の関連書状は先考により数点紹介されているが、ここでは「史料稿本」のいう「文書」の一通でもある年欠二月二十四日付け穂田元清書状[20]を改めて取り上げたい。

【史料３】

其以後者不申通候処、預御飛脚目出候、誠小串《備前》不慮付而、渡口天城《備中》之城取付、即児島《備前》取渡候処、麦飯山敵取付之由慥従敵方内通候条、去十八日取上候処、忠家《宇喜多》自身罷出雖切懸候、於両口及戦、敵追散頸五ツ討捕之、則時大崎《備前》村令放火、取居候て当城普請申付候処、去廿一日岡山衆罷渡、当陣麓差寄候条、諸陣より打下及合戦、於鑓下為始宇喜多与太郎《元家》、宗徒之者数十人討捕、敵追崩得太利、太慶此事候、合戦之趣御推量之外候、不可有其隠候条不能申候、被聞付早々承之珍重候、将又其元長々御在番、御辛労之至無申計候、猶以其表不可有御緩事専一候、恐々謹言、

治太《穂田》
元清　御判

二月廿四日

岡宗左衛門殿　御返　申給へ

書状からは毛利・宇喜多両勢の動向がよく窺われる。以下の検討での必要からも『卿伝』及び北村氏の解釈などを元に補足を加え、全体の経過を見ておきたい。

①穂田元清は「小串不慮」のため、児島への渡口である「天城之城」（現倉敷市天城）に拠り、児島へと渡った。
②児島で「麦飯山敵取付」と内通者から通報を受けた元清は十八日、麦飯山を「取上」した。対して宇喜多忠家が出勢、攻撃してきた。「両口」で戦闘となり、毛利勢は敵を追い散らし首五つを取り大崎村に放火させた。元清はそのまま在陣し「当城」の普請を命じた。
③二十一日、「岡山衆」が児島へ渡海、「当陣」麓へと接近してきた。毛利勢は「諸陣」から下り戦闘、宇喜多与太郎

をはじめ数十人を討ち取り、敵を追い散らし勝利した。

①〜③の経過、及び合戦が二月二十一日に行われた事実は史料の性格からしてまず動かない。以下の検討における基礎となるものである。

それでは近世編纂物などから窺われる経過はどうだろう。

従来の歴史叙述が依拠してきた編纂物に「備前軍記」がある。八浜合戦を記す巻五「児島八浜合戦并七本鎗の事」は珍しく出典を示しており「備前宰相忠雄卿を備中庭瀬の肥後守の家へ招請ありし時の物語を書留し」記録と「馬場十（重）介が覚書」を参照した旨記載がある。前者について、現在そうした「書留」自体は確認できないが、「戸川記」が同様の記事を「後年肥後守達安の時備前宰相忠雄卿を庭瀬城にて招請の時波知浜軍の事を尋給ふ故に肥後守詳に物語有」と結ぶように、或いは同書の記述そのものを指すとも考えられ、内容はほぼ一致する。後者の馬場家の覚書は前述のとおりである。

その他にも柴田一氏の指摘[21]と併せ記事の比較から、香川宣阿『陰徳太平記』（元禄八年（一六九五）自序）の参照も明らかである。同書には巻第六十二に「備前蜂浜合戦之事」と題した説話が見える。更に『陰徳太平記』は米原正義、笹川祥生両氏の指摘[22]のとおり、先行する香川正矩「陰徳記」（寛文五年（一六六五）序）を増補・改訂したもので、同書の巻之六十「備前之国児島ノ蜂浜合戦之事」は、八浜合戦の説話として最も早い叙述と考えられる。両書では若干異同があり、宇喜多与太郎を、忠家の「嫡子」から「直家の養子」と改め、登場人物を追記、そして途中「戸川記」から戸川秀安の動向や所謂「八浜七本鑓」の武功を引用、挿入するなどして合戦の記事を増補している。

いまこれらの参照関係について図示すれば次のとおりである（次頁）。

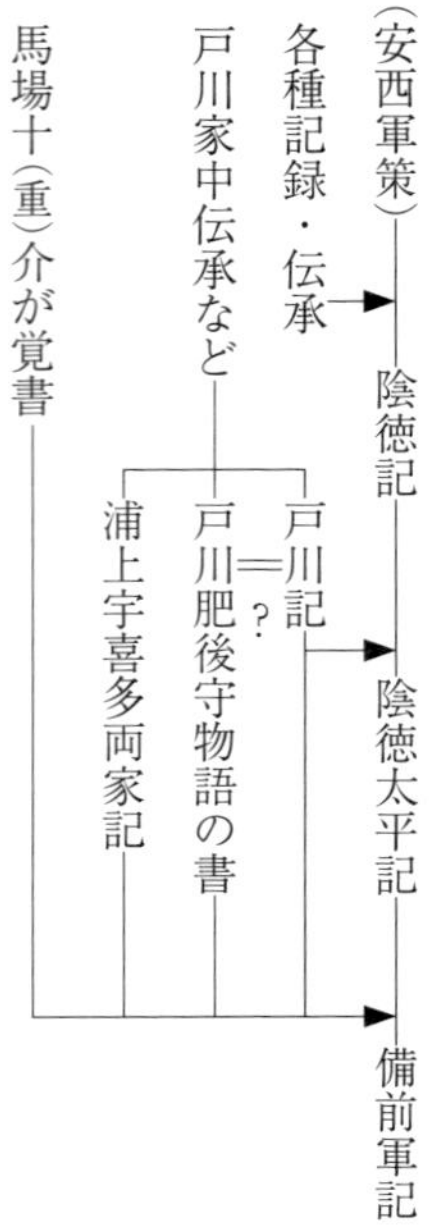

こうしてみると従来行なわれてきた編纂物の単純な相互比較はあまり意味がない。相互の関係を踏まえつつ考察を進める必要があろう。

そこで本稿ではひとつの試みとして【史料2】と①～③、及びその他一次史料から知り得る事件の経過と、「陰徳記」など近世編纂物の記す事件の経過との接点を見出し、事件に対する理解を深めてみたい(23)。

まず①の「小串不慮」について、『卿伝』は宇喜多勢の小串（現岡山市小串）攻撃とするが、二月六日付け羽柴秀吉書状(24)に「備前児島内高畠色立、人質宇喜多方へ相渡」として高畠氏が立場を明確にし宇喜多方へ人質を渡したと記し「丈夫成於在之者、人数を出候、其上我等も可罷出候」と黒田孝高に命じている。次いで二月八日付け小早川隆景書状(25)にも「愛元之儀来十三日藤戸渡口打出候而則及行候、於于今は高畠一分ニ罷成候間、先一動申付候」と高畠氏離反を児島渡海の理由とする。以上から「小串不慮」とは北村氏の指摘にもあるように、小串を本拠とする高畠氏の毛利氏離反に関連するとみるべきである。

「陰徳記」は八浜合戦の記事直前に「高畠心替之事」と題して高畠氏の毛利氏離反に関する説話を採録している。小串城主高畠和泉守が、小早川隆景の検使として在城していた粟屋四郎兵衛尉・豊島市助へ「悴家相続ノ為」の叛意を告げて帰国させたとしており、管見では唯一事件について知り得る説話である。高畠氏の離反と八浜合戦の両説話とも、先行する「安西軍策」には見えず「陰徳記」で初めて加えられる事から、両説話を一連の事件として配置する香川正矩の認識ないし依拠した素材は一定の史実を踏まえたものといえるだろう。

穂田元清の児島渡海は、彼の二月十五日付け書状[26]から十四日と知られ、「島中無相替儀候」「郡・波智浜無珍取沙汰候哉」とある事から十五日時点で宇喜多勢の八浜出勢は未だ確認されない。

従って②に見られる穂田元清への「麦飯山敵取付之由」という通報は宇喜多勢による麦飯山（玉野市大崎）陣取の予定を報じていると考えられ、元清がとった「取上」の行動も『新修倉敷市史』が読み下す「取り上げ」ではなく、宇喜多勢に先駆け麦飯山に「取り上が」ったと解釈するべきであろう。また同書は「両口」について児島灘を東西で扼する小串・藤戸の二カ所とするが、小串方面からの出勢に対し後に八浜城が築かれる「両児《ふたご》」山（玉野市八浜）付近で戦闘が行われたとした方が理解しやすい〔補註4〕。

大崎村への放火は、合戦に先立つとみられる正月晦日、小早川隆景が元清からの報告として「大崎衆はたゝ〳〵と候間、是非共常山へ可罷籠」と乃美宗勝へ報じている[27]ように、宇喜多方に協力していた地下人への報復と思われる。「当城」は二月十五日付け元清書状が「不日常山普請可申付存候」とする事から常山城であろう。

そして③の宇喜多勢の児島渡海は、馬場家の奉公書が「宇喜多七郎兵衛忠家子息与太郎大将として戸川平右衛門・岡平内、重介も同罷立候」、その他同様に家伝を参照する各書[28]が「浮田七郎兵衛忠家の子与太郎大将にて、戸川平右衛門・岡平内巳下渡海し」「与太郎元家自将として戸川・明石等の老臣を帥ひ、八浜に渡り」「宇喜多七郎兵衛忠家八浜ニ渡海ス、戸川平右衛門・岡平内等従之」「宇喜多勢与太郎基家を大将として、富川平右衛門・岡平内其外諸大勢渡海して八浜の此方に陣を取り」とするのを初め、「陰徳記」の、秀吉の指示で宇喜多勢が「蜂浜」に築城し忠家・与太郎父子が入城、対して小早川隆景は穂田元清に麦飯山へ築城させたとする記事に対応するものであろう。

元清が合戦の発端となったと記す宇喜多勢の「当陣」麓接近について、馬場家の家伝による前掲各書は「麦飯山の敵城近き辺りにて草を苅る時、敵出て追立たつる」など、馬の飼料を刈る「所役」「溢レ者トモ」が「軍令ヲ違テ」敵陣に近づいたとし、「陰徳記」にも「或時蜂浜ヨリ足軽ヲ出シケレハ、麦飯山ヨリモ打出、セリ合、野伏軍シケルニ、備前勢次第々々ニ重リ二千四五百斗ニ成ケレハ、麦飯山ヨリモ是ヲ見テ、敵勢加リタリ、味方討スナトテ、是モ二千余馳加リ、宮ノ森ト云処ニテ互ニ身命ヲ捨テ、攻戦」とあるから、偶発としても宇喜多勢側の干渉は間違いないだろう。そして「備前軍記」は所謂「八浜七本鑓」によって巻き返し毛利氏を児島から撃退したように記しているが、同書の拠った馬場家の家伝や「戸川記」などでは撤退に伴う防戦での働きに止まっており、結局は元清が「於鑓下為始宇喜多与太郎、宗徒之者数十人討捕、敵追崩」と報じるように毛利勢が勝利し、宇喜多勢は戦場である大崎から敗走して合戦は終了したと考えられる。

ここで注目されるのは「陰徳記」が八浜合戦の記事に続き「備前蜂浜之城責事」と題して次のような児島情勢を記す事である。

【史料4】

同三月下旬隆景朝臣《(小早川)》、宇喜田七郎兵衛尉・沼本新右衛門カ楯籠タル児島ノ城ヲ攻ントテ、沼田ノ城ヲ打出児島《(備前)》ノ城ヲ被取囲、(中略)、巳ニ城中難義ニ及、注進シキナミナリケレハ、宇喜田和泉守直家我力トシテハ後詰難成間、此由秀吉《(羽柴)》へ注進シタリケレハ、則浅野弥兵衛尉ヲ大将トシテ五千余騎、数百艘ノ兵船ニ取乗、備前へ下り敵ノ後ヲ取切、其上ニテ秀吉出張セント披露有ケリ、

此由輝元《(毛利)》朝臣聞給ヒテ、隆景先児島表ヲ引払給へ、ト頻ニ使ヲ以宣ヒケル間、此度ハ折節無勢也、重テ大軍ヲ

催秀吉ト一戦可有トテ、同四月中旬児島ヲ引払打入給ヒケルニ、沼本新右ヱ門跡ヲ慕ケレハ、粟屋雅楽允殿トシテ取テ返防戦ヒ、無事故引退ニケリ、

三月下旬に小早川隆景が児島へ出陣して宇喜多勢の籠城する「児島ノ城」を攻囲、宇喜多直家は「我力トシテハ後詰難成」と秀吉へ注進し、秀吉は浅野長吉等による救援を報じたため、隆景は児島から退陣したとする。この説話は「陰徳記」を初見とし、沼本氏は当時宇喜多家に属していたにもかかわらずその武功を特に記す事などから、同氏の縁戚である岩国吉川藩士香川家の家伝に基づくものと考えられる。[29]

事件を直家の生前とする点に疑問が残るものの、[30] 説話中で語られる四月中旬の隆景の児島撤退は、（天正十年）四月二十四日付け織田信長朱印状[31]によって事実と確認できる。惟任光秀を使者として長岡藤孝・一色五郎へ宛て発給されたもので「中国進発事、可為来秋之処、今度小早川従備前児島令敗北、備中高山楯籠之間、羽柴藤吉郎令出陣取巻之由、注進候、重而一左右次第可出勢候」と秀吉の注進に基づき備中の情勢が報じられている。「高山」とは奥野高廣氏の比定する川上郡川上町高山の地と異なり所謂幸山城（岡山県都窪郡山手村西郡・同清音村三因）であろう。つまり【史料4】の記事にも一定の史実の反映が確認できるのであり、翻って三月下旬とされているものの敗戦後の宇喜多氏へ秀吉が「披露」したとされる内容も、軍船を派遣しその上で秀吉が出張する、と【史料1】に類似しており興味深い。〔補註5〕

以上、八浜合戦を「直家死後」とするいくつかの記録に関連して、直家の死去が同九年末を遡らないという事実、また毛利家中の記録「桂岌圓覚書」でも事件が概ね年代順に配列されている中、合戦の記事が同九年四月頃の伊賀久隆毒殺[32]と同十年夏の高松合戦の間に置かれている事、更に関連する信長朱印状が天正十年四月の発給とみられる事な

どを鑑みれば、合戦の年次は同十年とするほかないだろう。

つまり時期的に言えば【史料1】は八浜での敗軍による窮状を宇喜多家の家老衆が秀吉に報じたその返状の可能性が高い事になる。天正十年、小串高畠氏の与同を契機に宇喜多忠家は常山城の毛利勢を牽制するため麦飯山築城を試みたが失敗。このため宇喜多勢は大挙して児島へ渡海、八浜へ拠った。両勢の緊張下で偶発的に起こった合戦に宇喜多勢は再び敗軍、八浜城への籠城を余儀なくされていたのである。この敗軍・籠城の状況こそ秀吉が書状に記す自分の「油断」による「如此之仕合」であり、彼の備前出勢を早めなおかつ児島をその当初目標に決定させた要因であり、ひいては同年秋を予定していた信長の中国出勢をも繰り上げさせる契機となったと考えられる。(33)

三、秀吉による警固船・「当国之諸浦之舟共」派遣

本章では【史料1】で秀吉が派遣したとしている警固船と「当国之諸浦之舟共」について検討する。

前者の警固船派遣で確実なところでは、三月二十四日付け小早川隆景書状(34)に見え、隆景が「上警固之儀、一昨晩以来比々・下津井相働候」と報じるように、秀吉方の軍船による備前国児島の比々（現玉野市日比）・下津井（現倉敷市下津井）攻撃が知られる。ただしその戦果は隆景の報じている限り「不甲斐〳〵」、僅少であったらしい。対して後者の「当国之諸浦之舟共」に関してはどうか。表記のとおり播磨の「諸浦」から徴発された船舶と考えられるが、その性格や今活動の実態は不明である。

船舶の性格を考える上で私がまず着目したのは、同時期に毛利氏が行っていたとされる瀬戸内海での経済封鎖との

関係についてである。

　毛利氏の経済封鎖については岸田裕之氏の研究[35]がある。同氏は封鎖の経緯を年欠二月二十五日、三月一日、同月二十日付けで毛利氏奉行人が発給した一連の連署状[36]などから分析し、その年次については慎重に断定を避けているものの、天正七年の毛利・宇喜多両氏の対立により某年二月から三月にかけて瀬戸内海の各地で「毛利氏は経済封鎖を断行」し、結果「織田氏支配下の中央都市商人の活動を著しく損ね」たとしている。同氏の叙述を参照した山内譲氏も「天正七年以降のもの」と記しているが、橋詰氏はそのまま封鎖の開始を文書の発給と同時とみなし同七年三月と記し、また北村氏も独自にその時期を同七年以後、十年以前と推定している。ただし後で述べるとおり、経済封鎖の開始と文書の発給は別年次にかかるようで、岸田氏の叙述に沿って封鎖の契機を宇喜多直家の離反に求めるならば、経済封鎖は少なくとも同七年秋以降、文書の発給は翌八年三月以降となる。

　実は年次比定など問題解決の手がかりが三月一日付け連署状にある。

【史料5】

輝元公
御判

重々被仰出候、従姫路(播磨)為商舟数多罷下候儀必定之由、追々御注進候、上乗之者ハ各御分国之諸浦人にて候、然間何か(如カ)も不入、上かゝりの舟之儀者、先々差留候而可有注進候、第一祐得舟并高畠舟、于今其辺罷居之由候、可被尋究候、自然聞立申上候ハん者にハ可被成御褒美候、又内通仕、とりぬかし候ハん者をハ別而可有御成敗候、于今歴々下口ニ上船罷居之由候条、右之題目以隠密可被相究候、万一於油断者旁可為私曲候、為此重々被仰出候、恐々謹言、

栗屋右京亮
元勝　判
国司助六
元蔵　判

三月一日

高井藤右衛門尉殿

ここで注目されるのは船留の対象を毛利氏と敵対する「上衆」に関わる船舶を示すと思われる「上かゝりの舟」「上船」と記すと共に、特に姫路から下向が必定とされる「商」のための「舟」や「祐得舟」「高畠舟」を示している点で、特定船舶への早急な対応が文書発給の目的である事を示している。そしてこれらの船舶について、前章で検討した事件との関連をそれぞれ見いだせる点は重要である。

まず「高畠舟」は高畠氏の船と考えられる事から、八浜合戦の遠因の一つとなった「小串不慮」との関連を指摘しうるもので、その捜索も毛利氏離反に伴う措置という事になろうか。

次いで「祐得舟」はこれより先、二月二十五日付けの連署状では「児島之内はち浜之ゆう徳舟」の勾留が毛利氏領内の諸浦に命じられている。岸田氏はこれを八浜の「有徳舟」すなわち商船としているが、書状の表記また北村氏が八浜八幡宮（玉野市八浜町八浜）所蔵の天正十四年の棟札に「願主山下祐徳公」とある事などから指摘する通り、八浜の有力商人山下祐徳の持ち船である。

以上、高畠船の置かれた状況から私は、一連の連署状三通を高畠氏の毛利氏離反直後、天正十年に比定してみたい。そして文書がこの年に比定されるならば、当時、港を山麓に見下ろす八浜城で宇喜多勢が籠城中であった事は先に見たとおりである。祐徳船の捜索についても、同船の目的について二月二十五日付けの連署状が「九州へ為商売罷下之由候」とし、またこの記述から岸田氏も同船が宇喜多氏の支配下にあり九州での戦時物資購入を目的としていたと推測するように、八浜城への物資補給を警戒したものと理解しておきたい。

毛利氏領国への下向必定と報じる姫路からの船舶についても、同地が同八年四月以降秀吉の居所である事から、その船籍地にかかわらず派遣主体の所在をもって表現されたもので、従って時期的にも【史料1】の「当国之諸浦之舟共」を指す可能性は高いと思う。

秀吉による毛利氏領国への多数の商船派遣といえば、まず想起されるのが天正九年の春に因幡で行われたとされる同様の事件であろう。ここでは比較的成立の早いと考えられる「安西軍策」巻第六「牛尾鳥取城楯籠事」所収の説話を掲載しておく。

【史料6】

羽柴筑前守秀吉、商買舟数艘若狭ヨリ因州へ差下米穀ノ類ヲ日来ヨリ一倍二倍高直ニ買セラレケレハ、森下・中村是ヲ謀トハ不知、俄ニ徳福ノ付タル心地シテ蓄置タル兵粮盡クコソ売ニケレ、

説話は同九年の鳥取城包囲戦に先立つ秀吉の措置を伝えるもので、「商買舟」を若狭から出船、高値で因幡の米穀類を買収させたとある。小田木工允「老翁物語」(37)（寛永元年〔一六二四〕頃）に秀吉が「重て商人共大分之金銀を御持せ、米を現直段より高直にして、調略を以被買せ候」、「寛永諸家系図伝」亀井氏の項に「同（天正）九年の春、秀吉金銀を持せて商人をつかハし、鳥取近辺の米穀・菜菓・薪芻等を買取」とあり、一定の史実に基づくと判断してよいと思う。これは脇田修氏が注目するように(38)、商品経済の論理をうまく使った戦闘そのものへの経済機能の利用である。

つまり瀬戸内海での「当国之諸浦之舟共」派遣も、因幡の事例と同様の行為を秀吉が命じていたとは考えられないだろうか(39)。ただし毛利氏にとっては少なくとも二度目、それも今回は商船下向が未然に判明しており、有効な計略たりえたのか、との意見もあろうかと思う。

この後の高畠船と祐徳船の消息は不明であるが、姫路の船を含むとみられる「上船」に対する毛利氏の対応は三月二十日付の連署状から窺うことができる。

【史料7】

就船留之儀、態御飛脚被差上候、則御紙面之通披露申候、楊井《周防》・大畠江者先年八代《周防》衆船留堅為被申付ニ付而、今程上船不相懸之由言上候趣遂披露候、委細被成御心得候、然は上関《周防》へは相答罷通之条、対武満《村上》御理被仰、於上関被相留可然之由、是又被成御心得候、軈而武満へ可被仰理之由被仰候、自然其浦へも相懸候は被留置、可有御注進候、殊上船未罷上之由候之条、不可有油断之由被仰出候、将又鞆《備後》之河井源左衛門尉船与《予》州表江直ニ乗申候茂、是又鞆《伊予》・塩飽之間可為逗留之由被申候、何も被成御心得、弥武満へも可被仰遣候之条、可被申談候、恐々謹言、

栗屋右京亮
元勝　判
国司助六
元蔵　判

三月廿日

栗屋弥八郎殿
高井藤右衛門尉殿

当書状は毛利氏の警固衆、高井・粟屋両氏の注進を毛利輝元へ取次いだ奉行衆が、輝元の返答を受け発給したものである。

書状から知られる注進は少なくとも三か条あり「先年から八（屋）代衆に船留を命じていた楊井・大畠（現山口県柳井市・玖珂郡大畠町）に現在上船は寄航しなくなった」「両所の船留で上船は上関（現山口県熊毛郡上関町）を通るようになっており、村上武満に要請して上関で船留を行うのが妥当である」「鞆の河井源左衛門尉船の予州表出船についても、鞆・塩飽間で逗留させるべき」とする。この注進からは、従来本州沿いに柳井水道を通過、楊井・大畠へ寄航していた「上船」が船留を避け上関へと迂回していた事が知られ、これに対して輝元は両氏の注進を「御心得」すなわち了解すると共に、書状の末尾で「其浦」、おそらくは楊井・大畠への寄航船の船留と注進、重ねて村上武満との談合を命じている。

以上から窺われる状況は、岸田氏等の記すそれとはかなり異なり、「先年」、少なくとも天正八年以前から船留が行われているのは柳井・大畠のみ、それも船舶の迂回で効果が希薄となっている。何より上船の警固を行っているのは【史料5】の言葉を借りれば「各御分国之諸浦人」、毛利氏領国の海賊等に他ならず、二月二十五日付けの連署状にも「分国之船頭等上衆之荷物等積候儀も可有之候」とある。船留が織田政権への経済封鎖とする定義は妥当としても、その効果には疑問が残る。天正十年三月に至っては、却って毛利氏領国内の経済活動の方が、同氏自身の更なる海上流通の制限で停滞を強いられたのではなかろうか[40]。

また（天正十年）卯月四日付け毛利輝元書状[41]で輝元は「塩飽相懸之上船、多分打帰」として、先に鞆の河井船が塩飽付近へ待機した結果によるものか、同海域に止まっていたという「上船」があらかた撤退、海上に異状なしと報じている。秀吉の岡山着陣が四月四日、上船の撤退直後である事からすれば、すなわち秀吉は、多数の商船下向による米穀等の買収のみならず、その情報そのものをも計略として用い、毛利氏を牽制し領国の経済活動を停滞させるという、自身の備前出陣に向けたより良好な戦況の維持・創出を企図していたと考えられるだろう。

おわりに

以上、羽柴秀吉の発給した無年号書状を起点にその理解を深めるべく検討を進めた結果、興味深い事実をいくつか知ることができた。

先に拙稿でも述べたとおり、良質な史料が不足するなかで近世編纂物の呪縛を解くには、通説の淵源には何があるのか、それは一次史料の記述とどのような関係にあるのかなど、編纂物自体への理解を深める作業が不可欠と感じている。本稿でも軍記史料の記述に若干の検討を交えてみたが、今後も意識してこうした基礎作業を心がけたい。

註

（1）原本は黒川恵吾氏の仲介で岡本氏の御好意に預かり、閲覧等の機会を得た。平成十一年十二月五日に兵庫県立歴史博物館学芸員の松井良祐氏に立会いただき、宮尾正美氏と実測・撮影を行った。文書は折紙を一度切断し天地を揃えて軸装、寸法は現状で縦二八・五センチメートル、横四八・五センチメートルを測る。この体裁は明治二十二年の東大影写本作成時点で既に現状の通りである。

（2）三鬼清一郎編『豊臣秀吉文書目録』（名古屋大学文学部、一九八九年）。

（3）奥野高廣「織田政権の警固船」（『古文書研究』第三一号、一九八九年）。橋詰茂「織田政権の瀬戸内海制海権をめぐって」（所理喜夫編『戦国大名から将軍権力へ―転換期を歩く―』吉川弘文館、二〇〇〇年）。以下引用等は全て同論文による。

（4）『岡山県古文書集』第二輯、備前金山寺文書。宇喜多家の家老衆が狼籍防止に金山寺へ「御検使」を申し請け進上するという内容と日付から天正十年、羽柴勢の備前下向に伴う文書と考えられる。

（5）宇垣一郎兵衛について、戸川家中の古伝を編集した「浦上宇喜多両家記」（延宝五年（一六七七）自序。以下「両家記」）には、元松田家臣で同家没落後「年余有テ宇垣市郎兵衛本国ニ因テ折々忍来ルヲ聞付テ直家召出シ、知行ヲヤリ家人トス、用人ノ聞ヘアル故也」、「小坂家記」（元禄二年（一六八九）、寺阪五夫『美作古城史』作陽新報社、一九七七年所収）にも「宇垣市郎兵衛直家公御家老、三ヶ国之御仕置被仰付候」とあるのが参考になる。

（6）「信長公記」巻十二、天正七年九月四日、同年十月晦日条。巻十四、同九年十一月十七、二十日両条など。

（7）『美作古簡集註解』巻之十一、杜村牧九郎左衛門所持。

（8）直家の死については「備前軍記」巻之五「宇喜多直家卒去の事」に拠った天正九年二月十四日死去、翌十年正月九日公表説に根強い支持がある。この記事は「両家記」や「信長公記」巻之十五、宇喜多家臣の安土伺候の記事などに基づくとみられる。しかし既に谷口克広氏による（同九年）十二月三日付け羽柴秀吉書状に基づく指摘（『織田信長人名辞典』吉川弘文館、一九九五年）と併せ、同年に比定される年欠十一月六日付け織田信長黒印状写（奥野高廣『増訂織田信長文書の研究』補遺二五七号「蜂須賀文書写」。同書は七年とする）に「宇喜多煩再発之由候、永々所労少得験気、又相発候旨、難本復仕候」云々とあるように同年中の生存が確認できる。「両家記」は二月死去説の根拠だが、記述そのものは直家の死去から「日過テ」の葬礼までそれほどの時間経過を感じさせない。そうした点でこの説話は例えば天正九年末死去、翌十年正月九日公表といった事実を伝える可能性も残されている。

（9）「信長公記」巻十五、天正十年三月十七日条。

（10）乃美文書（『新熊本市史』史料編第二巻、古代・中世、一九九三年所収）一〇四～六号。

（11）「安西軍策」巻第五「乃美心変事」。同書は事件を天正四、五年頃にあたる箇所へ配列しているが、註（10）文書の存在と併せ、本文が年次を明示しない事から考えて誤解であろう。

(12)（天正十年）三月二十四日付け黒田孝高書状（『岡山県古文書集』第三輯、美作牧家文書）。
(13) 土井忠生・森田武・長南実編『邦訳日葡辞書』『邦訳日葡辞書索引』（岩波書店、一九八〇年）など。
(14) 大沢惟貞編「吉備温故秘録」干城（無巻数）、池田家文書マイクロフィルム（リール№ＴＷＺ―１３）。
(15) 拙著「岡山藩士馬場家の宇喜多氏関連伝承について―「備前軍記」出典史料の再検討―」（『岡山地方史研究』九五、二〇〇一年）。
(16)「戸川記」の著者は同書の異本「戸川家譜」（早島町史編集委員会『早島の歴史』３史料編、一九九九年）の自序に「戸川源兵衛」、「寛政重修諸家譜」に戸川逵安の子「安吉　源兵衛　母は（岡豊前守）元忠が女。家臣となる。」とある事から知られる。また成立は「戸川記」に引用され、「戸川家譜」「両家記」執筆の契機となったと自序にある福住道祐「宇喜多伝」が安吉に与えられた延宝四年以降、「両家記」に「戸川平右衛門秀安軍忠ハ伝記ニ載コ、ニ略ス」とあるので同書が成立した同五年以前である。
(17) 古くは石丸定良「備前記」（元禄十七年〔一七〇四〕）などの地誌類や土肥経平「備前軍記」（安永三年〔一七七四〕自序）、近代以降でも永山卯三郎『岡山県通史』（岡山県、一九三〇年）、早田玄洞『史上の吉備』（歴史図書社、一九七五年）、多和和彦「八浜城と七本槍」（倉敷史談会『倉子城』第八号、一九七一年）、『岡山の古戦場』（日本文教出版、一九七三年）、及び各市郡町村史など多数に上るが、「備前軍記」による概要紹介に止まるものが多い。そうした中、関係城郭の縄張図や立地から考察を行う池田誠「毛利氏と宇喜多氏における城砦戦の一考察―備前備中国境戦における八浜攻防戦を中心に―」（『中世城郭研究』第七号、一九九三年）は特筆される研究で、また関係史料に検討を加えた北村章『備前児島と常山城―戦国両雄の狭間で』（山陽新聞社、一九九四年）も参考になる。
(18) 註（17）の北村氏前掲書。以下、引用等はすべて同書による。
(19)「史料稿本」は東京大学史料編纂所データベース上で公開されている画像データに拠った。以下、参謀本部編『日本戦史　中国役』（参謀本部、一九一一年）。三卿伝編纂所編・渡辺世祐監修『毛利輝元卿伝』（マツノ書店、一九八二年。以下『卿伝』）。『萩藩閥閲録』（山口県文書館、一九八二年。以下「閥閲録」）。米原正義校注『正徳二年版本　陰徳太平記』五（東洋書院、一九八三年）。岡山県史編纂室編『岡山県史』編年史料（以下『県史編年』）・同中世Ⅱ・同年表、一九八八～九一年。倉敷市史研究会編『新修倉敷市史』２　通史古代・中世、一九九九年など。

(20)「閥閲録」巻八十、岡吉左衛門二五号。
(21)柴田一「解題―土肥経平と『備前軍記』」(柴田一編著『新釈備前軍記』山陽新聞社、一九八六年)。
(22)米原正義「解説」(米原正義校注『陰徳記』マツノ書店、一九九六年)、笹川祥生「戦国軍記の形成と終焉」(笹川祥生『戦国軍記の研究』和泉書院、一九九九年)。
(23)本稿の検討には一考あって中島元行「中国兵乱記」(元和元年〔一六一五〕跋)、橘生斎『西国太平記』(寛文元年〔一六六一〕自序、同三年刊)などを含めなかった。今後の課題としたい。
(24)「黒田家文書」四六号(『黒田家文書』第一巻、福岡市立博物館、一九九九年所収)。同書では註(20)書状などで天正九年と比定する。
(25)「閥閲録」巻百二ノ二、冷泉五郎一〇一号。
(26)『新修倉敷市史』9史料、古代・中世・近世(上)、編年史料四四一号、萩市郷土博物館所蔵湯浅家文書。
(27)「閥閲録」巻十一ノ一、浦図書三六号。同書原本或いは翻刻時の比定によるものか(天正十年)の注記がある。
(28)それぞれ順に『常山紀談』「明良洪範」「宇喜多元家甲冑記」「志士清談」「備前軍記」。
(29)沼本家と香川家の縁戚関係は、岸田裕之「小瀬木平松家のこと―付、「新出沼元家文書」の紹介と中世河川水運の視座」(『熊山町史調査報告』四〔熊山町、一九九二年〕、のち『熊山町史』参考資料編〔熊山町、一九九五年〕、更にこれを補訂した『大名領国の経済構造』〔岩波書店、二〇〇一年〕に所収)に詳しい。
(30)「陰徳記」が合戦の年次を天正八年二月とするのは、叙述に依拠した一本とされる「老翁物語」の影響と思われる。同書は前掲「桂岌圓覚書」を増補した記録で、増補にあたり八浜・高松両合戦の間に天正九年の鳥取籠城戦の記事を挿入しており、この配列がそのまま「陰徳記」に引き継がれているのではないだろうか。「陰徳記」が直家の生存を記すのも、上記操作で創出された年代観から香川正矩が付加したものと考えられよう。
(31)奥野高廣『織田信長文書の研究』一〇一五号「細川家文書」二。ちなみに『陰徳太平記』は同八年三月直後の事件として、隆景の児島退去に続け光秀と藤孝の備中高山攻城・撤退の記事を増補している。本書状の内容と何らかの関係も窺われるが、光秀の備中出勢が信長の横死に繋がる事から史実とは認めがたい。

(32)　年欠卯月十七日付け毛利輝元書状（「閥閲録」遺漏巻二ノ一、赤川二郎左衛門二九号）及び天正九年八月十九日付け福原貞俊・口羽春良・福原元俊・穂田元清・小早川隆景連署起請文（同巻二十九、井原孫左衛門一号）。

(33)　本稿が述べようとしている年代観に符合する記録として、玉木吉保「身自鏡」（米原正義校注『戦国期中国史料撰』マツノ書店、一九八七年）を紹介しておきたい。後年の回顧だが吉保は自身の見聞として、宇喜多直家の死、同氏の上方勢引き入れの動きに対する毛利勢の児島出勢、「蜂浜と云城」の取詰め、備中情勢による「猿懸・甲山」への撤退、高松合戦などを一連の事件として記す。

(34)　「屋代島村上家文書」（今治郷土史編さん委員会『今治郷土史』資料編古代・中世、一九八九年）一〇―二。同文書は「閥閲録」巻廿二ノ一、村上図書三七号及び『県史編年』二三二一号にも所収。

(35)　岸田裕之「中世後期の地方経済と都市」（『講座日本歴史』四、中世二〈東京大学出版局、一九八五年〉、のち『大名領国の経済構造』岩波書店、二〇〇一年）、同「人物で描く中世の内海流通と大名権力」（広島県立歴史博物館編『商人たちの瀬戸内』一九九六年）。同氏の研究を参照した文献として前掲橋詰氏論文のほか、山内譲『海賊と海城』（平凡社、一九九七年）と、金谷匡人『海賊たちの中世』（吉川弘文館、一九九八年）がある。以下、引用等は各書による。

(36)　「閥閲録」巻百三十五、高井小左衛門三〇・一三・一五号。

(37)　『改定史籍集覧』第十五冊、別記第百九十四。三坂圭治校注『戦国期毛利史料撰』（マツノ書店、一九八七年）。

(38)　脇田修『秀吉の経済感覚―経済を武器とした天下人』（中央公論社、一九九一年）。

(39)　出典不明だが湯浅常山は『常山紀談』巻之五に「秀吉西国の米を買れし事」と題し、備中の陣に際して秀吉が密かに西国の米を高値で買取り毛利側の兵粮が欠乏したとの説話を採録している。

(40)　また岸田氏は経済封鎖の傍証として年欠六月十日付け号庵某書状（毛利博物館所蔵）を紹介している。号庵某が尾道の商人笠岡屋小川氏に宛てた書状について号庵を中央都市商人とし、天正十年秀吉と毛利氏の和平によって、留め置かれていた物資を取寄せ早速商売を再開したいと報じているとする。しかし備中で結ばれた和睦を「此表之儀惣和睦」、姫路へ「罷上」り尾道へ「罷下」ると記す号庵は備前・備中近辺に居住していた可能性が高く、『大日本史料』第十一編之一、天正十年六月四日条が差出者を「恕慶」と判読する事から号庵は宇喜多家と関係の深い角南恕慶ではないだろうか。ちなみに「寛永諸家系図伝」は恕慶の生国を備中と記している。つまり「御退置候物共御取よせ候て　早々商売ニ被仰付可然存候」とは事情に通じた角南氏が、物資を退避させていた小川氏へ商売の再開を勧めたものと理解されよう。

（41）「閥閲録」巻五十、飯田与一左衛門二号。

【付記】本稿の作成にあたり岡山短期大学助教授の尾崎聡氏には関係論文を送付いただくなどしており、この場をもって御礼申し上げる。また様々な助言を戴いた森百合子氏への感謝も記しおきたい。

【参考文献】

瀬川秀雄『吉川元春』（冨山房創立事務所、一九四四年）
東京大学史料編纂所編『史料綜覧』巻十一（東京大学出版会、一九五三年）
高柳光壽・松平年一『戦国人名辞典』増訂版（吉川弘文館、一九七三年）
桑田忠親『豊臣秀吉研究』（角川書店、一九七五年）
宇田川武久『瀬戸内水軍』（ニュートンプレス、一九八一年）
山本大・小和田哲男編『戦国大名家臣団事典』西国編（新人物往来社、一九八一年）
玉野市教育委員会・同市文化財保護委員会編『玉野の文化財』（玉野市教育委員会、一九八七年）
阿部猛・西村圭子『戦国人名事典』コンパクト版（新人物往来社、一九九〇年）
山本浩樹「放火・稲薙・麦薙と戦国社会」（『日本歴史』五二一号、一九九一年）
平凡社地方資料センター『山口県の地名』（平凡社、一九九三年）
藤木久志『雑兵たちの戦場　中世の傭兵と奴隷狩り』（朝日新聞社、一九九五年）
新人物往来社編『小早川隆景のすべて』（新人物往来社、一九九七年）
森浩一・網野善彦・生田滋・山内譲「瀬戸内の海人たちⅡ」（中国新聞社、一九九八年）

山口徹編『瀬戸内諸島と海の道』（吉川弘文館、二〇〇一年）

〔補註１〕　本年二月に完結した、名古屋市博物館編『豊臣秀吉文書集』一～九（吉川弘文館、二〇一五～二四年）でも、本文書は未だ年未詳のままである。

〔補註２〕　本稿発表後、尾下成敏氏は、従来天正十二年とされていた年欠三月十七日付け羽柴秀吉陣立書（一柳家文書）の発給年次を同十年に再比定し、また太田浩司氏が、近年発見されたいま一通の陣立書（当時個人蔵。現在は一般財団法人太陽コレクション所蔵）を紹介されている（尾下成敏「信長在世期の御次秀勝をめぐって」〔『愛知県史研究』一九、二〇一五年〕、太田浩司「秀吉の備前・備中攻めと秀吉陣立書 新出の「羽柴秀吉児島攻め備」をめぐって」〔『日本史研究』七一九号、二〇二二年〕）。両氏ともこの陣立書をもって、秀吉と御次秀勝による児島出勢、常山攻城が実行されたと断定する。しかし、同文書の発見報道がなされた令和三年（二〇二一）当時、太田氏等からの照会に対し筆者は、文書は同日の陣触れに伴うものだが、他の史料から出陣・攻城に至っていないのではないかと指摘し、さらに発見を報じた令和三年八月二十七日付け『山陽新聞』朝刊で取材に答えた畑和良氏も「この文書だけでは実際の戦闘行為の有無までは判断できない」と指摘する。筆者は、実際には出勢・攻城の実現しなかった可能性が高いとの本稿での見解を、改めて強調しておきたい。

〔補註３〕　現在では、註（16）にも示した異本「戸川家譜」をより良質のテキストとして用いているが、初出のままとする。

〔補註４〕　この「両口」について筆者は現在、麦飯山の陣の東西「両口」と考えを転じている。

〔補註５〕　〔補註２〕に関連して、太田氏は前掲論文で「陰徳記」の記事を、「秀吉は浅野長吉を大将とし五千余騎と数百艘の兵船を繰り出し、後詰して小早川の城攻め軍を打ち払った」と要約する。しかし、【史料４】に見るように秀吉は出勢を「披露」するに留まり、出勢や小早川勢の排斥は読み取れない。なお、明暦元年（一六五五）の奥書を有する「佐々部一斎留書」（佐々部承序原蔵、東大史料編纂所謄写本）にも次のようにあって、やはり秀吉らが出勢に至る前に、毛利勢は児島から退去したとされる。

一同夏、小早川殿《（隆景）》御自身一手之勢勿論、元清《（穂田）》公是も一手之勢ともニ御同心有テ八浜《（備前）》ノ城之尾頸ニ五六日御陣取有之、然所ニ羽柴《（秀吉）》殿宇喜多為加勢、船手ハ浅野《（長吉）》驒《（弾）》正、陸路ハ羽柴殿打向候由、半納ニ至テ此風聞有之付テ、輝元《（毛利）》公ゟ端々之取合不入事ニ候条、重而無二之合戦可仕候間、御引退候得と数度御使有之ニ依テ、小早川殿・元清公御引退候事、

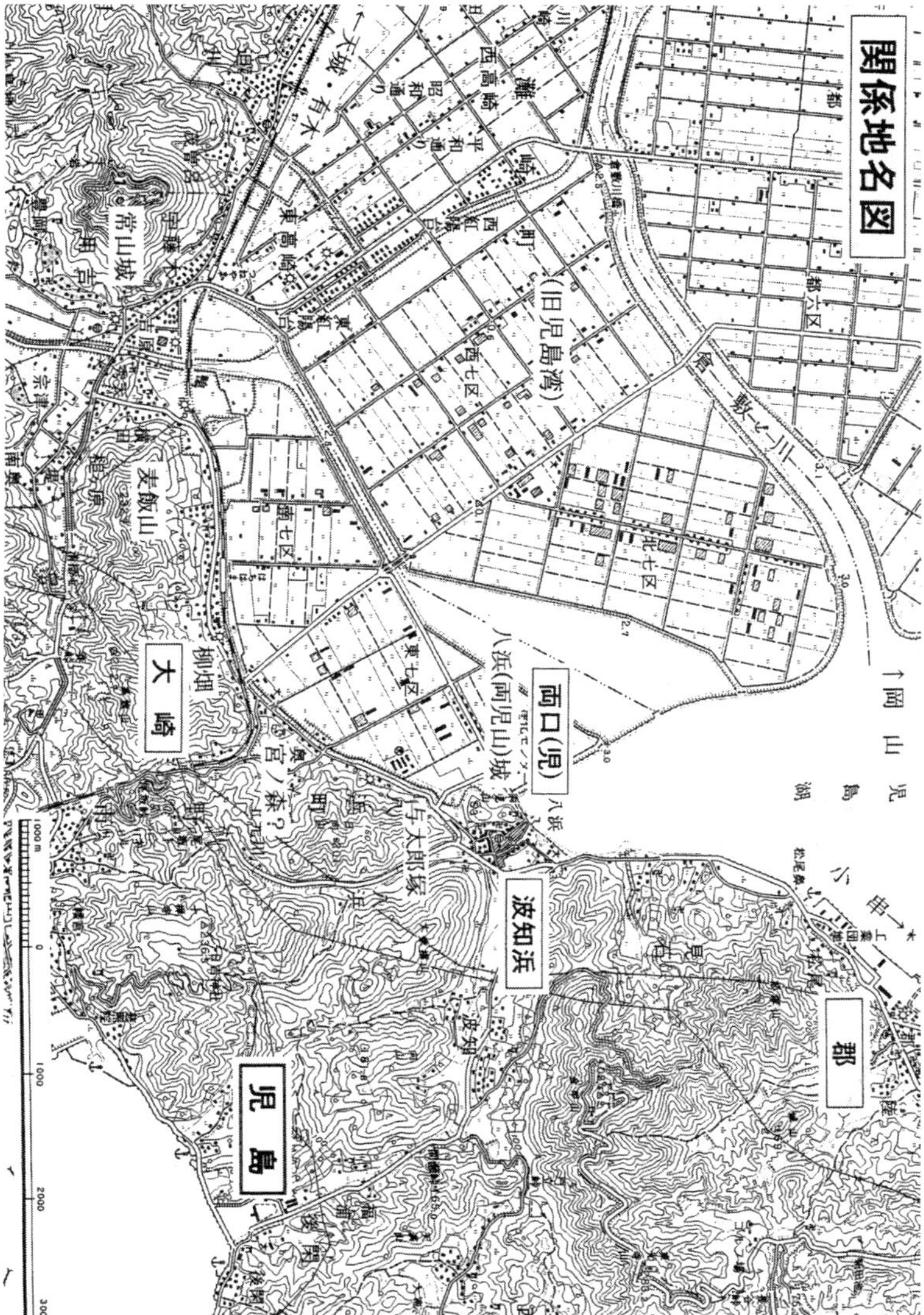
関係地名図
郡
児島
大崎
波知浜
両口(児)
八浜(両児山)城
(旧児島湾)
常山城
麦飯山
柳畑
児島湖

Ⅱ　本太城主「能勢修理」のこと

畑　和良

はじめに

かつて瀬戸内海屈指の大島だった備前国児島の西岸、水島灘に向かって突出する天神鼻（倉敷市児島塩生）に、本《もと》太《ぶと》城と称する城がある。この城は瀬戸内水軍の研究者の注目を集め、早くから良質の史料に基づく検討が重ねられてきた。その結果、近世編纂物に基づいて語られていた「能勢修理《のせしゅり》」を城主とする説は、研究者の間で顧みられることがなくなり、村上水軍支配下の海城としての認識が定着しつつあるように思われる。

それでは、近世編纂物の言う「能勢修理」という城主は、実在しなかったのであろうか。小稿では、最近見出したいくつかの史料に基づき、能勢修理の実在の有無、本太城との関わりの有無について、検討してみたい。

一、本太城主に関する言説の変遷

一次史料が紹介される以前、本太城史は讃岐国の香西氏による侵攻、「本太城合戦」に焦点を合わせて語られていた。

最初にこの合戦に触れた香西成資『南海通記』[1]（享保四年＝一七一九年成立）では、元亀二年（一五七一）に香西宗心が毛利氏への助力と称して「加陽ノ城」を攻め取ろうとした、という経緯が語られている。「加陽ノ城」は別箇所で「本太ノ城」と言い直されており、本太城を指すことがわかる。しかし、『南海通記』にはその時の城主が誰だったのか一言も書かれていない。

土肥経平は『備前軍記』[2]（安永三年＝一七七四年成立）巻第四「児島本太城合戦五流山伏の事」において、右の香西成資の著作（『南海通記』）を情報源として本太城合戦を紹介している。しかし、『南海通記』に城主に関する記述がないことを物足りなく感じたのか、経平は独自に合戦当時の城主を推定し、次のように付記している。

按に、此城攻并香西宗心討死のことは、宗心が末葉香西成資といふもの讃州に住して記せし所にて、此国には記し伝ふることもなく、児島郡の民間の口碑にものこらざるゆゑ、其時の城主誰といふことをしらず。しかるに能勢修理といふもの此城主にて、則修理が墓木（本）太城の東なる山の麓に今もあれば、其時の城主も此修理にて、後に宇喜多家へ臣従せしなるべし。又能勢修理大夫頼吉といふ者墓岡山府下妙勝寺にあり。是は木（本）太の城主の修理が子にて、宇喜多の臣となりしなるべし。此能勢といふは多田満仲朝臣の末流多田入道頼貞といふ者此国にありて、建武の乱に宮方にありて始終心を不変して足利家の為に自害せしとこゝに言伝ふ。太平記にも八幡合戦に其名見えたり。此入道の墓は浜野村松寿寺にあり。其子多田太郎頼仲（一には吉仲）家号を改めて能勢と称して武家にしたがふといふ。此頼貞はたゞ多田入道といひ伝へて呼名等しれず。此修理も此入道の末孫なるべし。

以上が土肥経平の所説である。つまり、合戦当時の城主が不明であることを認めつつ、能勢修理という者が本太城主として知られ彼の墓も城の近辺にあるので、合戦時の城主もこの能勢修理で、後に宇喜多氏に仕えたのであろう、と推定している。これは特に史料的裏付けも状況証拠による検証もない憶測だが、後続の文献は『備前軍記』で示された憶測を無批判に継承・発展させ、合戦当時の城主を能勢修理と断定的に表現するようになった。例えば、明治十年（一八七七）に成田元美が編集し岡山県が発行した『備前略史』巻之一では、「児島日比村ニ住セル四宮隠岐守讃州ノ香西宗心駿河入道ト謀リ伊（頭注＝伊能誤）勢修理ノ守レル本太城児島郡ヲ抜キ毛利ニ降リ以テ児島ヲ略セントス」と明記されている。

しかし、昭和三十九年（一九六四）に刊行された永山卯三郎編著『倉敷市史』第四巻下（倉敷市史刊行会）は、『萩藩閥閲録』所収の本太城に関する一次史料を紹介し、

永禄十一年九月村上大和守武吉（一五三三—一六〇四　天文二—慶長九）は家臣島越前守吉利をして児島本太城を守らしむ阿波の三好家から備中三村へ援兵として香西駿河入道宗心に阿州勢を率ゐ来攻む越前守城中より突撃し香西宗心を打取勝利を博した

と述べ、本太城合戦の発生年代は永禄十一年（一五六八）、城主は村上武吉配下の島吉利とするのが正確であるとしている。以後、三宅千秋氏ら地元史家の間でも、本太城合戦時の城主を能勢修理とする『備前軍記』由来の説を見直し、別の城主を想定する動きが起きた[3]。一九九〇年代に入ると、山内譲氏が『萩藩閥閲録』所収文書に「島家文書」などを加え、良質な一次史料に基づく本太城合戦の本格的な整理を行った[4]。その結果、永禄七年（一五六四）ごろから元亀二年（一五七一）ごろまで本太城が能島村上水軍の棟梁村上武吉の影響下にあり、永禄十一年の合戦当時は島吉利が城番を務めていたことは史実として確定した。一方で、この研究成果が公表されて以降、従来城主とされていた能勢氏について何らかの説明を試みた研究は、絶えて見ることがなくなってしまった。

以上が、本太城主に関する言説の変遷の概要だが、問題点を二つ指摘することができる。

①現状では能勢修理の存在そのものが良質の史料によって確認されていない。本当に実在するのか、実在したとすれば活動年代や所属はどうなっているのか、確認する手続きが必要である。

②永禄～元亀年間に本太城が村上水軍の影響下に置かれていたことは動かないが、それ以前・以後の状況は不明のままである。つまり、能勢修理がその前後の時期の城主だった可能性は残されている。

次章では、この二点を踏まえて考察を進めていきたい。

二、能勢「じゅさん」と本太城に関わる地域伝承

まず、能勢修理の実在の有無について検討する。現在確認できる能勢修理および本太城に関する最古の地域伝承は、石丸定良『備前記』[5]（元禄十七年＝一七〇四年成立）収載の左の記事である。

一村西海辺出ハリタル所、本太《モトフト》古城山アリ、能勢修理法名寿三居城ト云、則ウタウマ溺ト云所ニ寿三墓アリ、此城ヲ、阿波ノ三好ヨリ人数ヲ越、通生村ノ八幡宮ヲ本陣ニシテ夜討ニセラレケレトモ、城強クシテ寄手ヲ宮崎ノ海へ追入、討取ト云、鞍置馬多ク、赤崎辺へ放レ来、赤崎村名主市太夫曾祖父トモヒロウト語伝フ

この伝承は、『南海通記』などによって本太城合戦が脚色され物語化する前の姿を残しており、強引な年代付与も行われておらず、地域の記憶を純粋に伝えたものと言える。この記事の信憑性について考える上で注目されるのは、本太城合戦の攻撃側を「阿波ノ三好」の派遣軍としている点である。山内譲氏が註（4）書籍で指摘する通り、永禄

十一年に本太城を攻撃した香西氏は「阿州衆」＝阿波三好軍の将として来攻したことが一次史料に明白である。つまり、『備前記』伝承は政治的背景も含めて史実をかなり正確に伝えていると評価できる。

この『備前記』伝承の冒頭に、問題の能勢修理について記載があり、本太城が能勢修理の居城だった旨明記されている。ただし、この城主伝承と後半の合戦譚とは特に結びつけて語られてはいない（能勢修理が三好軍を撃退したとは一言も書かれていない）。あくまでも『備前記』は最も強く地域に記憶されている城主名と、一番印象に残る合戦を並記しているのみで、城主に関する情報と合戦譚とは時系列の異なる別々の事柄である可能性を含んだ叙述になっている点が注意される。つまり『備前記』伝承には現在一次史料の検討によって確定されている事実関係と矛盾する点はみられない、ということになる。

さて、その能勢修理にからむ記述だが、具体的には①本太城が能勢修理の居城だったこと②能勢修理の法名が「寿三」であること③能勢修理の墓が城の近傍「ウタウマ溺」（倉敷市児島塩生宇頭間）にあることの三点が述べられている。後続の官撰地誌『備陽国誌』[6]（元文四年＝一七三九年）はこのうち①③のみを採り、合戦譚と共に②を捨象してしまっているが、『備前軍記』も「備前国には城攻めに関する記録も口碑も残っていない」と述べて①③の要素についてのみ触れている。このように能勢修理について触れた従来の文献は、おおむね①③のみに着目した叙述を行っているのだが、彼の存在を実証する上で本当に注目すべきなのは、②の法名「寿三」である。次の史料を見ていただきたい。

【史料1】妙本寺大堂常什回向帳（抄出）[7]

能勢八十郎父

寿讃

史料1は日蓮宗本山の一つ比企谷妙本寺（神奈川県鎌倉市）に残る過去帳の一節である。ここにみえる能勢八十郎は、慶長五年（一六〇〇）前半ごろ成立した宇喜多氏分限帳の記述によって、宇喜多秀家の家臣で三六〇石の知行を給与されていたことが知られる。(8) その能勢八十郎の父親に、能勢寿讃という人物がいたことが、史料1によって確定できる。「寿讃」は法名と考えられるが、この法名は『備前記』にみえる能勢修理の法名「寿三」と音通している。近世の地誌・軍記類が、故人の氏名や通称に同音の宛字を用いることは普通に行われており、『備前記』の言う能勢寿三は、史料1にみえる能勢寿讃を指しているものとみて間違いないと考えられる。伝承上の能勢修理こと寿三は実在するのである（以下、史料1の表記を尊重し、引用部分を除いて「寿讃」と表記する）。宇喜多秀家に仕えて慶長初年（一五九六〜一六〇〇年）に活動した人物の父親なので、永禄〜天正年間（一五五八〜九二年）を中心に活躍した人物と言うことになろう。なお、史料1の性格から、能勢寿讃・八十郎父子が遠く鎌倉の日蓮ゆかりの寺院での供養を依頼するほど日蓮宗を篤く信仰していたことも読み取ることができる。

この能勢修理の出自について、『備前軍記』は南北朝時代の武将という多田頼貞とその子能勢頼仲を紹介し、能勢修理を彼らの末孫と推定している。『備前軍記』は根拠を示していないが、石丸定良が享保六年（一七二一）に編纂した『備陽記』(9)に、多田頼貞の子・某が「能勢」に改姓し、その末孫が本太城に居住したとの伝承が採録されており、早くから多田頼貞系能勢氏と本太城の能勢氏とが関連するものと認識されていたことがわかる。以下、この点について検討しておきたい。

『備前記』によれば、多田頼貞は備前国御野郡浜野村（岡山市南区浜野）に居城したと伝えられ、同村の松寿寺に「多田入道ノ墓并頼綱迄四代ノ墓」があるとされている。また、浜野村を含む旭川河口部右岸には、右の松寿寺をはじめ瑞雲寺本行院（岡山市北区番町）など暦応年間の能勢頼仲による創建伝承を有する日蓮宗寺院が複数存在する。[10]これらの伝承は、能勢氏が旭川河口部右岸の有力者として地域に記憶されていることを物語るものだが、こうした能勢氏のあり方は一次史料によって裏付けることが可能である。

例えば、享禄三年（一五三〇）四月、能勢秀綱（大炊助）は岡山城主金光秀盛（右衛門大夫）と連署して、旭川河口部左岸の宇治郷（岡山市中区国富から平井付近）における所領を失っていた平井朝能（右兵衛尉）に対し、代替の所領を与えている。[11]当時、旭川河口地域では中小領主が連合し有力国衆松田氏の支配を請け負う体制が成立していたが、能勢氏も地域の有力者としてこの体制に参加していたことがわかる。[12]また、森俊弘氏が酒折明神（岡山神社）神領をめぐる紛争関連史料として紹介する九月十二日岡山神主書状に[13]「能妹、国富出入ニ付者、爰元近郷衆中牢人仕候」とある。能勢氏（「能妹」は宛字）と国富氏とが岡山神社近郷を大きな混乱に巻き込む抗争を展開し、その影響で所領を失う者が出たことがわかる。正確な年代は不明だが、文中に「金川さま」こと金川城主松田氏の存在が示されているので、戦国期の状況を示すものに相違ない。

これらの史料から、戦国期の旭川河口部右岸に、地域を代表する勢力の一つとして多田頼貞末裔を称する能勢氏が実在したことは確実といえる。そして、この地域には、本太城主とされる能勢寿讃および子息の八十郎と同じ呼称と日蓮宗信仰を持つ人物の存在が、伝承として残されているのである。具体的には、旭川河口部右岸に所在する日蓮宗妙勝寺（岡山市北区船頭町）の創建者として、能勢寿讃と同じ「修理」の官途を持つ「能勢修理大夫頼吉」の名が伝承されている。[14]妙勝寺の建立時期は天正年中とされているので、能勢頼吉は能勢寿讃と同時代人ということになる。また、頼吉の家系は又五郎・八十郎を経て近代までこの地域で続き、その子孫の家には能勢八十郎の画像と関連する古文書が伝来していたとのことである。[15] 肖像画の存在は、頼吉の流れをくむ近世能勢氏の家系上で能勢八十郎が特に重要な位置づけを与えられていたことを窺わせる。史実において八十郎は中世から近世への転換期に実在した人物なので、恐らく彼は近世能勢氏の事実上の家祖と認識されていたのであろう。

このように、児島郡の本太城伝承に登場する能勢寿讃と、旭川河口部の妙勝寺伝承に登場する能勢頼吉とは、官途（修理）・活動年代（天正年間）・信仰（日蓮宗）・肉親（八十郎）など、多くの部分で一致をみる。『備前軍記』『備作人名大辞典』[16] 等の先行文献は、能勢頼吉を本太城主能勢修理の子、または同一人物として紹介しているが、右のような共通点を踏まえれば、こうした見立てはおおむね事実とみなすことが可能と考えられるのである。

以上の考察から、本太城主と伝承される能勢修理こと寿讃は、旭川河口部右岸の有力者として多くの日蓮宗寺院の創建・保護にかかわった能勢氏の出身で、妙勝寺伝承にみえる能勢修理大夫頼吉と直接関係する人物である可能性が高い、と推断する。この地域は岡山城の膝下に当たることから、永禄十年（一五六七）八月ごろ宇喜多直家が「金光要害」＝岡山城の前身を包囲して金光氏を屈服させた際、[17] 金光氏と連署して活動していた能勢氏も宇喜多氏に服属し、八十郎の代まで宇喜多氏家臣として活動したということになるだろう。

さて、旭川河口部を本拠とし宇喜多氏に従う立場にあった能勢氏が児島郡の本太城を居城とする機会があったとすれば、宇喜多氏の命による城番としての転入、という事態を想定するほかないように思われる。その宇喜多氏が本太城の所在する児島西岸も含めて児島全島を支配下に置くのは、天正十年（一五八二）の高松城水攻めの後、羽柴秀吉と毛利輝元の間で行われた「国分」交渉が決着し、児島が宇喜多領として確定された天正十三年（一五八五）二月以降のことである。[18] 宇喜多方の能勢寿讃が本太城主となり得る時期があったとすれば、この「国分」以降関ヶ原の合戦までの間しか考えられない。そして、ちょうどその時期に能勢氏が本太城に入ったとする伝承が、本太城の地元に残されていることに気付いた。

【史料２】般若院文書「新御堂建立」（抄出）[19]

（前略）又天正三之春二月に本淵城主大滝惣右衛門高泰と云人半鐘を当寺に寄進す、此城主も三村上野介之眷属にて同常山に籠城し天正三に滅亡せり、其後秀吉公の時、野瀬寿散と云人を置なり、（後略）

【史料３】森亀吉氏所蔵文書「元太ゆらい事」（抄出）[20]

（前略）

一野瀬しゆり之太夫《坂ノ辻之御いんぎょ様》行近入道じゆ山様

一元太城主ハ野瀬三左衛門之丞行長公、有知兵庫ヲほろぼし元太ノ城ヲたまわる也

其後ミの、大かき陣ニて打じニ候也

（後略）

史料２は、かつて多和和彦氏がその価値に気付き、本太城合戦後の城主名がわかる史料として紹介したもの[21]だが、残念ながら今日までその意義が見落とされていたように思われる。史料２の筆者海弁は、宝永五年（一七〇八）から元文元年（一七三六）の間、本太城の近傍に所在する通生山神宮寺般若院（倉敷市通生）の住持を務め、延享三年（一七四六）に死去した人物である[22]。また、本文中に「享保十九迄（元文三迄）ハ一百六十一（五）年に及べり」とあることから、本史料は享保十九～元文三年（一七三四～三八）ごろに成立したものということになる。『備前記』と並んで、本太城

関連伝承を文字化したものとしては初期のものとして注意される。

この史料によれば、本太城（史料上の表記は宛字の「本淵城」）は天正初年ごろまで常山城（玉野市宇藤木・用吉、岡山市南区迫川）城主上野隆徳（三村上野介）の支配下にあり、その配下大滝高泰が守っていたという。高泰は天正三年（一五七五）の備中兵乱に際し、上野隆徳に従って常山籠城に参加し滅亡した。その後、具体的には「秀吉公の時」に、本太城へ「野瀬寿散」が入城したことになっている。ここにいう「野瀬寿散」は、もちろん能勢寿讃を同音の宛字で表したものである。

史料3は江戸後期の文化六年（一八〇九）成立だが、やはり能勢寿讃を指す「じゆ山様」＝能勢修理太夫行近の名を掲げ、彼を隠居の身（御いんぎょ様）としてその後継者「野瀬三左衛門之丞行長」[23]を本太城主とする。面白いのは、能勢氏入城以前の城主を毛利方の備後国衆有地氏を指すかと思われる「有知兵庫」と伝え[24]、これを滅ぼした結果能勢氏が本太城を与えられたとする部分である。また、本太城主となった能勢三左衛門が「ミの、大かき陣」＝美濃の大垣陣（関ヶ原合戦）で討死した、とする点も注目される。

細かな部分については、傍証となる史料がほしいところもあるが、少なくとも能勢氏の本太在城は、児島から毛利氏が撤退し秀吉方の宇喜多秀家が児島全島を統治下に置いて以降、関ヶ原合戦で宇喜多氏が滅亡するまでのこととして、地元に記憶されていたのである。

以上の考察から、能勢修理こと寿讃は、村上武吉による支配時期よりも後年、宇喜多秀家の家臣として天正十三年以後に本太城主となった人物である可能性が高い、と結論付けることができる。

おわりに

本稿の結論は、能勢氏の本太居城伝承の原形が、同時代史料から復元できる地域の政治動向と矛盾しないかたちで存在していることに着目して導き出した、推定の段階にとどまるものである。将来的には一次史料の発掘、本太城の遺構・遺物による存続年代の判定等による検証を要するものであるが、現下の史料状況からは本稿の結論のように判断するのが妥当と考えている。

筆者が推定するように宇喜多秀家が本太城の再利用を図ったのだとすれば、その背景には毛利氏との領国境界の問題が深く横たわっていると考える。なぜならば、秀吉によって確定された毛利・宇喜多領国の境界線は、児島と連島（倉敷市連島町）との間（後の東高梁川河道）に引かれていたと思しく、天正初年段階で毛利輝元の叔父元清の所領となっていた連島が「国分」以降も元清領のまま存続していたからである。[25] 本太城と連島は海を挟んでおよそ七キロで対峙する位置関係にある。宇喜多秀家による本太城の継続利用は、毛利領連島に対する万が一の際の備え、と理解するのが妥当と考えられる。

宇喜多氏の児島郡支配についての一次史料はほとんどみつかっておらず、宿老富川氏の常山城在番という著名な事柄ですら、明確な裏付けを欠く状況にある。今後、良質な文献史料の博捜に城館遺構の精査も含め、検討材料そのものを豊かにしていく作業が求められよう。

註

（1）史料叢書『南海通記』（弘成舍、一九二六年）。
（2）『吉備群書集成』第三輯（吉備群書集成刊行会、一九三一年）。
（3）三宅千秋「本太城の謎」（『倉子城』第四号、一九七〇年）。『備前軍記』の説が城近辺にある墓に基づく推測に過ぎないことに気付き、『倉敷市史』第四巻下の成果を採り入れて村上水軍島氏を派遣軍の城督とし、これとは別に本来の城主として佐々木加地氏が居たと推定している。佐々木加地氏を城主とする論拠は民間所蔵の系図だが、系図内容の信憑性や史実との整合性を検証する作業がなされていないため、結論を支持することはできない。だが、従来無批判に継承されてきた物語の問題点に気付き、積極的に見直そうとする姿勢は評価できる。
（4）山内氏『海賊と海城』（平凡社、一九九七年）。以下本稿で触れる山内氏説は全て同書による。
（5）引用した本文は、備作之史料（四）『備前記　全』（備作史料研究会、一九九三年）の翻刻に依拠した。
（6）『吉備群書集成』第一輯（吉備群書集成刊行会、一九二一年）。
（7）「妙本寺文書」（『大田区史』資料編寺社2、一九八三年）。天正十六年（一五八八）に日惺がまとめた過去帳を、それ以後に順次追記された物故者名を含めて宝永四年（一七〇七）に書写し直したものである。本回向帳は『御津町史』（一九八五年）にも掲載されているが、抄録だったので引用元の『大田区史』に当たったところ、『御津町史』収録分から漏れた戦国期の備前国住人の名が多数掲載されていることがわかった。能勢寿讃の記事も『御津町史』未収録分に含まれていたものである。
（8）備作之史料（五）『金沢の宇喜多家史料』（備作史料研究会、一九九六年）所収宇喜多氏分限帳。この分限帳の成立年代・成立事情および信憑性については、森脇崇文「宇喜多氏分限帳の分析試論」（『史敏』第九号、二〇一一年）を参照のこと。
（9）『備陽記』（日本文教出版、一九六五年）。
（10）『岡山市史』政治編（岡山市史編集委員会、一九六四年）所収天和三年九月二十五日本覚院日通書上写、註（6）所収『備陽国誌』を参照。
（11）「平井家文書」享禄三年卯月二十六日金光秀盛・能勢秀綱連署宛行状（『長船町史』史料編（上）考古・古代・中世、一九九八年所収）。

(12) 拙稿「備前国における戦国期在地「国侍」層の存在形態」(『岡山県立記録資料館紀要』第2号、二〇〇七年)。

(13) 「社務大守家文書」(『吉備津彦神社史料』第一文書篇、吉備津彦神社社務所、一九三六年所収)。森俊弘「岡山城とその城下町の形成過程」(『岡山地方史研究』第一一八号、二〇〇九年)を参照のこと。

(14) 註(6)所収『備陽国誌』による。頼吉も多田頼貞末裔とされる。より具体的には、先述の『備前記』松寿寺伝承にて能勢氏四代目として名がみえる頼綱(能勢筑後守)の子とされる(『岡山県御津郡誌』御津郡教育会、一九二三年)が、このあたりについてはそのまま信用できるか不明である。

(15) 『法華宗松寿寺誌』(浜野史蹟研究会編、一九六二年)。

(16) 田中誠一編著『備作人名大辞典』乾(備作人名大辞典刊行会、一九三九年)。能勢頼吉を本太城主能勢修理と同一人物として紹介している。

(17) 「上月文書」八月二十三日上月満秀書状(『兵庫県史』史料編中世9・古代補遺、一九九七年所収)。本文書を内容分析から永禄十年のものと最初に確定したのは筆者であり、註(13)森氏論文等にみえる永禄十年説は基本的に筆者の教示に基づくものである。拙稿『赤松義祐の花押と発給文書編年試案』(『兵庫のしおり』第一〇号、二〇〇八年)および森氏「備前浦上氏関連説話の研究」(『東備』第九号、二〇〇二年)の註(23)を参照のこと。

(18) 国分の経緯については、森脇崇文「宇喜多氏備中領の範囲について」(『倉敷の歴史』第二十二号、二〇一二年)を参照。

(19) 永山卯三郎編『倉敷市史』第五冊(名著出版、一九七三年)。

(20) 快舟散史「考古行脚」(『吉備考古』第三十六号、一九三八年)所収。

(21) 多和和彦「通生本太城に関する新発見」(『倉敷春秋』第十八号、一九七七年)。

(22) 註(19)所収、通生山神宮寺般若院の住持記録による。

(23) 明治期の編纂という『児島伝記』(『福田史談会会報』第85号、一九八七年所収)にも史料3と同類の伝承が収録されており、「元太の城主能勢寿三忰三左衛門」と明記されている。

(24) ただし、有地一族内に「兵庫」を名乗る人物は確認できない。

(25)『岡山県通史』下編所収「長府毛利家文書」天正三年十二月十八日穂田元清所領在所注文案、「長府毛利家文書」天正十九年十二月十四日毛利輝元宛行状(『新修倉敷市史』第九巻史料　古代・中世・近世(上)、倉敷市、一九九四年所収)。

【付記】近世地誌の成立年代等については、中野美智子『岡山の古文献』(岡山文庫135、日本文教出版株式会社、一九八八年)に依拠している。

Ⅲ　流人宇喜多秀家の随行者をめぐって
――村田助六の検討を中心に

大西泰正

はじめに

備前岡山の大名宇喜多秀家は、慶長五年（一六〇〇）九月の関ヶ原合戦に敗れて没落し、最終的に伊豆七島の最南端、八丈島に流された。渡島の年代は慶長一〇年四〜五月頃以降、同年一〇月以前というのが私見である（通説では慶長一一年四月）(1)。秀家の随行者は一二名。八丈島において書き継がれた「流人御赦免并死亡帳」(2)等によれば、【表1】秀家の息子二名に、侍分とみられる者が五名、中間が二名、下人が一名、秀家末子の乳母が一名、乳母の下女一名という構成である。このうち、かねがね確かめたく考えていた秀家親子以外の侍分とみられる村田助六ら五名の素性につき、私見を整理しておきたい。中間・下人はともかく、侍分の者は秀家の没落以前から宇喜多氏に仕えていて、秀家の領国（岡山県周辺）になにがしか由緒があるのではないか。彼らの経歴に触れる先行研究も存在しないので、村田助六らに関して、現時点であたう限りの検討を加えるのが小稿の目的である。彼らの一部は「浮田」名字を名乗ったが、その背景にも言及して、秀家による家臣への「浮田」名字付与の一端にも考えを巡らせてみたい。なお、ここで「侍分」というのは、秀家の家臣という程度の意味で、厳密に給人（知行取）か否かといった区別は考えないが、少なくとも中間・

下人とは区別される戦闘要員とみておく。結論を先取りすれば、村田助六以外の四名は、給人ではなく、若党・足軽程度の軽輩かと考えられる。

一、村田助六以外の四名

検討対象は【表1】No.4～8の面々である。

まずNo.4浮田次兵衛は、No.11才若という下人を従えている点から、下人とは区別される侍分ということができるが、それ以上の詳細は不明である。【表2】「宇喜多秀家士帳」(3)には浮田名字の給人が三一名挙げられているが、「浮田次兵衛」は見当たらない。また、八丈島に渡った一三名のうち、秀家の息子孫九郎・小平次、そしてNo.7村田助六の他は妻帯しておらず、浮田次兵衛も同人の死によって血筋を絶やしたらしい。さしあたり村田よりも下級の家臣であったと推測しておく。この人物が名乗った「浮田」名字については後述する。

次いでNo.5田口太郎右衛門、No.6寺尾久七であるが、この二名にも皆目、詮索の材料がない。浮田次兵衛同様子孫が残らず、【表2】「宇喜多秀家士帳」にも確認できないから、秀家の下級家臣という程度にしか表現できない。ただし、寺尾久七については、「宇喜多秀家士帳」に寺尾名字の給人が、一〇一〇石の寺尾休五（長船吉兵衛尉組）から、二〇石の寺尾弥助（岡越前守組）まで一五名を確認できるので、そのいずれかの後身か、彼らの係累であったという推断が成り立とう。現在の岡山県地域に故地ある地侍であったかに思える。

No.8半十郎については、そもそも名字すら明らかでなく、近藤富蔵「八丈実記」(4)には「半三郎」ともあって(5)、名乗

表1　流人宇喜多秀家とその随行者

No.	氏名	没年月日	備考
1	宇喜多秀家	明暦元年（1655） 11月20日	休復、次いで久福と号す
2	宇喜多孫九郎	慶安元年（1648） 8月18日	秀家子息。従四位下侍従。実名秀隆
3	浮田小平次	明暦3年（1657） 3月5日	秀家子息。幼名「八」（「菅家一類続柄補」）。実名秀継という。命日には2月5日・3月6日説有（「流人御赦免并死亡帳」・「八丈実記」）
4	浮田次兵衛	元和5年（1619） 10月17日	
5	田口太郎右衛門	寛永20年（1643） 6月19日	名字は「甲口」、没年月日は寛永20年6月16日とも（「八丈実記」所収「流人存亡覚帳」）
6	寺尾久七	寛永10年（1633） 8月25日	「久七郎」（「南方海島志」）。没年月日は寛永10年8月28日・同18日とも（「八丈実記」）
7	村田助六	万治元年（1658） 10月23日	「助六郎」（「南方海島志」）。道珍斎。没年には異説有（本文参照）
8	半十郎	寛永9年（1632） 7月23日	「名字不知」（「流人御赦免并死亡帳」）。「半三郎」（「八丈実記」・「南方海島志」）。没年月日は寛永9年7月22日とも（「八丈実記」）
9	弥助	寛永7年（1630） 11月25日	「御中間」（「流人御赦免并死亡帳」）
10	市若	不明	「御中間」（「流人御赦免并死亡帳」）
11	才若	寛永7年（1630） 8月9日	「浮田次兵衛下人」（「流人御赦免并死亡帳」）
12	あい	寛永4年（1627）	「浮田小平次乳母」（「流人御赦免并死亡帳」）。沢橋兵太夫の母
13	とら	寛永3年（1626） 2月18日	「あい下女」（「流人御赦免并死亡帳」）。没年月日は寛永3年2月28日とも（「八丈実記」）

※「流人御赦免并死亡帳」（『大日本史料』12-4）から作成。東京都立公文書館蔵「八丈実記」等との異同は備考欄に示す。
※宇喜多秀家・孫九郎・小平次の没年月日は加越能文庫所蔵「浮田中納言家系」に拠る。

表２　「宇喜多秀家士帳」にみえる浮田名字の給人

No.	氏名	知行高（石）	所属	加増履歴（石　加増年）	備考
1	浮田喜八	1320	戸川肥後守組（→御小性）	—	「群」では「浮田彦六」
2	浮田又左衛門尉	120	戸川肥後守組（→津七）	—	「群」では「浮田文右衛門」
3	浮田弥三郎	120	戸川肥後守組（→御小性）	—	
4	浮田七右衛門尉	510	岡越前守組	—	「群」では 550 石
5	浮田右衛門丞	150	岡越前守組	—	
6	浮田権七	150	岡越前守組	—	「群」では「江田権七郎」、「吉」では「江田権七」
7	浮田七右衛門尉	30	岡越前守組	—	No.4 とは別人か、「吉」では「浮多七右衛門尉」
8	浮田平太	6000	長船吉兵衛尉組	3000（文禄 3）	「群」では「浮田平吉」
9	浮田平三郎	150	長船吉兵衛尉組	—	「吉」では「浮田平五郎」
10	浮田左京亮	24079.1	浮田左京亮組	500（慶長 3）、5919.1（慶長 5）	宇喜多忠家の子
11	浮田織部	500	浮田左京亮組	500（慶長 4 ※新知）	「吉」では「浮多織部」
12	浮田太郎左衛門尉	5360	（浮田太郎左衛門尉組）	1000（不明）、300（文禄 4）、2000（文禄 5）、1000（慶長 3）	「群」「吉」になし
13	浮田主馬	4360	浮田主馬組	—	「群」では「浮田主馬頭」
14	浮田弥三兵衛尉	160	（浮田太郎左衛門尉組）	—	「群」になし
15	浮田助兵衛尉	40	（浮田太郎左衛門尉組→）浮田主馬組	—	「群」では 60 石
16	浮多菅兵衛尉	4000	浮田菅兵衛尉組	1500（文禄 3）、325（文禄 4）、570（文禄 5）、1000（慶長 3）	「群」では「浮田官兵衛」、「吉」では「浮田菅兵衛尉」
17	浮田清蔵	100	浮田菅兵衛尉組	—	「群」では 50 石
18	浮田河内守	4500	浮田河内守組	—	遠藤氏
19	浮田内記	3000	浮田河内守組	—	
20	浮田左馬允	1285	—	—	「群」「吉」では「浮田右馬允」。「群」では 1280 石
21	浮田小八	1300	—	—	「吉」では「浮多小八」。「群」になし
22	浮田牧法師	800	—	—	
23	浮田但馬守	730	—	—	「御役儀何時も半役ニ被仰付候事」

24	浮田弥八郎	500	—	—	
25	浮田四兵衛尉	600	—	100（文禄3）、10（文禄4）、28（文禄5）、60（慶長3）、200（慶長4）	「吉」では「浮多四兵衛尉」。「群」では400石
26	浮多少三郎	200	—	—	「群」では「浮田庄三郎」
27	浮田休八	200	—	—	「群」では「浮田久六」、「吉」では「浮多休八」
28	浮多平吉	100	—	—	「群」では「浮田平吉」
29	浮田内蔵丞	200	—	—	「吉」では「浮多内蔵允」
30	浮多市介	150	—	—	「群」では「浮田平助」、「吉」では「浮田市介」
31	浮田熊	150	—	—	「吉」では「浮多熊」

※金沢市立玉川図書館加越能文庫所蔵「宇喜多秀家士帳」から作成。他の分限帳の写本は、『続群書類従』25上（武家部）所収「浮田家分限帳」を「群」、永山卯三郎『吉備郡史』中巻所収「自天正十年至慶長五年備前国主宇喜多中納言秀家卿之着到」を「吉」と表記し、人名などの異同を備考欄に示した。なお、人名に異同がある場合でも、記載位置・知行石高の一致する場合は同一人とみなした。

※上記の31名の他、「宇喜多秀家士帳」「吉」には、浮田左京亮組の末尾に宇喜多忠家（左京亮の父。秀家の叔父）が「安津　壱万石」として確認できる。ただし、「宇喜多秀家士帳」では棒線で抹消されているため上記の表からは除外した。

りすら確定が難しい。中間・下人との注記のない点から、わずかに浮田次兵衛らと同じく侍分＝秀家の下級家臣であったことを推測できる程度である。

二、村田助六をめぐる各種の伝承

№７村田助六の検討に移りたい。妻帯して子孫を残している点から、浮田次兵衛・田口太郎右衛門・寺尾久七・半十郎の四名よりも高い身分が想定されるが、この人物もやはり「宇喜多秀家士帳」そのほか管見に触れた史料に現れないので、素性の探索は難しい。

とはいえ、村田助六の子孫は、秀家のそれと同じく明治維新まで絶えることがなかったので、幸いにして「八丈実記」に若干の言及がある。

村田道珍斎ハ医師也、加州侯之御家臣ニ有之処、八丈島エ発足ノ砌リ、助六ト改メ、附人被仰付、当島エ参候所、年月過テ帰国之趣相窺ヒ申上候所、加州侯ヨリ立而於其地可致世話旨被仰越候、其御文通開キ状故、当役所エ被留置候、

右、村田道珍斎助六儀ハ、若シ世次無之節ハ孫九郎方ヨリ養子可遣之規定、

この史料によれば、かつて「道珍斎」を称した村田は、医者として前田氏に仕えていたという。「加州侯」（前田利長、ないしその養嗣子の前田利常）が、「立而」八丈島へ留まるよう村田に指示したという「当役所」（八丈陣屋）残存の書面は、遺憾ながら「八丈実記」に引用もないので、散逸してしまったらしい。よって、医者という属性もそうだが、在島指示の有無を吟味することは極めて困難である。村田氏に世継ぎがない場合に、宇喜多総領家（孫九郎家）から養子を出すという規定の実否も不明である。総領家から養子を迎えた形跡もない。

そもそも村田の忌日ですら、慶安四年（一六五一）五月十日、万治元年（一六五八）十月二十三日、寛文九年（一六六九）十月二十三日の三説（「八丈実記」）があるように、村田当人の来歴に迫ることは至難である。せいぜい以上の伝承から、秀家の家臣としての村田助六が、浮田次兵衛・田口太郎右衛門・寺尾久七・半十郎とは一線を画した存在であったことを瞥見できるのみであろう。

村田助六は妻帯して子孫を残した上、その子孫は隔年で行われた加賀藩前田家からの物資援助の対象にもなっている(6)。医者という属性や、加賀藩から強いて在島を求められたといった伝承については確証もなく、目下のところ史実

とみなすには慎重でありたい(7)。

三、「浮田」名字の問題

以上、八丈島に流された宇喜多秀家の随行者のうち【表1】No.4〜8の面々につき、浮田次兵衛・田口太郎右衛門・寺尾久七・半十郎はいずれも侍分の下級家臣、村田助六は同じく侍分ながら、彼らとは一線を画する立場にあったと推測した。

彼らの素性はなお模糊としているが、検討の糸口が皆無というわけでもない。ここで注目したいのは、浮田次兵衛が名乗った「浮田」という名字である。これは単純に「宇喜多」名字の当て字表現というにとどまらない。

森脇崇文氏によれば、「浮田」名字は、文禄年間（一五九二〜九六）に大名権力の強化を意図した秀家によって創出されたという(8)。すなわち、「宇喜多」名字は原則として秀家とその直系子孫（孫九郎）のみに限定し、庶流の宇喜多一族には「浮田」を名乗らせることで、大名当主と、それ以外の一族との差別化を図り、一族の従属性を明示したと、森脇氏は見立てている。そのほか秀家は、浮田河内守（遠藤氏）のような一族以外の家臣にも「浮田」名字を与えたようだが、森脇氏はこうした事例における「浮田」名字を「当主との紐帯を示す標章」と評価した。

いずれにせよ、「浮田」名字の人々には、もともと「宇喜多」名字を名乗っていた者と、一種の栄典としてこれを与えられた者とがあった。ただし、宇喜多騒動に至る家臣団の対立に深く関係した出頭人中村次郎兵衛のように、秀家に忠誠や能力を見込まれたらしき人物でも「浮田」名字を名乗っていない事例がある。別の名字の者に「浮田」名字を与える場合にも、何らかの基準があったやに見受けられるが、現時点では詰め切れない(9)。

以上を踏まえたうえで、くだんの浮田次兵衛が「浮田」名字を名乗った子細を考えたいのだが、あわせて田口太郎右衛門・寺尾久七・村田助六の三名にも「浮田」を称した形跡がある。

「八丈実記」によれば、八丈島長楽寺の過去帳は、田口太郎右衛門を「ウキタ太郎右衛門」、寺尾久七を「ウキタ久七郎」、村田助六を「久福《(秀家)》家老ウキタ助六郎」と表現しているという。ただし、浮田次兵衛は「ウキタ久福下男治兵衛」(ここでいう「下男」は秀家の従者といった程度の意味合いであろう)、名字不明の半十郎は「喜三郎」とあって、両名ともに、不明であったか省かれたかして、名字の記載が欠けている。

要するに、長楽寺の過去帳を検討材料に入れると、浮田次兵衛・田口太郎右衛門・寺尾久七・村田助六の四名はいずれも、「浮田」名字を称していたことになる。もとの名字が判明する田口・寺尾・村田については、秀家から「浮田」名字を付与された、といってもいい。

この理解は妥当であろうか。「流人御赦免并死亡帳」・長楽寺の過去帳はともに、長年に渡って書き継がれた編纂史料と思しく、起筆(成立)年代が秀家らの生存時期まで遡るのか否かは不明である。前述の通り、村田助六の死去年代に三説が並立しているように、「八丈島往古過去帳オヽクハ年月ヲ不記」(「八丈実記」)とその記載内容に疑念は拭えないが、さすがに俗名や法名には一定の信憑性を認めるべきであろう。

従って、彼らの名乗りについては、「流人御赦免并死亡帳」・長楽寺の過去帳のいずれかを採り、いずれかを斥けるような理解は現時点では適当でない。両説を折衷して、柔軟に考えるべきであろう。すなわち、浮田次兵衛は元の名字は不明か、もとより「浮田」名字の者であった。田口太郎右衛門・寺尾久七・村田助六はいずれも元の名字のほかに「浮田」名字を付与されたとみておきたい。

ここで森脇氏の指摘に立ち戻りたい。森脇氏によれば、「浮田」名字は、庶流の宇喜多一族か、秀家にとくに能力や忠誠を見込まれた家臣が名乗ることを許されたという。

この理解から推測を巡らせてみる。八丈島に随行した侍分と思しき五名のうち、浮田次兵衛は唯一、下人を所有して随行させている。妻帯が確認できない次兵衛は、少なくとも村田助六よりは軽輩とみるべきだが、この下人所有の一事をもって、さしあたり庶流の宇喜多一族とみておきたい。残りの三名は、いずれも秀家から「浮田」名字を下付された人々とみていいだろう。

ただし、村田は渡島以前から「浮田」名字を称していた可能性がある。その事情は次節で述べるとして、ここでは残りの四名について改めてまとめておきたい。

「浮田」名字を名乗った浮田次兵衛・田口太郎右衛門・寺尾久七の三名は、おそらく八丈島への随行というその行為が評価されて、秀家から「浮田」名字を許されたのであろう。だが、彼ら三名と名字不明の半十郎は、「宇喜多秀家士帳」に給人（知行取）として確認できない点、妻帯が確認できない点から、秀家の家臣であっても給人より下級の存在とみなすべきであろう。この四名のなかには、あるいは秀家が駿河に移送され八丈島に流される以前（慶長八年九月以降、同十年十月以前[10]）に、新たに秀家の身辺の世話をする程度という意味で、その従臣になった者もいるのかもしれない。

四、村田助六の素性

随行者のなかでも、とくに好待遇を与えられた村田助六には、特殊な事情が想定される。前述の通り、村田助六は秀家親子を除けば唯一、妻帯を許され、その子孫も代々、秀家の子孫（宇喜多・浮田各家）同様に、加賀藩前田家からの扶助に与った。また、長楽寺の過去帳には「久福家老ウキタ助六郎」とあった点にも注意すべきである。流人の「家老」であるから、この表現自体を厳密に突き詰める必要はなかろう。他の侍分の面々と一線を画する立場、秀家の随行者のうち最有力者たることを、「久福家老」という語句で表したに過ぎまい。

村田助六は何者なのか。残念ながらその素性は、さきに引いた「村田道珍斎ハ医師也、加州侯之御家臣ニ有之処、……」といった、信憑性の定かならぬ伝承に頼るほかない。この伝承に従えば、前田氏の家臣から秀家の随行者に転じたことになるが、これを加賀藩関係の史料から立証することは難しい。

そこで既出、過去帳の注記「ウキタ助六郎」を思い出されたい。村田助六も「浮田」を名乗った一人であった。その事実は次の史料からも立証できる。八丈陣屋に伝来した加賀藩の老臣今枝近義（民部。一六一四〜七八）の書状をみられたい（「宇喜多家旧記」）。過去の拙稿で明らかにしたように明暦二年（一六五六）の発給である。(11)

谷庄（次利）兵衛殿其地就被参致啓達候、

一、久福（秀家）様去冬御遠去之由頃相聞驚入申候、久々御苦身被遊一入御痛敷儀各御心底令察候、

一、此度又公儀御奉行衆江御断被仰入、別紙目録三通肥前守（前田利常）殿ゟ御送被成候条、谷庄兵衛言伝致進覧候、可有御

請御座候、最前も如申入一度ニ多被遣儀ハ難成候故少宛被進候、
一、公儀へ書付上候事難成品々、目録壱通之表庄兵を頼進候間、是又可有御請取御座、貴老へも如仰跡々壱歩・
木綿被遣候段、其心得尤候、猶追而可得芳意候、恐々謹言、
七月廿一日　　　今枝（近義）民部　花押
浮田道珍

前年冬の秀家の死去を見舞い、あわせて加賀藩（前田利常）による八丈島への送品について子細を伝えている。ここに宛所として登場する「浮田道珍」こそ、村田助六その人であろう。「八丈実記」の伝える「道珍斎」という助六の別称とも一致する。

この史料の二〜三条目によると、今枝は加賀藩から八丈島代官（谷次利）へ託された荷物の請取方を「浮田道珍」に求めている。幕府の許可を得た「目録三通」と幕府に無届の「目録壱通」、いずれも目録とそれに対応する荷物であるが、以上は秀家の子孫に対する援助物資とみなしていい。「最前も如申入」とみえるように、「浮田道珍」は以前から今枝と連絡を取り合って、この案件に関わっていたらしい。ともあれ、加賀藩や八丈島代官と折衝して、かかる物資の請取実務をこなしうる存在は、宇喜多氏周辺にあっては村田助六をおいて他に該当者は挙げられまい。

さらに史料の三条目をみると、（加賀藩から）「貴老（浮田道珍）」へ金一歩・木綿が送られたことがわかる。秀家の子孫以外にこうした送品にあずかったのは、以後の例に照らせば村田氏のみである。この点からも「浮田道珍」は村田助六とみなしていい。

以上から、村田助六が「浮田道珍」とも称していたこと、そしてある程度の文筆能力を備え持っており、ときに加

賀藩と宇喜多氏との取次役を務めたことを指摘できる。「貴老」という表現から、村田の身上が、極めて低い身分の武士・秀家の下級家臣であったと思しき浮田次兵衛ら四名とは、大きく異なっていたことも確認できよう。

村田の「浮田」名字も、八丈島随行に伴ってではなく、それ以前から名乗っていた可能性を考慮に入れるべきであろう。村田名字であり、かつ秀家に認められて「浮田」名字を与えられた大名宇喜多氏の家臣ではなかったのか。

五、秀家の旧臣村田四兵衛

そういう可能性も念頭に入れつつ、さらに傍証を探索したい。「加州侯之御家臣」という伝承は事実なのか。各種史料のうちに、村田名字を名乗る加賀藩士で、八丈島へ渡った人物との直接的な関係を持つ存在を探したが、目下のところ該当者を発見できていない。

ただし、村田助六との関係を示唆するかのような経歴をもつ村田氏が存在した。秀家正室樹正院（彼女を指す「豪」・「豪姫」という呼称は十九世紀以降に出現した俗説(12)）の実兄前田利長（利家の嫡男）に仕えた村田四兵衛という人物である。加賀藩士が代々書き継いで藩当局に提出した自家の由緒書「先祖由緒并一類附帳」をここでは参照する。村田四兵衛の子孫（村田四郎兵衛）が安永九年（一七八〇）に提出した「先祖由緒并一類附帳」は、四兵衛について次のように整理する(13)。

一、高祖父之父　　村田故四兵衛「長正」(朱書)

(台頭)瑞龍院様(前田利長)御代慶長五年於京都被　召出、同年御当地江罷越、同六年七月十三日、御知行千五百石被下置、御馬

廻組頭被　仰付、元和二年、大坂御陣御供仕其以後、寿福院様江御附被遊、寛永六年正月三日、於江戸病死仕候、
最前苗字浮田ニ御座候所、村田与相改候儀、委細相知不申候、

要約する。村田四兵衛は慶長五年（一六〇〇）に京都において前田利長に召し抱えられ、同年のうちに加賀へ下った。翌年七月一三日には一五〇〇石の知行を宛行われ、馬廻組頭を拝命した。大坂の陣に従軍後の元和二年（一六一六）、前田利常の実母寿福院付を命じられ、以後おそらくは彼女の居住地である江戸に移り、同地において寛永六年（一六二九）正月三日に病没した。また、四兵衛は以前「浮田」名字を名乗っていたが、村田に改めた理由はわからないという。

四兵衛が前田利長に仕官する以前の経歴についても、その子孫たちが残した「先祖由緒并一類附帳」には一切の言及がない。この由緒書を提出した村田四郎兵衛も「本国相知不申」、すなわち祖先の故地は不明と述べている。だが、四兵衛の別の子孫（村田耕作）が明治三年（一八七〇）に提出した「先祖由緒并一類附帳」に、「本国備前」という明記がある。[14]さらに次の伝承を合わせて考えれば、四兵衛は秀家の旧臣であったという結論を導くことができよう。

一、右治部乱《関ヶ原合戦》ノ時、備前中納言秀家ヨリ利長公《前田》エノ御使者村田四兵衛ナリ、北国ヨリ罷帰、秀家ノ御前エ出ル、秀家ノタマウハ、四兵衛帰リタルカ、定テ同心ニテアルマイト被仰ル、四兵衛御返事ノ文箱ヲ直ニ秀家エ渡シ、何ヤランサ、ヤク、秀家御機嫌ヨカラズ、四兵衛ニハ骨ヲリタリトテ一文字ノ御脇指ヲ被下タリ、何事ナルモ不知、其時御前ニ居テ右ノ様子ヲ見タリト、一色古主膳語ル、四兵衛ハ村田半助父ナリ、

以上の引用史料は、加賀藩士関屋政春（一六一五～八五）の編著「乙夜之書物」下に書き留められた一色照昌（主膳。？

～一六五〇）の談話である。[15]宇喜多氏の家臣から加賀藩士に転じた同時代人（一色）の証言として、子細な点を除けば、特段の疑うべき要素はないだろう。なお、四兵衛の息子村田半助は、この「乙夜之書物」下の成立時、寛文十一年（一六七一）時点では存命である（延宝六年〔一六七八〕一〇月朔日没。「先祖由緒并一類附帳」）。

すなわち、加賀藩士村田四兵衛は、備前の出身で「浮田」名字を名乗り、宇喜多秀家の家臣であった。その四兵衛は関ヶ原合戦後に、おそらくは秀家の没落にともなって前田利長に拾われた。「浮田」名字を村田に改めたのはその再仕官によると考えていい。旧主から与えられた名字であるから前田氏に遠慮したというのが実相であろうか。

六、村田助六は村田四兵衛の係累か

秀家の旧臣という村田四兵衛の前歴を確定しておく。さきに掲出した【表2】を参照されたい。ここで№25にみえる浮田四兵衛（四兵衛尉）こそ、村田四兵衛と同一人物と考えられよう。同じく利長に仕えた秀家の旧臣中村次郎兵衛・一色照昌はいずれも二〇〇〇石を給されたが、それに劣るとはいえ、一五〇〇石の知行を与えられた四兵衛も、中村や一色のように秀家の家臣としてしかるべき存在であったと推測できる。【表2】浮田四兵衛の加増履歴はその仮定を裏付けていよう。「浮田」名字を名乗った家臣のうち、このように複数度の加増を得て累進、すなわち出頭したのは浮田太郎左衛門やこの浮田四兵衛などわずかである。以上から、加賀藩士村田四兵衛の前身を【表2】浮田四兵衛と確定したい。

村田＝浮田四兵衛は、その加増履歴から推して中村次郎兵衛などと同じく出頭人というべき秀家の家臣の一人であった。「浮田」名字も、子孫にはその由来が伝えられなかったが、四兵衛の忠誠や能力を評価されて特に許された名誉の称号と考えるのが妥当であろう。

この議論の帰着点は、例の村田助六である。「浮田」名字を名乗る村田助六には、加賀藩士との伝承があり、しかも加賀藩の有力家臣と音信するなど、しかるべき立場の武士であったことをさきに指摘した。管見の限り、その性格を共有する存在は、ここまで詳述してきた村田四兵衛一人に絞られる。

加賀藩士村田氏の「先祖由緒并一類附帳」を検討しても、村田四兵衛の係累に村田助六の姿はない。けれども、この由緒書の記載範囲が直系尊属に限られる点からいえば、それも当然のことかと思われる。万治あるいは寛文年間まで長命した村田助六は、その享年から推測して秀家の配流時には二、三十歳代であって、直系子孫は八丈島でもうけた子女に限られたと推断していい。

あくまでも可能性の次元ながら、村田助六は村田四兵衛の兄弟かその息子辺りの係累に該当すると考えてはどうだろうか。村田が八丈島でも「久福家老ウキタ助六郎」と重んぜられたのは、それが秀家旧臣であり、かつ加賀藩士でもあるという村田四兵衛との関係に由来すると考えるのが、現時点ではもっとも有力な仮説ではなかろうか。蓋然性は低くない。

おわりに

以上、八丈島に随行した宇喜多秀家の従者のうち、侍分とみられる五名について、その基礎的事実関係を各種史料から検討した。村田助六が、それ以外の四名とは異なる格別の立場にあった事実は動かぬであろう。伝承にいう医者という属性こそ確定できなかったが、文筆能力を有した村田が、秀家らと加賀藩との取次を務めた点は見落とせない。その村田を、浮田＝村田四兵衛の係累とみたのは私説である。また、村田以外の四名は軽輩というほかないが、そのうちの三名が八丈島渡島にともない新たに「浮田」名字を付与された可能性を指摘した。今後望むらくは、岡山県地域において、彼らや、くだんの村田四兵衛関連の史料が発掘されることであろう。村田四兵衛の記憶は加賀藩周辺にしか残らなかったが、宇喜多騒動の主役の一人というべき中村次郎兵衛は悪名嘖々とはいえ、岡山県地域でも永くその存在が言い伝えられている。

小稿ではおもに八丈島や加賀藩周辺に残された情報から議論を試みた。もちろん近世地誌類や岡山藩士の奉公書など、岡山県地方の史料も鋭意探索しているが、めぼしい手掛かりを見出せ得ないでいる。

わずかに秀家の有力家臣戸川達安の息子源兵衛安吉が編纂した「戸川家譜」の異本、「戸川家伝」のなかに、「供奉ノ侍五人若者名悉不覚、内一人宇喜多左近十八歳、同修理末子也、」との伝承を確認できるが、その実否は不明である(16)。仮に事実であったとしても、「宇喜多左近」が小稿で検討した五名のうち誰に該当するのか、はたまた該当しないのか、皆目見当がつかない。

村田助六らの故地と思しき岡山県地方から、小稿の内容を大幅に書き改められるような情報の出現を希望したい。

註

（1）本土（八丈島以外）における秀家最後の消息は、拙稿「前田家編輯方収集にかかる宇喜多氏関係史料について」（『岡山地方史研究』一四三、二〇一七年）に指摘した通り、慶長一〇年四月以降に確認できる。その他詳細は拙稿「宇喜多秀家の八丈島配流年代」

（木越隆三編『加賀藩研究を切り拓くⅡ』桂書房、二〇二二年）を参照。通説の論拠としてはさしあたり「八丈島年代記」を挙げておく。
（2）「流人御赦免并死亡帳」（『大日本史料』一二―四）。「八丈実記」所収の「八丈島配流罪存亡送附御赦免附死亡覚帳」や、同書が「流人存亡覚帳」と略述する史料と同一のものとみられる。
（3）金沢市立玉川図書館加越能文庫所蔵。森脇崇文「宇喜多氏分限帳の分析試論―諸写本の比較検討から―」（『史敏』九、二〇一一年）は、同史料を、各種の分限帳のうち、もっとも古態を残す写本と評価する。
（4）以下に挙げる「八丈実記」はいずれも東京都立公文書館所蔵、近藤富蔵「八丈実記」巻二一。活字本である八丈実記刊行会編『八丈実記』四（緑地社、一九六六年）も適宜参照した。
（5）「八丈実記」所引「流人存亡覚帳」。
（6）拙著『論集　加賀藩前田家と八丈島宇喜多一類』（桂書房、二〇一八年）を参照。
（7）ただし、本文中で後述するように、秀家の随行者のうち文筆能力を有し、加賀藩やその有力者との交信にたえうる存在は村田一人といえる。この点から推測すれば、秀家らと加賀藩とを結ぶ取次役として「加州侯」が村田に「立而」在島を指示した、という可能性は描けるであろう。
（8）森脇崇文「豊臣期大名権力の変革過程―備前宇喜多氏の事例から―」（『ヒストリア』二二五、二〇一一年）。
（9）あくまでも憶測ながら、出頭人中村次郎兵衛が「浮田」名字の付与対象から除外されたとすれば、さしあたりその背景に二つの理由を描くことができよう。一つには中村が秀家期の新規召し抱え（新参）であったと推測される点、二つにはその出身地が宇喜多氏領国外（中村は播磨多可郡の地侍の次男）であったらしき点である。
（10）宇喜多秀家配流をめぐる事実関係については、前掲註（1）拙稿・前掲註（6）拙著等を参照。
（11）前掲註（6）拙著。
（12）拙稿「天正十五年以前の宇喜多秀家」（『宇喜多家史談会会報』七七、二〇二一年一月）。
（13）金沢市立玉川図書館所蔵郷土資料「村田四郎兵衛先祖由緒并一類附帳」。
（14）金沢市立玉川図書館加越能文庫所蔵。

(15) 金沢市立玉川図書館加越能文庫所蔵、関屋政春「乙夜之書物」下。この逸話については拙著『宇喜多秀家』(戎光祥出版、二〇一七年)、同『「豊臣政権の貴公子」宇喜多秀家』(角川新書、二〇一九年)をあわせて参照。

(16) 『倉敷市史』第六冊(名著出版、一九七三年)所収(森俊弘氏のご教示に拠る)。昭和二五年に、永山卯三郎が「撫川旧家老」(戸川氏旧臣)宮田友繁氏所蔵本を謄写したもの。第一次朝鮮出兵(文禄の役)において、戸川達安が「高麗王ハ吾ガ日本之犬也」と刻んだ石をみたという林羅山「梅村載筆」の逸話が混入するなど、「戸川家譜」にみえない記事も散見される。本文に挙げた「宇喜多左近」の注記も「戸川家譜」では確認できない。なお、「梅村載筆」の逸話については倉地克直『近世日本人は朝鮮をどうみていたか「鎖国」のなかの「異人」たち』(角川選書、二〇〇一年)を参照。

【付記】 再録にあたって一部漢数字等の表記を改めたほか、特段の訂正・加筆は行っていない。小稿で扱った秀家の配流や、村田助六ほか秀家の随行者に関する問題は、のち拙編校訂『宇喜多氏関係史料集成』一・八丈島篇上(私家版、二〇二三年)において、関係史料を集成の上、改めて検討した(令和六年七月)。

付録　宇喜多秀家文書の研究

I　秀家文書の基礎的考察

森脇崇文

本書には、宇喜多秀家がその生涯で発給・受給した文書のうち、現時点で存在が知られる三〇二件（発給二五七件・受給四五件）の情報をまとめた「宇喜多秀家文書目録」を収録している。宇喜多氏に関連する文書の情報は、既にしらが康義氏の手による「宇喜多氏関係史料目録」が公表されており、そこには秀家の発給文書二一八件・受給文書三一件が採録されていた[1]。本書の目録はそれらを抽出し、重複の整理、発給者・受給者・年次比定の再検討などを行った上で、新たに見出された文書を追加したものである。

ここでは、上記目録の作成にあたり秀家文書を確認していく中で得られた知見を、覚書として記しておくこととする。収録文書を研究に利用する際、そして新たな秀家文書が発見された際に、検討の手がかりとされたい。

一、名乗りについて

発給・受給文書で確認できる実名は、初見から出家直前まで一貫して「秀家」を用いており、改名があった形跡はみられない。名字については、記載のある全ての文書で秀吉から授与された「羽柴」を名乗っており、本来の名字である「宇喜多」を用いた例は確認されない。[2] また、氏姓に関しても一貫して「豊臣朝臣」を用いており、宇喜多氏本来の氏姓である「三宅朝臣」は通常の発給・受給文書では見られず、わずかに慶長二年（一五八七）十一月、および同三年九月に執筆された備中吉備津社の棟札で確認されるにとどまる。[3] これらの棟札についても、前者は秀家の朝鮮在陣中、後者も秀家の畿内滞在中に作成されていることから、秀家自身というより、棟札を筆作した遍照院円智（備前金山寺の住持）の認識を反映したものと考えるべきだろう。[4]

続いて、秀家が用いた仮名・官職、および出家後の号について確認していく。なお、使用年代推定の便宜上、現在知られる発給・受給文書での用例はないが、用いた可能性のある名乗りも含めて取り上げた。それら実際の使用が確認できない名乗りに関しては、「△」記号を付して区別している。

【八郎】 初期の発給・受給文書で用いられる名乗りである。現時点で確認できる「八郎」は全て実名秀家を伴うことから元服後の仮名と思われるが、秀家子息の秀継は一歳時点で八郎の愛称とみられる「御八」と呼称されている。[5] ここから、秀家の場合も幼名・仮名とも同一であった可能性は想定されよう。八郎の名乗りが用いられる最も遅い事例は天正十七年（一五八九）の付年号を持つ［№23］だが、当時の秀家は既に官職を得て久しく、原本も伝わっていないことから信憑性に疑問符が付く。基本的には天正十四年ごろを使用下限とみるべきだろう。ただし、秀吉は文禄年間に発給した秀家室（樹正院）宛の消息中で、秀家のことを「八郎」と呼んでいる。[6] 彼らのように秀家とごく親しい人物の間では、仮名が愛称として慣用され続けていたのだろう。

【△侍従】 天正十三年（一五八五）十月六日、秀吉の御所参内に他の大名と共に扈従した秀家は、この時侍従に任じられている。[7] 豊臣期の慣例に照らせば、以降秀家は「侍従」の名乗りを用いるようになったと思われるが、現在のところこの時期の発給・受給文書は知られておらず、実際の使用は確認されていない。後述のとおり、遅くとも天正十四年冬までに秀家は少将へと昇進しているため、もし用例が発見されれば一年未満のごく短期間に絞り込めるだろう。

【少将】天正十四年（一五八六）十二月二十四日、秀吉は肥前の龍造寺政家に宛てた朱印状の文中で秀家を「羽柴備前少将」と呼称しており、これ以前に秀家が少将となっていたことがわかる。(8) 発給・受給文書は伝存していないが、イエズス会宣教師ルイス・フロイスが著した「日本史」の天正十四年の記事中には、「羽柴少将秀家」と署名する秀家判物が掲出されていることから、(9) 使用自体は間違いない。正確な使用期間は不明だが、天正十五年六月の段階で秀吉は未だ秀家を「備前少将」と呼んでいる。(10) そして後述するように、同年八月以前に秀家は中将への昇進を果たしていたとみられることから、少将名乗りの下限は六月〜八月の間に求められよう。

【△中将】「公卿補任」によると、秀家は天正十五年八月八日に参議に任官しているが、そこには「左中将如元」との注記がみられる。(11) つまり、参議となるに先立って秀家は中将に任官していたことがわかり、ここから彼が一時期「(備前) 中将」を名乗っていた可能性が想定される。ただし、左中将への在任は天正十八年まで続いたものの、(12) 参議兼任以降は聚楽第行幸時の起請文という特殊なケース［No.21］を除き、自称・他称とも「備前宰相」となっている。前項で触れたように、同年前半まで秀家は少将と呼称されていることから、名乗りに用いる時期があったとしても極めて短期間に限られるだろう。

【備前宰相】「公卿補任」によると、秀家は天正十五年（一五八七）八月八日に参議となる。(13) これ以降、秀家の呼称は分国名と参議の唐官名を組み合わせた「備前宰相」へと切り替わる。秀吉からの書状では名字が付され「羽柴備前宰相」とされることが多いが［No.29ほか］、秀家が発給する文書では基本的に名字を省略している。また、姉聟にあたる吉川広家に宛てた書状のように［№32・33］、親しい相手には「宰相」とのみ記すこともあったようだ。使用期間は権中納言に昇進する文禄三年（一五九四）十月までの七年余りに及び、官職名の名乗りとしては最長である。

【備前中納言】秀家が権中納言に昇進する文禄三年（一五九四）十月下旬から使用される。(14) 文禄四年の秀次事件を契機とした起請文提出時［№86］のみ羽柴まで含めて表記しているが、名字の使用はこれ以外に確認できない。また、単に「中納言」とする例もあり、受給対象が分国内の存在である場合［№90・91］、あるいは発給・受給対象と親密な関係にある場合［№288］に用いられたとみられる。なお、慶長五年七月に豊臣政権が家康方と反家康方に分裂して以降、秀家は備前中納言を略した「備中」という名乗りを用いている［№267ほか］。この名乗りは同じく反家康方の主導者的地位にあった毛利輝元との連署時に限られ、その際は輝元も安芸中納言を略した「芸中」を名乗ることから、何らかの政治的意図のもとに創出された略称なのだろう。関ヶ原合戦の敗北後、逃亡生活を送った秀家は、慶長六年六月ごろに薩摩島津氏のもとへ身を寄せる。その前後に出家したとみられることから「備前中納言」の名乗り、そして実名「秀家」の使用もこの時期が下限となろう。

【△成元】慶長六年（一六〇一）六月二十九日、秀家は身を寄せる薩摩島津氏の当主忠恒に書状を送っている［№293］。ここでは、それまでの戒名「成元」を「休復」と改める旨が伝えられており、この直前まで秀家は「成元」と号していたことが確認できる。薩摩への出立直前にあたる同年五月一日、旧臣の難波助右衛門尉に宛てた書状では未だ「秀家」署名であることから［№292］、出家はこれ以降だろう。つまり、成元を名乗った期間は長くとも一ヶ月足らずと思われる。

【休復】成元に続き、秀家が名乗る二番目の出家名である。先述のとおり、初見となる慶長六年六月末の［№293］で「成元」からの改名を伝えているため、名乗り始めたのはこの直前とみてよい。慶長八年（一六〇三）秋に島津氏の元を離れて上京し、徳川氏の管掌下に置かれた段階まではこの名乗りが続いているが、使用の下限については以降の秀家文書が極めて乏しいこともあり、不明とせざるを得ない。

【久福】秀家の出家後三番目の名乗りである。使用開始の時期は明確でないが、子息二名との連署で発給した寛永十五年（一六三八）六月の［№296・297］をはじめ、既知の久福署名の文書は全て八丈島での発給とみられる。かつての成元・休復が復権への意欲を色濃く漂わせる字義なのに対し[15]、休復と同音でありながら余生の安寧を想起させる漢字へと置き換えられた久福の号は、復権を悲観視する心境をうかがわせる。とすれば、慶長十年（一六〇五）の八丈島への配流が改名の契機との想定もできよう。なお、使用時期の下限に関しては、秀家菩提寺の宗福寺（現東京都八丈町）に伝わる戒名が「尊光院殿秀月久福居士」であることから、臨終に至るまで久福の号を用い続けたとみられる[16]。

二、花押・印判について

秀家が生涯で使用した花押は、大きく分類して三種類の形状が確認されている。そのうち、大名として活動していた時期のものは一種類、残る二種類は出家後のものである。また、秀家は文禄年間以降になると印判を用いた文書も発給する。本節では、上述の花押（使用順に花押Ａ・Ｂ・Ｃと仮称）および印判について、現時点での知見を述べておきたい。

【花押Ａ】最もよく知られた秀家の花押である[17]［図版1］。漢字の「為」を想起させる上半分の形状と、下半分に鎮座する墨塗りの三角形［図版2-ⓐ］が大きな特徴といえる[18]。原本が伝わる秀家発給文書で最古となる天正十年

（一五八二）八月の備前八塔寺宛寺掟［№.3］から、薩摩亡命直前の慶長六年（一六〇一）五月発給とみられる難波助右衛門尉宛書状［№.292］に至るまで、出家以前の花押は全て同一形状のバリエーションとなっている。

この花押Aについてしらが康義氏は、実父直家の花押より秀吉花押の形状に類似するものと指摘し、豊臣家構成員としての秀家の性質を論ずる材料としている[19]。しかし、大きく二種類の形状が知られる実父直家の花押のうち、天正三年以降に使用されるものについては、秀家花押Aと共通する特徴が見て取れる[20]［図版3］。この直家花押では、底辺の書き出し部が大きく左側に突出しており、その上方に二つ、下方に一つの点を伴っている。そしてこれと全く同じ構図は、秀家花押Aの中央部横棒にも見ることができる［図版2‐ⓑ］。おそらく直家との連続性を主張する意図

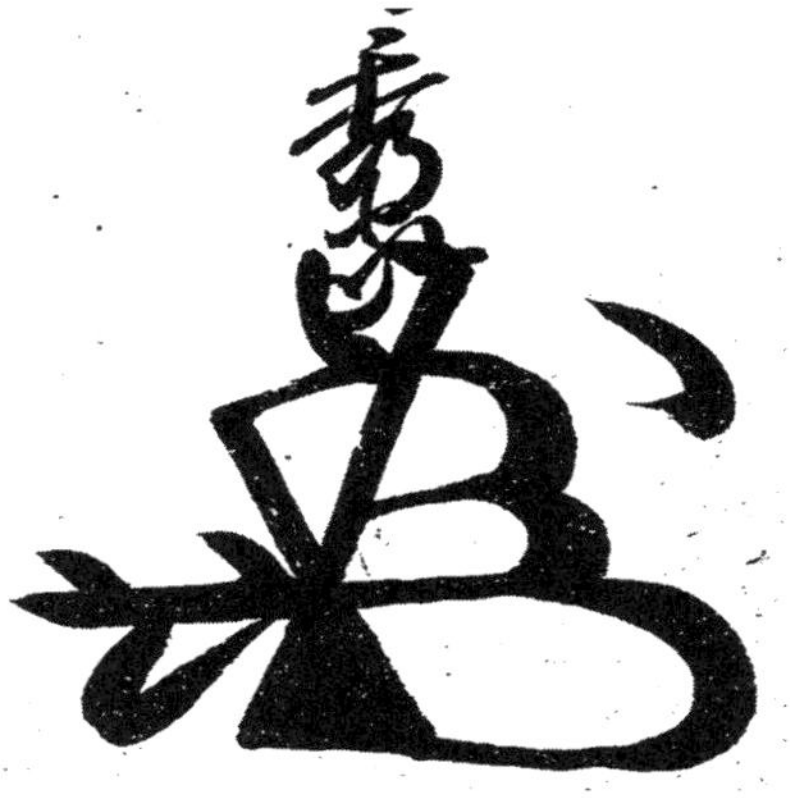

［図版１］秀家Ａ型花押（前期）

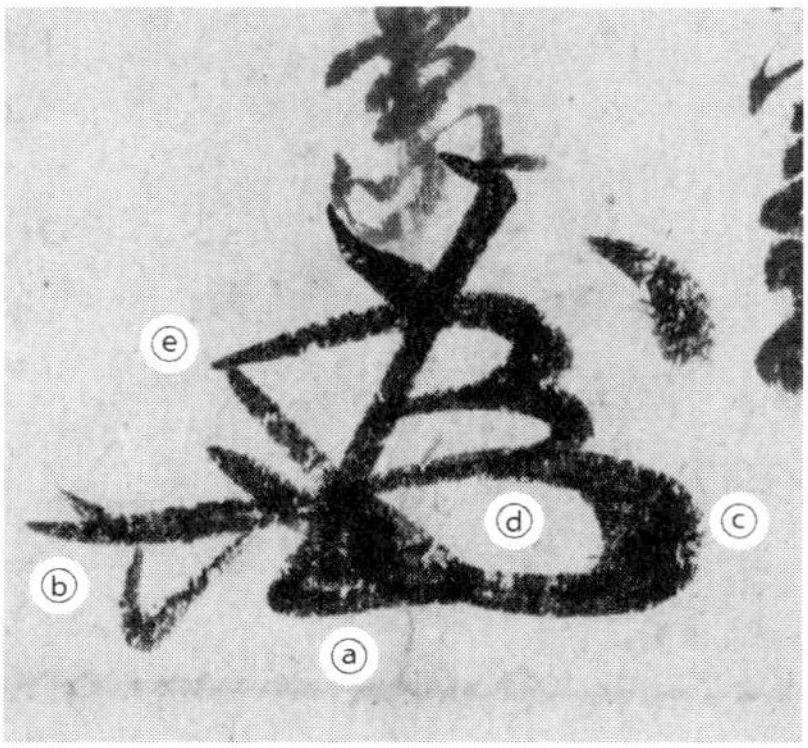

［図版２］Ａ型花押の部位図

［図版３］直家の花押

［図版４］初期のＡ型花押（天正10年頃）

［図版５］初期のＡ型花押（天正13年頃）

を含み、意匠の一部を取り込んだものだろう。

さて、先にも述べたように、この花押Ａの基本的な形状には、使用期間を通じて大きな変化は見られない。ただし、全体のバランスや細部の筆致に関して言えば、文書の発給時期によって微細な変化を看取することができる。未だ体系的な分類には至らないが、現段階で筆者が目安としている花押Ａ編年の手がかりを以下に記しておきたい。

まず、花押Ａの初見にあたる天正十年八月の［№３］は、花押中央部横棒の書き出し部［図版２-ⓑ］、またその横棒が底辺へと移行する右端の湾曲部［図版２-ⓒ］が大きく左右にせり出しており、全体としてかなり横長な印象を受ける形状となっている[21]［図版４］。一方、天正十三年ごろの発給とみられる［№18］は、逆に花押の左右端が極端に圧縮された重心が高い形状となっている[22]［図版５］。私見となるが、これは意図的な差異というよりも、まだ花押を記す機会が少なく、形状が安定していないため生じた偶発的なものと考えるべきだろう。

しかし［図版１］として先に掲出した、天正十六年八月発給の［№22］の花押になると、やや横幅が広めの安定感ある形状に落ち着いている。そして、文禄三年の途中ごろまでは目立った変化がみられなくなる。この時期までの花押

［図版６］秀家Ａ型花押（後期）

［図版７］秀家Ａ型花押（略体）

Aの特徴としては、花押の底辺と中央の横棒が水平かつ平行となっており、その間の空間［図版２‐ⓓ］が比較的広めに取られていること、花押下部の三角形の墨塗り部［図版２‐ⓐ］が正三角形か底辺の長い二等辺三角形となっていることなどが挙げられる。全体的な印象としては、形状が崩れないよう意識して丁寧に書かれており、線の強弱を一律とする略体の花押は見受けられない。

　こうした特徴は、秀家が中納言となる文禄三年ごろを境にやや変化を見せる[23]［図版６］。具体例を挙げると、花押の底辺がやや曲線味を帯びるとともに、中央部横棒との間の空間が窮屈となり、花押全体の縦幅の圧縮が進む。さらに、三角形の墨塗り部については面積が縮小傾向を示す一方、形状としては右下隅が伸びた歪なものが多くなる。また、すべてではないものの、花押左上の突出部［図版２‐ⓔ］が、角から曲線へと変化した花押も散見されるようになる。総じて言えば、より簡略な形へと変化する傾向にあり、［No.132］のような速筆で記しうる略体花押の登場は、その端的な例と言えるだろう[24]［図版７］。

　なお、上記のような略体花押は、秀家が大老に列して以降に多数発給される連署状ではほとんど使用されておらず、比較的丁寧な花押記入を心掛けていたことが推測される[25]。このように、連署状における秀家花押の傾向には、単独発給の場合と若干の相違も見受けられるが、ひとまず今後の課題としておきたい。

［図版８］秀家Ｂ型花押

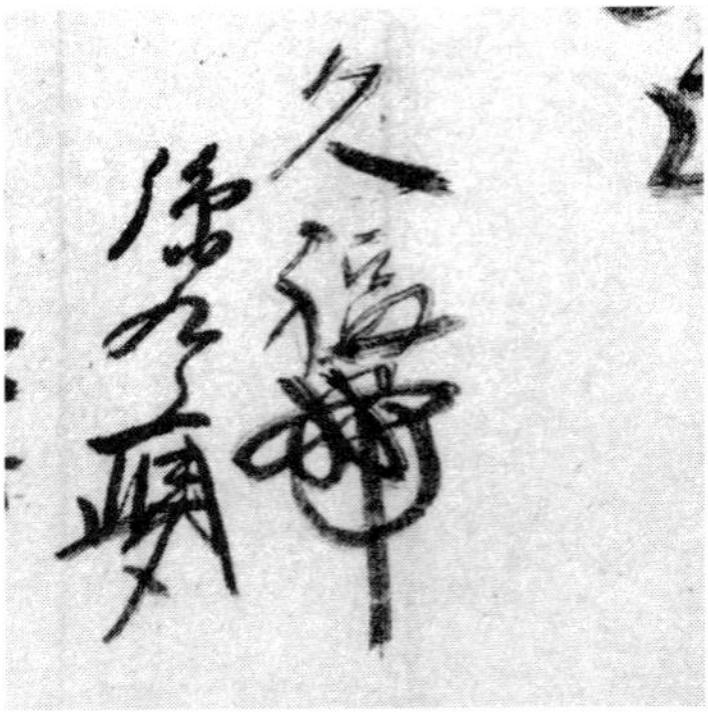

［図版９］秀家Ｃ型花押

【花押Ｂ・Ｃ】関ヶ原合戦に敗れ逃亡の身となっていた秀家は、慶長六年（一六〇一）の途中から花押の形状を改めている。同年五月一日発給とみられる［№292］では花押Ａが用いられており、新たな花押の初見は六月二十九日付の［№293］である。この間、秀家は薩摩島津氏の元へと亡命を果たし、出家して成元、次いで休復と号している。花押の変更も、出家を契機としたものと考えてよいだろう。ここで登場する花押Ｂは、環状の構造をベースに右下から尻尾状の線が突出した形状となっており、花押Ａとは大きく趣を異にしている[26]［図版８］。その後、花押Ｂは畿内への出頭を経た後の慶長八年八月二十八日付［№295］でも確認でき、少なくともこの頃までは継続して使用されていたようだ。

　しかし、後年八丈島において発給された文書をみると、再び花押形状は大きく変容している［№296ほか］。いくつもの環状構造を描き、垂直に引き下ろした縦棒で筆を止めるこの花押Ｃが、現在知られる限り最後の秀家花押である[27]［図版９］。花押Ｂからの変更時期は特定できないものの、既知の花押Ｂ文書における秀家の署名は全て「休復」、花押Ｃ文書では全て「久福」となっている。休復から久福への改名が慶長十年（一六〇五）の八丈島配流を契機とする可能性については前節で触れたが、さしあたり花押の変更も同時期と考えておきたい。

【印判】文禄年間以降、秀家は印判を使用した文書を発給している。周縁部を

［図版10］秀家印判の印面

［図版11］豊臣秀次印判の印面

子持ち輪で囲繞した丸印で、中央には「豊臣秀家」の四字が陽刻される[28]［図版10］。確認できる限り朱印の用例はなく、すべて黒印である。印判の現物は所在不明だが、幕末頃には陸奥福島藩板倉家に属する足軽の藤井権八が所持していたとされ、赤銅に似た唐金の印という[29]。なお、秀家印判の印面は秀吉の甥にあたる豊臣秀次が用いた印判を、字体まで含めてほぼそのまま踏襲している[30]［図版11］。秀家印判の作成時期と推定される文禄二～三年当時、秀次は秀吉の後継者として関白の地位にあり、豊臣政権の中枢を担っていた。しらが康義氏も指摘するように、この印面は秀次に従い政権を輔弼するという、豊臣一門としての秀家の意識をうかがわせるものといえよう[31]。

印判の使用初見と思しき文書は、家中の楢原彦右衛門に宛てられた三月二十九日付文書［No.68］で、伏見城作事の材木運搬に関する内容から文禄三年（一五九四）に比定される。年紀が明記された文書では、備中吉備津社などの寺社に知行を付与した文禄三年九月十六日付の一連の判物が挙げられる［No.75～77］。使用傾向としては、家中および分国内の存在に対する知行宛行や行政上の命令などが大多数を占める[32]。ただし、文禄年間以降も知行宛行を花押文書で行うケースは多くみられ、完全に印判状に置き換わるわけではない。また、同日付かつ類似した内容の知行宛行で花押と印判が使い分けられる例［No.115・

116］、同一人物への知行宛行が時により花押・印判に分かれる例［№142・248］もあり、使い分けに何らかの基準は存在したと思しいが、その法則性は現在のところ判明していない。

印判が使用され始める時期、宇喜多氏権力では文禄三年の惣国検地に端を発する分国運営の変革が推進されていた[33]。印判導入の背景には、変革の過程で当主秀家による権益保証や行政上の指示が増大することを見越し、能率的な文書発給体制を整える意図があったのだろう。事実、印判の使用例を見ると、惣国検地の結果に基づくとみられる知行宛行［№75～77］や、惣国検地と密接な関連を持つ文禄四年の寺社領一斉寄進に付随した文書発給［№96～113］において印判は十全に活用されている。その意味で秀家印判の導入は、宇喜多氏における改革運動の一環と位置付けられる。

三、目録所収文書に関する補足情報

本節では「宇喜多秀家文書目録」に採録した文書のうち、補足説明が必要と思われるものを取り上げた。本来であれば全文書に解題を付すべきところだが、紙幅の関係上、内容・書式などに不審点が含まれる要検討文書、年次比定の根拠など特筆すべき情報がある文書に焦点を絞り、過去にしらが氏の目録で比定済みの文書、内容から年次比定が容易と思われる文書は可能な限り割愛している。目録とあわせて参照されたい。

［№1］宇喜多氏被官とみられる田口藤左衛門に宛てられた、代官職補任の判物。目録上は最古の秀家発給文書だが、発給時点の天正九年二月は未だ先代直家の存命中であり、秀家の文書発給は不自然である。要検討。

［No.８］毛利氏重臣の小早川隆景に対し、年頭祝儀への謝辞を述べた書状。後世の付紙により「天正十二ヵ」と比定されている。秀家は返信が遅滞した理由として、年頭より今まで「御普請」のため大坂に滞在していた旨を述べており、これを天正十一年に始まる大坂城普請と解したものと思われる。大坂城の普請はその後も続くが、秀家・隆景の動向に照らすと、この年が最も可能性が高いため、ひとまずこの比定に従っておく。

［No.９・11］宇喜多氏被官とみられる粟井名字の人物二名に宛てた、美作国真島郡での戦功に基づく感状と判物。美作での戦乱が終結する天正十二年以前の文書と推定されるが、東京大学史料編纂所の影写本で確認する限り、いずれも原文書としては花押の形状に違和感がある。後世の写しの可能性もあるものの、要検討。

［No.13・14・19］伊勢神宮の御師龍大夫に宛てた書状。このうち［No.13］の包紙上書には「天正十年九月六日ニ御返事参候状也」との後筆注記があり、解釈次第では天正十年の発給文書とも捉えられるが、文意に議論の余地があるためここでは年未詳とした。［No.13・19］は「羽柴八郎」の名乗りから天正十四年冬より前の発給とみられる。また［No.13・14］は書止が「恐惶謹言」であることから、「恐々謹言」を書止とする［No.19］に先行する可能性が高い。よって［No.13・14］は天正十二年以前、［No.19］は同十二年以前と比定した。

［No.18］宇喜多氏が代官を務める備前鳥取荘の公用銭納入などについての書状。包紙上書の上部に「天正十三」との後筆書入がある。内容からの裏付けは難しいが、ひとまずこれに従っておく。

［No.23］宇喜多氏被官とみられる鈴木志兵衛に宛てた感状。先にも述べた通り、天正十七年段階で「八郎」の仮名を用いることは考えがたい。要検討。

［No.26］伊勢神宮の御師龍大夫に対し、「其表」での兵粮調達を謝す書状。天正十八年に実施された豊臣政権による関

東出兵の際、宇喜多勢の水軍は同年二月ごろ伊勢・志摩に寄港している。[34]その際に兵粮の支援を受けたものだろう。

なお、文中の「豊前」は宇喜多氏宿老の岡家利（豊前守）に比定される。

[No.34] 秀吉側近の木下吉隆に宛てた書状。明後日の御成につき、秀吉が指名する「御放(咄)衆」への声かけを吉隆に要請したもの。宰相在任中の四月、秀吉・秀家がともに畿内にいるのは天正十七年、もしくは天正十九年である。なお、同時代史料から裏付けはできないものの、宇喜多氏宿老戸川氏の子孫が十七世紀末に家伝をまとめた「戸川家譜」には、天正十九年夏の出来事として秀家邸への秀吉御成の記述がみられる。[35]

[No.37] 小西行長に宛てた感状。第一次大陸出兵における釜山鎮攻略時のものだが、書札礼および使用される文言が同時代の文書と大きく異なっている。要検討。

[No.44] 島津義弘に対し等閑なき旨を伝える書状。宛所脇付の「御陣所」から戦時の発給とわかり、備前宰相を名乗る期間に義弘と同陣した戦役は第一次大陸出兵を除いてほかにない。

[No.45～48] 文禄二年正月二十六日に朝鮮半島の漢城近郊で発生した碧蹄館の合戦をめぐる書状群。[No.45・46] はいずれも秀家から秀吉近臣に宛てられた戦果報告、[No.47] はそれに対応する秀吉の感状である。[No.48] は [No.47] の後半部分とほぼ同内容ながら、一部文言に相違がある。日本勢の活躍を激賞する内容だが、書札礼・文言に不審な点が多々見られる。要検討。

[No.52] 宇喜多氏被官の長原菅作に対し、知行百貫を宛行う判物。付年号に「天正廿壱年」とあるが、前年十二月八日の段階で元号は文禄に改元されており、発給年次は正確には文禄二年である。ただし、当時秀家は朝鮮半島に在陣中のため、日本からの改元通知が遅れた可能性も考えうる。今後の検討を俟ちたい。

［№58］岡山城下町の町割につき、方針を指示する文書。「帰陣」の後に改めるとの文言から秀家出陣中の発給とみられ、岡山城下町が整備される時期から考えて第一次大陸出兵中の文禄二年に比定するのが穏当だろう。

［№59］明・朝鮮との和睦交渉につき、秀家に指示を与える秀吉朱印状。書止が「執達如件」とされるなど、書札礼の面で不審点が多い。要検討。

［№60］第一次大陸出兵の終盤、慶尚道晋州城での合戦において戦功をあげた人物を、石田三成ら目付役の奉行たちと連署で日本の浅野長政に書き送ったもの。晋州城合戦は文禄二年六月後半に開始されており[36]、本文書の日付とは齟齬がある。要検討。

［№64・66］幕末に編纂された「中外経緯伝」などに収められる、朝鮮半島での在番等につき秀家と毛利秀元に指示を与えた秀吉朱印状の写本。同書ではいずれも文禄二年の付年号があるが、長府毛利家文書に含まれる原文書には付年号がなく、宛所も秀元単独となっている[37]。なお、近年の研究では［№66］の発給年次を文禄三年に比定しており、その場合帰朝している秀家が宛所に加わるのは不自然である。これらからみて、宛所の「宇喜田宰相」は写本過程で加筆された可能性が高い。要検討。

［№70］宛所不明の秀家書状。「四日」の日付のみしか記されないが、秀吉が「太閤」と呼ばれ、かつ秀家が宰相である天正二十年～文禄三年に絞り込める。さらに秀吉が湯治中とされることから、彼が有馬温泉に滞在していた文禄三年五月に比定すべきだろう[38]。

［№73］関白秀次の側近である駒井重勝に宛てた書状。「姫君様」の件につき使者を派遣する旨を伝えている。文脈的に慶事ではないとみられることから、秀頼の許嫁となっていた秀次息女八百姫が重病に伏していた文禄三年六月のも

のだろう。(39)

［№74］宇喜多氏宿老の戸川達安に宛てられた知行安堵および宛行の判物。秀家の署判に加え、文書冒頭付近に秀吉の朱印が捺されており、特殊な様式となっている。秀吉朱印の意図するところについては既に多くの議論があるため、それらを参照されたい。(40)

［№81］武家奉公人の年貢納入などについて規定する定書の写本。発給者の署名を欠くが、秀家の側近くに仕えた難波助右衛門尉の家に伝来しており、発給時期も宇喜多氏分国における惣国検地の実施時期と一致することから、秀家の発給文書とみられる。

［№89・90・92］それぞれ寺院・神社に秀家が依頼した、病気平癒の祈禱に関する内容の書状。これらの祈禱は文禄四年冬、当時重病を患っていた秀家室（樹正院）を対象とするものとみられている。詳細は拙稿を参照されたい。(41)

［№91］備前西大寺に宛てた、秀家の依頼した祈禱に関する内容の書状。［№89・90・92］と日付・書式ともに相似することから、これらと同じく文禄四年の秀家室（樹正院）重病に際しての祈禱とも考えうるが、病気平癒に関する文言を含まないことから断定はしがたい。(42)ここでは可能性の指摘にとどめておく。

［№93］備前金山寺の住持である遍照院円智に対し、諸役の免許を認める判物の写し。この時期実施されていた寺社領一斉寄進に関連する文書とみられ、金山寺のほか、宛所も含めて全く同内容の文書が西大寺にも伝来している。

［№95］「備前国四拾八ヶ寺領并分国中大社領目録」と題された、文禄四年寺社領一斉寄進の台帳。秀家から金山寺の遍照院円智に宛てた判物の書式をとるが、花押はなく、宛所の下に黒印が捺されている。円智が他寺社への公開のため作成した写本と思われる。

［No.117］宇喜多氏分国に所在する杉沢山長楽寺境内の竹木について免許する判物。慶長元年三月の発給だが、慶長改元は十月二十七日であり、未来年号である。要検討。

［No.118］近く予定される参内につき、上方で活動する宇喜多氏被官に宛てた書状。文中に見える長宗我部元親邸への御成、浅野長政父子への勘気といった秀吉の動向から、文禄五年四月に特定できる。宛所は冒頭と末尾以外が欠損しているが、［No.94］などで名前が見える中村又右衛門尉だろう。

［No.119］参内につき、家中の面々に見栄えよい馬の所持を照会する書状。過去には天正十六年に比定されていたが、宛所の顔ぶれから近年は文禄年間以降の文書とみられており、参内の時期からみて文禄五年のものと考えるのが妥当だろう。(43) なお、花押の形状が他の文書と比べてやや歪となっており、写本の可能性も考えられる。(44)

［No.132］宛所の「ゑちせん」および「長右衛門」に陣替を指示する書状。両名のうち前者は宿老の岡越前守、後者は宇喜多氏分限帳で長船吉兵衛尉組に属する長田右衛門丞だろう。(45) 略体の花押から文禄年間以降、内容から戦陣中の文書とみられ、さらに岡越前守の参陣という条件を踏まえると、第二次大陸出兵中の慶長三年に比定される。

［No.134］朝鮮半島において、大坂に派遣する飛脚の路次通行を保証するため発給した過書。中納言時代の秀家が十一月時点で朝鮮に在陣しているのは、慶長二年のみである。

［No.135］薩摩島津氏の後継者である島津忠恒からの来信に対する返書。典拠とした『大日本古文書』は慶長二年（一五九七）に比定するが、内容から両者は比較的近距離にいると思しく、忠恒が携わる「普請」についても触れられていることから、秀家・忠恒が共に朝鮮半島に在陣する慶長三年とみるべきだろう。

［No.143］大和の大名である多賀秀種に対し、彼が以前語っていた香炉について問い合わせる書状。追而書では秀吉の

病状好転を伝えている。秀家の中納言就任以降、秀吉がこの時期に病床に伏せるのは、死去直前の慶長三年のみである。

［No.233］大老・奉行合議のため、徳川家康邸に急ぎ参集するよう秀家に求めた石田三成の書状。受け取った秀家は「はや〳〵罷出候、かしく」の一文を書き添え、宛所の「秀家様」に「下」、差出の「三成」に「上」と付して三成への返信としている。秀吉死後、大老・奉行合議制が始動する慶長三年九月以降の文書であり、合議者の一人として文中に登場する浅野長政が失脚した慶長四年九月が下限となる。[46]

［No.251］宇喜多氏被官の小坂右兵衛に宛てられた知行宛行状。この時期の秀家が家中に対し自身の官職名を付した文書を発給するのは不自然に厚礼である。また「宇喜多権中納言」という名乗りを用いる例も他に見られない。要検討。

［No.294］関ヶ原合戦後の逃避行に随従した旧臣の難波助右衛門尉に対し、近況を書き送った書状。内容から、都と距離を隔てた地にいること、この時点で畿内への出頭を覚悟しつつも、助命の可否は決定していないことが読み取れる。薩摩島津氏は慶長七年十月から十二月にかけ、当主忠恒が上洛した上で家康との和睦を実現させる。その後、秀家は翌慶長八年八月に出頭のため薩摩を発つことから、本書状はその間の同年五月発給と比定すべきだろう。[47]なお、文中に登場する「ゐんゆふ」は、秀家生母の円融院である。

［No.296・297］八丈島に援助米を送り届けた旗本の花房氏、およびそれを取り次いだ八丈島代官の豊島忠松に対する秀家ら父子三人連署の請取状である。「寅」の干支が記されており、豊嶋忠松の代官在任期間に照らすと寛永十五年（一六三八）の発給に比定される。[48]その場合、援助米の送り主「花房志摩守」は旧臣花房秀成の嫡子正幸とみられる。

［No.298］かつて宇喜多氏に仕え、改易後に八丈島への援助を行っていた旗本進藤氏に宛てられた書状。文中で書状の到来を「酉壬（閏）五月朔日」とすることから、酉年かつ閏五月がある正保二年（一六四五）の文書に特定できる。[49]宛所の「進

藤三左衛門」は、旧臣進藤正次の嫡子正成とみられる。［No.301・302］久福署名の書状。年月日を欠き、内容も年次比定の手がかりに乏しい。ただし［No.301］の宛所、かつ［No.302］の文中にも登場する「左近」は、八丈島で秀家と親交があったと伝わる島年寄の菊池左近とみられる。(50) とすれば、これらの文書も八丈島配流後のものと考えるべきだろう。

註

（1）深谷克己『岡山藩の支配方法と社会構造』（一九九四・九五年度科学研究費補助金（一般研究B）研究成果報告書、一九九六年）。

（2）リストのうち、「宇喜多（田）」が使用される［No.64・66・251］は、後述するように信憑性が疑問視される文書である。

（3）慶長二年十一月吉備津神社摂社本宮棟札写（藤井駿・水野恭一郎編『岡山県古文書集』二－二五九頁　備中吉備津神社文書、以降本書は『岡古』と略記）、慶長三年九月吉日吉備津神社本地堂棟札写（『岡古』二－二五九頁　備中吉備津神社文書）。

（4）遍照院円智は天台僧で、直家期から宇喜多氏と師檀関係を結んでおり、秀家期には宇喜多氏分国の寺社政策に重要な役割を果たした人物である。詳細は拙稿「豊臣期大名権力の寺社編成―備前宇喜多氏の事例から―」（『史敏』一四号、二〇一六年）参照。

（5）「義演准后日記」慶長二年十二月十日条。

（6）（文禄二）十月一日豊臣秀吉自筆書状（名古屋市博物館編『豊臣秀吉文書集』六－四七六一号、以降本書は『秀吉』と略記）。

（7）「兼見卿記」天正十三年十月六日条。

（8）（天正十四）十二月二十四日豊臣秀吉朱印状（『秀吉』三－二〇六六号）。

（9）松田毅一・川崎桃太訳『ルイス・フロイス著　日本史』1　豊臣秀吉篇Ⅰ（中央公論社、一九七七年）第十章。宇喜多氏分国内におけるキリスト教布教を公認したこの判物の発給日は記載されていないが、天正十四年九月五日（グレゴリウス暦一五八六年十月十七日）に執筆されたフロイス書簡（アレサンドロ・ヴァリニャーノ宛、松田毅一監訳『十六・七世紀イエズス会日本報告集』第Ⅲ期第七巻、同朋舎出版、一九九四年）にも秀家から布教の公認を得た記事が見られるため、それ以前の発給と思われる。

（10）（天正十五）六月十一日豊臣秀吉朱印状（『秀吉』三‐二二三四号）。
（11）「公卿補任」天正十五年記事。
（12）「公卿補任」天正十八年記事。
（13）なお、「今出川晴季武家補任勘例」（『大日本古文書　上杉家文書』三‐一一九六号）では秀家の参議任官を天正十五年十一月二十二日とするが、（天正十五）十月十三日秀吉朱印状（『秀吉』三‐二三四四号）で「備前之宰相」と呼ばれている事実と矛盾するため、ここでは「公卿補任」の説を採った。
（14）権中納言への昇進は、［No.82］の口宣案によると文禄三年十月二十二日、前掲註（13）「今出川晴季武家補任勘例」によると同二十三日である。
（15）秀家の出家号から看取される復権への意欲については、大西泰正『「豊臣政権の貴公子」宇喜多秀家』（角川新書、二〇一九年）で指摘されている。
（16）近藤富蔵「八丈実記」四（八丈実記刊行会編『八丈実記』四、緑地社、一九六六年）。
（17）［図版1］の花押は［No.22］天正十六年八月二十七日宇喜多秀家判物（東京大学史料編纂所蔵「辻常三郎所蔵文書」、請求記号貴三九‐一）のもので、同所ウェブサイト上のデータベースより部分引用した。
（18）［図版2］の花押は［No.44］（文禄二）正月二十二日宇喜多秀家書状（東京大学史料編纂所蔵「島津家文書」、島津番号四‐一五‐四三）のもので、同所ウェブサイト上のデータベースより部分引用し、部位記号を加筆した。
（19）しらが康義「戦国豊臣期大名宇喜多氏の成立と崩壊」（『岡山県史研究』六号、岡山県史編纂室、一九八四年）。
（20）この型の直家花押は、横山定「宇喜多直家発給文書編年化への一試案」（『岡山地方史研究』一〇〇号、二〇〇三年）でB型と仮称されており、一部形状の差異によりさらにB1・B2に区分できる。なお、［図版3］は天正八年（一五八〇）三月二十四日に比定される宇喜多直家書状（須佐美紀伊守宛、中野嘉太郎氏収集文書）の花押を『新熊本市史』史料編2（一九九四年）から転載したもので、横山分類ではB1型に属する。
（21）［図版4］の花押は［No.3］の寄託機関である吉永美術館より、所蔵者の承諾を得て写真の提供を受け、部分引用した。

(22)［図版5］は［No.18］の所蔵元である真田宝物館ウェブサイト上のデータベースより部分引用した。
(23)［図版6］は［No.261］（慶長五）七月二十九日宇喜多秀家書状（真田宝物館蔵）のもので、同館ウェブサイト上のデータベースより部分引用した。
(24)［図版7］は［No.132］（慶長二ヵ）十月四日宇喜多秀家書状（東京大学史料編纂所影写本「岡本文書」、請求記号三〇七一・三六-一一）のもので、東京大学史料編纂所より画像の提供を受けた。なお同文書の原本写真は『思文閣古書資料目録』一五九号、一九九八年）で確認できる。
(25)本書目録に採録した秀家連署状の花押のうち、筆者が確認しえた限りで略体に近い形状のものは［No.158・171］のみである。この傾向は、秀家連署状の大半が他の大老とのものであり、家康・利家ら上位者を含むことが影響しているものと思われる。
(26)［図版8］は［No.293］（慶長六）六月二十九日宇喜多秀家書状（東京大学史料編纂所蔵「島津家文書」、島津番号四-一三-一〇）のもので、同所ウェブサイト上のデータベースより部分引用した。
(27)［図版9］は［No.296］のもので、現在原本を所蔵する岡山市より画像の提供を受けた。
(28)［図版10］は［No.68］のもので、現在原本を所蔵する岡山県立博物館より画像の提供を受けた。
(29)前掲註（16）「八丈実記」参照。自序によれば同書は弘化五年（一八四八）から万延元年（一八六〇）にかけての執筆とされる。
(30)［図版11］は（天正二十）十月二十八日豊臣秀次朱印状（赤間関舟奉行中宛、大阪城天守閣蔵）のもので、所蔵する大阪城天守閣より画像の提供を受けた。
(31)前掲註（19）しらが論文参照。
(32)例外として、第二次大陸出兵中の慶長二年（一五九七）九月、朝鮮慶尚道の村落に発給した榜文への署判に際し印判を使用している［No.130・131］。当時、秀家は朝鮮半島に在陣する諸将の半分（左軍）を統括する地位にあり、この榜文も左軍諸将が連署するものとは別に、同内容のものを秀家単独で発給している（中野等『戦争の日本史16　文禄・慶長の役』吉川弘文館、二〇〇八年）。印判の使用は、多数の榜文への迅速な署判が求められる立場に由来するものと考えられよう。
(33)本書森脇第2部Ⅱ拙稿参照。

(34) 天正十七年十二月五日に比定される、関東出兵の船手人数を書き上げた秀吉朱印状には「備前宰相人数」として千人が見え、文末では「右船共来年二月中ニ至于伊勢・島《(志摩)》可令着岸候也」と命じられている（『秀吉』四・二八三四・二八三五号）。

(35) 「戸川家譜」（国立公文書館蔵）は宇喜多氏宿老だった戸川達安の庶子安吉が、同家の家伝を元に延宝八年（一六八〇）以前に執筆した書物である（大西泰正「〔解題〕戸川家譜の研究」、同編著『宇喜多秀家関係史料』私家版、二〇二二年）。該当箇所は下記の通り。「一、同十九年の頃、浮田宰相秀家成人まし〱、器量といゝ、公儀人前無申計、天下の御聟にて御威勢盛んなり、（中略）其夏夜に、秀吉公秀家の亭に御成あつて、涼所の茶屋に御座、小西摂津守御前にあり、明年高麗御進発の軍儀有（以下略）」。

(36) 北島万次編『豊臣秀吉朝鮮侵略関係史料集成』二（平凡社、二〇一七年）。

(37) （文禄二）八月六日豊臣秀吉朱印状（『秀吉』六・四六八七号）、（文禄三）九月二十三日豊臣秀吉朱印状（『秀吉』六・五〇〇七号）。

(38) 藤井讓治「豊臣秀吉の居所と行動（天正10年6月以降）」（同編『織豊期主要人物居所集成』思文閣出版、二〇一一年）。

(39) 「兼見卿記」文禄三年五月十五日条には「殿下《(秀次)》御息女八百姫御不例」とあり、その後同年六月十七日条では「御姫中々不被及是非之由」とあることから、五月に発症した病が六月中旬になっても続いていたことがわかる。

(40) 前掲註（19）しらが論文、三鬼清一郎「豊臣秀吉文書に関する基礎的研究―続」（『名古屋大学文学部研究論集（史学）』三五号、一九八八年）、大西泰正「富川達安をめぐって」（同『「大老」宇喜多秀家とその家臣団』第三章、岩田書院、二〇一二年、初出二〇一一年）、前掲註（33）拙稿など。

(41) 拙稿「文禄四年豪姫「狐憑き」騒動の復元と考察」（『岡山地方史研究』一三八号、二〇一六年）。

(42) なお、大西泰正氏は本文書を文禄四年と明確に比定している（大西泰正「豪姫のことども」、同『「大老」宇喜多秀家とその家臣団』第二章、岩田書院、二〇一二年、初出二〇一〇年）。

(43) 天正十六年説については典拠とした『岡古』を筆頭に、前掲註（1）しらが目録の比定もこれに従う。また、文禄五年とする見解は大西泰正「明石掃部の基礎的考察」（同『宇喜多秀家と明石掃部』第Ⅱ部第一章、岩田書院、二〇一五年、初出二〇一一年）、森俊弘「戦国・織豊期における宇喜多氏の家中編成（三）」（『岡山地方史研究』一五七号、二〇二二年）などで既に発表されている。

(44) 花押の形状は『岡古』の口絵写真で確認できる。

(45) 宇喜多氏分限帳の諸写本で最も原型に近いとみられる「宇喜多秀家士帳」(金沢市立玉川図書館加越能文庫所蔵、前掲註(35)大西編著書所収)によれば、長田右衛門丞は長船吉兵衛尉組の二番目に記載され、知行高三千石とされている。長船吉兵衛尉は宇喜多氏宿老で慶長四年ごろに死去した兄長船紀伊守の地位を継承した人物であり、おそらく[№132]の発給当時、長田右衛門丞は長船紀伊守組の副官的存在だったのだろう。なお、「士帳」での表記は「長田右衛門尉」だが、[№97]の表記に従いここでは「長田右衛門丞」とする。

(46) 本文書を紹介した大阪城天守閣の宮本裕次氏は、登場する面々が伏見に集結していた時期から、本文書の発給を慶長三年(一五九八)九月、もしくは慶長四年正月と比定している(『大阪城天守閣紀要』四四号、二〇二〇年)。

(47) 薩摩入国以降の秀家周辺の動向については、大西泰正「秀家助命の顛末」(同『宇喜多秀家研究序説』第四部第二章、私家版、二〇二一年、初出二〇一四年)に詳しい。なお、大西氏は[№294]の年次を慶長七～八年と慎重に比定している。

(48) 大西泰正「八丈島配流後の動向」(前掲註(47)大西著書第四部第三章、初出二〇一八年)。

(49) 典拠とした『大日本史料』では当該部分は「当年五月朔日」と翻刻されているが、「古文書十八通」(国立国会図書館古典籍資料室蔵)所収の写本では、大西泰正『宇喜多氏関係史料集』一(私家版、二〇二三年)が指摘するように「酉壬五月朔日」と判読できる。

(50) 典拠とした『大日本史料』では[№301]の宛所の一文字目を翻刻していないが、掲出された字影を見ると「菊」と判読できる。菊池左近に関しては前掲註(16)「八丈実記」に、「八丈島地役人菊池左近武吉」が秀家周縁の人物として登場する。また、金沢藩前田家に伝来した史料である「菅家一類続柄補」(金沢市立玉川図書館加越能文庫所蔵)の文中、秀家の子息秀継(史料上の表記は「八」)の事績において「於八丈島彼代官左近為婿」と名前が出てくるのも、恐らく菊池左近であろう。ちなみに、「八丈実記」によると[№301]は明治三年(一五七〇)まで八丈島の菊池家に伝来していたものという。

【付記】本稿の執筆にあたり、秀家花押・印判の写真掲載をご承諾いただいた史料所蔵者・所蔵機関の皆さまに、心よりお礼を申し上げます。

Ⅱ　宇喜多秀家文書目録

森脇崇文編

凡　例

・本目録は、宇喜多秀家の発給・受給にかかる文書を編年順に収録したものである。
・収録にあたり、年次および月日未詳文書は可能な限り比定を行った。発給時期を特定することが困難な文書は、内容から当該文書が発給されうる下限の位置に暫定的に収めた。
・年月日・発給者・受給者および内容がほぼ同一と認められる文書は、一件にまとめて付番した。その際「所収（所蔵者）」欄には、原文書が複数存在する場合はその全てを書き上げ、原文書が存在せず写本のみ複数伝わる場合は、原則としてその一つのみを記し末尾に「ほか」とした。
・「Ⅰ　秀家文書の基礎的考察」において内容に関する補足を行った文書には「☆」記号を付している。
・「所収（所蔵者）」欄は、「典拠」欄に記した情報源から判断しうる限りでの当該文書の所収・所蔵情報であり、現在の所蔵者とは必ずしも一致しない。
・「典拠」欄は、当該文書の翻刻が掲載された刊本を原則とし、複数存在する場合は参照が容易と思われるものを優先している。
・「典拠」欄において、頻出する一部の書籍には次の略称を使用している。「大日史」＝大日本史料、「大日古」＝大

日本古文書　家わけ文書、「岡古」＝藤井駿・水野恭一郎編『岡山県古文書集』（思文閣出版、一九八一年）、「黄古」＝斎藤一興輯録『岡山県地方資史料叢書8　黄薇古簡集』（岡山県地方史研究連絡協議会、一九七一年）

No.		年次	月日	発給	受給	所収（所蔵者）	典拠
1	☆	天正9（1581）	2月14日	八郎秀家	田口藤左衛門	田口氏所蔵文書	美作古簡集註解　上—P154
2		天正10（1582）	4月28日	八郎秀家	福田三郎	鈴木家所蔵文書	美作古簡集註解　上—P137
3		天正10（1582）	8月18日	八郎（花押）	八塔寺	備前八塔寺文書	岡古3—P311
4		（天正10・1582）	12月18日	秀吉（花押）［上書：筑前守秀吉］	八郎（宇喜多秀家）	小早川家文書	大日古　小早川一—P355
5		（天正11・1583）	2月9日	筑前守秀吉（花押）	八郎（宇喜多秀家）	高木文書	大日史　11編3巻—P613
6		（天正11・1583）	4月25日	筑前守秀吉（花押）	八郎（宇喜多秀家）	小早川家文書	大日古　小早川一—P256
7		天正11（1583）	6月22日	八郎秀家	鈴木孫右衛門	美作国諸家感状記	久世町史　資料編1—P313
8	☆	（天正12ヵ・1584）	4月29日	秀家（花押影）	小早川左衛門佐（隆景）	有田加賀守所持書状之写	吉川家中并寺社文書2（岩国徴古館所蔵）
9	☆		5月2日	秀家（花押）	粟井近江守	岸本文書	東京大学史料編纂所影写本
10		（天正12ヵ・1584）	5月4日	秀家（花押）	芦田右馬允（重家）	芦田家文書	日本歴史902（上村和史「新出芦田家資料にみる宇喜多氏旧臣の由緒」）
11	☆		5月7日	秀家（花押）	粟井三郎兵衛	岸本文書	大日史　11編7巻—P282
12		（天正12・1584）	5月12日	筑前守秀吉（朱印）	八郎（宇喜多秀家）	藤田文書	大日史　11編7巻—P296
13	☆		12月19日	秀家（花押）［上書：羽柴八郎秀家］	龍大夫	龍大夫文書	三重県史　資料編　中世1下—P423
14	☆		12月25日	秀家（花押）	龍大夫	伊勢古文書集	東京大学史料編纂所写本
15		天正13（1585）	5月25日	秀家		美作木山寺文書	岡古2—P115

16			8月4日	秀家（花押）［上書：羽柴八郎秀家］		古文書纂29	大日史　11編15巻—P136
17			8月7日	八郎秀家	鈴木十郎 同四郎兵衛	鈴木家所蔵文書	美作古簡集註解　上—P138
18	☆	（天正13ヵ・1585）	9月21日	秀家（花押）［上書：羽柴八郎秀家］	岡本孫四郎	真田家文書	真田家文書 下—P322
19	☆		12月23日	秀家（花押）［上書：羽柴八郎秀家］	大神宮龍大夫	龍大夫文書	三重県史　資料編中世1下—P422
20		天正15（1587）	9月	秀家	寺坂桃千代	寺坂家所蔵文書	美作古簡集註解　上—P136
21		天正16（1588）	4月15日	右近衛権少将豊臣利家 参議左近衛中将豊臣秀家 権中納言豊臣秀次 権大納言豊臣秀長 大納言源家康 内大臣平信雄	金吾（小早川秀秋）	聚楽第行幸記	群書類従3—P612（巻41帝王部）
22		天正16（1588）	8月27日	秀家（花押）	諸山寺中	辻常三郎所蔵文書（東京大学史料編纂所所蔵）	東京大学史料編纂所データベース
23	☆	天正17（1589）	3月28日	八郎秀家花押	鈴木志兵衛	東作誌	新訂訳文作陽誌　中—P992
24		天正17（1589）	6月29日	秀家朝臣（花押影）	金山観音寺	備前金山寺文書	岡古2—P37
25		天正18（1590）	1月28日	秀家（花押）	瓶井山并玉井宮	門前村瓶井山禅光寺安住院所蔵	黄古—P175
26	☆	（天正18・1590）	2月5日	秀家（花押）	龍大夫	龍大夫文書	三重県史　資料編中世1下—P422
27		天正18（1590）	2月28日	秀家（花押）	長原菅作	長原村長原元古所蔵	黄古—P187
28		（天正18・1590）	8月19日	秀家（花押）	白川七郎（義親）	結城神社所蔵文書	三重県史　資料編中世2—P310
29		（天正18・1590）	9月11日	（秀吉朱印）	羽柴備前宰相	大阪城天守閣所蔵	豊臣秀吉文書集4—P235

30		（天正19・1591）	閏1月9日	宗易（花押）［上書：休］	備（備前）宰相	開善寺所蔵	利休の書簡―P375
31		（天正19・1591）	3月18日	備前宰相秀家（花押）	（吉川）広家	吉川家文書	大日古　吉川二―P94
32		（天正19・1591）	3月18日	宰相秀家（花押）	（吉川）広家	吉川家文書	大日古　吉川二―P95
33		（天正19・1591）	4月9日	宰相秀家（花押）	（吉川）広家	吉川家文書	大日古　吉川二―P96
34	☆		4月19日	秀家（花押）［上書：宰相秀家］	木半（木下半介吉隆）	真田家文書	真田家文書　下―P378
35		（天正19・1591）	5月10日	秀家（花押）	羽柴陸奥侍従（伊達政宗）	伊達家文書	大日古　伊達二―P85
36		（天正20・1592）	4月28日	（秀吉朱印）	羽柴備前宰相	島津文書	豊臣秀吉文書集5―P173
37	☆	（天正20・1592）	5月2日	秀家判	小西摂津守（行長）	古今感状集	内閣文庫所蔵
38		天正20（1592）	5月5日	（秀吉朱印ヵ）	安芸宰相（毛利輝元） 備前宰相 小早川（隆景）	徴古雑抄ほか	豊臣秀吉文書集5―P180
39		天正20（1592）	6月2日	（秀吉朱印）	羽柴備前宰相 羽柴丹後少将（細川忠興） 羽柴東郷侍従（長谷川秀一）	羽田八幡宮文書	豊臣秀吉文書集5―P199
40		天正20（1592）	6月3日	（秀吉朱印）	羽柴備前宰相 羽柴丹波少将（細川忠興） 羽柴東郷侍従（長谷川秀一） 前野但馬守（長康） 木村常陸介（重茲） 加藤遠江守（光泰） 石田治部少輔（三成） 増田右衛門尉（長盛） 大谷刑部少輔（吉継）	大阪城天守閣所蔵	豊臣秀吉文書集5―P201
41		天正20（1592）	6月21日	増田右衛門尉（長盛） 石田治部少輔（三成） 大谷刑部少輔（吉継） 羽柴藤五郎（長谷川秀一）		阿部氏家蔵豊太閤朱印写（九州大学附属図書館付設記録資料館所蔵）	『東京大学史料編纂所研究紀要』21（金子拓「肥後加藤家旧蔵豊臣秀吉・秀次朱印状について」）

	41	42
		（文禄元・1592）
		12月10日
	前野但馬守（長康） 羽柴与一郎（細川忠興） 加藤遠江守（光泰） 木村常陸介（重茲） 小西摂津守（行長） 黒田甲斐守（長政） 備前宰相 加藤主計頭（清正） 毛利壱岐守（吉成） 鍋島加賀守（直茂）	（秀吉朱印）
		釜山浦　百々三郎左衛門尉 同　三輪五右衛門尉 東莱　岐阜衆 梁山　同 蜜陽　別所豊後守（吉治） 同　岐阜衆 大丘　羽柴郡上侍従（稲葉貞通） 同　斎村左兵衛（政広） 同　明石左近（元知） 仁同　木下備中守（重堅） 同　南条左衛門尉（元清） 善山　宮部兵部少輔（長熙） 尚州　戸田民部少輔（勝隆） 咸昌　羽柴土佐侍従（長宗我部元親） 聞慶　同 忠州　蜂須賀阿波守（家政） 生駒雅楽頭（親正） 竹山　福島左衛門大夫（正則） 陽智　中川小兵衛尉（秀成）
		鍋島文書
		豊臣秀吉文書集5－P286

42					羽柴備前宰相 都　増田右衛門尉（長盛） 同　石田治部少輔（三成） 同　大谷刑部少輔（吉継）		
43		（文禄元・1592）	12月10日	長束大蔵大輔正家（花押）	釜山浦　百々三郎左衛門尉 同　三輪五右衛門尉 東萊　岐阜衆 梁山　同 蜜陽　別所豊後守（吉治） 同　岐阜衆 大丘　羽柴郡上侍従（稲葉貞通） 同　斎村左兵衛尉（政広） 同　明石左近（元知） 仁同　木下備中守（重堅） 同　南条左衛門尉（元清） 善山　宮部兵部少輔（長熙） 咸昌　羽柴土佐侍従（長宗我部元親） 聞慶　同 忠州　蜂須賀阿波守（家政） 生駒雅楽頭（親正） 竹山　福島左衛門大夫（正則） 陽智　中川小兵衛尉（秀成） 羽柴備前宰相 都　増田右衛門尉（長盛） 同　石田治部少輔（三成） 同　大谷形部少輔（吉継）	鍋島家文書	佐賀県史料集成古文書編3－P306
44	☆	（文禄2・1593）	1月22日	備前宰相秀家（花押）	嶋兵（島津兵庫頭義弘）	島津家文書	大日古　島津四－P196
45	☆	（文禄2・1593）	1月22日	備前宰相豊臣朝臣秀家	浅野弾正少弼（長政）	碩田叢史　巻14	東京大学史料編纂所謄写本

46	☆	（文禄2・1593）	1月27日	備前宰相豊臣朝臣秀家判	安摂津守（安威重純）	古今感状集	内閣文庫所蔵
47	☆	（文禄2・1593）	2月8日	秀吉朱印	羽柴備前宰相	古今感状集	内閣文庫所蔵
48	☆	（文禄2・1593）	2月8日	秀吉御朱印	羽柴備前宰相	徴古雑抄ほか	豊臣秀吉文書集6―P12
49		（文禄2・1593）	2月16日	（秀吉）御朱印	新城三ヶ所備前宰相人数	島津文書	豊臣秀吉文書集6―P25
50		（文禄2・1593）	2月18日	備前宰相秀家（花押）	長束大蔵大輔（正家） 木下半介（吉隆）	長九郎左衛門手紙（金沢工業大学所蔵）	大阪城天守閣紀要37（跡部信・北川央「石川県金沢市豊臣時代資料・史跡調査概報」）
51		文禄2（1593）	2月18日	（秀吉朱印）	羽柴備前宰相	岡山城史	豊臣秀吉文書集8―P98
52	☆	天正21 （文禄2・1593）	2月23日	秀家（花押）	長原菅作	長原村長原元古所蔵	黄古―P187
53		（文禄2・1593）	2月27日	備前宰相秀家（花押） 筑前侍従隆景（花押） 吉川侍従広家（花押） 豊後侍従吉統（花押） 小西摂津守行長（花押） 毛利壱岐守吉成（花押） 黒田甲斐守長政（花押） 前野但馬守長泰（花押） 加藤遠江守光泰（花押） 大谷刑部少輔吉継（花押） 石田治部少輔三成（花押） 増田右衛門尉長盛（花押） 福嶋左衛門大輔正則（花押） 生駒雅楽頭近則（花押） 蜂須賀阿波守家政（花押） 加藤主計頭清正（花押） 鍋島加賀守直茂（花押） （※吉川家文書は生駒・蜂須賀の花押を欠き、吉川広家が末尾に署名）		清水家所蔵文書 吉川家文書	名護屋城博物館『秀吉と文禄・慶長の役』―P53 大日古　吉川一―P101

54	55
（文禄2・1593）	（文禄2・1593）
4月12日	4月17日
（秀吉）御朱印	小西摂津守行長華押 増田右衛門尉長盛華押 大谷刑部少輔吉継華押 石田治部少輔三成華押 小早川左衛門佐隆景華押 備前宰相秀家華押
羽柴備前宰相 羽柴安芸宰相（毛利輝元） 羽柴丹後少将（細川忠興） 羽柴東郷侍従（長谷川秀一） 羽柴小早川侍従（小早川隆景） 羽柴土佐侍従（長宗我部元親） 前野但馬守（長康） 加藤遠江守（光泰） 石田治部少輔（三成） 大谷刑部少輔（吉継） 増田右衛門尉（長盛） 加藤主計頭（清正） 小西摂津守（行長） 黒田甲斐守（長政） 毛利壱岐守（吉成） 蜂須賀阿波守（家政） 生駒雅楽頭（近則） 福島左衛門大夫（正則） 戸田民部少輔（勝隆） 浅野弾正少弼（長政） 木村常陸介（重隆） 舟手衆 其外在陣中	長束大蔵大輔（正家） 石田木工頭（正澄）
毛利家文書	原富太郎所蔵文書
大日古　毛利三—P192	日本戦史　朝鮮役（文書・補伝）—P126

56	文禄2（1593）	5月1日	（秀吉朱印ヵ）	羽柴備前宰相 羽柴安芸宰相（毛利輝元）	直茂公譜考補　巻8	豊臣秀吉文書集6―P75
57	文禄3 （文禄2・1593） （※付年号は「文禄三年」とあるも内容から明らかに文禄2年のもの）	5月1日	（秀吉）御朱印	羽柴備前宰相 羽柴安芸宰相（毛利輝元） 羽柴丹後少将（細川忠興） 羽柴小早川侍従（隆景） 羽柴久留米侍従（小早川秀包） 羽柴柳川侍従（立花宗茂） 羽柴薩摩侍従（島津義弘） 羽柴東郷侍従（長谷川秀一） 羽柴郡上侍従（稲葉貞通） 羽柴対馬侍従（宗義智） 羽柴吉川侍従（広家） 羽柴伊達侍従（政宗） 蜂須賀阿波守（家政） 生駒雅楽頭（親正） 前野但馬守（長康） 加藤遠江守（光泰） 石田治部少輔（三成） 大谷刑部少輔（吉継） 増田右衛門尉（長盛） 浅野弾正少輔（長政） 黒田勘解由（孝高） 同甲斐守（長政） 福島左衛門大夫（正則） 戸田民部少輔（勝隆） 宮部兵部少輔（長熙） 加藤主計頭（清正） 鍋島加賀守（直茂） 毛利壱岐守（吉成） 小西摂津守（行長）	秀吉公御朱印之写（東京大学史料編纂所謄写本）ほか	豊臣秀吉文書集6―P77

57

木村常陸介（重茲）
明石左近允（元知）
斎村左兵衛尉（政広）
木下備中守（重堅）
中河小兵衛（秀成）
南条左衛門尉（元清）
鎰屋新五郎（垣屋恒房）
一柳右近太夫（可遊）
服部采女正（一忠）
岡本下野守（良勝）
竹中源介（隆重）
別所豊後守（吉治）
谷出羽守（衛友）
石河備中守（石川備後守貞通）
小野木縫殿助（重次）
新庄新五郎（新三郎直定）
大田小源五（一吉）
高田豊後守（治忠）
古田兵部少輔（重勝）
牧村兵部少輔（利貞）
片桐市正（且元）
同主膳正（貞隆）
藤堂三河守
加須屋内膳正（真雄）
毛利兵橘（重政）
早川主馬首（長政）
亀井武蔵守（茲矩）
青山甚左衛門
大田半次
山田藤蔵
加藤左馬助（嘉明）
菅平右衛門（達長）

57					杉若伝三郎（氏宗） 桑山小藤太（一晴） 徳井喜藤次 三輪五右衛門尉 服部中務少輔（脇坂安治ヵ） 九鬼大隅守（嘉隆） 来島助兵衛尉（通総） 藤堂佐渡守（高虎） 堀内安芸守（安房守氏善） 桑山伝次（小伝次貞晴） 百己三郎左衛門（百己綱家） 島津又七（豊久） 高橋九郎（元種） 有馬修理太夫（晴信） 大村新八郎（喜前） 松浦式部卿法印（鎮信） 宇久大和守（五島純玄） 伊東民部太輔（祐兵） 秋月三郎（種長） 筑紫上野介（広門） 高橋主膳正（直次） 相良宮内少輔（長毎）		
58	☆	（文禄2ヵ・1593）	5月2日	（秀家花押）		片上町竹田屋十郎右衛門所蔵	黄古―P154
59	☆	巳（文禄2・1593）	5月18日	（秀吉）御朱印	備前宰相	小西一行記（東京大学史料編纂所謄写本）	豊臣秀吉文書集6―P85
60	☆	（文禄2・1593）	6月7日	大谷形部少輔（吉継） 増田右衛門尉（長盛） 石田治部少輔（三成） 羽柴宰相（秀家）	浅野弾正少弼（長政）	碩田叢史　巻14	東京大学史料編纂所写本

61		(文禄2・1593)	6月15日	備前宰相秀家（花押）	羽兵（島津兵庫頭義弘）	旧記雑録後編　巻30	鹿児島県史料　旧記雑録後編2—P707
62		(文禄2・1593)	7月8日	備前宰相秀家（花押）	羽兵（島津兵庫頭義弘）	島津家文書	大日古　島津四—P216
63		(文禄2・1593)	7月11日	秀吉御朱印	羽柴備前宰相	黒田御用記　乾ほか	久世町史　資料編1—P347
64	☆	文禄2（1593）	8月6日	秀吉公御朱印	宇喜田宰相 羽柴安芸侍従（毛利秀元）	中外経緯伝　5ほか	改訂史籍収覧11—P212 （纂録51）
65		文禄2（1593）	8月21日	秀家	（那須）半入	尾上町山崎屋彦右衛門所蔵	黄古—P160
66	☆	文禄2（1593）	9月23日	秀吉公御朱印	宇喜田宰相 羽柴安芸侍従（毛利秀元）	中外経緯伝　5ほか	改訂史籍収覧11—P214 （纂録51）
67		文禄2（1593）	10月3日	秀次朱印	羽柴備前宰相	武家事紀　巻31	武家事紀　中—P522
68		(文禄3ヵ・1594)	3月29日	（秀家黒印）	なら（楢）原彦衛門	備前楢原家文書	岡古4—P139
69		文禄3（1594）	4月7日	（秀家花押）	伊部法悦	備前来住家文書	岡古4—P99
70	☆	(文禄3ヵ・1596)	（5月ヵ）4日	秀家（花押）［上書：宰相秀家］	［　　］		思文閣古書資料目録243—P132
71			5月11日	備前宰相秀家（花押）	多賀出雲守（秀種）	備前中納言秀家公より御状六通の内（多賀文書）	東京大学史料編纂所影写本
72		(文禄3・1596)	5月19日	（秀吉朱印）	羽柴備前宰相 羽柴安芸宰相（毛利輝元） 羽柴小早川侍従（隆景）	小早川家文書	大日古　小早川一—P321
73	☆	(文禄3・1596)	6月7日	備前宰相秀家（花押）	駒井中務少輔（重勝）	前田家所蔵文書	東京大学史料編纂所影写本
74	☆	文禄3（1594）	9月12日	［文書袖：（秀吉朱印）］秀家（花押）	富川肥後守（達安）	秋元興朝所蔵文書	久世町史　資料編1—P352
75		文禄3（1594）	9月16日	（秀家黒印）	備前国千寿山	備前弘法寺文書	岡古3—P82
76		文禄3（1594）	9月16日	（秀家黒印）	備前国一宮大守	備前一宮社家大守家文書	岡古4—P66

77		文禄3（1594）	9月16日	（秀家黒印）	備中国惣社	備中惣社文書	吉備郡史　上―P1057
78		文禄3（1594）	9月16日	（秀家花押）	花房志摩守（秀成）	秋元興朝所蔵文書	久世町史　資料編1―P352
79		文禄3（1594）	9月16日	秀家　書判	薬師坊	薬師院所蔵	岡山市史　宗教教育編―P230
80		文禄3（1594）	10月2日	秀家（花押）	竹田法印（定加）	東京国立博物館所蔵	東京国立博物館所蔵データベース
81	☆	文禄3（1594）	10月7日			備前難波文書	岡山県史　家わけ史料―P35
82		文禄3（1594）	10月22日	（後陽成天皇）	参議豊臣秀家	久我家文書	久我家文書3―P643
83		文禄3（1594）	11月15日	秀家（花押）	角南太郎右衛門	二日市町小松屋宝次郎所蔵	黄古―P153
84		文禄4（1595）	1月22日	（秀家花押）		町会所々蔵	黄古―P44
85		文禄4（1595）	5月8日	秀家	伏見新介	片上町久志屋善次郎所蔵	黄古―P157
86		文禄4（1595）	7月20日	羽柴備前中納言（血判花押）	宮部中務卿法印（継潤） 民部卿法印（前田玄以） 冨田左近将監（一白） 長束大蔵太輔（正家） 石田治部少輔（三成） 増田右衛門尉（長盛）	大阪城天守閣所蔵	大阪城天守閣『五大老』―P110
87		文禄4（1595）	8月3日	隆景（花押） 輝元（花押） 利家（花押） 景勝（花押） 秀家（花押） 家康（花押） （※浅野家文書・個人蔵には景勝署名なし）		浅野家文書 大井義秀氏所蔵 毛利就擧氏所蔵 個人蔵 上杉神社所蔵	大日古　浅野―P477 新修徳川家康文書の研究2―P238 大阪城天守閣『五大老』―P112 大阪城天守閣『五大老』―P113 上杉博物館『戦国大名とナンバー2』―P62
88		文禄4（1595）	8月3日	隆景（花押） 輝元（花押） 利家（花押） 景勝（花押）		浅野家文書	大日古　浅野―P478

88				秀家（花押）　家康（花押）			
89	☆	（文禄4カ・1595）	10月28日	秀家（花押）	愛宕山教学院	光珍寺所蔵	宇喜多家史談会会報14・15（岡田昌也「史料紹介」）
90	☆	（文禄4カ・1595）	10月29日	中納言秀家判	備中一宮下番	備中吉備津神社文書	岡古2―P255
91	☆	（文禄4カ・1595）	11月2日	中納言秀家（花押）	西大寺	備前西大寺文書	岡古3―P15
92	☆	（文禄4・1595）	11月9日	秀家（花押）［上書：備前中納言秀家］	青門（青蓮院門跡尊朝）	前田家所蔵文書	東京大学史料編纂所影写本
93	☆	文禄4（1595）	11月16日	（秀家）御判在之	金山遍照院	備前金山寺文書 備前西大寺文書	岡古2―P37 岡古3―P15
94		文禄4（1595）	12月10日	（観修寺）晴豊	備前中納言	晴豊記 巻10（紙背文書）	増補続史料大成9 晴右記・晴豊記―P378
95	☆	文禄4（1595）	12月吉日	（秀家）御判在之	遍照院（黒印）	備前金山寺文書	岡古2―P37
96		文禄4（1595）	12月吉日	（秀家黒印）	岡本源左衛門	備前長法寺文書	岡古2―P106
97		文禄4（1595）	12月吉日	（秀家黒印）	長田右衛門丞	備前西大寺文書	岡古3―P15
98		文禄4（1595）	12月吉日	（秀家黒印）	浮田土佐守	備前弘法寺文書	岡古3―P82
99		文禄4（1595）	12月吉日	（秀家黒印）	長船紀伊守	美作中山神社文書	岡古3―P279
100		文禄4（1595）	12月吉日	（秀家黒印）	原宗□	吉備温古秘録45 古簡二（金剛寺遍照寺法界院所蔵）	吉備群書集成8―P502
101		文禄4（1595）	12月吉日	（秀家黒印）	軽部惣左衛門	中尾村六社大明神祠官三宅平内所蔵	黄古―P171
102		文禄4（1595）	12月吉日	（秀家黒印）	広戸平八	門前村瓶井山禅光寺安住院所蔵	黄古―P175
103		文禄4（1595）	12月吉日	秀家在判	明石久兵へ（景行）	八塔寺村照境山八塔寺所蔵	黄古―P226

104		文禄4(1595)	12月吉日	(秀家黒印)	有松蓮窓	大内村大滝山福生寺西明院所蔵	黄古—P228
105		文禄4(1595)	12月吉日	秀家「黒印同前」	延原弥吉 尾板市兵衛	上田土村杉沢山長楽寺々中理教院所蔵	黄古—P230
106		文禄4(1595)	12月吉日	(秀家黒印)	金谷重兵衛	備前安養寺文書	岡古1—P53
107		文禄4(1595)	12月吉日	(秀家黒印)	花房志摩守(秀成)	備前安養寺文書	岡古1—P54
108		文禄4(1595)	12月吉日	(秀家黒印)	岡市丞	美作化生寺文書	岡山県史　家わけ史料—P20
109		文禄4(1595)	12月吉日	(秀家黒印カ)	岡市丞	美作化生寺文書(岡山県総務学事課文書整備班架蔵写真帳)	久世町史　資料編1—P352
110		文禄4(1595)	12月吉日	(秀家黒印)	浮田左京亮	脇田村脇田山安養寺常行院所蔵	黄古—P176
111		文禄4(1595)	12月吉日	(秀家黒印)	浮田弥三兵衛	沢田村恩徳寺西方院所蔵	黄古—P178
112		文禄4(1595)	12月吉日	(秀家黒印)	原四郎左衛門	備前浄土寺文書	赤坂町史—P203
113		文禄4(1595)	12月吉日	(秀家黒印)	浮田土佐守 浮田菅兵衛 浮田河内守	光珍寺所蔵	岡山市史二—P1551
114		文禄5(1596)	1月13日	判(秀家花押カ)	井上平左衛門	美作国諸家感状記	久世町史　資料編1—P354
115		文禄5(1596)	1月27日	(秀家黒印)	松原久右衛門尉	藩中古文書　4	紀伊続風土記編纂史料(国文学研究資料館所蔵)
116		文禄5(1596)	1月27日	(秀家花押)	進藤三左衛門尉(正次)	古文書十八通	国会図書館古典籍資料室蔵
117	☆	慶長元(文禄5・1596)	3月	秀家「黒印同前」		上田土村杉沢山長楽寺々中理教院所蔵	黄古—P230
118	☆	(文禄5・1596)	4月14日	(秀家花押)	中□□□□門尉(中村又右衛門尉カ)	諸家所蔵文書写(金沢市立図書館加越能文庫)	東京大学史料編纂所写真帖

119	☆	（文禄5カ・1595）	4月16日	（秀家花押）	岡越前守 富川肥後守（達安） 長舟紀伊守 明石掃部助 花房志摩守（秀成） 岡采女正 浮田平太 浮田河内守 岡本権之丞（秀広） 長船吉兵へ 服部権兵へ 中吉平兵へ 角南隼人 浮田六郎右衛門尉 苅田与右衛門尉 村田七郎右衛門尉 宍甘四郎左衛門尉 鳥山左馬允	備前遠藤家文書	岡古4－P137
120			5月13日	石田治部少輔三成（花押）	秀家	本法寺文書	東京大学史料編纂所影写本
121			7月24日	判（秀家花押カ）	浮田菅兵衛（宗勝）	小坂祐一氏所蔵文書	美作古城史－435P
122		（慶長元・1596）	11月20日	（秀吉朱印）	増田右衛門尉（長盛） 宮木長次郎（豊盛） 木下肥後守（家定） 備前中納言 毛利壱岐守留守居（吉成） 筑前中納言留守居（小早川秀秋）	京都大学法学部所蔵	豊臣秀吉文書集7－P160
123		慶長元（1596）	12月12日	（観修寺）晴豊	備前中納言	晴豊記 巻10（紙背文書）	増補続史料大成9 晴右記・晴豊記－P379
124			12月15日	秀家	小坂与三郎	源八所蔵文書	美作古簡集註解 下－P42

125		慶長2（1597）	4月7日	（秀家黒印）	進藤三左衛門尉（正次）	古文書十八通	国会図書館古典籍資料室蔵
126		慶長2（1597）	5月18日	（秀家花押）	大守藤左衛門	本社文書	吉備津彦神社史料―P44
127		（慶長2・1597）	8月26日	景（秀）家 安芸宰相（毛利秀元） 土佐侍従（長宗我部元親） 同右衛門太（長宗我部盛親） 鍋加（鍋島加賀守直茂） 鍋信（鍋島信濃守勝茂） 池与（池田伊予守秀雄） 中修（中川修理大夫秀成） 加たう（加藤嘉明） 黒甲（黒田甲斐守長政） 蜂阿（蜂須賀阿波守家政） 生讃（生駒讃岐守一正） 羽兵（羽柴兵庫頭義弘） 嶋又八（島津又八郎忠恒） 毛壱（毛利壱岐守吉成） 大飛（太田飛騨守一吉） 熊内蔵（熊谷内蔵允直盛） 垣泉（垣見和泉守一直） 竹源（竹中源介重利） 早主（早川主馬頭長政） 毛民太（毛利民部大輔高政） 安国寺（恵瓊） 小摂（小西摂津守行長） 藤佐（藤堂佐渡守高虎） 脇中（脇坂中務大輔安治） 加藤（清正） 菅三兵 同右八		中川家文書	中川家文書―P57
128		（慶長2・1597）	9月16日	備前中納言秀家 蜂須賀阿波守家政	徳善院（前田玄以） 増田右衛門尉（長盛）	島津家文書	大日古　島津二―P278

128				小西摂津守行長 薩摩侍従義弘 土佐侍従元親 吉川侍従広家 生駒讃岐守（一正） 鍋島加賀守（直茂） 島津又八郎忠恒 長曾我部右衛門太郎（盛親） 池田伊与守（秀雄） 中川修理大夫（秀成） 熊谷内蔵允直盛 早川主馬首（長政） 垣見和泉守一直	石田治部少輔（三成） 長束大蔵大輔（正家）		
129		慶長2（1597）	9月	日本備前中納言秀家	全羅道海南	島津家文書	大日古　島津二―P253
130		慶長2（1597）	9月	日本備前中納言秀家（黒印写）	全羅道康津県	鍋島家文書	佐賀県史料集成古文書編3―P392
131		慶長2（1597）	9月	日本備前中納言秀家（黒印）	慶尚道昌原恭原	香月文書	東京大学史料編纂所影写本
132	☆	（慶長2カ・1597）	10月4日	（秀家花押）	ゑちせん（岡越前守） 長右衛門（長田右衛門丞）	岡本文書	東京大学史料編纂所影写本
133		（慶長2・1597）	12月2日	小西摂津守行長判	備前中納言 藤堂佐渡守（高虎）	浅野家文書	大日古　浅野―P373
134	☆	（慶長2・1597）	12月25日	備前中納言秀家（花押）	路次中人留の御番衆		弘文荘待買古書目29―P40
135	☆	（慶長3・1598）	1月25日	備前中納言秀家（花押）	島又八（島津又八郎忠恒）	島津家文書	大日古　島津五―P86
136		（慶長3・1598）	1月26日	備前中納言 安芸宰相（毛利秀元） 蜂須賀阿波守（家政） 生駒讃岐守（一正） 藤堂佐渡守（高虎） 脇坂中務大夫（安治） 菅三郎兵衛尉	石田治部少輔（三成） 長束大蔵大夫（正家） 増田右衛門尉（長盛） 徳善院（前田玄以）	島津家文書	大日古　島津三―P59

136				松島彦右衛門尉 菅右衛門八 山口玄蕃頭（正弘） 中河修理大夫（秀成） 池田伊与守（秀雄） 長宗我部侍従（元親）			
137		（慶長3・1598）	3月13日	（秀吉）御朱印	備前中納言 安芸宰相（毛利秀元） 蜂須賀阿波守（家政）	鍋島家文書	豊臣秀吉文書集7―P266
138		（慶長3ヵ・1598）	3月18日	（秀吉）御朱印	備前中納言 安芸宰相（毛利秀元） 土佐侍従（長宗我部元親） 蜂須賀阿波守（家政） 藤堂佐渡守（高虎） 池田伊与守（秀雄） 加藤左馬助（嘉明） 来島右衛門尉一（康親） 生駒讃岐守（一正） 安国寺（恵瓊） 脇坂中務少輔（安治） 菅平右衛門（達長）	鍋島家文書	豊臣秀吉文書集7―P271
139		（慶長3・1598）	（4月ヵ）	（西笑承兌）	備前黄門	西笑和尚文案　5	相国寺蔵西笑和尚文案―P93
140		慶長3（1598）	4月27日	（秀家黒印）	松原久右衛門尉	藩中古文書　4	紀伊続風土記編纂史料（国文学研究資料館所蔵）
141		慶長3（1598）	4月27日	（秀家黒印）	松原久右衛門尉	藩中古文書　4	紀伊続風土記編纂史料（国文学研究資料館所蔵）
142		慶長3（1598）	4月27日	（秀家黒印）	進藤三左衛門尉（正次）	古文書十八通	国会図書館古典籍資料室蔵
143	☆	（慶長3ヵ・1598）	7月13日	（秀家花押）［上書：備前中納言（秀家花押）］	多雲（多賀出雲守秀種）	武家手鑑（尊経閣文庫所蔵）	武家手鑑　解題釈文―P174
144		慶長3（1598）	7月23日	（秀家黒印）	大森藤左衛門尉	本社文書	吉備津彦神社史料―P45

145		（慶長3・1598）	8月5日	秀吉御判	いへやす（徳川家康） ちくせん（前田利家） てるもと（毛利輝元） かけかつ（上杉景勝） 秀いへ	毛利家文書	大日古　毛利三―P243
146		慶長3（1598）	8月8日	備前中納言	徳善院（前田玄以） 浅野弾正少弼（長政） 増田右衛門尉（長盛） 石田治部少輔（三成） 長束大蔵大輔（正家）	武家事紀　巻31	武家事紀　中巻―P535
147		慶長3（1598）	8月10日	輝元 秀家 利家 家康		毛利家文書	大日古　毛利三―P244
148		慶長3（1598）	8月11日	長束大蔵大輔（正家） 石田治部少輔（三成） 増田右衛門尉（長盛） 浅野弾正少弼（長政） 徳善院（前田玄以）	家康公 利家公 秀家公	武徳安民記ほか	徳川家康文書の研究 中―P313
149				のぶ尹（近衛信尹）	中納言（宇喜多秀家）	古文書十八通	国会図書館古典籍資料室蔵
150		（慶長3・1598）	8月28日	輝元（花押） 秀家（花押） 利家（花押） 家康（花押）	黒田甲斐守（長政）	黒田家文書	黒田家文書1―P65
151		（慶長3・1598）	8月28日	輝元（花押） 秀家（花押） 利家（花押） 家康（花押）	羽柴左近（立花宗茂）	亀井文書	徳川家康文書の研究 中―P326
152		慶長3（1598）	9月3日	長束大蔵太輔（正家） 石田治部少輔（三成）		浅野家文書	大日古　浅野―P133

152				増田右衛門尉（長盛） 浅野弾正少弼（長政） 徳善院（前田玄以） 輝元 景勝 秀家 利家 家康			
153		（慶長3・1598）	9月3日	秀家（花押）［上書抹消： 備前中納言秀家］	大光明寺（西笑承兌）	西笑和尚文案　紙背 3	相国寺蔵西笑和尚文案―P168
154		（慶長3・1598）	9月5日	輝元（花押） 秀家（花押） 利家（花押） 家康（花押）	毛利壱岐守（吉成） 高橋九郎（元種） 相良宮内太輔（長毎） 伊藤民部太輔（祐兵） 島津又七郎（豊久） 秋月三郎（種長） （※個人蔵では毛利・伊藤・ 相良・高橋・秋月・島津の順）	浅野家文書 個人蔵 前田育徳会所蔵	大日古　浅野―P117 大阪城天守閣『五大老』―P117 NHK『利家とまつ　加賀百万石 物語展』―P230
155		（慶長3・1598）	9月5日	輝元（花押） 秀家（花押） 利家（花押） 家康（花押）	黒田甲斐守（長政）	黒田家文書	黒田家文書1―P68
156		（慶長3・1598）	9月5日	輝元（花押） 秀家（花押） 利家（花押） 家康（花押）	羽柴兵庫頭（島津義弘） 同又八郎（島津忠恒）	島津家文書	大日古　島津二―P379
157		（慶長3・1598）	9月5日	輝元（花押） 秀家（花押） 利家（花押） 家康（花押）	小西摂津守（行長） 羽柴対馬侍従（宗義智）	豊国神社所蔵	新修徳川家康文書の研究 2―P273

番号		年	月日	差出	宛所	出典	刊本
158		（慶長3・1598）	9月5日	輝元（花押） 秀家（花押） 利家（花押） 家康（花押）	寺沢志摩守（広高）	永青文庫所蔵	新修徳川家康文書の研究—P254
159		（慶長3・1598）	9月5日	輝元（花押） 秀家（花押） 利家（花押） 家康（花押）	加藤主計頭（清正）	恒川正雄氏所蔵	新修徳川家康文書の研究2—P271
160		慶長3（1598）	9月8日	長束大蔵太輔（正家） 石田治部少輔（三成） 増田右衛門太夫（長盛） 浅野弾正少弼（長政） 徳善院（前田玄以） 輝元 景勝 秀家 利家 家康		佐藤半蔵覚書	徳川家康文書の研究中—P334
161		慶長3（1598）	9月9日	秀家	牧宗兵衛	美作国諸家感状記	久世町史　資料編1—P357
162		慶長3（1598）	9月9日	秀家（花押）	戸川肥後守（達安）	秋元興朝所蔵文書	久世町史　資料編1—P360
163		（慶長3・1598）	10月15日	輝元（花押） 景勝（花押） 秀家（花押） 利家（花押） 家康（花押）	小西摂津守（行長）	紀伊徳川文書	徳川家康文書の研究中—P341
164		（慶長3・1598）	10月15日	輝元（花押） 景勝（花押） 秀家（花押） 利家（花押） 家康（花押）	黒田甲斐守（長政）	黒田家文書	黒田家文書1—P71

165	166	167	168	169	170
（慶長3・1598）	（慶長3・1598）	（慶長3・1598）	（慶長3・1598）	（慶長3・1598）	（慶長3・1598）
10月15日	10月15日	10月16日	10月16日	10月16日	10月16日
輝元判 景勝判 秀家判 利家判 家康判	輝元（花押） 景勝（花押） 秀家（花押） 利家（花押） 家康（花押）	輝元（花押） 景勝（花押） 秀家（花押） 利家（花押） 家康（花押）	輝元（花押） 景勝（花押） 秀家（花押） 利家（花押） 家康（花押）	輝元（花押） 景勝（花押） 秀家（花押） 利家（花押） 家康（花押）	輝元（花押） 景勝（花押） 秀家（花押） 利家（花押） 家康（花押）
鍋島加賀守（直茂） 同信濃守（勝茂）	伊藤民部大輔（祐兵） 秋月三郎（種長） 高橋九郎（元種） 島津又七郎（豊久） 相良宮内大輔（長毎）	菅平右衛門尉（達長）	脇坂中務少輔（安治）	生駒讃岐守（一正）	来島右衛門一郎（康親）
鍋島直茂譜考補	個人蔵	菅文書	大阪城天守閣所蔵		久留島家文書
徳川家康文書の研究 中—P345	八代市立博物館 未来の森ミュージアム 『小西行長』—P36	兵庫県史　史料編 中世9・古代補遺—P137	新修徳川家康文書の研究 2—P275	思文閣古書資料目録 249・250—P192	今治郷土史2　資料編 古代・中世—P580

171	172	173	174	175	176
（慶長3・1598）	（慶長3・1598）	（慶長3・1598）	（慶長3・1598）	（慶長3・1598）	（慶長3・1598）
10月16日	10月22日	10月22日	11月2日	11月25日	11月25日
輝元（花押） 景勝（花押） 秀家（花押） 利家（花押） 家康（花押）	輝元書判 景勝書判 秀家書判 利家書判 家康書判	輝元（花押） 景勝（花押） 秀家（花押） 利家（花押） 家康（花押）	輝元（花押） 景勝（花押） 秀家（花押） 利家（花押） 家康（花押）	輝元（花押） 景勝（花押） 秀家（花押） 利家（花押） 家康（花押）	輝元（花押） 景勝（花押） 秀家（花押） 利家（花押） 家康（花押）
	御弓鉄炮衆	寺沢志摩守（広高）	羽柴兵庫頭（島津義弘） 島津又八郎（忠恒）	浅野弾正少弼（長政） 石田治部少輔（三成）	羽柴薩摩侍従（島津義弘） 島津又八郎（忠恒）
豊国神社所蔵	堀内文書	東京大学史料編纂所所蔵	島津家文書	藤堂文書	島津家文書
NHK『利家とまつ　加賀百万石物語展』—P229	徳川家康文書の研究中—P348	徳川家康文書の研究拾遺集—P125	大日古　島津一—P428	徳川家康文書の研究中—P357	大日古　島津二—P380

177	178	179	180	181	182
(慶長3・1598)	(慶長3・1598)	慶長3(1598)	慶長3(1598)	慶長4(1599)	慶長4(1599)
11月25日	11月25日	12月25日	12月26日	1月9日	1月10日
輝元(花押) 景勝(花押) 秀家(花押) 利家(花押) 家康(花押)	輝元(花押) 景勝(花押) 秀家(花押) 利家(花押) 家康(花押)	輝元在判 秀家在判 家康御判	輝元 景勝 秀家 利家 家康	安芸中納言輝元 会津中納言景勝 備前中納言秀家 加賀大納言利家 江戸内大臣家康	長束大蔵大輔(正家) 石田治部少輔(三成) 増田右衛門尉(長盛) 浅野弾正少弼(長政) 前田徳善院(玄以) 安芸中納言(輝元) 会津中納言(景勝) 備前中納言
高橋九郎(元種) 秋月三郎(種長) 島又七郎(島津豊久) 伊藤民部太輔(祐兵) 相良宮内太輔(長毎)	安芸宰相(毛利秀元)	醍醐寺山上山下	三井寺	羽柴薩摩少将(島津忠恒)	
個人蔵	長府毛利家文書	三宝院文書ほか	毛利家文書	島津家文書ほか	古文書集
徳島城博物館『「唐入り」の時代』―P79	山口県史　史料編中世4―P347	徳川家康文書の研究中―P362	大日古　毛利三―P370	大日古　島津一―P429	関ヶ原合戦史料集―P74

番号		年	月日	差出	宛所	所蔵	出典
182				加賀大納言（利家） 江戸内大臣（家康）			
183		慶長4（1599）	1月25日	輝元（花押） 景勝（花押） 秀家（花押） 利家（花押） 家康（花押）	長岡幽斎（細川藤孝）	永青文庫所蔵	細川家文書　中世編―P285
184		慶長4（1599）	1月25日	輝元（花押） 景勝（花押） 秀家（花押） 利家（花押） 家康（花押）	寺沢志摩守（広高）	財団法人松井文庫所蔵	八代市立博物館未来の森ミュージアム『松井家文書の世界』―P46
185		（慶長4・1599）	（1月ヵ）	安芸中納言輝元 会津中納言景勝 備前中納言秀家 徳善院法印（玄以） 加賀大納言（利家） 長束大蔵（正家） 増田右衛門尉（長盛） 浅野弾正少弼（長政） 石田治部少輔（三成） 江戸内大臣家康		古案　秀吉（徳川林政史研究所所蔵）	新修徳川家康文書の研究2―P277
186		慶長4（1599）	2月5日	輝元 景勝 秀家 利家 家康	羽柴筑前中納言（小早川秀秋）	毛利家文書	大日古　毛利三―P371
187		（慶長4・1599）	2月5日	輝元 景勝 秀家 利家	羽柴北庄侍従（堀秀治）	毛利家文書	大日古　毛利三―P371

187			家康			
188	（慶長4・1599）	2月5日	輝元 景勝 秀家 利家 家康	山口右京進（修弘）	毛利家文書	大日古　毛利三―P372
189	慶長4（1599）	2月5日	家康御血判	加賀大納言（利家） 備前中納言 会津中納言（景勝） 安芸中納言（輝元） 徳善院（前田玄以） 浅野弾正少弼入道（長政） 増田右衛門尉入道（長盛） 石田治部少輔入道（三成） 長束大蔵少輔入道（正家）	武家事紀　巻31ほか	徳川家康文書の研究　中―P383
190	慶長4（1599）	2月5日	長束大蔵少輔入道各血判 石田治部少輔入道（三成） 増田右衛門尉入道（長盛） 浅野弾正少弼入道（長政） 徳善院（前田玄以） 輝元 景勝 秀家 利家	内大臣（徳川家康）	武家事紀　巻31ほか	徳川家康文書の研究　中―P384
191	慶長4（1599）	2月6日	（秀家黒印）	難波助右衛門尉	備前難波文書	岡山県史　家わけ史料―P31
192	慶長4（1599）	2月6日	（秀家黒印）	戸川肥後守（達安）	秋元興朝所蔵文書	久世町史　資料編1―P361
193	慶長4（1599）	2月6日	（秀家黒印）	花房外記	秋元興朝所蔵文書	久世町史　資料編1―P361
194	慶長4（1599）	2月12日	長束大蔵太輔（正家） 増田右衛門尉（長盛） 徳善院（前田玄以）		毛利家文書	大日古　毛利三―P250

194				浅野弾正少弼（長政） 石田治部少輔（三成） 秀家 景勝 輝元 利家		
195	慶長4（1599）	2月12日	家康	長束大蔵太輔（正家） 増田右衛門尉（長盛） 徳善院（前田玄以） 浅野弾正少弼（長政） 石田治部少輔（三成） 秀家 景勝 輝元 利家	毛利家文書	大日古　毛利三―P291
196	慶長4（1599）	3月8日	備前中納言秀家	内府（徳川家康）	島津家文書	大日古　島津三―P58
197	慶長4（1599）	3月21日	（秀家花押）	不破加右衛門尉	不破氏古文書	山内家史料　第二代忠義公紀 1―P329
198	（慶長4・1599）	3月21日	（秀家花押）	角田（南ヵ）隼人	不破氏古文書	山内家史料　第二代忠義公紀 1―P329
199	（慶長4・1599）	3月23日	鍋島加賀守（直茂）	家康公 利家公 景勝公 輝元公 秀家公 （※連名宛所の末尾に「御家老中」とあり）	直茂公譜考補　巻10	佐賀県近世史料 1編1巻―P782
200	慶長4（1599）	閏3月3日	利長判 輝元判 景勝判 秀家判	舟越五郎右衛門	船越文書	兵庫県史　史料編 中世9・古代補遺―P426

200				御諱（家康）御判			
201		慶長4（1599）	閏3月3日	利長 輝元 景勝 秀家 家康	池田備後守	毛利家文書	大日古　毛利三―P374
202		慶長4（1599）	閏3月3日	利長 輝元 景勝 秀家 家康	池田弥右衛門	毛利家文書	大日古　毛利三―P375
203		（慶長4・1599）	閏3月19日	利長 輝元 景勝 秀家 家康	蜂須賀阿波守（家政） 黒田甲斐守（長政）	毛利家文書	大日古　毛利三―P215
204		（慶長4・1599）	4月1日	利長（花押） 輝元（花押） 景勝（花押） 秀家（花押） 家康（花押）	羽柴柳川侍従（立花宗茂）	立花文書	徳川家康文書の研究 中―P408
205		（慶長4・1599）	4月1日	利長（花押） 輝元（花押） 景勝（花押） 秀家（花押） 家康（花押）		田代文書	東京大学史料編纂所影写本
206		（慶長4・1599）	4月1日	利長（花押） 輝元（花押） 景勝（花押） 秀家（花押） 家康（花押）	羽柴薩摩宰相（島津義弘） 羽柴薩摩少将（島津忠恒）	島津家文書	大日古　島津二―P382

207		慶長4（1599）	4月15日	（秀家花押）	西大寺円蔵坊	備前西大寺文書	岡古3－P17
208		慶長4（1599）	5月11日	利長 輝元 景勝 秀家 家康	徳善院（前田玄以） 浅野弾正少弼（長政） 増田右衛門尉（長盛） 長束大蔵太輔（正家）	毛利家文書	大日古　毛利三－P368
209		慶長4（1599）	6月1日	利長判 輝元判 景勝判 秀家判 家康判	羽柴対馬侍従（宗義智）	榊原家所蔵文書	徳川家康文書の研究 中－P415
210		慶長4（1599）	6月13日	利長 輝元 景勝 秀家 家康	江原小五郎	荒尾文書ほか	徳川家康文書の研究 中－P415
211		慶長4（1599）	6月13日	利長 輝元 景勝 秀家 家康御書判	友松忠右衛門	土佐国蠹簡集残編	徳川家康文書の研究 中－P416
212		慶長4（1599）	8月7日	利長 輝元 景勝 秀家 家康	山本与三	毛利家文書	大日古　毛利三－P375
213		慶長4（1599）	8月7日	利長 輝元 景勝 秀家 家康	池田勝吉	毛利家文書	大日古　毛利三－P376

214		(慶長4・1599)	8月7日	利長 輝元 景勝 秀家 家康	井上小左衛門	毛利家文書	大日古　毛利三―P377
215		(慶長4・1599)	8月7日	利長 輝元 景勝 秀家 家康	下方小吉	毛利家文書	大日古　毛利三―P378
216		(慶長4・1599)	8月7日	利長 輝元 景勝 秀家 家康	一柳茂左衛門	毛利家文書	大日古　毛利三―P379
217		(慶長4・1599)	8月7日	利長 輝元 景勝 秀家 家康	伊木七右衛門入道	毛利家文書	大日古　毛利三―P379
218		慶長4(1599)	8月7日	利長 輝元 景勝 秀家 家康	山田忠左衛門	毛利家文書	大日古　毛利三―P380
219		慶長4(1599)	8月7日	利長 輝元 景勝 秀家 家康	荒木勘十郎	毛利家文書	大日古　毛利三―P381

220		慶長4（1599）	8月7日	利長 輝元 景勝 秀家 家康	大野半左衛門	毛利家文書	大日古　毛利三―P382
221		慶長4（1599）	8月7日	利長 輝元 景勝 秀家 家康	落合藤右衛門	毛利家文書	大日古　毛利三―P383
222		慶長4（1599）	8月7日	利長 輝元 景勝 秀家 家康	大村長吉	毛利家文書	大日古　毛利三―P384
223		（慶長4・1599）	8月7日	利長 輝元 景勝 秀家 家康	溝口源太郎	毛利家文書	大日古　毛利三―P385
224		（慶長4・1599）	8月7日	利長 輝元 景勝 秀家 家康	郷司孫左衛門	毛利家文書	大日古　毛利三―P385
225		（慶長4・1599）	8月7日	利長（花押） 輝元 景勝 秀家（花押） 家康（花押）	豊光寺	相国寺本坊文書	相国寺蔵西笑和尚文案―P290

226		慶長4（1599）	8月7日	利長 輝元 景勝 秀家 家康	御幸宮社人中	毛利家文書	大日古　毛利三－P387
227		（慶長4・1599）	8月20日	利長 景勝 輝元（花押） 秀家（花押） 家康（花押）	松浦式部卿法印（鎮信）	松浦文書	徳川家康文書の研究　中－P440
228		（慶長4・1599）	8月20日	利長 景勝 輝元（花押） 秀家（花押） 家康（花押）	羽柴薩摩少将（島津忠恒）	島津家文書	大日古　島津二－P382
229			9月8日	備前中納言秀家在判	大光明寺（西笑承兌）有中法（有馬中務卿法印則頼）	武江創業録	東京大学史料編纂所謄写本
230			9月15日	（秀家花押）	津嶋七右衛門尉	龍大夫文書	三重県史　資料編　中世1下－P417
231			9月17日	（秀家花押）	鷹匠とも	岡山県立博物館所蔵文書	岡山県史　家わけ史料－P65
232		（慶長4カ・1599）	9月25日	秀家（花押）［上書：備前中納言秀家］	堀帯（堀尾帯刀吉晴）	中村直勝氏旧蔵文書	中村直勝博士蒐集古文書－P168
233	☆		7日	（石田）三成（花押）［上書：石治少］	秀家	大阪城天守閣所蔵	大阪城天守閣紀要44－P13
234		慶長4（1599）	10月1日	輝元 秀家 家康	堀尾帯刀（吉晴）	古文書集　巻9ほか	徳川家康文書の研究　中－P449

235			10月6日	（秀家花押）	大森藤左衛門尉	備前一宮社家大守家文書	岡古4—P66
236			10月22日	秀家御書判	御師上部越中守	伊勢古文書集	東京大学史料編纂所謄写本
237		慶長4（1599）	10月28日	輝元（花押） 秀家（花押） 家康（花押）	一色民部大輔	桑原羊次郎氏所蔵文書　1	東京大学史料編纂所影写本
238			11月2日	（秀家黒印）	八郎右衛門	備前難波文書	岡山県史　家わけ史料—P35
239			11月4日	秀家（花押）	熊野本山衆徒中	熊野坐神社文書	東京大学史料編纂所影写本
240			11月17日	（秀家花押影）	千原九右衛門	千原家家記	岡山地方史研究116（畑和良「宇喜多秀家と「鷹」」）
241		慶長4（1599）	12月1日	（秀家黒印）	大森藤左衛門尉	備前一宮社家大守家文書	岡古4—P67
242		慶長4（1599）	12月1日	輝元（花押） 秀家（花押） 家康（花押）	小倉	大阪歴史博物館所蔵	大阪城天守閣『五大老』—P125
243		慶長4（1599）	12月1日	輝元 秀家 家康	羽柴武蔵守（戸田勝成）	毛利家文書ほか	大日古　毛利三—P389
244		慶長4（1599）	12月1日	輝元 秀家 家康	羽柴左衛門佐（織田信高）	毛利家文書	大日古　毛利三—P390
245		慶長4（1599）	12月13日	（秀家黒印）	不破九左衛門尉	不破氏古文書	山内家史料　第二代忠義公紀1—P329
246			12月14日	（秀家花押）	浮田土佐守 富山源次 浮田太郎左衛門尉	大阪城天守閣所蔵	大阪城天守閣紀要22—P9
247			12月17日	秀家（花押）	御師龍大夫	龍大夫文書	三重県史　資料編　中世1下—P422

番号		年	月日	差出	宛所	所蔵	出典
248		慶長5（1600）	1月2日	（秀家花押）	進藤三左衛門尉（正次）	古文書十八通	国会図書館古典籍資料室蔵
249			1月21日	秀家（花押）	多か□	備前中納言秀家公より御状六通の内（多賀文書）	東京大学史料編纂所影写本
250			3月10日	家康（花押）	備前中納言	玉英堂書店所蔵	新修徳川家康文書の研究2―P256
251	☆		3月25日	宇喜多権中納言秀家	小坂右兵衛	源八所蔵文書	美作古簡集註解　下―P43
252			4月2日	（秀家花押）	つねや（恒屋ヵ）五兵衛		思文閣古書資料目録125―P189
253		慶長5（1600）	4月6日	輝元 秀家 家康	御牧助三郎	毛利家文書	大日古　毛利三―P391
254		慶長5（1600）	4月8日	輝元 秀家 家康	北条助五郎（氏盛）	毛利家文書	大日古　毛利三―P388
255		慶長5（1600）	4月8日	輝元 秀家 家康	溝江彦三郎（長晴）	毛利家文書	大日古　毛利三―P390
256		慶長5（1600）	4月8日	輝元 秀家 家康	観音寺朝賢	毛利家文書	大日古　毛利三―P392
257		慶長5（1600）	4月10日	輝元 秀家 家康	寺西下野守	毛利家文書	大日古　毛利三―P393
258		慶長5（1600）	4月10日	輝元（花押） 秀家（花押） 家康（花押）	寺西新五郎	寺西文書	徳川家康文書の研究　中―P476

259		（7月）6日	［上書：備前中納言秀家］	多雲（多賀出雲守秀種）	備前中納言秀家公より御状六通の内（多賀文書）	東京大学史料編纂所影写本
260	（慶長5・1600）	7月27日	安芸中納言輝元判 備前中納言秀家判	羽柴肥前守（前田利長）	加賀古文書	加賀藩史料1―P755
261	（慶長5・1600）	7月29日	備前中納言秀家（花押）	真田安房守（昌幸）	真田家文書	真田家文書　上―P51
262	（慶長5・1600）	8月1日	備前中納言秀家（花押） 安芸中納言輝元（花押）	島津少将（忠恒）	島津家文書	大日古　島津二―P383
263	（慶長5・1600）	8月1日	長束大蔵正家（花押） 増田右衛門尉長盛（花押） 石田治部少輔三成（花押） 徳善院玄以（黒印） 輝元（花押） 秀家（花押）	蒔田権佐（広定）	廓坊篤氏所蔵	大阪城天守閣『五大老』―P129
264	（慶長5・1600）	8月1日	長束大蔵正家 増田右衛門長盛 石田治部少輔三成 徳善院玄以 輝元 秀家	木下宮内少輔（利房）	武家事紀　巻35	武家事紀　中―P663
265	（慶長5・1600）	8月1日	長束大蔵正家（花押） 増田右衛門長盛（花押） 石田治部少輔三成（花押） 徳善院玄以（花押） 輝元（花押） 秀家（花押）	筑紫主水（広門）	筑紫家文書	佐賀県史料集成　古文書編28―P8
266	（慶長5・1600）	8月1日	長束大蔵正家（花押） 増田右衛門尉長盛（花押） 石田治部少輔三成（花押） 徳善院玄以（黒印）	五嶋淡路守（玄雅）	五島文書	東京大学史料編纂所影写本

266				輝元（花押） 秀家（花押）			
267		（慶長5・1600）	8月2日	長大（長東大蔵少輔）正家（花押） 増右（増田右衛門尉）長盛（花押） 石治（石田治部少輔）三成（花押） 芸中（安芸中納言）輝元（花押） 備中（備前中納言）秀家（花押）	真田安房守（昌幸）	真田家文書	真田家文書　上―P59
268		慶長5（1600）	8月4日	秀家（花押）	長原菅作	長原村長原元古所蔵	黄古―P187
269		慶長5（1600）	8月4日	（秀家黒印）	納所小兵衛尉	塚本文書	東京大学史料編纂所影写本
270		慶長5（1600）	8月4日	（秀家花押）	不破九左衛門尉	不破氏古文書	山内家史料　第二代忠義公紀1―P328
271		慶長5（1600）	8月4日	（秀家黒印）	不破九左衛門尉	不破氏古文書	山内家史料　第二代忠義公紀1―P328
272		（慶長5・1600）	8月4日	輝元在判 秀家在判	松井佐渡守（康之）	財団法人松井文庫所蔵	八代市立博物館未来の森ミュージアム『関ヶ原合戦と九州の武将たち』―P171
273		慶長5（1600）	8月5日	長東大蔵大輔正家「花押なし」 増田右衛門尉長盛（花押） 石田治部少輔三成「花押なし」 徳善院玄以「右同断」 芸中（安芸中納言）輝元（花押） 備中（備前中納言）秀家（花押）	伊丹甚大夫	伊木長門家臣笹尾喜左衛門所蔵	黄古―P143

274		慶長5（1600）	8月5日	長束大蔵大輔正家　増田右衛門尉長盛（花押）　石田治部少輔三成　徳善院玄以　芸中（安芸中納言）輝元（花押）　備中（備前中納言）秀家（花押）	鈴木孫三郎	日光雑賀家文書	徳川家康文書の研究　拾遺集―P129
275		慶長5（1600）	8月5日	芸中（安芸中納言）輝元判　備中（備前中納言）秀家判	鍋島信濃守（勝茂）　毛利豊前守（吉成）	勝茂公譜考補2	佐賀県近世史料　1編2巻―P214
276			8月6日	（秀家花押）	町奉行浮田覚兵衛	備前来住家文書	岡古4―P99
277			8月10日	備前中納言秀家（花押）	愛宕山教学院	愛宕山尾崎坊文書	東京大学史料編纂所影写本
278			8月19日	備前中納言秀家（花押）	愛宕山教学院	愛宕山尾崎坊文書	東京大学史料編纂所影写本
279			8月20日	（秀家花押）		池田斎宮助家頼那須三之介所蔵	黄古―P266
280		（慶長5・1600）	8月25日	会津中納言景勝（花押）	長大（長束大蔵少輔正家）　増右（増田右衛門尉長盛）　石治少（石田治部少輔三成）　徳善院（前田玄以）　輝元　秀家	真田家文書	真田家文書　上―P71
281		慶長5（1600）	8月27日	治少（石田治部少輔）三成（花押影）　小にし（西）行長（花押影）　羽兵庫（島津兵庫頭義弘入道）　維新（花押影）　秀家（花押影）	はやしむら（林村）	顕性寺文書	岐阜県史　史料編　古代・中世1―P562
282			9月1日	（秀家黒印）	おほたき	大内村大滝山福生寺西明院所蔵	黄古―P228

283		慶長5（1600）	9月5日	治部少（石田三成）（花押影） 摂津守（小西行長）（花押影） 兵庫頭（島津義弘）（花押影） 秀家（花押影）	あ□□□（あかさか）さい ゑん寺	西円寺文書	岐阜県史　史料編 古代・中世1―P568
284		（慶長5・1600）	9月10日	（秀家）御在判	宍甘四郎左衛門 宍甘太郎兵衛 川端丹後守 小瀬中務正 明石四郎兵衛 沼本新右衛門 中吉平兵衛 延原六右衛門 宍甘太郎右衛門 牧藤左衛門（家信）	新出沼元家文書	久世町史　資料編1―P364
285		（慶長5・1600）	9月14日	安国寺（恵瓊） 刑部少輔（大谷吉継） 治部少輔（石田三成） 大蔵（長束正家） 秀家	稲葉佐渡守（正成） 平岡石見守（頼勝）	武家事紀　巻35	武家事紀　中―P671
286		（慶長5・1600）	9月14日	安国寺（恵瓊） 石田治部少輔（三成） 大谷形部少輔（吉継） 安芸宰相（毛利秀元） 長束大蔵大輔（正家） 小西摂津守（行長） 備前秀家	筑前中納言（小早川秀秋）	碩田叢史　巻14	東京大学史料編纂所写本
287		（慶長5・1600）	9月14日	秀家花押	飯尾太郎左衛門	古文書集	関ヶ原合戦史料集―P368
288				［上書：中納言秀家］	多雲（多賀出雲守秀種）	備前中納言秀家公 より御状六通の内 （多賀文書）	東京大学史料編纂所影写本

289				［上書：秀家］	多雲（多賀出雲守秀種）	備前中納言秀家公より御状六通の内（多賀文書）	東京大学史料編纂所影写本
290				のぶ尹（近衛信尹）	中納言（宇喜多秀家）	古文書十八通	国会図書館古典籍資料室蔵
291				のぶ尹（近衛信尹）	中納言（宇喜多秀家）	古文書十八通	国会図書館古典籍資料室蔵
292		（慶長6・1601）	5月1日	秀家（花押）	難波助右衛門	備前難波文書	岡山県史　家わけ史料－P32
293		（慶長6・1601）	6月29日	休復（花押）	羽少将（島津忠恒）	島津家文書	大日古　島津五－P149
294	☆	（慶長8・1603）	5月13日	休復（花押）	難助右（難波助右衛門尉）	難波文書	大日史　12編1巻－P415
295		（慶長8・1603）	8月28日	休復（花押）	兌長老（西笑承兌）	西笑和尚文案　紙背7	相国寺蔵西笑和尚文案－P194
296	☆	寅（寛永15カ・1638）	6月21日	久福（花押）孫九郎（花押）（宇喜多秀隆）小平次（花押）（宇喜多秀継）	豊作十（豊島作十郎忠松）	花房文書	大日史　12編4巻－P45
297	☆	寅（寛永15カ・1638）	6月23日	久福（花押）孫九郎（花押）（宇喜多秀隆）小平次（花押）（宇喜多秀継）	花房志摩守（正幸）	花房文書	大日史　12編4巻－P45
298	☆	酉（正保2・1644）	6月1日	久福（花押）	進藤三左衛門尉（正成）	進藤文書　楓軒古文書所収	大日史　12編4巻－P44
299		午	5月16日	久福（花押）	ひかしさと　お□□		伊豆七島流人史－口絵
300			8月4日	豊臣久福	宗福寺	宇喜多家旧記	金沢の宇喜多家資料－P317
301	☆			久福	菊（菊池カ）左近	花房文書	大日史　12編4巻－P44
302	☆			久福（花押）		石川善福寺所蔵	日本書蹟大鑑17－P199

【初出一覧】

総論

森脇崇文「総論　宇喜多秀家研究の現在地」（新稿）

第1部

Ⅰ　朝尾直弘「織豊政権と宇喜多氏」（『岡山県史』六巻近世Ⅰ、第一章第一節、一九八四年）

Ⅱ　しらが康義「漢城（朝鮮国首都）における宇喜多秀家」（『岡山県立記録資料館紀要』八、二〇一三年）

Ⅲ　石畑匡基「宇喜多騒動の再検討―『鹿苑日録』慶長五年正月八日条の解釈をめぐって―」（『織豊期研究』一四、二〇一四年）

第2部

Ⅰ　乗岡実「宇喜多氏城郭群の瓦と石垣―岡山城支城群の諸段階―」（『吉備地方文化研究』一八、就実大学吉備地方文化研究所、二〇〇八年）

Ⅱ　森脇崇文「豊臣期大名権力の変革過程―備前宇喜多氏の事例から―」（『ヒストリア』二二五、二〇一一年）

Ⅲ　寺尾克成「文禄・慶長期における宇喜多氏家臣団の構造―分限帳の分析から見る重臣層の負担―」（『國學院雑誌』一一六―三、二〇一五年）

Ⅳ　寺尾克成「宇喜多氏分限帳編成の意図―秀家の新権力基盤の形成―」（『國學院雑誌』一一七―四、二〇一六年）

第3部

Ⅰ　森俊弘「年欠三月四日付け羽柴秀吉書状をめぐって—書状とその関係史料を再読して—」（『岡山地方史研究』一〇〇、二〇〇三年）

Ⅱ　畑和良「本太城主「能勢修理」のこと」（『倉敷の歴史』二六、二〇一六年）

Ⅲ　大西泰正「流人宇喜多秀家の随行者をめぐって—村田助六の検討を中心に—」（『岡山地方史研究』一五四、二〇二一年）

付録

Ⅰ　森脇崇文「秀家文書の基礎的考察」（新稿）

Ⅱ　森脇崇文編「宇喜多秀家文書目録」（新稿）

【執筆者一覧】

総　論

森脇崇文　別掲

第1部

朝尾直弘　一九三一年生。故人。京都大学名誉教授。

しらが康義　一九五〇年生。元、岡山県立記録資料館専門員。

石畑匡基　一九八八年生。現在、大手前大学国際日本学部講師。

第2部

乗岡　実　一九五八年生。元、岡山市教育委員会職員。就実大学人文科学部非常勤講師。

寺尾克成　一九六五年生。現在、郷土史研究者。

第3部

森　俊弘　一九七一年生。現在、真庭市教育委員会生涯学習課参事。

畑　和良　一九七六年生。現在、倉敷市総務課歴史資料整備室歴史資料専門員。

大西泰正　一九八二年生。現在、岡山地方史研究会会員。

【編著者紹介】

森脇崇文（もりわき・たかふみ）

1981年生まれ。
現在、徳島市立徳島城博物館主査（学芸員）。
主な業績に、「豊臣期宇喜多氏の構造的特質」（『待兼山論叢』46号史学篇、2012年）、「天正初期の備作地域情勢と毛利・織田氏」（『ヒストリア』245号、2016年）、「足利義昭帰洛戦争の展開と四国情勢」（地方史研究協議会編『徳島発展の歴史的基盤―「地力」と地域社会―』雄山閣、2018年）などがある。

シリーズ装丁：辻　聡

シリーズ・織豊大名の研究　第一二巻
宇《う》喜《き》多《た》秀《ひで》家《いえ》

二〇二四年一〇月一〇日　初版初刷発行

編著者　森脇崇文
発行者　伊藤光祥
発行所　戎光祥出版株式会社
東京都千代田区麹町一―七
相互半蔵門ビル八階
電話　〇三―五二七五―三三六一㈹
FAX　〇三―五二七五―三三六五
編集協力　株式会社イズシエ・コーポレーション
印刷・製本　モリモト印刷株式会社

https://www.ebisukosyo.co.jp
info@ebisukosyo.co.jp

ISBN978-4-86403-545-3